U0897189

本丛书由澳门基金会策划并资助出版

澳门研究丛书 MACAU STUDIES

澳门人文社会科学研究文选

(2012~2014)

（上卷）

Selected Works of Social Sciences
and Humanities of Macau
(2012-2014)

《澳门人文社会科学研究文选（2012~2014）》编委会／编

《澳门人文社会科学研究文选（2012～2014）》
编　委　会

出版说明

一　“澳门人文社会科学研究文选”为澳门基金会策划的出版项目，旨在对澳门的学术研究成果进行全面的梳理和总结。首批一套12卷的《澳门人文社会科学研究文选》，以及续编《澳门人文社会科学研究文选（2008～2011）》已由澳门基金会与社会科学文献出版社合作分阶段出版，分别选辑1980～2011年间出版、发表的澳门人文社会科学领域的优秀文章。

二　《澳门人文社会科学研究文选》自推出以来，引起海内外学者和社会各界的广泛关注和热烈反响，是次出版的正是“文选”的第三编，期望日后持续每三年编选出版一部新“文选”，收录最新的研究成果。

三　《澳门人文社会科学研究文选（2012～2014）》沿用原《澳门人文社会科学研究文选》学科领域的划分标准，分为政治编、行政编、基本法编、法律编、经济编、社会编、文化艺术编、历史编、教育编、文学编、语言翻译编和综合编，共12编，收录2012～2014年间发表的学术文章。

四　为保证学术质量及提升编辑水平，《澳门人文社会科学研究文选（2012～2014）》继续设立编委会，按照以下标准选编文章：

（1）原则上在已发表的学术论文中选取；

（2）文章涉及范围以澳门为主体；

（3）作者以澳门人为主；

（4）文章在发表当时具有一定的代表性；

（5）文章的发表语言以中文为主，由外文译成中文的可适当收录。

五　2012～2014年间澳门学术研究的论文及著作成果丰硕，推动了澳门人文社会科学领域的持续繁荣和发展，但碍于篇幅所限，是次出版恕未能一一收录。

目　录 

上　卷

政 治 编

行 政 编

基本法编

法律编

中 卷

经济编

社会编

文化艺术编

历史编

下　卷

教育编

文学编

语言翻译编

综合编

政治编

错位代表性及其根源分析

——以澳门特区第五届立法会选举为中心

娄胜华*

立法机关的选举本质上是由选民选举自己的代表，因此，衡量选举制度的一个重要指标是代表性，具体包括广泛代表性、均衡代表性与准确代表性。2013 年 9 月 15 日，澳门特区举行第五届立法会（AL 2013 届，下同）选举，选举结果显示，新一届立法会直选议员中，拥有商界背景者占有高比例，出现了所谓的错位代表现象。本文拟就此现象展开分析。

一　错位代表性的表现：雇员阶层何以投票雇主?

澳门特区 AL 2013 届立法会直选结果公布后，社会上产生了不同解读。此届选举因直选议席增加 2 席而吸引了众多政治力量的参与，参选组别更是达到 20 组，创历史新高。近年来澳门经济虽持续繁荣，可基层人士从中分享甚少，与此同时，社会成员教育水平提升，互联网论政热络……这一切似乎在传递一个信号：基层与中产力量可能会成为此次选举的赢家，起码也应该收获 2012 年政治发展中直选增加的成果。

然而，选举结果的出炉无情地粉碎了选前的众多预言与期望。以博彩企业与乡族社团为动员工具的商界势力大增，议席与选票急剧增加，民联协进

* 娄胜华，澳门理工学院公共行政高等学校教授。

会更一举拿下3个议席，改写了新汉狄（D'Hondt）计票规则①下一组无法取得2个以上议席的历史。相反，新参选组别"全军覆没"，无一当选，即使在原有参选组别中，代表基层与中产组别的议席与选票也出现罕见的"双跌"现象。尽管选举结果并未撼动现有政治板块，仅是相互之间的调整而已，但是，其结果仍然引起社会各界的反思，其中一个问题是：为什么大量的社会弱势或雇员阶层不将选票投给与自己社会地位一致的基层组别，反而投给了与自己社会阶层不一致的商人组别，从而令出身于商界的议员增加呢？

众所周知，在委托—代理关系下，作为委托人的选民以选票委托自己的利益代表进入立法会代表自己行使参政议政的权利。从这个意义上说，选举就是选代表。一般而言，在排除了扭曲与干扰选举自由意志表达的因素（比如金钱贿选）的情况下，选民自主投票的结果应该可以大致反映选民利益结构，也就是说，由于出身于社会基层的选民占多数，通过选举而产生的立法机关议员结构中，基层议员的比例相对会较高，甚至会主导立法机关。基于此，为避免因立法机构议员结构失衡而导致民粹化与"多数人暴政"，实行代议制政体的国家（地区）在以宪法保护个人基本权利的同时，普遍采用国会两院制设计，其中，上院往往并非采取完全选举方式产生全部议员。

尽管作为地方性立法机构的澳门特区立法会并不完全等同于代议制政体下的议会，但是，出于同样的考虑，议员结构采用了包括直选、间选与委任三种方式在内的混合制而非单一直选制，目的就在于促进各社会阶层的均衡参与。然而，从制度实践效果看，其实即使没有间选与委任，为数众多的出身于商界的人士完全可以循直接选举而进入立法会。为什么会出现这种商界人士被基层选民选举为自己的"代议士"现象？是不是存在错位代表？如果存在的话，错位代表是否是由现行选制造成的？是偶然，还是必然呢？

回顾既有选制的过往实践，自1996年以来，在选票与议席不断增长的同时，参选组别与候选人数量也呈增长趋势，其中，商界背景出身的议员同样从未缺席。具体情况可参见表1。

① 该计票规则规定，每张参选名单的第一位候选人获得全部选票，第二位候选人获得全部选票的1/2，第三位候选人获得全部选票的1/4，第四位候选人获得全部选票的1/8，其余候选人得票顺次类推。

表 1　历届直选及工商背景参选组别得票与议席比例（1996～2013 年）

届别	总有效票（张）	直选议席（席）	参选组别（个）	候选人（人）	其中工商背景组别得票及议席			
					选票		议席	
					数量（张）	占比（%）	数量（张）	占比（%）
AL 1996	72498	8	12	62	39847	55.0	4	50.0
AL 2001	80978	10	15	96	28351	35.0	4	40.0
AL 2005	124898	12	18	125	47874	38.3	5	41.6
AL 2009	141797	12	16	122	54707	38.6	5	41.6
AL 2013	151881	14	20	145	69809	46.0	7	50.0

资料来源：根据历届立法会选举统计资料自制。

观察表 1 的现行选制实践结果，不难看出其具有两大效应：一是选票与议席的增加有效地刺激了不同社会群体参与选举的积极性，参选组别与候选人数目总体上呈现多元化趋势。参选组别从回归前的 AL 1996 届的 12 组增加到 AL 2013 届的 20 组，增长了 66.7%；候选人从 AL 1996 届的 62 人增加到 AL 2013 届的 145 人，增长了 1.3 倍。二是工商人士从未缺席，且获得的选票与议席呈稳定增长态势。实际上，自澳门立法会设直选议席以来，商人出身的候选人并当选议员者比比皆是，其发展走向呈以下态势：①从商人不单独组队参选到商人独立组队参选。在 AL 1992 届前，商人并不独立成组或主导某一组别参加选举，而是与非商界人士组成混合组别参选。AL 1992 届出现两个商人主导的参选组别，其中，曹其真以在“未来澳门建设联盟”中排名首位的身份参选并成功当选，此后，商人主导的参选组别越来越多。至 AL 2013 届，共有 5 组商人主导的组别参选。②利用乡族社团与博彩企业作为助选与动员的组织基础。回归后，随着博彩经营权的有限开放以及新移民的增加，博企与乡族社团的选票动员能力得到强化，出身商界背景的候选人依托博企与乡族社团角逐议席，且屡获成功。③回归后，商界背景出身的人士构成的参选组别在直选中所获选票与议席比例呈逐渐扩大趋势，至 AL 2013 届，其所获选票及议席几乎逼近 AL 1996 届所创下的纪录。

由上可见，现行选制具有促进不同社群参与选举以及商界背景人士的参选组别所获议席不断增长的双重效应。换句话说，表现在代表性上，即商界利益被“过度代表”了，其他利益群体则代表性不足。那么，这种非均衡代表性，更严格地说是不准确代表是怎样形成的？诚然，由大选区、名单参选、汉狄计票、比例代表等要素构成的澳门现行选制确实会带来与小选区的多数当选制完全不同的政治效果，其有利于促进社会多元群体参与选举，即使是较小的参选团体，其当选的可能性也远高于在多数当选制下的概率。可以说，出现参选组别与候选人“双增”现象正是对现行选制功能的印证。然而，既然其能够促进多元参与，何以未能增强均衡代表性，尤其是增强准确代表性呢？

二　准确代表性不足的根源：制度性因素与非制度性因素

（一）制度环境的影响

实际上，选制蕴含的功能效应能否在实践上得到完全体现，并非仅取决于制度本身，而是既与制度环境有关，也与制度实践过程中所涉及的具体因素相关。就制度环境而言，澳门社会有着诸多特殊性，其中，人口结构中源源不断的移民与产业结构以博彩业为主导就是非常重要的两个因素。它们对澳门社会结构与社会阶层的形成产生重大影响。一方面，大量新移民来澳无疑补充与调节了澳门人口结构，但也导致社会阶层无法依靠自身发育而稳定成长，社会阶层意识同样难以清晰化，始终处于变动与建构之中。另一方面，博彩业作为主导性产业吸附了大量人力资源，博彩从业群体成为澳门就业人口中最为庞大的职业群体，相对而言，该群体虽然拥有中产阶层那样高的收入水平，却在职业声望、专业技能，尤其是阶层意识方面难以成为实质上的中产阶级，所以，有“伪中产”之称①。在上述两大因素的作用下，澳门社会分化不完全、不清晰，社会阶层意识模糊，利益边界交叉、重叠，正因此，不同社会阶层在选举时较难按照社会阶层属性准确判定与挑选自身利益代表，即使是作为雇员阶层的博彩从业人员，其完全有可能因为行业利益或企业利益而投票给作为博彩雇主阶层的候选人。除了社会分化不清晰，在社会性因素方面，选民自身因素（如主体意识缺乏）与社会文化因素（如

① 娄胜华：《中产困惑的政策求解》，《澳门日报》2011年7月13日，F02版。

熟人社会阻碍公民文化的发展）也在一定程度上扭曲选民意志与投票取向，影响准确代表性。

（二）选举制度：独一选区与名单参选

与制度环境因素相比，选制本身、参选工具以及其他存在于制度实践过程之中的因素会更直接地影响现行选制下选举结果的准确代表性。

众所周知，选区是选举制度的基本构成之一。与实行分区选举的香港等地不同，澳门并无选区制度，而是实行全澳独一选区制。虽然澳门在地理上划分为澳门半岛与氹仔、路环两个离岛，也有按照不同堂区划分的投票区，但是就选区而言，全澳作为一个选区，立法会 14 名直选议员均在一个选区内选举产生。

而将选区制引入选举之中，不仅方便选民投票，更重要的是便于当选议员更好地服务选民，拉近选民与议员之间的距离。实际上，对于当选议员来说，要更好地服务选民，就必须准确地知道自己的选民何在。议员如果是单议席选区所产生的，一定会清楚地知道自己的选民所在区域。相对来说，多议席选区内产生的议员就不如单议席选区产生的议员了解选民。也就是说，选区范围越大，选区内产生的议员越多，当选的议员越不清楚自己的选民何在。换一个角度讲，如果从议员代表性看，议席越多的选区产生的议员，其准确代表性越差，相反，如果是单议席选区，当选议员的准确代表性最高，因为该议员明确知道是自己选区内选民的投票使自己当选，自己就是所属选区内选民的代表。澳门现行选制下实行全澳独一选区，全部直选议员都是从一个选区产生，对每一位议员来说，其究竟是由哪些选民投票产生的，议员本身并不十分清楚，因此，现行的大选区制是立法会议员准确代表性不足的重要影响因素。

另外，名单投票制也是影响代表性准确与否的因素。现行选制实行名单投票，各提名委员会提出的不是单个候选人，而是一组候选人，并按顺序排列组成一张参选名单。选民投票给某张参选名单，而非投给名单中自己所喜欢的某位候选人，即所谓的“选组不选人”。名单所获选票按照改良汉狄计票法顺位分配给名单内各候选人，居首位者获名单全部选票数，次位者获名单所得票数的 1/2，第三位候选人获名单所得票数的 1/4，余皆类推。因此，当选者未必是投票者最喜欢的候选人，而可能是“搭便车”者。显然，与非名单制的独立候选人参选相比，名单制投票所产生的议员利益准确代表性较弱。比较历届立法会直选当选议员的代表性，可以看出一些非名单首名而当选的议员代表性是不足的，甚至不如那些高票落选者的代表性强。

（三）选举实践：社团参选与不规则选举行为

应该说，独一选区制与名单投票制属于选制本身影响选举结果准确代表性的直接因素。然而，除了选制因素外，在选制实践过程中的操作环节同样存在一些影响选举结果利益代表性的因素，其中，澳门社会以社团而非政党作为参选工具这一特征，是削弱选举结果准确代表性的重要因素，甚至可以说是扭曲选民意志从而导致错位代表性产生的根源性因素。

作为参选工具的社团，其本身存在严重的代表性问题，主要表现在代表性模糊与回归以来代表性不断降低两个方面。与政党不同，社团的政治性功能弱而社会性功能强。就利益代表性而言，澳门社团尽管具有“拟政党化”倾向①，但无法真正达到政党所具有的程度。作为专业化的政治参与（尤其是选举参与）工具，政党本身是选举制度的产物。选举的政治需求催生了政党组织，反过来，政党组织又成为落实选举制度最有效的工具，由此，政党被称为“选举机器”是十分恰当的。政党作为“选举机器”并非仅仅表现在选举参与与选举动员等方面，更重要的是政党具有其他任何社会组织所不具备的利益代表性功能。政党的党纲是党员认同的依据，党纲一般包含组织目标、意识形态与政策主张等内容。政党通过其党纲透露强烈利益代表性与政治倾向而获得党员认同，驱使党员在选举投票中支持本党候选人。与政党不同，社团并不具有强烈的利益代表性，其会员联系的纽带与凝聚基础是多元的，以趣缘为纽带联结会员的社团，如各种兴趣性组织属于趣缘性社团，体育会也可归入此类；以业缘为纽带联结会员的社团属业缘性社团，如行业协会、专业协会；以地缘或乡缘为会员联系纽带的属乡缘社团，如各种同乡会组织；以学缘为联系纽带的社团属学缘性社团，如各种同学会……这些社团组织仅具有微弱的或基本不具有利益代表性，甚至某种程度上，社团内部成员的利益还处于冲突状态。例如，同乡会中的富裕上层会员与基层贫

① 关于澳门社团“拟政党化”概念，参见拙著《转型时期澳门社团研究——多元社会中法团主义体制解析》，广东人民出版社，2004。

穷会员，尽管籍贯相同，利益取向却存在巨大差异，甚至相互对立。然而，通过地缘关系，即使是利益对立的双方仍然能在同一社团内和谐相处。相对来说，在各类社团中，利益较为集中的是雇主团体与雇员团体，如商会组织与工会组织。即使是此两类社团，其在利益代表性上仍然无法与作为政治组织的政党相比，因为利益代表性本质上属于政治范畴，具有政治权力与社会资源分配的取向性，也就是说，政党成立之目的在于参与权力分配，而不是满足会员联谊与服务的需求。然而，纵使是商会或工会组织，其至多属于利益集团，具有通过游说等方式影响政策的功能。

在澳门，至今未出现政党或政团①，参选工具仍然由社团承担，而“拟政党化”社团却普遍存在，并非仅限于利益团体或者经法律程序确认为法人选民而参加间接选举的社团。即使是以地缘为联系纽带的乡族类社团同样可以成为参选工具，参与提名候选人、竞选宣传或助选活动等，从回归以来既有的几次立法会直选实践看，同乡组织的选举动员能力不容小觑。从利益代表性角度进行比较，同乡会的利益代表性显然要弱于商会类组织，但是，何以是同乡会而非利益代表性更清晰的商会成为参选工具？尽管商会的利益代表性清晰、财政资源丰富，但是，在一人一票的直选规则下，商会因其会员较少而具有明显的劣势，相反，会员众多的乡族类社团参选独具优势，如果再给予其雄厚财政资源与明星式领袖人物的话，其竞选优势谁与争锋？从性质上讲，乡族类社团属于庇护性组织。在庇护性组织中，团体领袖与团体成员建立的是庇护与被庇护关系，领导者以其拥有的地位与资源向团体成员提供某种庇护或便利（优惠）从而换取忠诚与支持。② 乡族类社团的内部机制使其在竞选活动中释放超强的动员能力。可是，乡族类社团本身缺乏清晰的利益代表性，以其作为参选与动员工具，很难获得与社会阶层相对应的利益代表性，是以扭曲选举结果的准确代表性为代价的。

一般说来，在利益分化剧烈的现代社会，随着个人自主性增强，乡族类

① 有参选人士声称将在六个月内建立“工人党”（参见《两团体疑合组工党　免票源重叠》，《市民日报》2013 年 10 月 15 日）。不过，因澳门尚没有规范政党行为的法律，即使该工人党成立，也只能按照澳门现行规范社团的法律第 2/99/M 号法律（结社权规范）注册为政治社团。

② 娄胜华：《庇护主义与澳门社团文化》，《澳门日报》2009 年 3 月 30 日，E08 版、4 月 13 日，E06 版、4 月 27 日，第 E07 版、5 月 11 日，E07 版。

社团的庇护性功能逐渐消退，现代性的缺乏既影响其凝聚力，又不断削弱其生存基础，最终其难免向联谊性组织蜕变。澳门社会中，乡族类社团之所以仍然具有强大生命力，原因就在于有源源不断的新移民补充。

应该指出的是，即使是依托非乡族类社团参选，结果同样会出现不准确的代表性，差别仅是程度不同而已。也就是说，只要澳门立法会直选仍然是以“拟政党化”社团作为参选工具，就必然会在一定程度上扭曲选举结果（议员）的利益代表性。可以说，准确代表性的损失是现行选制下社团参选在带来促进政治力量多元、均衡分布与避免政党参选所造成的社会对立之积极社会效应的同时所必须付出的代价。因此，问题不在于如何完全消除，而在于如何适当控制。

毋庸讳言，选制实践过程中，除了社团作为参选工具影响选举结果代表性，贿选及不规则选举行为同样会通过干扰与扭曲选民自由意志的表达，导致选举结果与选民分布错位，影响当选议员的准确代表性。回顾澳门自有选举以来的实践，贿选与不规则选举行为如影随形，未曾绝迹，其在不同届次选举中表现之差别唯程度不同而已。若联系选举结果的代表性分析，不难发现，但凡是贿选与不规则选举行为程度严重的届次，选举结果代表性就严重错位，反之，则代表性较准确。可以说，贿选与不规则选举行为已成为困扰与影响澳门选举活动的重要因素，也是导致选制代表性失准的干扰因素之一。“成功”的贿选离不开选民的配合，因此，因收受利益（物质的或非物质的）而投票给施惠候选人并令其当选，选民是需要承担责任的。问题在于，如果管制贿选与不规则选举行为的法律清晰且执法严厉的话，选民何以甘冒风险接受不法利益而投票呢？实际上，澳门历次选举法律修订过程中，贿选与不规则选举行为都曾被社会提出且立法机构都有所回应与修补，然而，法律效果不彰却也是事实。何故？其中一个重要原因是执法受到难以认定的困扰。如前所述，澳门选举由社团参与，社团作为非政治组织，法律很难像规范政治组织（政党）那样来规范社团。在日常活动、会员对象、资金往来等方面，社团所受规管较为松弛，甚至受到鼓励。比如，社团（包括参选社团）向会员或面向社会成员提供免费或优惠服务，通常不会受到规管，反而可以得到政府以赞助资源作为手段的鼓励与支持。然而，这种服务是否可以认定为影响服务对象（选民）投票的手段呢？这显然是难以判断的。即使是选举期间，仍然难以判定上述行为是否属违法行为，因为相关

社团会辩称此属社团服务而非选举行为。因此，社团参选使得判别与惩治贿选与不规则选举行为变得困难，此为贿选等不法选举行为时隐时现、始终伴随澳门选举并影响与干扰选举结果代表性的重要原因。

可见，现行选制下，选举结果的准确代表性受到影响，乃至出现错位代表现象是源于多种因素的，有选制本身因素，也有非选制因素。那么，如何消除或减轻选举结果的错位代表性，增强当选议员的准确代表性呢？

三　控制错位代表性的途径：选制改革与社会建设

（一）选举制度的完善与规范

在选制方面，可以考虑通过完善选举行为法律规范达到进一步打击与遏制贿选活动与不规则选举行为的目的，最终消除贿选等活动对选民真实意图表达的干扰。现行选举法律中包含了多条规范选举行为的条款，实际上，在选举法律中以相当多的篇幅制定详细的刑事条款，以阻止选举违法行为的发生，是澳门选举法律制度的特色之一。《选民登记法》以专章说明选民登记的不法行为——包括 9 种相关犯罪及刑罚。《立法会选举法》以超过 1/3 的条文就司法争讼、选举不法行为做出明确规定。可见，选举法律中，规范选举不法行为的条文不仅详细、篇幅较长，而且对选举犯罪及贿选等不法行为的处罚较重（最高刑期达 8 年），追诉期长（4 年），且规定选举法所定的处罚，不排除因实施刑法所指的任何犯罪行为而受到其他更严厉的处罚。然而，这些严格规范不法选举行为的法律条款为何未能遏制贿选与不规则选举行为？原因不在于条款严格与否，而在于针对性存在偏差。参选组别之所以甘冒被查处的风险从事贿选等不法选举行为，目的在于使本组别的候选人当选，因此，惩处对象或后果承担者就不能仅局限于直接从事贿选活动的行为人，而应使通过贿选而当选的议员承担连带责任，也就是说，需要考虑引入当选无效机制，但凡发现某参选组别在选举中存在贿选及不法选举行为，无论此不法行为是否由当选议员直接行动或间接操纵，均应宣布当选无效，所获议席由其他参选组别落选者中得票最高者替补。另外，增加与公平选举相关的条款，禁止与遏制各种影响选举公平性的行为。凡参加提名与助选的社团应作申报，未经申报的社团不得从事与选举相关的活动。申报社团的行为视同选举行为，必须接受选管会等机构的严格规管。作为非社团组织的公共机构、媒体、学校、企业等均需在选举中保持中立，不得参加任何组别的宣传、助选、拉票等活动。此外，取缔以协助选民投票之名而提供的车辆接送、饮食或其他延后利益等可能影响公平投票的行为，严格规管网络，取缔抹黑、造谣等非法行为。

如前所述，超大选区也是现行选制中影响准确代表性的制度性因素。一般而言，按照选区幅度（District Magnitude，DM）之大小，可以将选区分为大选区、中选区与小选区。大选区与中选区又称多名选区，即一个选区内产生 2 名及以上议员。其中，中选区为 2≤DM≤5，大选区为 6≤DM≤10。而小选区又称单名选区，指每个选区只选出 1 名议员。通常情况下，选区幅度越大，选举产生的议员在准确代表性方面越弱。澳门现行选区制度实行单一选区制，一个选区内产生 14 名直选议员，可谓超大选区。14 名议员从一个选区中产生，当选议员未必知道自己的选民在哪里，议员的准确代表性被削弱了。为了增强当选议员的准确代表性，可以考虑缩小选区幅度。事实上，与 70 年代中期澳门实行直接选举时相比，如今选民规模、议席数量，以及地理面积与居住人口等都出现成倍增长，也确实有必要考虑细分选区问题了。较为简便的做法是将现行的分区投票制度直接改为分区选举制度。也就是说，现行的根据传统的天主教堂区而划分的 7 个选民投票区——澳门半岛的圣老楞佐堂、大堂、望德堂、圣安多尼堂、花地玛堂区，再加上氹仔、路环两个海岛投票区——可以直接转化为 6 个选区，其中，氹仔、路环两个海岛投票区合并为一个选区，在此基础上，每个选区按照人口与选民数量的多寡重新进行计算，以分配不同议席。另一方案是将澳门半岛的 5 个投票区重新划分为北区、中区、南区 3 个选区，再加上氹仔与路环合并的一个选区，全澳共有 4 个选区，按人口与选民数计算各选区的议席数量。无论是 6 选区方案还是 4 选区方案，在当选议员的代表性方面，都强于现行的独一选区制。如此，当选议员可以真正进入选区，设立办事处，准确地接待与服务投票支持自己的选民。

改革现行超大的单一选区制，降低单一选区获选议席数，还可以一并考虑改革现行的名单投票制。名单投票以“选组不选人”为原则，与选民投票“认人不认组”的选举习惯相违背，故而影响选举结果的准确代表性。在目前非政党选举的情形下，可以考虑引进复数选区单记不可让渡制度

(Single Non - Transferable Vote, SNTV),即在每个选区并非仅仅是单议席,而是多议席的情况下,每个选民可以把选票投给自己喜欢的某一位候选人,且这一票是没有排序、不可转让的,最终由得票最多的几位候选人当选该选区的议员。如此,既可以增强当选议员的代表性,又可以保持与促进参选政治力量多元与分化。

(二)控制非选制影响因素

与控制选制因素相比,控制影响选举结果准确代表性的非选制因素更加困难,且并非短时间内可以取得显著效果,宜做长远规划。比如,提高选民对贿选等干扰因素的免疫力,即提高选民素质,就并非是即刻可以见效的。应该说,公民素质的提升是矫正错位代表性的根本途径。面对扭曲选民投票意志的贿选等选举违法行为,具有较高公民素质的选民通常不会受到影响,反而能自觉抵制,基于未受左右的自由意志而进行的自主投票才是获得真实选举结果与较强的准确代表性的保障。但是,公民意识的培养却需要借助长期的公民教育,而公民教育并非简单地等同于学校教育或知识教育,公民需要在社会环境下接受公民文化熏陶与培育。因此,公民素质的提升实质上是一个社会工程,非经长期建构而可以促成。至于推动社会结构分化与社会阶层意识清晰化更是一个长期过程,其效果好坏取决于移民结构、产业结构、教育水平等发展方向与变化程度,绝非朝夕可期,需要引导与等待。

四　结语

总之,增强现行选制下可预期的选举结果的准确代表性,可以优先选择完善与改革相关法律条文,尤其是通过严格控制贿选与不规则选举行为的法律措施消除扭曲选民意志的可能性;在此基础上,推进选区制改革,细划并划小选区,放弃名单投票制与汉狄比例法,引入单记不可让渡计票法,最大限度减少影响准确代表性甚至导致错位代表现象产生的制度性因素;与此同时,在非选制因素方面,将公民文化的培育、公民素质的提升与社会结构的分化作为长期工程加以持续不断的推动与建构。

实际上,在既定社会条件下,对政府来说,只要能确保选民免受不法选举行为的影响而自主投票，哪怕最终出现的选举结果在代表性上是不准确的，甚或是错位的，那也是无法改变且必须接受的事实。因为此与制度无关，乃社会现实。即使就选制而言，如果以小幅的代表性偏差为代价换取多元与均衡的参与，那同样也是应该接受的，因为并不存在只有正面绩效而没有任何副作用的选制。对于选制的代表性偏差与错位，问题不在于是否存在，而在于能否控制。

（原载陈广汉、黎熙元主编《当代港澳研究》第12辑，总第40期，广州：中山大学出版社，2014年2月。）

论“一国两制”理论的基础和逻辑

骆伟建*

一　“一国两制”理论面临的质疑和挑战

“一国两制”的理论和方针政策从提出之日起就伴随着争论，而且争论也没有因为“一国两制”方针政策通过特别行政区基本法法定化而停止。随着特别行政区的成立、基本法的实施，有关争议不仅没有平息，反而因“一国两制”和基本法实施中出现一些新问题更趋激烈。所以，我们需要认真面对这种争论，对“一国两制”的理论进行深入的分析和阐述，给出有说服力的论述，为“一国两制”的实施提供理论基础。

（一）对待“一国两制”的各种态度

人们对“一国两制”的争论，可以说态度各异，意见纷呈。按照时间顺序基本上可以将对待“一国两制”的态度勾画出如下的线性图。

1. 对“一国两制”抱怀疑态度

“一国两制”提出之初，首先面临的是怀疑，怀疑论者主要有两种意见。

一是怀疑中央政府实行“一国两制”的诚意，怀疑“一国两制”政策和制度是权宜之计，怀疑“两制”不可能保持长期不变。这种怀疑论者用

* 骆伟建，法学博士，澳门大学法学院教授。

脚表态，移民海外，找退路找保险。仅1997年前，移民加拿大的香港民众就有20万。[①] 二是认为“一国两制”不可行，行不通，直接宣告特别行政区实行“一国两制”之时就是特别行政区死亡之日。美国《财富》杂志曾刊登封面文章，标题是《香港之死》，该文称，1997年6月30日午夜过后，香港“一切都会改变”，香港必将丧失它作为国际商业和金融中心的地位，变成“一潭死水”，“香港未来的赤裸裸的真相可以用两个字概括：完蛋”。[②]

2. 对“一国两制”既抱有期待又持观望态度

随着“一国两制”的基本方针政策和基本法的实施，政权实现顺利交接和平稳过渡，社会稳定，经济发展，改变了一部分持怀疑论者的态度，他们对“一国两制”产生信心并抱有期待。一个突出的社会现象就是移民海外的人开始回流。在2007年7月9日香港回归10周年时，美国《财富》杂志发表了一篇与10年前截然不同并充满挑战性的文章，那就是《香港根本死不了》。[③]

虽然仍有一部分人对“一国两制”怀有焦虑心态，但至少是持观望态度，不再是反对态度。

3. 对“一国两制”持各自表述态度

当“一国两制”实施过程中出现新情况，引起人们对“一国两制”下“一国”与“两制”应该是什么关系，以及“两制”之间应该是一种什么关系的讨论时，社会上出现了各自表述的现象。一种认为，“一国”是“两制”基础，应该解决国家认同和以爱国者为主体的管理问题；另一种却认为，“两制”是重点，应质疑爱国者的要求和标准。一种认为，为了防止内地一制对特区另一制的影响，应该构筑防火墙，防止被同化；另一种认为，防火墙妨碍香港与内地的合作，香港将有被逐渐边缘化的危险，特区应该与内地合作。

---

① 薛宝生：《香港，“一国两制”的伟大标签》，观点中国网，http：//opinion. china. com. cn/opinion_ 3_ 44803. html，2012年7月1日。

② 薛宝生：《香港，“一国两制”的伟大标签》，观点中国网，http：//opinion. china. com. cn/opinion_ 3_ 44803. html，2012年7月1日。

③ 薛宝生：《香港，“一国两制”的伟大标签》，观点中国网，http：//opinion. china. com. cn/opinion_ 3_ 44803. html，2012年7月1日。

4. 对“一国两制”秉持合作态度

香港经济发展出现了困难后，要求中央给予支持，要求与内地合作。由此产生了三项举措：中央政府推动两地紧密协调经贸联系安排，内地居民个人游，以及粤港澳区域合作。其中一个最能说明认同合作态度的实例就是特区要求在国家“十二五”规划中列入特区的发展内容。社会上出现了特区与内地经济融合的呼声，当然，也出现了反对将之纳入规划的意见。

5. 对“一国两制”抱否定态度

对“一国两制”的理论和政策，部分人士从怀疑逐步发展到公然否定“一国两制”，主要是对涉及“一国”的原则持反对和对抗的态度。在这个过程中具有标志性的事件有：反对维护国家安全的立法，鼓吹公投改变特区政治体制，反对国民教育，直至提出并推动香港自治运动。还有人否定两种制度和平共处、互相尊重，主张改变内地制度。无论是两制对抗一国，还是改变两制中的一制，实质都是否定“一国两制”。

回顾上述变化可以看到：

第一，对“一国两制”的认同度是呈波浪式发展的：有怀疑有期待，有焦虑有希望，有合作有对抗，有肯定有否定——既不是直线向上，也不是直线向下。

第二，各种心态在不同时期交织在一起，但在不同时期某种心态可能占主导地位。

第三，部分人士从怀疑“一国两制”到各自表述“一国两制”直至发展到挑战、否定“一国两制”，这种趋势非常值得注意。

（二）对“一国两制”造成挑战的观点

对“一国两制”理论造成挑战的观点主要来自两个基本方面。

1. “一国一制”论

这种观点认为，“一国两制”行不通。但是，否定的两种理由截然相反。

一是，坚持“一国”原则的人认为，如果“两制”持续对抗“一国”，那么，两者不可能长期和平共处，“一国”也就不可能容忍“两制”的存在。所以，“一国两制”未必行得通。

二是，强调“两制”人的认为，“一国”下不会有“两制”，因为“两制”的价值观不同，不是内地的一制改变特区的另一制，就是特区的一制改变内地的另一制。但对现状有两种不同的判断：一种意见认为“两制下的一国化”[①] 已经开始。另一种意见认为，香港失控是中国发生巨变的前奏，港制将改变内制。[②]

所以，“一国两制”行不通。

按照上述意见，“一国”总归要“一制”，“两制”总归要“两国”。出路是“一国良制”。有了“一国良制”又何需“一国两制”。首先解决制度之争，其次谈国家统一，是这一观点的核心内容。

2. “一国一邦”论

这种观点主张，既然不能“一国两制”，那么就搞变相的“两国两制”。

具体的主张有两个：

一是，“一国两制”下高度自治的制度安排还不够，应该搞地方自治运动。一些人提出了自治运动的纲领，并确定龙狮香港旗为自治运动的徽号，变相去一国化。海外某些人主张，摆脱中央控制，就应走上独立道路，废除基本法，另起炉灶。

二是，弱化直至虚化或对抗、抵制中央对特区的权力。比如，五区公投、反二十三条立法、反国民教育运动，矛头直指中央对特区的管辖权力。凡是与中央协商的事情，就连香港民主党与中央就政治体制方案进行沟通也被认为会破坏“一国两制”，出卖高度自治。

这种意见名义上没有公然否定“一国”，实质上是通过特区制度的独立化而否定“一国”的制度。

3. 超越“一国两制”论

有意见主张，“香港应该跨越基本法，跨越一国两制”；“大家来想一想，将来的香港会怎样，整个珠江三角洲会怎样。这不仅是讲经济发展问题，更重要的是政治、社会改革的问题。关于2047年的香港，现在的80后应该思考，离开了基本法之后，香港会怎样，中国会怎样。怎样才能对中国起到一种建设性作用。”[③] 还有人提出，应该从“一国两制”的驿站奔向

---

① 周八骏：《淡化“一国”是错误评述》，《大公报》2012年7月17日，A12版。

② 周八骏：《淡化“一国”是错误评述》，《大公报》2012年7月17日，A12版。

③ 史英强：《香港应跨越基本法和一国两制》，“rfi 华语网”之“香港传真”，http://cn.rfi.fr/中国/20120317－香港应跨越基本法和一国两制，2012年3月17日。

“一国良制”的终点。“一国两制”的终极理想就是“一国良制”。[①]

从这种意见中可以看到，“一国”无须超越，需要超越的是现行的两种制度，那么，超越后的制度是什么？怎么超越？人们并没有给出明确的说法，从而留下了思考的空间。

“一国两制”埋论是特别行政区制度的基石，动摇了“一国两制”方针政策必然动摇特别行政区制度。所以，必须搞清楚这样一个重大的理论问题，深入和准确理解“一国两制”具有的十分重要的现实性及理论意义。

这些争论涉及：“一国两制”理论本身有缺陷，还是对“一国两制”的理解出了问题，抑或“一国两制”实践出了问题？具体而言，需要回答三个基本问题。

第一，“一国”能否“两制”？

第二，“两制”是否必定走向“一制”？

第三，如果走向“一制”，怎么“一制”？

回答这些问题，应该从“一国两制”的现实和趋势两个基本方面分析。认清当下，方能展望未来。

二 “一国两制”的现实

从“一国两制”的理论和实际看，“一国”可以“两制”。

（一）“一国两制”的历史和现实条件

“一国”为何实行“两制”？实行“一国两制”是需要特定的历史条件和现实条件的，并不是在任何情况和条件下都可以“一国两制”。

1. 中国历史上曾经是领土、主权统一的国家

曾经的统一国家出于某种原因而出现领土分裂、主权不统一问题，为了实现领土完整、主权统一，为了让被外国占领的领土回归本国，并恢复对该领土的主权，完成国家统一大业的任务便产生了。所以，历史上的统一国家是实行“一国两制”的前提条件，也是先决条件。历史上若没有领土、主

---

① 邱立本：《从一国两制到一国良制》，个人博客网，http://www.sgwritings.com/17625/viewspace_19740.html，2008年11月29日。

权完整的“一国”，何来今日的“一国两制”？“一国两制”中的“一国”是国家恢复行使主权后的“一国”，是实现了主权有效或实际管辖的“一国”，是恢复“一国”，不是重构“一国”。因此，邓小平先生说：“主权问题不是一个可以讨论的问题。”①

2. 不同地区存在不同制度

由于被分裂的领土长期实行另一种社会制度，而且，居民希望保留原有的制度，所以，社会的客观条件和居民的主观愿望两个基本方面决定了回归“一国”即国家恢复行使主权后，应该实行“两制”。邓小平先生说：“根据香港和台湾的历史和实际情况，不保证香港和台湾继续实行资本主义制度，就不能保持它们的繁荣稳定，也不能和平解决祖国统一问题。”②“这些方针政策应该不仅是香港人民可以接受的，而且在香港的其他投资者首先是英国也能接受，因为对他们也有好处。”③

只有同时具备了以上两个条件，实行“一国两制”才有可能。

（二）“一国两制”超越制度之争

“一国两制”的目的是实现国家的统一，实现国家统一可以有多种方法、多种手段。历史上的常用方法是一个国家一种制度。国家统一也就意味着制度同一。然而，“一国两制”的思维是，如果保留不同的社会制度更利于国家的统一，那么就应该超越制度差异，通过保留不同的制度实现国家统一。

1. “一国两制”的逻辑自洽性

“一国”是“两制”的基础，“两制”是“一国”的条件。

（1）“一国两制”的核心和基础是“一国”。

“一国两制”的核心是解决国家的统一问题，不是解决制度的同一问题。如果不搞清楚这个核心问题，就不可能超越制度之争而解决制度之争，

① 邓小平：《我们对香港问题的基本立场》，《邓小平论“一国两制”》，三联书店（香港）有限公司，2004，第1页。

② 参见邓小平：《我们非常关注香港的过渡时期》，《邓小平论“一国两制”》，三联书店（香港）有限公司，2004。

③ 参见邓小平：《我们对香港问题的基本立场》，《邓小平论“一国两制”》，三联书店（香港）有限公司，2004。

只会导致“一国一制”，不会有“一国两制”。

“一国两制”是和而不同，“和”代表国家统一，“不同”表现为两种制度共存。“一国两制”也是求同存异，求“一国”之同，存“两制”之异。在“一国”与“两制”的关系中，“一国”的价值可以成为双方的共识，“制度”的不同可以搁置，统一的“一国”可以超越不同的“制度”。

（2）“一国”为什么是基础？

“一国两制”中的“一国”与“两制”，谁是基础？谁是目的？谁是条件？谁是方法？应该以“一国两制”理论提出的出发点和目的来考察。

邓小平先生在20世纪80年代提出和平统一的国家任务。为了完成这一任务，其构想用“一国两制”的方针政策来解决。所以，从和平统一问题的提出到实行“一国两制”解决和平统一问题，分析这一过程可以发现，国家统一是任务，是目的，“一国两制”是完成任务的条件和方法。

“一国两制”中的“一国”是基础，是本源性目的，“两制”是实现“一国”的条件和手段。元目的只有一个，实现目的的手段可以是多种多样的。比如，可以以“一国一制”的方法实现国家统一，也可以以“一国两制”的方法实现国家的统一。不管什么方法，最终是为了实现国家统一。那么，在实现国家统一的进程中，哪一种方法最合适呢？“一国两制”理论认为，在一国下保留两种制度对实现国家统一最有利。一方面，国家统一后不影响港澳地区的稳定发展，另一方面，港澳的稳定发展又能为统一后的国家做出贡献，两者之间不矛盾，而且是互惠互利，共同发展。

有人认为，“‘一国两制’的灵魂在于‘两制’，而不是‘一国’，这是个简单不过的逻辑，如果重点是‘一国’，为何不实行‘一国一制’呢？如果重点是‘一国’，为何不把香港变成中国南方的一个普通城市？”① 事实上，这种认识并不符合逻辑。

第一，如果“一国两制”的最终目的是维护“两制”，“两制”是目的的话，那么“一国”相较于“两制”这个目的又是什么呢？是手段吗？如果“一国”是手段，那么，“一国”对“两制”而言绝对是多余的，根本没有必要。因为没有“一国”已经有“两制”了，为什么还要“一国”？

---

① 吴志森：《“一国两制”渐褪色》，明报网，http：//life. mingpao. com/cfm/learn3b. cfm?File = 20120628/lnprep/gfp1_ er. txt，2012 年 6 月 28 日。

“一国”不就是可有可无，变得多余了吗？

第二，如果“两制”是“一国”的基础？那么，“一国”以哪一种制度为基础，又以哪一种制度为目的呢？要解决这个问题，唯一的出路是先解决制度的同一性和一致性，否则便不可能构建“一国”的基础，结果就是“一国一制”，不可能有“一国两制”。所以，说“两制”是“一国”的基础和目的在逻辑上是不通的。

(3)“两制”是必要的条件。

“一国”是“两制”的目的，并不意味着“两制”可有可无，也并不意味着否定和改变不同的制度。在中国的特定历史和现实的情况下，“两制”是实现“一国”的条件。道理很简单，实行“两制”最有利于实现国家统一，港澳回归的事实说明了这一点。在实现国家统一后，在相当长的时期内继续实行“两制”，也有利于统一后的国家发展，迎来港澳好国家好、国家好港澳好的双赢局面。所以，手段不能离开目的，否则便无的放矢。目的需要手段，否则永远无法自我实现。在实现目的的过程需要处理各种关系，基于此，二者构成了目的和手段及因果的关系。懂得这个道理，既要坚持“一国”，又要维护“两制”。

2.“一国两制”的利益兼顾性

“一国两制”是为实现国家统一而提出的理论，不是为国家内部的制度同一而提出的理论。所以，“一国两制”可以允许不同的社会制度共存，可以超越制度差异、制度之争。

为什么“一国”可以“两制”？最根本的原因是，实行“两制”有利于国家统一，从而维护国家利益，“两制”也有利于推动特区的经济发展、社会稳定，保护居民的利益。作为一个既能满足国家利益，又能满足地区利益，既符合整个中华民族的利益，又符合特区居民利益的政策，“一国两制”有其存在的必要性。“一国两制”不仅将国家和特区的共同利益最大化，而且能够实现利益的双赢：国家好，则港澳好，港澳好，则国家好，充分说明了“一国两制”的合理性。如果强行推行“一国一制”，“两制”中必有“一制”要被消灭，“一制”的利益势必不能兼顾，相反会受到损害，博弈的结果不是双赢，而是零和。两种方案比较，哪个有优势，哪个更合理是可以分辨出来的。

“一国两制”理论上说得通，实践中行得通。特别行政区成立和基本法

实施十多年来取得的成绩证明了“一国两制”的优势。[①]

3. “一国”与“两制”的包容性

（1）“一国”的含义。

“一国”的含义主要包含四个基本要素：第一是领土完整；第二是主权统一；第三是一个共同的国家宪法；第四是一个中央政府领导地方并行使治理国家事务的权力。

以上四点是任何一个被认为正常的国家都应具备的要素。否则，领土分裂、主权分裂、宪法分裂、政府分裂还能是一个国家吗？如果“一国两制”下的国家不是统一的，而是分裂的，那么，“一国”有什么意义，或者还能被称为“一国”吗？

“一国两制”中的“一国”，具体而言，就是中华人民共和国。否定“一国”就是中华人民共和国在逻辑上是十分荒唐的——既违反事实逻辑，也违反形式逻辑。

首先，从形式逻辑分析，举形式逻辑三段论一例。大前提：法律应该保护国家安全。小前提：中华人民共和国是一个国家。结论：法律应保护中华人民共和国的安全。然而，反对意见的逻辑是，法律保护的是国家的安全，但中华人民共和国不等于国家，因为国家是抽象的，中华人民共和国是具体的，中华人民共和国不等于国家，所以，法律可以不保护中华人民共和国的安全。这种推论错在何处？错就错在用抽象的国家去否定具体的国家。其实，大前提中的抽象的国家是由各个具体的、活生生的国家构成的，包括所有具体的国家，自然也包括中华人民共和国。只要中华人民共和国属于国家的范畴，中华人民共和国的安全就应该受法律保护。质疑“一国两制”的人，用抽象的国家代替、否定具体的国家，只接受抽象意义的一国，不接受具体的中华人民共和国。如果这种逻辑能够成立，那么，“一国两制”中的“一国”就变成了抽象的国家。国家如果是抽象的，必然可以任人随意解释和构建。“一国”作为“一国两制”的基础本身就成了问题，并被动摇了。但是，“一国两制”中的“一国”不是抽象的，是具体的中华人民共和国。

① 《数字与事实：香港回归 10 年的 10 个关键数字》，新华网，http://news.xinhuanet.com/misc/2007 - 06/29/content_6309155.htm，2007 年 6 月 29 日；《澳门回归十周年：数字说话见证澳门十年发展变化》，中国政府网，http://www.gov.cn/jrzg/2009 - 12/13/content_1486174.htm，2009 年 12 月 13 日。

是中华人民共和国代表中国，是中华人民共和国在行使中国的主权，是中华人民共和国恢复对港澳行使主权。抽象的中国并不能行使主权。事实也是如此，世界上的国家与中国打交道的不是抽象的中国，而是实实在在的中华人民共和国。在联合国代表中国的是中华人民共和国。这是国际社会公认的事实，不可以抹杀，也抹杀不了。

其次，从事实逻辑分析。关于香港和澳门问题的联合声明是中华人民共和国与英国、葡萄牙签署的。联合声明明确指出中华人民共和国恢复对香港和澳门行使主权。中华人民共和国恢复行使主权后设立特别行政区。从谈判港澳问题到恢复对港澳行使主权再到设立港澳特别行政区的整个过程，均是看得见摸得着的中华人民共和国作为主体在行使中国的主权。谁能否定中华人民共和国的存在和作用？除非采取鸵鸟政策。而那种做法必然贻笑大方。

所以，“一国”的内涵讲的是领土、主权统一的中华人民共和国，“一国”并不要求社会制度同一，它完全可以包容“两制”。

（2）“两制”的含义。

中华人民共和国作为一个正常的国家，当然有国家制度。“一国两制”下的“一国”不仅有主权，也有国家制度。一个国家主权只能有一个国家制度。比如，人民代表大会制度是中国的根本政治制度，中央和地方关系的单一制是国家结构制度。它们作为国家制度，不仅是内地也是特区的国家制度。所以，“一国两制”下的“两制”并不排除国家制度的存在。这一点尤其要强调。

那么，“一国两制”下的“两制”是指什么意义上的制度呢？应该理解为社会层面和地域层面的制度。具体而言，“两制”是指内地与特区可以有不同的制度，特指地域层面的社会制度的不同，不是国家层面的国家制度的不同。如果将两者混淆，那么在逻辑上就会出现混乱。比如，人民代表大会制度是国家的根本政治制度，虽然特别行政区不实行人民代表大会制度，但也不能否定人民代表大会制度，因为它是国家层面的制度。如果人民代表大会制度仅仅是内地的社会制度，不是国家的制度，那么，特别行政区就可以不接受人民代表大会制度，最后的结果是，人民代表大会制中的全国人民代表大会是国家的最高权力机关也可以不承认、不接受，最终导致否定全国人民代表大会向特区授权。如此，“一国两制”在逻辑上就不通了。

所以，应该将国家制度与社会制度区别，一个国家只有一个国家制度，

但可以有两种不同的社会制度。不能以社会制度不同而反对国家制度。同样，接受国家制度也不等于放弃不同的社会制度，改变不同的社会制度。

因此，“两制”的内涵并不排除“一国”的原则，也不排除国家制度的存在。

(3)“一国两制”的可行性。

“一国”如何“两制”?“一国两制”理论提供了解决这个问题的方法。概括而言就是：和平共处，互相尊重，互利合作，共同发展。

和平共处，互相尊重，就是两种不同制度之间，应该包容彼此的不同。互利合作，共同发展，就是两种不同制度之间，不仅共处，而且要合作，实现互惠互利，共同发展。具体而言：

第一，和平共处是处理“两制”的前提。不能以制度不同为由而改变对方，吃掉对方。如果这样，则又回到了制度之争，变成你死我活的博弈，两制共处就没有可能。

第二，互相尊重是处理“两制”的应有态度。遇到两制之间的问题，要理解对方，不采用对立对抗的方式，而通过说理协商，解决分歧。

第三，互利合作是“一国两制”的纽带。只有互利合作，“两制”联系才能更加紧密，才能体现“一国”的好处。如果“两制”之间互相隔绝，老死不相往来，互相猜忌，互不信任，不是越走越近，而是渐行渐远，那么最终会危及“一国”的基础。

第四，共同发展是处理“两制”应该持有的目的。应通过合作，实现双赢发展，真正体现“一国两制”的优越性，实现“一国两制”的目标，既使国家统一，又使国家强盛，特区繁荣稳定发展。

在“一国两制”实施中，“一国”有没有改变特区的另一制呢？从基本法第 11 条规定的社会、经济制度，居民基本权利和自由制度，行政、立法和司法制度这三项分析来看，没有人（包括外国的评论）指责前两项被改变。[①] 在第三项特区的政治体制方面有人认为改变了。对此，应该给出说明。特区的政治体制是基本法规定的，不仅保留了原有制度中行之有效的部

① 美国传统基金会及《亚洲华尔街日报》2007 年 1 月 16 日公布，香港经济连续 13 年被评为全球最自由的经济体系。以 100 分为满分，香港以 89.3 分名列第一，较位列第二的新加坡高出 3.6 分。在 10 项个别范畴中，香港在其中 4 个范畴均居首位，它们是贸易自由、投资自由、金融自由及产权保障。

分，也根据“一国两制”的需要进行了改革。比如，原有的总督是英国、葡萄牙直接委派，没有丝毫的选举成分。基本法却规定行政长官经过一个选举委员会选举或根据循序渐进发展的要求普选产生，由中央政府任命。既有选举又有任命的制度是“一国两制”的体现，根据高度自治给予特区选举行政长官的权利，根据中央政府领导特区行使中央政府对行政长官的任命权力，这是一种新制度，是原有制度中没有的。至于选举制度如何发展，不仅与特区选举权有关，也与中央任命权有关。所以，中央对特区选举制度发展的决定权不是干预特区的自治权，也不是改变特区的制度，恰恰相反，是“一国两制”下处理中央与特区关系时中央应有的权力。如果把选举完全视作特区的事务，与中央无关，甚至要求取消中央的任命制，那才是改变“一国两制”新制度的安排。

三　“一国两制”的未来

从现实中我们看到了“一国两制”产生的矛盾，但那是否就意味着“一国两制”没有前途，并就此否定“一国两制”，或对“一国两制”失去信心呢？其实，“两制”有矛盾是不可避免的，关键是“两制”之间的矛盾如何处理？如果采取对抗的方式，当然只能激化矛盾，成为你死我活的博弈，将“两制”变成“一制”。如果采取协商的方式，则可以缓和矛盾，调和矛盾，直至解决矛盾，“两制”继续和平共处。

比如，“一国一制”下的中央与地方关系也存在利益矛盾和权力冲突，但是，我们不会因为有矛盾和冲突就取消地方行政设置。当然，没有地方就不会有中央与地方的矛盾和冲突。然而，新的问题来了，中央能直接管理好全部的国家事务和地方事务吗？显然没有这种可能。所以，世界上的绝大多数国家均设立地方政府，想办法处理好中央与地方的关系。同样的道理，虽然“一国两制”实施中出现了矛盾，但如果因为有矛盾就不搞“一国两制”，还有什么样的政策和制度能比之更好？假设搞“一国一制”而取代“一国两制”，矛盾必将集中在制度斗争上，这对国家、特区、中华民族、特区居民的利益有害无利。“两制”相斗，两败俱伤，败者更惨。搞什么“自治运动”来对抗“一国”没有出路，用所谓的自治权去对抗中央的主权同样没有出路，自不量力必将走进死胡同。所以，应该放下不切实际的幻

想，办好当下“一国两制”的实事才是应该要做的事。

1. “一国两制”五十年不变

五十年不变的条件是“两制”都不变。如果总想改变内地的制度，那么就不可能有两制。邓小平说：“要保持香港五十年繁荣和稳定，五十年以后也繁荣稳定，就要保持中国共产党领导下的社会主义制度。”① 试图改变内地的一制，只能有两个结果，要么被内地制度改造成一制，要么内地与特区制度没有分别，特区制度变成内地制度的一部分。总之，不论主观上怎么想，客观上特区的另一制将不复存在。这便叫作“事与愿违”。

2. “一国两制”五十年后也可以不变

如果“一国两制”实践成功，那么就没有必要将两制变成一制，一百年也可以不变。邓小平说：“实际上五十年不变是一个形象的说法，五十年后也不会变，前五十年是不能变，五十年之后是不需要变。”②

所以，“两制”变与不变的关键取决于“一国两制”能否成功。两制长期存在或两制是否走向一制是有条件的，不是必然的。关键就是看“一国两制”下的“一国”与“两制”关系处理的成败。

“两制”能够做到互惠互利，互相合作，共同发展，有什么理由变成“一制”呢？如果“一制”的优势不如“两制”，那么“一制”不可能取代“两制”，“两制”也不会走向“一制”。与其抱一种担心“两制”变成“一制”的悲观主义，或怀着一种期待“两制”变成“良制”的理想主义，还不如坚持现实主义，踏踏实实把“一国两制”搞好。

3. 变与不变关键在于怎么变、如何变

邓小平说：“问题是变好还是变坏。不要拒绝变，拒绝变化就不能进步。”③ 变化不可避免，关键是要变得更好。从这个意义上说，制度之间可以取长补短，在不断交流、合作和融合的过程中可能产生一种新的制度，这种可能性不排除，超越“一国两制”的可能性也不排除，但条件是：

---

① 邓小平：《会见香港特别行政区基本法起草委员会委员时的讲话》，《邓小平论“一国两制”》，三联书店（香港）有限公司，2004，第54页。

② 邓小平：《要吸收国际的经验》，《邓小平论“一国两制”》，三联书店（香港）有限公司，2004，第64页。

③ 邓小平：《保持香港的繁荣和稳定》，《邓小平论“一国两制”》，三联书店（香港）有限公司，2004，第18页。

第一，融合的优势要比“两制”的优势更大，既能逐步消除“两制”之间的矛盾，又能促使国家和特区利益最大化，只有这样才能创造一种向好的方向转变的条件。相信这种条件需要经过一个相当长的时间才能形成。

第二，融合的过程应该是自然的不是强制的。如果强行改变“两制”，实质是通过外力破坏“一国两制”，不可能是对“一国两制”的延续，相反，是以中断“一国两制”为条件实行制度转变。只有通过制度之间自然融合的过程，通过“一国两制”的内力，推动制度变化，才是“一国两制”的延续和发展。

既然是一个自发的过程，所以，就不必将之作为一个目标去追求，当然也就不需要时间的限定。如果将其作为目标，有人会担心结果，有人会急于求成，那都将打乱和中断自然和自发的进程，不仅不能超越制度之争，反而加剧制度之争。我们的态度应当是，努力做好“一国两制”的事业，坦然面对超越“一国两制”的变化。

以上三点互相关联，不可或缺，决定着“一国两制”发展的未来。

（原载杨允中主编《“一国两制”研究》总第15期，澳门：澳门理工学院一国两制研究中心，2013年1月。）

澳门青年参政意识的现状及其改进方向*

潘冠瑾**

澳葡时期，华人参与政治事务空间狭小，导致人们参与社会政治的热情不高，长期以来，澳门市民被形容为“政治冷感”。根据90年代中期关于“后过渡时期”澳门青少年十项特征的调查结果，青少年的社会参与意识随着生活水平的不断提高逐步增强，政治、经济参与意识明显强于其生活理念。[①] 回归后，澳门人“当家做主”，“一国两制、澳人治澳”，为民众提供了更多的政治参与空间。美国明尼苏达大学教授Cogan主导的跨国研究“公民教育政策研究”（The Citizenship Education Policy Study，CEPS）指出，21世纪第一个25年间的成功公民特质之一就是“参与地方、全国及国际政治的意愿与能力”。[②] 青年是社会的未来和希望，特区政府一直致力于创造有利条件，培养更具竞争力的新一代。一般而言，新一代年轻人较上一代更关注社会时事，思想比上几代成熟，同时已具备判断能力，并对事件有个人看法、立场及态度，也看重公民权利和义务。2013年第五届立法会选举中所显示的澳门青年人政治参与的多种现象，再度引起社会各界对青年人参政意识及公民社会健康发展的重视。本文将集中讨论澳门青年参政意识的现状及未来的改进方向。

---

* 本文为2010年国家社科基金资助项目“澳门社团的治理功能及其对大陆的启示”（项目编号10CZZ033）的阶段性成果。

** 潘冠瑾，法学博士，澳门特别行政区政府行政公职局高级技术员。

① 杨雄：《后过渡时期的澳门青少年》，澳门基金会，1996，第5~6页。

② J. Cogan，R. Derricott（eds.），*Citizenship for the 21st Century：An International Perspective on Education*，London：Kogan Page，1998，p. 116.

2012 年底进行的“澳门青年政治参与调查研究”结果显示，逾五成受访青年的政治或社会事务参与度属中等水平。与此同时，无论是 2012 年的政治制度发展与“青年政策”的咨询，还是本届立法会选举，都表明目前澳门青年政治参与呈现两极化和表面化的特征。两极化是指，一部分年轻人对澳门特区的公共事务和社会发展缺乏认识，但亦有一部分年轻人对这个城市足够关怀。除了那些青年社团的骨干分子作为参与常客，大部分澳门青年朋友甚少发表意见。表面化是指，在经济利好和社会环境的影响下，澳门青年的政治参与只局限于意见表达而非理念坚持。回归后本土意识的萌生、高等教育的普及都对青年人积极参与政治起到促进作用，但本地政治氛围不够成熟，公民社会未成熟，政治氛围比较单纯。现阶段，政治、意识形态之争并非选举的主要议题，只有楼价、公屋、交通、通胀等议题最被居民关注。因此，年轻人对政治参与多持观望态度，甚至网络议政的兴起亦无法带动投票率的提高。

二

公民社会的培育需要具有丰富的公民知识、政治醒觉、能批判反思并且积极参与的公义取向式公民。回归以来，政府从科学施政的角度，在青年成长、青年价值观教育、青年人才培养等方面制定了许多政策，但其中针对公民参与意识的培养这一项有不少发展的空间。

公民参与意识的培养包含青年的公民化、社会化和社区化三个方面。公民化是指在健康生活、环保意识、独立思考和批判能力等方面进行培育；社会化是指职业规划、社团参与、公民参与表达意见、文化/科学/法律知识的普及等；社区化是指关心社区发展现况、积极参与活动并成为牵头羊等。其中，“公民身份”“态度/价值观/情意”“技能及行动”三方面在促进公民参与中互为影响，缺一不可。

（一）参与中介的培育：社团——从社会参与到政治参与

发达的公共生活是公民公共意识的摇篮。公民教育是一种生活的实践，源于对生活的关心、理解和参与。“教育即生活”是公民参与和实践的信念。社会服务是一种经历，参与社会服务，青年人可以更直接、更全面地接触社会、了解社会，更加深刻地理解人生，这有助于培养其社会责任感和爱

心，增长见识和本领。青年人在社会服务活动方面的参与度越高，越有助于培养其社会关注能力、公民参与意识和责任感等。

调查发现，澳门青年参与社会服务的比例较此前有所提高，但情况不太理想，大多数人仅停留在了解与认知的基础上，而不是积极广泛地参与。青年的参与度整体处于一个较低的水平，并未形成一种常规行为。澳门青年人缺乏的不是参与社会服务的动机与意愿，而是相应的指导和系统的组织和支援。

众多的民间社团所创造的积极社会资本增强了群体团结与社会信任，释放出巨大的社会整合与社会动员潜能。鼓励青少年积极参与各种性质的社团，一方面可以弥补青少年在家庭、学校所受教育实践的不足，另一方面可使青少年意识到与社会的紧密联系，培养其社会责任感。近年澳门有不少社团获得政府大量资助，用于青少年培育工作。

社团在澳门青年参与政治事务上扮演桥梁角色。澳门青年联合会2011～2012 年“澳门青年参与社团及政治活动现况调查”的结果显示，近 40% 的青年通过社团参与政治活动。有学者认为，澳门青年有否“参与社团活动”与其“政治参与的倾向”“对公共事务的关心程度”“内在政治效能感”“对澳门的政治认同感”都存在关联。

表 1　有否“参与社团活动”与政治参与的倾向、对公共事务的关心程度、内在政治效能感、政治认同感的比较

单位：%

	参与社团者	未参与社团者
对政治参与的态度		
好市民有义务在选举中投票	19	10
小市民不适宜参加政治活动，搞政治好危险	53	48
向政府表达对公共事务的意见是市民的责任	75	67
对公共事务的关心程度		
每天都看报纸、电视或听电台的新闻报道	24	19
内在政治效能感		
自己有或肯定有能力去影响澳门特区政府的决策	15	8
如果某一样政府政策严重损害自己的利益，一定会或多数会采取行动去反对	43	31
对澳门特区的情感取向（政治认同感）		
因身为澳门人而感到自豪	62	52

资料来源：陈卓华《“澳门青年义务工作与公民社会之互动关系”——调查研究报告书》，澳门特别行政区政府教育暨青年局，2012 年 10 月，第 7～8 页。

与此同时，研究亦证明，青年参与社团活动对推动青年工作具有重要的作用，可让青年从参与中学习。青年参与社团活动后，自身素质、知识和技能、价值观都有良性转变，且转变的程度与青年参与社团活动的投入程度有关。

表 2　青年参与社团的程度与其自身素质、价值观和技能的转变程度比较

单位：%

在参与社团活动后有很大进步	普通会员	核心成员
自身素质（如身体健康、稳定情绪方面）	8	21
自身素质（如求知欲、独立性、主动性、适应力、领导才能方面）	15	37
在知识和技能方面（如增长知识、独立思考能力、自学能力等）	16	53
在价值观方面（如具有国际视野，尊重其他不同种族、国家的文化信仰）	10	47

资料来源：陈卓华《“澳门青年义务工作与公民社会之互动关系”——调查研究报告书》，澳门特别行政区政府教育暨青年局，2012 年 10 月，第 8 页。

虽然社团对青年参政起着极其重要的作用，但传统社团与青年群体的联系却出现断裂趋势。以传统社团街总和工联为例，街总的旧区坊会邻里老化，年轻人迁往新市区，无法回应新的社区需求，以致人际网络瓦解；而工联除了会员老化的问题，随着产业结构的改变，影响力难以进入新的主力产业。由此导致本次选举中投票率和投票结果出乎意料。因此，传统选民或支援乡里的新移民选民，平时不太关心政治，但在选举期间，却在拥有丰富资源及出手豪气的社团的号召下积极投票；相反，年轻选民较少与大社团联络，在没有受到号召的情况下并未积极投票。在本次选举中，以街总为背景的群体，由于近年来吸纳了不少年轻商人进入领导层，尚能大致保住选票，但以工联为背景的同心得票率则大幅下滑。与此同时，虽然青年社团的数目与日俱增，但调查显示，八成受访青年未参加社团或成为社团成员。①

本地青年参与社团义务工作之首要动机大体呈现“自我取向”，如获得工作经验，或增强个人能力、增加知识，对公共事务有兴趣，期待实现自我、获得成就感、充实生活等；其次为“人际取向”，如希望认识更多的朋友，受朋友或亲人鼓励参加，或是喜欢群体活动；最后才是“利他取向”，如造福社群、反馈社会、善尽公民责任。

---

① 《调查：七成青年政治沉默》，《澳门日报》2013 年 6 月 10 日，B08 版。

因此，澳门的社团在社会急剧变化的背景下，需要帮助年轻人迎接新挑战。要积极提倡多元化的价值观，如尊重人权、自由、社会公义、民主、平等，使下一代更关爱社群。同时，要重视培养技巧及传递知识。此外，社团领袖应以“身教”教导下一代学习其价值观，充分发挥青年人关怀社会的热情，让他们参与到关怀社会的服务中去。政府亦应关注青年社团的发展，通过相关部门推动社团活动进一步组织化，同时强化社团在推进青年公民意识培养上的作用。

（二）培育的时机：选举的实践与日常熏陶的结合

所谓政治参与就是对公共事件的参与与讨论，因此，需要培养高素质和具有综合能力的，尤其是具备国际视野、独立思考和探究能力等的青年。

选举文化是公民教育中的重要一环。立法会选举正是公民权利和义务实践的一个好例子。四年一度的立法会选举是一堂很好的公民课。现代民主政治以选举为基础，代议制选举逐步把民主简化为选举，把选举简化为选票，把选票简化为多数决定，民主政治随之被简化为投票的统计学。“拼选举”导致民主的工具意义大于民主的价值意义。现在的选举越来越讲究“选术”，把选举蜕变为“以选票为中心”，忽视选举本来的意义，将选举变成利益博弈的角斗场、政治秀，选举不再是选出合格的民意代表，而是选出“最会选举”的人。这无疑淡化了选举本身对公民参与的重要教育意义。因此，教师、父母有责任担当“中介人”的角色，将选举视为活生生的教材，向学生、子女解读民主、公民的权利和义务。

作为教育机构的学校，有责任和义务引导青少年培养健康、积极参与的心理。第五届立法会选举前，选举管理委员会设立了模拟票站，让市民更清楚地认识及准确掌握投票步骤，其中便有学校借此机会，推动公民教育，组织学生参观模拟票站，并亲自作模拟投票，希望学生充分理解公民权利和义务。① 学生有机会透过模拟票站学习选举知识，这比课堂上的理论讲解更加有效。学生借此体验，可在将来符合资格时踊跃参与投票，尽公民义务。此

---

① 《推动公民教育　学校组织模拟投票》，《力报》2013 年 9 月 10 日，05 版。海星和高美士中葡学校组织 26～50 名学生参观设于下环活动中心及营地活动中心的模拟票站，借选举活动培养同学们的公民意识。模拟票站工作人员向学生介绍了投票程序，包括如何使用专用印章在模拟选票上盖印、折票及投入票箱。

外，还有学校在开学时要求班上同学分成20组，各自去了解不同组别的候选人，回头分别在课堂上汇报，最后在课堂上进行一次模拟选举。由于今年立法会选举新登记选民中有逾万名24岁以下年轻人，澳门廉政公署在较早之前特别安排多项宣传活动，包括讲座、戏剧表演、巡回展览等，向青年宣扬廉洁选举讯息，并期望年青一代在选举活动中做到廉洁诚信，自重自爱。政府希望年轻选民理性投票，明白选民所负的义务及责任。此外，在本届立法会选举来临之际，为推动青年投身选举活动，澳门青年联合会举办多次街头演辩活动，希望青年把握机会报名参与，让社会各方听到他们的声音。这些活动都是有益的尝试，在此方面政府、社会应更加积极地寻求突破。

本次选举中，各参选团队特别注重与市民的交流互动。各选举组别通过平日的各种活动，由标志性的参选团队带领，增加参选团体的社会活跃度及认知度，针对政府过失或市民的诉求发声，更熟悉地运用各种技巧博取公众支援，如适时发起游行、集会等。为了密切与市民的交流，利用社交网络的便捷性，不少参选团体或个人在Facebook上开设账号，除了将平时议政的质询、发言予以陈列之外，更不间断地抛出一些民生热议或关注的话题，与网友共同讨论，与选民近距离互动。

对在校的青年学生，学校内部也应提供机会使之积极参与。校园作为生活和学习的空间，有助于培养学生参与社会的意识，对其日后自我意识的形成与行为的发展起到积极的引导作用，如海星学校曾经尝试让学生参与修改校规，以及票选校服设计。而对在职青年，其所在组织需要大力提倡和引导，增强其社会参与意识，而较好的方式莫过于通过组织文化熏陶和影响员工。企业应承担社会责任，通过帮助社区改善公共环境，在为员工提供更多参与社会服务的机会的同时，也向员工传递服务社会的讯息。

二

有调查结果显示，澳门青年并非“政治冷感”，而是对改变澳门的现状和社会问题感到有心无力或不愿付诸行动。在2012年的“澳门青年政治参与调查研究”中，逾七成受访青年选择沉默，不会向相关部门或组织表达对社会的意见。在参与政治类教育方面，逾五成半青年表示没有接受过正规教育中的社会、政府、公民等相关课程，未参加相关课程的主要原因是议题

与自己无关，以及认为政府不会接纳自己的意见。在导致学生关注或参加社会事务意愿无法提升的主因方面，29.6%的受访者认为“议题与自己无关”，有26%认为“政府不接纳意见或听过就算”。

近年澳门社会快速发展，政治领域的结构却缺少变化：传统社团政治催生精英政治、阶级固化。上届选举后，相关调查发现45%的中学生觉得立法会选举是“无意义”或“毫无意义”的。本届立法会直选投票率较往届低，有研究推测，年轻人认为“超稳定”的议会，“选谁都无所谓”，正是选举意愿下降的直观反映。回归后，一直存在以青年人为主体或由年轻人独立组成的社团参选立法会。但这些年轻人组合起来的参选组别都未能在直接选举中胜出。这次选举的白票、废票不少，部分被解读为是选民们以白票、废票来表达个人对选举活动和社会的不满，对这一现象应予以关注。

（一）创造公平的政治参与环境

回归以来，澳门的经济发展迅速，贿选买票已经逐步从利益型让位于关联型。作为熟人社会，澳门有限的社会规模和密切的人际关系使选举充斥着贿选气氛。立法会选举的竞争越来越激烈，同时，贿选文化和操作亦变得“专业”化。现今的选举战和政党政治大多以争夺政治资本为目标，善于利用选民的心理弱点，影响民意。较早之前就发生过参选团体到各大专院校或教育机构作偷步宣传的事。

一项面向“首投族”的、就本次立法会选举活动态度的调查资料显示，“首投族”中有57%的人投票，除了3%“需要考虑”外，有40%的人并不投票。虽然选举是一种参与，但不应仅仅将参与的形式局限于投票，登记为选民亦是一种参与形式。登记为选民却不投票的原因，除了工作比较忙碌，很大一部分原因是对选举制度感到忧虑。其中有97%的“首投族”认为存在贿选，57%的受访者表示对廉政公署打击贿选的情况不满意（包括两个程度选项：“非常不满意”“不满意”），剩余43%的受访者亦只是持“一般”态度。①

（二）政治沟通渠道的拓展

调查结果显示，55%的青年表示经常或有时会讨论时事问题，而25%

---

① 《“首投族”对选举的看法》，《论尽》，http://aamacau.com/2013/09/07/%e9%a6%96%e6%8a%95%e6%97%8f/，2013年9月7日。

的青年经常或有时会利用各类平台转载、回应、分享社会议题，并主要以在互联网上参与网上投票，以及发表时事意见的形式参与社会活动，由此可见本地青年在政治参与方面是以讨论为主，① 但缺乏发声平台。政府应多参与年轻人的讨论，增加青年与政府官员直接沟通的渠道。例如，组织学生到立法会旁听或与议员交流，参考欧盟青年议会的做法，推动青年参与政治；报章可增设论坛栏目，让社会各阶层就不同议题、政策自由发表意见，增强民间议政氛围，鼓励年轻人参与公共事务讨论，扩大青年参与社会事务的层面，提高青年参与议政的积极性。公开政府采纳的意见，增强青年政治效能感；鼓励青年积极参与政府政策咨询会，善用“澳门论坛”“澳门开讲”等公共媒体平台发表意见，以实际操练工作积累参与政治的经验。本次选举中，年轻人自行组团参选，虽然未能成功入围，但首次参选已能争取到一定的选票，显示社会的接受程度较高，存在继续发展的空间。青年人还应注重对自身参政议政资质的培养和历练。政府出台一项法案之前，面向社会征询意见时，青年人可积极思考，提出意见或建议；在面对重大公共议题时，青年人亦可参与讨论，发表个人见解，并从讨论中提高认知及思辨能力。

（三）宣传手法的改进与更新

除了为青年创造更多的发声渠道，政府还应提供有助于青年发展和参与政治的信息。加强宣传和对讯息的发布，让青年充分掌握参与社会事务的渠道和机会。

澳门青年政治参与的有限部分归因于政府宣传手法和方式的不足。资料显示，超过76%的受访者不知道政府上一年的“青年政策咨询”工作，知道的“90后”仅20%，比起近30%的“80后”偏低，只有10%的“90后”青年及低于10%的“80后”青年曾参与“青年政策咨询”。不参与政策咨询的主因，50%表示“无时间”，6.7%表示“无兴趣”，其他表示“不知道”有咨询活动。而青年选民不打算投票的主要原因中比例最高的是觉得“宣传不足”（19.1%）。②

---

① 《调查：七成青年政治沉默》，《澳门日报》2013年6月10日，B08版。

② 其他还包括政府没有鼓励（13.1%）、没有时间（15.6%）及不知道投票给谁（10.7%）。详见《调查：七成青年政治沉默》，《澳门日报》2013年6月10日，B08版。

目前，政府大多遵循传统方法倡导政策，推广工作上仍有改善的空间。新媒体能够起到补充作用，让年青一代更积极地参与到政治生活中去。

随着社交网络在澳门的普及，澳门有更多的政治团体或参选组别利用视频、社交网站宣传其理念。无论是日常的活动还是本届选举，都有青年团体贯彻幽默、创意型政治理念，在网上定期推出创意短片，针砭时弊，亦有团体举行街头活动反映社会问题、监督政府施政。网上媒体“论尽媒体”及“爱瞒传媒”的出现，令不爱阅报的年轻选民有更多机会接触时事知识，提高公民意识。今年选举中各参选团队重视多媒体的使用，Facebook、网络社区、微信、微博等网络社交平台成为各组别必争之地，被开辟成选举宣传的第二战场。因此，政府可更多使用手机短信及社交网络（如 Facebook、微博、微信）等覆盖面广、互动性强及传递快捷的电子平台来做推广及宣传义务工作。例如，法务局的工作之一是推广澳门的法律法规，为了让青年在各种情况下都能够接收讯息，除了与学校合作，在学校进行宣传，令学生有更多机会接触相关信息，还针对青年热衷于新媒体的特点，开发了多种 APP 以开展宣传。其中，所开发的基本法推广手机应用程序，为有兴趣的青年提供更多接触的渠道，而基本法纪念馆亦已向公众开放，以增加市民及青少年对基本法的了解。[①]

各派政治力量亦需利用网络与“80 后”沟通。现时的网络政治，大体只提供信息，动员网民参加活动则不够积极，不能提升网民的投票意识。各种社会力量需努力提升议政论政和政策研究的水平，透过互联网与网民保持恒常的接触，就各种公共事务提供完整论述，表达对网民乃至社会的关怀。

青年是建设社会的重要力量，也是社会栋梁。下一代公民的质素关乎澳门的未来福祉，新一代公民必须具备相关知识及政治觉悟来承载积极参与的志向，只有这样才能推动澳门的政治发展。政府及社会各界要为青年参政意识的培养创造良好平台，让青年充分发挥自己的能力，争取社会的认同。

（原载吴志良、郝雨凡主编《澳门研究》总第 71 期，澳门：澳门基金会，2013 年 12 月。）

---

① 《青少年对基本法认知较回归初高》，《市民日报》2013 年 10 月 9 日，P02 版。

澳门居民政治参与及其完善途径

鄞益奋*

近年来，澳门的公民意识觉醒，公民社会逐步成长，公民参与得到较大的发展。在这种背景下，澳门社会各个阶层广泛地参与到包括政治选举、政策咨询在内的各项政治和政府活动中，积极介入澳门公共事务和政治事务的管理。这些活动提升了澳门居民的政治参与意识，锻炼了澳门居民的政治参与能力。尽管如此，澳门居民政治参与仍然存在一定的完善空间，需要进一步强化澳门居民健康的政治参与意识、拓展多元化的政治参与渠道、完善居民政治参与制度和机制，稳步推进“一国两制”“澳人治澳”事业的发展。

一　居民政治参与及其在民主政治中的价值

居民政治参与是现代西方政治学中的一个基本概念和重要概念，指居民通过一定的方式和渠道试图影响政治过程、公共政策和公共生活的行为和活动。有人指出，“政治参与是指公民自愿通过各种合法方式参与政治生活，并影响政治体系构成、运行方式、运行规则和政策过程的行为”。[①]关于居民政治参与，国内外政治学界有很多经典性的界定。例如，美国知

* 鄞益奋，管理学博士，澳门理工学院社会经济与公共政策研究所副教授。

① 杨年松：《论中国改革进程中农民的政治参与和政治稳定》，《社会主义研究》1998 年第 5 期。

名政治学家萨缪尔·P. 亨廷顿和J. 纳尔逊从政治参与主体、政治参与客体、政治参与目的和政治参与影响四个方面对政治参与进行界定，认为："第一，政治参与主体应是普通公民；第二，政治参与是实际的政治活动；第三，政治参与的目的是对政府施加影响；第四，政治参与对活动结果并不关注。"① 格林斯坦和波尔斯比在《政治学手册精选（下卷）》一书中，对政治参与主要是从政治参与目的进行界定，认为政治参与的目的在于"影响政府决策的行为"或者"企图影响社会价值的权威性分配"。② 国内学者王浦劬则从政治参与主体、内容、法定关系、外延和目标五个方面对政治参与进行界定，认为"政治参与主体是普通公民；参与内容是公民对于共同利益的主张行为；政治参与的法定关系是公民对于公共权力的政治权利、义务和责任关系；政治参与局限于以合法手段影响政府的活动，而不包括非法行为；政治参与目标包括所有直接间接同政府活动相关的政治生活"。③

从居民政治参与的实践看，居民政治参与的基本要素主要有三个方面：一是参与的主体，二是参与的领域，三是参与的渠道。其中，居民政治参与的主体是拥有参与需求的公民，既包括作为个体的公民，也包括由个体公民组成的各种社会组织和民间组织；居民政治参与的领域是居民可以合法参与政治的公共领域，其特征是公共利益和公共理性的存在；居民政治参与的渠道是公民可以通过社会上的各种渠道来影响公共政策和公共生活。在政治实践中，居民政治参与的表现形式多种多样，最主要的表现形式有：自由表达政治意见或意向、自主做出政治决定或决策以及自愿选择政治行为和政治权力代表。④ 这表明，居民政治参与是一种具体的行为，而不是政治认知和政治态度，居民政治参与的目的不仅包括影响政治决策，而且包括影响政策执行、政策评估以及政策修正等。

应该承认，隶属于公民参与范畴的居民参与具有公民参与内在的弊

---

① 〔美〕萨缪尔·P. 亨廷顿、J. 纳尔逊：《难以抉择——发展中国家的政治参与》，华夏出版社，1989，第5~6页。

② 〔美〕格林斯坦、波尔斯比编《政治学手册精选（下卷）》，商务印书馆，1996，第290~291页。

③ 王浦劬：《政治学基础》，北京大学出版社，2006，第166~168页。

④ 吕耀怀：《公民的政治参与：自治与隐私》，《江苏社会科学》2012年第5期。

端。比如，很难确定公民大众的真正意愿（一般公民没有空余时间去关注或去认识政策问题；那些有时间和兴趣的，未必有足够的专业知识去理解；很多没有参与组织的公民都是较为沉默、被动的，对社会上的政策很少有自己的独立见解。因此，难以确立公民意愿）；市民意见被认为是短视的（一般公民的意见常被视为只求眼前利益，急功近利，不能容忍迟延，而且多属狭隘的利益，忽视社会全局性的发展；有些更属不负责任的言论，只是信口开河而已）；公民参与效率低、耗时且成本昂贵；公民参与会导致社会不满及不安。[①] 尽管如此，从民主政治的民主性要求来看，居民政治参与是实现民主政治和社会善治的必要条件，是民主政治的基本要素。政治参与的概念涵盖民主概念中“参与”和“竞争”两个主要元素，因此，没有居民政治参与，就没有民主政治。只有通过居民的政治参与，民主政治才能真正运转起来。如果没有居民政治参与，公众就很难影响公共政策的制定，也就很难制约和监督受公众委托进行治理的公共权力。对此，俞可平在论述民主政治的基本要素时指出：“每个公民都有参与政治的机会和条件；国家鼓励而不是禁止公民的积极参与，包括竞争式的政治参与。从这个意义上说，民主政治是一种竞争式的参与政治。”[②] 台湾有学者更是把居民政治参与和民主政治直接捆绑起来，认为西方民主政治的发展历程就是居民政治参与项目的增多和政治权利享有人数增加的过程，“西方民主政治的演化，实际上沿循两种方式进行。其中一种方式乃是，‘政治参与之权利项目’的逐渐增加，例如选举权、请愿权、诉愿权、担任公职权、及结社权等逐渐增多。另一种方式则是，分享‘政治参与权利之人数’逐步增多，例如选举权的历史，便是渐渐取消经济条件、教育程度、种族、及性别等限制，从而使得享有选举权的人数，逐步提高，终至成为全体公民所共享的一个过程”。[③] 从这个意义上讲，民主政治是有着广泛居民参与的政治。如果没有居民的政治参与，就不会有真正意义上的民主政治。

---

① 莫泰基：《公民参与：社会政策的基石》，中华书局（香港），1995，第28～31页。

② 俞可平：《政治与政治学》，社会科学文献出版社，2005，第48页。

③ 郭秋永：《发展中国家的政治参与：S. Huntington的参与理论》，《人文及社会科学集刊》2000年第12卷第3期。

二 澳门居民政治参与的发展

《澳门基本法》赋予澳门居民享有政治参与的基本权利。该法第26条规定，澳门特别行政区永久性居民依法享有选举权和被选举权；第27条规定，澳门居民享有言论、新闻、出版的自由，结社、集会、游行、示威的自由，组织和参加工会、罢工的权利和自由。可见，在《澳门基本法》的制度框架下，澳门居民可以通过政治参与来选择政治领袖，通过政治参与来表达自身的利益诉求和对政府施政的意见建议，确保澳门特区政府的各项施政措施以民意为依归。

澳门回归祖国以前，澳门的公民参与始终处于一种不太发达的状态。出于历史原因，特别是和邻近的香港地区比较，澳门华人参与政治事务空间狭小，澳门居民曾被形容为“政治冷感”，澳门居民的政治参与热情相对不高。普通的市民特别是中下层的民众较少介入社会公共事务的管理之中。在许多澳门民众看来，公民参与、公众参与是少数精英的事，长此以往形成了澳门市民的“参与冷感”和“政治冷感”。

澳门回归后，随着“澳人治澳”地位的确立，澳门居民的公民意识开始觉醒，澳门居民的政治参与空间不断得到释放，澳门的社团组织增多，澳门居民积极主动谋求与政府对话沟通，政治参与水平得到明显的改善。澳门居民政治参与水平的提高首先表现在居民对立法会直接选举的参与方面。表1说明了2001年、2005年、2009年立法会选举中，澳门选民投票人数和投票率的持续升高趋势。

表1 第二、三、四届澳门立法会直接选举基本情况

项目 \ 年份	2001	2005	2009
投票选民(人)	83644	128830	149006
投票率(%)	52.34	58.39	59.91

资料来源：澳门立法会选举网，http://www.eal.gov.mo.，2013年6月25日。

从表1可见，2009年澳门立法会直接选举的投票选民的人数为149006人，比2005年立法会直接选举投票选民的128830人增加了逾2万人，而

2005 年立法会直接选举的选民登记人数比 2001 年的 83644 人增加了 4 万多人；2009 年立法会直接选举的投票率达 59.91%，而 2005 年立法会直接选举的投票率达 58.39%，2001 年立法会选举的投票率则为 52.34%。可见，从投票选民人数和投票这两个指标看，2001～2009 年居民参与澳门立法会直接选举的水平逐年上升。

澳门居民政治参与水平的提高还集中表现在，根据澳门青年联合会 2011～2012 年“澳门青年参与社团及政治活动现况调查”，近 40% 的青年通过社团参与政治活动，反映了社团在澳门青年政治参与中扮演桥梁角色。该调查还显示逾 60% 的受访青年已登记为选民，反映青年普遍重视公民权利。除了参与选举的观念有所强化外，澳门青年政治意识的觉醒还体现在积极投身公共政策讨论、维护自身利益上。此外，部分青年社团还不时就其他各项公共政策议题进行民意调查和讨论，更有青年群体与其他群体发起游行，就多样化的综合性议题表达自身的意见。①

澳门居民政治参与意识的提升，也表现在澳门居民积极参与澳门特区政府的公共政策咨询活动以及积极向政府表达利益诉求。近年来，澳门居民广泛参与到特区政府相继推出的包括公共房屋制度、双层式社会保障制度、登记及公证法律制度、房地产中介制度、教学人员制度框架、刑事归责年龄、修订三个选举法律、公共交通、文物保护法、世遗保护法、楼宇管理相关制度的政策咨询活动中。2010 年发生的“轻轨经伦敦街”事件更是表明，澳门的居民参与并不是少数人的参与，普通的居民在城市规划、交通等领域已经显示出参与社会公共事务的积极性和主动性。在“轻轨经伦敦街”事件中，40 多名新口岸新填海区伦敦街、波尔图街居民代表到相关的政府部门反映意见，提出更改轻轨路线走向的诉求。他们认为，轻轨营运带来的噪声、空气污染将破坏伦敦街一带的环境，因而反对轻轨以高架方式穿越文化中心经伦敦街的路线安排，希望与政府建立理性的沟通机制，取得平衡发展。这反映了澳门的居民参与意识普遍增强，特别是在一些与居民利益相关的社区性公共事务面前，居民一改之前“被动参与”的姿态，主动积极地谋求与政府的沟通对话，了解政府的设想和解释，施加对政府公共政策的影响力。

---

① 潘冠瑾：《澳门青年的价值观及其政治意识》，吴志良、郝雨凡主编《澳门经济社会发展报告（2012～2013）》，澳门基金会、社会科学文献出版社，2013，第 72～94 页。

三 澳门居民政治参与的完善途径

随着社会公共事务管理日益复杂化，单独依靠政府已经无法有效管理好各式各样的社会公共事务。在这种背景下，世界各国政府普遍提倡从仅由政府来管理的“单中心管理模式”走向政府和社会、公民合作管理的“多中心治理模式”。而避免“多中心”治理模式成为“无中心治理模式”的关键在于，政府与社会需要实现良性的互动，增进对话沟通，消除分歧，达成妥协和信任。在这种过程中，政府施政透明度的提升和居民积极参与是两个非常关键的环节，是政府与居民实现沟通、对话合作的决定因素。从公共治理的视角看，澳门居民政治参与虽然取得了一定的成就，但仍然存在诸如公民参与的制度化和规范化不够、成效不高等许多需要完善的空间。因此，需要从强化居民健康的政治参与意识、拓展多元化的政治参与渠道以及完善居民政治参与的制度和机制三个方面来推进澳门居民政治参与的发展。

（一）强化健康的政治参与意识

树立和强化健康的政治参与意识是扩大澳门居民政治参与的基础和方向。如果居民政治参与意识是非理性的、无序的、自利导向的，那么即使有多元的、畅通的参政渠道，即便有良好的公民参与制度和机制，也难以最终形成一种积极向上的、良性发展的政治参与文化。

众所周知，政治参与是公民在政治过程中自愿、合法表达自己的思想和利益，以影响国家政治决策和国家行为的活动，它是现代民主和政治现代化的核心特征，是宪法赋予公民的基本权利。政治参与在不同的国家和地区有不同的发展阶段和发展程度。在发达国家和地区，公民有序的政治参与已经内化成公民生活不可分离的一部分，成为公民的一种生活方式和思维方式；在民主欠发达地区，公民政治参与的程度相对较低，居民政治参与意识较弱、不自觉。因此，增强居民政治参与意识的首要环节，就是要培育参与型的政治文化，不断提高公民教育水平和公民素质，培育良好的、健康的居民政治参与意识，促使居民自觉地参与到政治生活、维护自己的权利与义务的活动当中。

良好的、健康的居民政治参与意识包括主动参与、自觉参与、理性参与、有序参与、责任参与等基本元素，表明居民政治参与是维护社会公义的需要，是实现社会公共利益、履行社会责任的需要。居民政治参与，既是从维护个人权利的需求出发的，也是基于公民的社会责任感而进行的，作为社会中的一分子，有选择社会管理者、监督社会管理者，甚至使自己成为社会管理者的权利和义务。因此，居民政治参与不能有搭便车心理，不能消极参政；居民政治参与不是为了维护私人利益而参与，不是基于个人功利而参与，而是基于整个公民利益和社会利益的政治参与；居民政治参与不是为所欲为的参与，而是在既定的规则和程序所约束和规范下的政治参与。唯有如此，才能确保居民政治参与的有序、和谐、理性，避免居民政治参与带来激化社会矛盾、加剧社会冲突的后果。

只有在树立和强化健康的、良好的居民政治参与意识的基础上，居民才能不断提升参政能力和参政素质，最终为提升居民政治参与成效确立稳健的根基。诚然，在《澳门基本法》现行框架下，澳门没有实行行政长官选举和立法会选举“双普选”的制度框架，澳门立法会的议员中仍有一定比例的议员是委任产生的，这在一定程度上会挫伤一部分居民的参政积极性，滋生居民政治参与的无力感和政治疏远感。然而，居民政治参与并不是以政治选举为唯一渠道，除了政治选举之外，居民还有其他多种渠道参与到各项政治和政府活动当中，监督政府施政，为政府施政建言献策。

（二）拓展多元化的居民政治参与渠道

居民政治参与意识的提升不仅是居民单方面的责任，也是澳门社会的责任。换言之，居民政治参与意识的提升不仅需要培育和强化健康的政治参与意识，而且需要借助和依托多元化的政治参与渠道的构建和拓宽。这是因为，如果缺乏足够的、畅通的政治参与渠道，居民政治参与意识就失去了成长和发育的空间和平台，犹如空中楼阁。“从理论上分析，直接导致政治不稳定的因素有许多，如政治腐败的大量存在、社会财富的分配不公、强烈的社会期望受挫、新旧政治文化的冲突以及政治参与渠道的缺乏。政治参与渠道必须与社会成员日益增长的政治参与需求相呼应，但政治参与渠道的相对不足，又是任何社会都存在的社会政治问题。当政治参与渠道不健全时，社会成员就会产生挫折感、压抑感，对社会政治体制和制度产生不满，可能会通过不合法、不正当的方式参与政治，给社会的政

治稳定带来破坏。”①

当前，澳门社会有了较为多元的居民政治参与渠道，有较为有序的利益表达机制，有逐步发展的公民社会。近些年，澳门社团数量发展迅速，社会自治能力得到一定的提升，澳门居民通过各种形式参与特区政府的政策制定和执行过程，在实际的参政实践中锻炼参政能力，提升参政意识。市民既可以直接上街表达诉求，直接向政府有关部门递交相关意见建议，也可以通过加入社团组织来间接向政府进行利益表达，通过媒体来监督政府施政。其中，澳门论坛、澳门讲场等平台，更是为普通市民参政议政提供了良好的机制，为市民自由讨论政治议题提供了公共空间和舞台。可以说，澳门的参政渠道是多元而畅通的，这为澳门居民政治参与意识的提升提供了有利的条件和基础。

为了提升居民政治参与意识，澳门社会应该进一步拓宽参政渠道，以提升居民参政成就感，塑造积极主动的参政意识。基于澳门当前的实际情况，有两个方面的参政渠道值得进一步拓展和完善。一是网络政治参与的渠道。互联网作为人类进入信息时代的一种标志性信息传播方式，最大限度地促进了人类社会的信息交流。政务信息化对于公众来说，可大大地满足公众的知情权和参与权。奈斯比特就曾科学地预测，信息时代将是参与式民主的时代。当前互联网的普及与发展开辟了民主参与的广阔空间。互联网可以使人们摆脱地域疆界限制，自由地表达自己的意见和利益要求。“线上参与”将成为互联网时代政治活动的主要方式之一。网络的开放性使政府部门的信息共享成为可能。公众通过互联网，可以掌握政府的各方面的信息，并进行反馈与监督，实现与行政系统的互动和沟通。互联网的兴起，为民主参与提供了先进的技术手段，开辟了民主参与的新渠道。在互联网的帮助下，人们还可以通过网络论坛发表政治言论，居民可以通过电子选举、电子投票、电子民意调查等形式加强和政府的政治沟通，互联网的兴起极大地拓展了居民政治参与的渠道。相较于制度化的渠道，网络政治参与超越了时空的限制，突破了传统媒体信息传播的障碍，培养了公民独立与平等参与的民主意识，使公民通过网络更加广泛、及时、便利地参与政治进程。它可以在短时间内将网络民意聚集起来，直接传递给政府，传播速度快捷，影响范围广泛。因

① 林媛：《探讨澳门政治参与模式的调整》，《行政》2008 年总第 82 期。

此，网络政治参与逐渐成为人们影响政府行为的重要方式，网络政治参与日益引起人们的关注。基于此，澳门居民有必要加大网络政治参与的力度，提升网络参政议政的成效和影响。

二是大众传媒参政议政的渠道。大众传媒的作用在现代社会中越来越突出。传播学理论中议题设置的学说认为，大众传媒注意某些问题、忽略某些问题的做法本身可以影响公众舆论——传播媒体的功能除了传播新闻信息和提供娱乐之外，还承担着舆论、社会文化生活、意识形态等方面的导向作用。在实际的政治生活中，大众传媒利用其舆论引导的作用，充当监督政府的角色。"民主的新闻报导一个最好的功能就是使政治过程透明化。"[①] 在政务公开、透明行政的呼吁下，人们常常可以从报纸上看到媒介对政府内部事务的连番报道，这种行为部分改变了行政管理暗箱操作的状态。可以说，大众传媒的发展，已达到足以影响社会进步的程度。在美国，新闻界的报道有时可以影响政府行动的方向。"如果新闻界在大麻问题上大做文章，政府在处理诸如营养不良和贫困这类问题上就可能遇到困难。"[②] 种种迹象表明，大众传媒已成为制约政府的一支强有力的外部力量。在西方，人们甚至赋予大众传媒"第四权力"的称号。而传媒的舆论监督角色也曾被马克思形象地称为"另一个法庭——社会舆论的法庭"，它是整个社会民主监督机制中不可缺少的监督形式。当前澳门的大众传媒在促进公共对话、监督政府方面有一定的提升空间。可以预期，在大众传媒公信力提升的情况下，澳门居民的政治参与意识将能得到较大的提升，可以通过大众新闻媒体所营造的公共空间自由平等地讨论公共议题，增进不同利益群体的相互理解，减少社会冲突与矛盾，同时监督公共权力的运行，确保公共利益的实现。

（三）完善参政制度和机制

对于提升居民政治参与意识，政府也有着不可推卸的责任。政府需要建立相关的法律和机制，确保公民参政有序、合法进行。如果片面强调提高居

---

① 转引自〔美〕伊莱休·卡茨《大众传播与参与式民主》，〔日〕猪口孝等编《变动中的民主》，林猛等译，吉林人民出版社，2011，第92页。

② 〔美〕希尔斯曼：《美国是如何治理的》，曹大鹏译，商务印书馆，1995，第383页。

民政治参与意识而罔顾居民政治参与制度的构建，就可能导致过度参与、无序参与、非理性参与等现象的产生，就可能与培育健康、良好的政治参与氛围的目标背道而驰。

首先，政府需要提供相应的制度和机制，用法律来规范和调节居民政治参与中不同利益群体的关系，使居民政治参与有序、规范、理性。在居民政治参与的发展过程中，随着网络参政议政等新的政治参与形式和技术不断被引入，居民政治参与有了很多与传统不同的规律，因此政府需要用法律制度来规范居民政治参与的内在关系和运行规则，不断满足和适应居民政治参与的多元需求，促进居民政治参与有序健康发展。此外，政府还需要规范社团组织活动，确保居民政治参与有健康发展的组织基础，因为规范有序的、有组织的参与才是有效而成熟的、健康的政治参与。

其次，政府应该重视居民参与的诉求，主动了解居民的意见，引导居民合理有序参与政治事务，促使民主程序固化为居民参与民主政治的习惯，避免居民政治参与流于形式。政府可以考虑采用理论教育与实践活动有机结合的方法，举办各种专题讲座和报告会，邀请专家学者做政策法规专题报告、参政议政专题讲座等。通过形式多样的学习培训活动，使居民加强对政府各种政策法规的理解与把握，加强对居民权利意识的培养，明确居民政治参与的权利、义务和责任关系。

最后，政府应加快、夯实阳光政府的建设。公开透明的程序和机制是居民参与政治的基础环节，政务公开是居民政治参与的前提条件。因此，政府应该进一步为居民提供足够的信息支持，建立健全信息反馈机制，让居民充分了解相关的法律、法规与政策，缩短居民对政治过程的认知和接受过程。在居民和政府的信息沟通和反馈中，增进政府和居民的相互理解和相互信任，强化居民的政治参与热情和意识，提升居民的政治参与成效。

四　结论

居民政治参与的民主意识需要一个不断培养提高的过程，更需要一个长期教化和内化的过程。提升居民政治参与水平是全社会的责任，也是政府与公民互动的结果。澳门居民政治参与水平的提升，不仅需要居民自身不断强化理性、有序、主动、自觉、健康的政治参与意识，更需要社会和政府的制度化建构和努力。因此，培育和提高澳门居民政治参与的能力，主要诉诸三个方面的途径：一是培育和强化居民健康的政治参与意识，二是形成多元畅通的居民政治参与渠道，三是规范和完善居民政治参与的相关制度和机制。

（原载杨允中主编《“一国两制”研究》总第17期，澳门：澳门理工学院一国两制研究中心，2013年7月。）

利益表达与诉求演变

——澳门第三、四届立法会议员书面质询研究

蔡永君*

利益的概念与人类的生活具有不可分割的原生性。不管是个人生存的需要还是社会化过程的必需，利益表达具有必然性和现实性。作为现代民主政治的重要组成部分，在实行议会民主的国家或地区，人们主要通过选出的代表在议会中表达自己的诉求。詹姆斯·米尔（James Mill）认为按照人民的利益使人民接受统治的唯一方法就是人民管理自己①，而约翰·米尔（John Mill）则进一步指出没有比权力分散于国家内的每个人更值得期待的状态②。但由于在现代国家中，"直接民主"不可行，代议制就成了唯一可以采用的形式。

利益表达是个人或群体在立法过程中通过一定的渠道直接或间接向立法者提出意见，表达态度意向、期望，以一定方式实现其目的之行为。然而，由于立法表达的分散性和个体性，利益主体的利益要求需要经过有效的整合，形成共识性利益诉求。比较政治学家阿尔蒙德和鲍威尔把政治过程分为利益表达、利益综合、政策制定、政策实施四个阶段，利益表达是"当某个集团或个人提出一项政治要求时，政治过程就开始了"。③ 立法会是澳门特别行政区唯一的立法机关，议员在比较分析各种利益诉求的基础上做出判断，并发挥着意见收集、整合、分析以及表达的作用。

---

* 蔡永君，法学博士，澳门基金会高级技术员。

① 王绍光：《民主四讲》，三联书店，2008，第 43 页。

② John Stuart Mill, *Considerations on Representative Government*, U. S.: Kessinger, 2004, p. 44.

③ 〔美〕加布里埃尔·阿尔蒙德（Gabrial A. Almond）、宾厄姆·鲍威尔（G. Bingham Powell）:《比较政治学：体系、过程和政策》，曹沛霖等译，上海译文出版社，1995，第 199 页。

一　书面质询成为澳门立法会议员利益表达的重要方式

在澳葡管治时期，根据《澳门组织章程》，立法会议员可对总督或当地行政当局的任何行为提出书面咨询，以便向公众解释（第38条）。然而，在实际操作中，采用此模式对政府的工作进行监管和表达利益取向之情况实属罕见，议员更多倾向于在提出议程前发言。回归后，《中华人民共和国澳门特别行政区基本法》（以下简称《澳门基本法》）保障立法会议员有权按照法定程序对政府的工作提出质询，质询包括书面质询和口头质询。其中，相对于口头质询，书面质询对议员的规限性较弱。根据澳门特别行政区立法会第3/2000号决议，口头质询由立法会专门召开关于质询的全体会议，召开口头质询的全体会议需要议员先向立法会主席提交书面申请，并可就该质询事项向政府提出不超过三个问题，立法会主席收到申请后须将副本派发给其他议员，并规定在30日期限内（后来第1/2001号决议更改为15日，第2/2004号决议更改为10日）接受其他议员的口头质询，如果在期限内立法会主席收到的质询不足3个，则口头质询程序就此结束。[①] 相对而言，书面质询的规限仅在于每周每位议员只能提出一个书面质询[②]，成为“立法会议员根据基本法第76条规定参与政治事务越来越常用的方式”。[③] 而议程前发言的内容也通常被转化为书面质询向政府提出，以期获得有关机构的正式回复。[④]

事实上，书面质询中很多议题与当时社会热点议题或事件相关，也有不少是以个案作为例子说明或引子，在利益表达上具有一定的优点。一方面议

① 因具较高的规限性，成功召开口头质询会议的概率不高，例如在2005～2009年立法会会期内，共有17次为口头质询而召开的全体大会，收到86份口头质询，数量仅为书面质询（1473份）的5.8%。

② 根据澳门特别行政区立法会第2/2004号决议《对政府工作的质询程序》第11条的规定，每位议员每周可提出一个书面质询，修订了原来每星期不得提出超过两个书面质询的第3/2000号决议《对政府工作的质询程序》第11条的规定。

③ 见2006/2007、2007/2008、2008/2009年澳门特别行政区立法会活动报告。

④ 根据澳门特别行政区立法会第2/2004号决议《对政府工作的质询程序》第13条的规定，政府应在行政长官收到书面质询之日起30日内做出书面答复，而对议程前发言则没有任何回复规定。

员因应个案而提出的书面质询更具说服力，能反映民意的真实诉求，且由于在一份书面质询中能向行政当局提出三个质询问题，大部分议员也充分利用这一机会，以个案作为引子，说明问题所在与严重性，并进一步揭露某一政策或施政范畴存在的不足。同时，特区政府或其代表必须对书面质询做出有理有据的书面回复，这也是把求助者的利益观点直接反映给当局并获得跟进回复的有效途径。再者，由于每一议员每周仅能提出一次书面质询，因此个案的选择大多具有代表性，又或经过总结多个个案的情况而提出，这有利于平衡过于零散的利益表达。因应书面质询的提出具有限制性（每周一次，每次最多三个问题），但同时具有相当的规范性（行政当局必须回复），有关问题和政策得以阐释、解答和后续跟进，议员提出的书面质询一般都经过深思熟虑，在利益表达上具有较强的“代表性”。

同时，从立法会对行政机构的监督手段来看，书面质询也具有相当的代表性。由于在政治氛围上，澳门立法会议员倾向于采用协商的方式达成共识，虽然在不少具有争议性的法案审议上各政治力量的议员壁垒分明，但最终法案在投票过程中均能取得共识而获通过。然而，法案的具体执行和政策制定往往与框架性的法律之间出现执行的偏差和其他原来没有想到的问题，立法会议员可将书面质询作为一种常用的监督方式，灵活地对政策的执行、评估、调整等做批评监察。

自回归以来，立法会议员提出的书面质询数量持续上升（见图1），从回归初期不足100份增至2005～2006立法年度的265份，2010～2013年各年保持在超过500份的水平。为此，第四届立法会（2009～2013年）的书面质询数量较第三届（2005～2009年）大幅增加35%，在两届议员人数相同的情形下，这表明议员们积极以书面质询作为利益表达途径。

其中，直选议员较多利用书面质询作为利益表达的平台，因议程前发言或书面质询是最为直接的表达利益取向而又能让大众知晓的途径，澳门各大报章和电子媒体基本上对相关质询也有所报道。以第四届立法会会期为例，全数12位直选议员均提出过书面质询，且平均每周（包括立法会休会期在内）每位提出一份。相较而言，间选和委任议员一般为社团的骨干成员，在不少议题上可以社团成员身份进行利益表达，同时，他们也有一些属政府咨询组织的一员，可透过其他的机会或沟通渠道表达意见，故而没有迫切地需要以书面质询作为主要的利益表达模式。

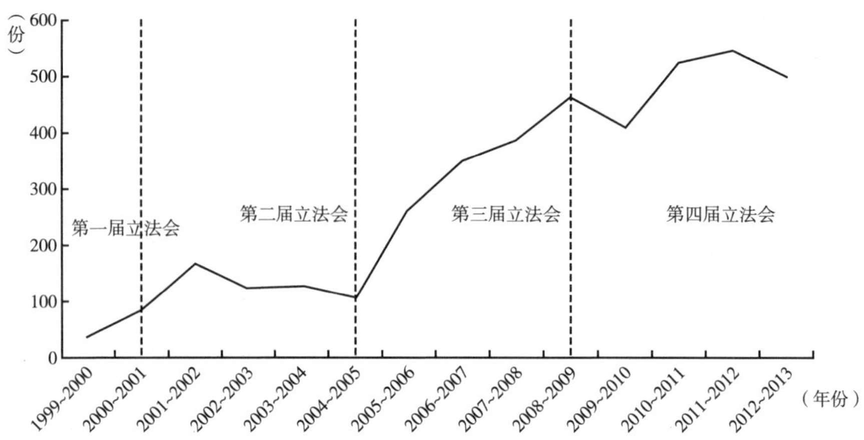

图1　1999～2013年各立法年度的书面质询数量统计

资料来源：各年《澳门特别行政区立法会活动报告》。

二　从书面质询看利益表达的特点

（一）书面质询的分类

本文以澳门特别行政区第三届立法会会期（2005～2009年）和第四届立法会会期（2009～2013年）的书面质询为样本。根据立法会网站上载的书面质询数量，2005～2009年共有1453份[①]，而2009～2013年则有2049份。[②]

由于立法会或特区政府暂时未有一套官方的范畴分类指引与规范准则[③]，笔者根据书面质询提出的主旨和问题，把两届的书面质询分为46个类别，其中包括难以具体划分（因质询涉及多个范畴且无明显的优先性或

① 根据立法会活动报告，第三届立法会（2005～2009年）各议员提出的书面质询数量为1473份，不过本文以立法会官方网站上的1453份书面质询为样本。

② 根据立法会活动报告，第四届立法会（2009～2013年）各议员提出的书面质询数字为1987份，但本文以立法会官方网站上的2049份书面质询为样本。

③ 从第五届立法会会期（2013/2014年）起，立法会网站上载了书面质询的内容摘要和所属范畴，分为“行政法务”、“经济财政”、“保安”、“社会文化”和“运输工务”等，但没有做相关的范畴划分说明。

质询内容独特且数量很少）而归类的“其他”类别。同时，为便于分析，笔者依据划分的类别将其组合为与澳门特区政府架构中各“司”相对应的五大范畴（相关书面质询的内容或提出的问题属该“司”或其局级部门的工作范围）。部分“跨司”而难以明确到底由哪一个“司”处理的质询，则归到“其他”类别。为做客观量化分析，将部分涉及不同施政范畴的质询依据相关性和内容的侧重性归类为某一单一类别（见表1）。

表1 澳门立法会的书面质询分类

范畴	类别
行政法务	公共行政、公共服务、公务员、市政管理/设施、司法/法律法规、食品/药物/产品安全、政治体制/选举
经济财政	公共财政、金融、价格/消费权益、区域合作、人口/移民政策、劳工与就业、博彩业、经济、职业安全
保　　安	出入境、治安、非法旅馆、毒品问题
社会文化	文化、社会服务、社会保障、旅游、教育、医疗卫生
运输工务	土地/工程批给、公用事业/专营服务、公共工程、交通、房屋、城市规划、资讯科技、对外交通、楼宇管理/维修/安全、环境保护、旧区重整
其　　他	灾害/危机处理、公众权利、社会事件、专业、廉政审计、中产、动物保护、新闻/讯息发布、其他

（二）书面质询的分布

第三届立法会会期内澳门经历了经济的高速成长期，但同时受到2008年底全球金融海啸的冲击。2005～2009年，“劳工与就业”、“公务员”、“医疗卫生”、“公共行政”、“交通”与“环境保护”成为关注重点，这六方面获得的关注度占总体的36.6%。而2009～2013年的议员书面质询所关注的范畴基本延续上一届的趋势，较为突出的是“公共行政”和“房屋”（见表2）。

在两个立法会届别中，“劳工与就业”和“公共行政”均具有举足轻重的地位。一方面，虽然自博彩专营权开放后澳门经济迅速增长，失业率由回归初期的6.8%（2000年）渐次降低至2005年的4.1%及2009年的3.6%，可是，大量外地劳工的输入（目前已占就业人口约1/3）以及黑市劳工的存

表2 第三届和第四届立法会届期立法会议员的书面质询统计（按质询的主题种类划分）

届别	第三届（2005～2009年）			第四届（2009～2013年）		
排序	主题种类	数量（份）	比例（%）	主题种类	数量（份）	比例（%）
1	劳工与就业	181	12.5	公共行政	162	7.9
2	公务员	85	5.8	房屋	143	7.0
3	医疗卫生	72	5.0	劳工与就业	137	6.7
4	公共行政	67	4.6	交通	116	5.7
5	交通	66	4.5	公用事业/专营服务	106	5.2
6	环境保护	61	4.2	公务员	106	5.2

注："公务员"指的是质询内容针对公务员之薪酬、福利、工作环境或与其相关的利益，而"公共行政"指整体的公共行政运作体系。

资料来源：作者根据澳门特别行政区立法会网站相关资料整理所得，参见 http://www.al.gov.mo。

在使劳工与就业问题仍是立法会内各政治力量的交锋所在，也是市民最为关注的切身利益。另一方面，回归前被长期诟病的公共行政体系在回归后进行了一连串的改革更新，但无论是改革的成效还是由此对公务员利益所造成的影响，都是议员们书面质询的关注点。同时，经济成长带来的负面效应（交通挤塞、房屋价格高企、环境质量下降等）也逐步在此期间凸显而备受瞩目。

按范畴来划分，可看到在这两届立法会会期内议员所反映的大众关注重点也有一定的转变。"运输工务"范畴由于涉及众多具有争议性的社会议题——"欧文龙贪腐案"（以下简称"欧案"）、"公共房屋的兴建进度和私人楼宇价格的调控"、"土地和公共工程批给"、"交通挤塞"、"专营服务的价格和质素"等，其占书面质询总数的比例在两届中均为最高。与此同时，原来占第二位的"经济财政范畴"在第四届立法会获得的关注较第三届明显偏低。其中，《劳动关系法》（俗称《新劳工法》）和《聘用外地雇员法》因需要尽快在第三届立法会会期完结前完成审议并通过，而经济环境也从2009年逐渐走出金融海啸的阴霾而走上正轨，与经济相关的议题与往届相比受到较少的关注，而"行政法务"范畴进占第二位。此间，除原来一直广受关注的公共行政议题（围绕公共行政改革、政府部门架构重整、官员

问责等）外，2009～2013年议员们进一步针对政府部门职能调整的落实、官员问责制和绩效制度的执行等提出意见，加上对司法/法律法规的滞后、公务员薪酬福利等各类别的关注度持续提升，“行政法务”范畴占质询总数的比例有所提升（见表3）。

表3　第三届和第四届立法会届期议员的书面质询统计（按范畴划分）

届别	第三届(2005～2009年)		第四届(2009～2013年)	
范畴	数量(份)	比例(%)	数量(份)	比例(%)
行政法务	281	19.8	431	21.0
经济财政	337	23.2	381	18.6
保　　安	73	5.0	60	2.9
社会文化	242	16.7	308	15.0
运输工务	401	27.6	728	35.5
其　　他	113	7.8	141	6.9

资料来源：作者根据澳门特别行政区立法会网站相关资料整理所得，参见 http://www.al.gov.mo。

（三）书面质询与利益表达

1. 利益表达议题的适时性

比较两届立法会的书面质询，可以看到，议员们对不同议题的关注与当时的社会经济和民生态势息息相关，例如2005～2009年立法会会期正值《劳动关系法》和《聘用外地雇员法》的审议阶段，劳资双方曾出现不少针锋相对的情况，虽然当时为经济高速增长期，雇主拖欠薪金之情况仍时有发生，而金融海啸爆发导致的裁员和减薪潮也使得“劳工与就业”议题受到较多关注。例如，自2006年底“欧案”曝光和其后经过一年多的审理，一直以来被社会诟病的土地批给缺少透明度的问题备受重视，而澳门成功申报世界文化遗产后对历史文物的保护与经济发展需求所构成的矛盾，以及后来新城填海计划的公布，使得“城市规划”与“土地批给”受到社会的较大关注，部分议员也相应就有关议题提出书面质询。

相对而言，2009～2013年第四届立法会会期，在“运输工务”范畴，由于房地产价格飙升，以及公共房屋的供应未能及时满足社会的需求，市民对政府解决房屋问题的诉求日渐增多。[①] 为此，书面质询中与“房屋”相关的议题比例由上届的3.6%跃升至7%。另外，又如有关公用事业/专营服务质询，原来在第三届立法会会期所占比例为3.5%，到第四届立法会则上升至5.2%。其间适逢社会上发生多起与巴士、电讯、电视服务等相关的事件，社会对政府有关公用事业的收费、监管和服务质素等存在质疑。从以上情况可见，议员关注焦点并非固有和不变的，而是具有一定的实时性。

2. 利益表达议题的多样性

议员们最为关注的议题除因社会经济发展而有所改变外，整体来说其关注点也渐趋分散，议题的多样性有所增加。第三届立法会书面质询最为关注的“劳工与就业”，占总质询比例的12.5%，但进入第四届立法会，书面质询数量最多的则是“公共行政”，不过其比例仅为7.9%。以两届立法会占前六位范畴的数量做计算，虽然第四届较第三届稍高，然而，以方差计算，2005～2009年各范畴占总数的比例之方差为4.6，而2009～2013年为4.0，显示2009～2013年各范畴受关注的比例之离散程度较2005～2009年偏低。综上，反映各议题的书面质询比例较为平均，不同范畴的议题受到议员们重视的程度相差不大（见表4）。

表4　第三届和第四届立法会书面质询议题表达的分布程度

类别	2005～2009年书面质询	2009～2013年书面质询
最受关注范畴的比例（%）	12.5	7.9
最受关注的前六个范畴的比例（%）	36.6	37.6
各范畴的比例之方差	4.6	4.0

资料来源：作者根据有关资料整理所得。

利益表达议题的多样性间接印证了澳门市民的利益取向呈多元化趋势。部分议题在原来的基础上有所延伸，例如2005～2009年书面质询中的“楼宇管理/维修/安全”，绝大部分书面质询事实上属于“楼宇管理”和“楼宇

① 市民认为在2006年政府最需要处理的问题上，“房屋”所占的比例为7.2%，及至2008年已达23.9%，2010年则接近50%。见香港大学民意研究计划，http://hkupop.hku.hk/；又如在各项施政中房屋政策的满意度“敬陪末座”，在市民认为最需要改善的施政范畴中房屋政策也“名列前茅”。见澳门特别行政区政府可持续发展策略研究中心《澳门居民综合生活质素调查2009》；澳门民意调查学会《澳门快乐指数调查》，2010。

维修”两大范围，但2009～2013年书面质询中，近半数针对“楼宇安全”，这不单与2012年发生的“善丰花园列为危楼”事件相关，也与居民总体对楼宇安全关注度有所提升不无关系。另一情况是新增的类别，在2009年以前，书面质询中并没有直接提及“中产”的概念或针对“中产”的需求提出质询；同样，有关“动物保护”的质询也是新生类别，展现了社会发展带来转变后新的诉求。

3. 不同组别的议员利益表达的侧重性

以政治力量划分，澳门的立法会议员可分属6个不同组别，分别为：“建制基层”、“新兴民主阵营”、“建制商界”、“新兴商界”、“本地葡籍”[①]和“建制专业”。[②] 其中，“建制基层”是指一直以来在澳门政治生活中占主导地位之华人社团组织，主要指向澳门街坊会联合总会（简称“街总”）、澳门工会联合总会（简称“工联”）和澳门妇女联合总会（简称“妇联”）等主要传统社团；“建制商界”主要为与澳门中华总商会（简称“中总”）和其属社团等具有密切联系的竞选团体和组织；“建制专业”类别则指向属委任性质，并具有专业背景的力量。[③] “新兴民主阵营”是指20世纪80年代开始兴起的各类民生派和民主派力量[④]，其支持的社团成立年期相对较短且规模较小；“新兴商界”则主要为90年代中期之后新生的商界力量，其

---

① 回归前部分为纯葡萄牙裔人，但绝大部分来自公职系统，而回归后立法会内则全为土生葡籍人士。

② 对澳门的政治力量分类，不同学者有众多的归类与取态，余振在分析1996年澳门立法会选举组别时则以“独立”、“民主民生”、“传统”、独立土生葡人做区分，见余振、卢兆兴《政治参与及政治动员：1995年香港立法局及1996年澳门立法会选举比较研究》，余振、林媛编《澳门人文社会科学研究文选——政治卷》，澳门基金会、社会科学文献出版社，2010年，第330～346页；余永逸则在分析2005年澳门立法会选举时以“土生葡人”、“民主派”、“亲北京”、“博彩业”、“公务员”和“独立”做政治背景之区别，见余永逸《2005年澳门立法会选举：对澳门民主化的启示》，《香港社会科学学报》2007年第32期；潘冠瑾则在对社团的研究上把历届立法会直选中的政治力量分为“传统阵营”、“自由开放阵营”、“本地葡籍”、“独立商界”及“其他”，见潘冠瑾《澳门社团体制变迁——自治、代表与参政》，澳门基金会、社会科学文献出版社，2010。而本文则主要依据各政治力量的政治态度和代表阶层做综合划分。

③ 虽然不少“本地葡籍”的委任议员也具有“建制专业”的色彩，但其族裔的背景在力量划分上较为突出。

④ 由于自1996年立法会选举后，民生派力量并未取得任何议席，因此在阐述2005～2009年和2009～2013年届期的议会政治力量时，以“新兴民主阵营”代表各类新兴的民主和民生力量。

未被属建制的传统社团所吸收，透过新体制实现利益表达，其中包括博彩业的力量；“本地葡籍”主要指土生葡人的力量，也包括在澳门以外出生但在澳门长期工作的葡籍人士。不同组别议员的利益表达侧重点各有差异，这与其职业、社团背景以及进入立法会的方式等因素有关（见表5）。

表5　以政治力量为准划分的立法会议员基本背景

政治力量	职业所属	背景	进入方式
建制基层	社会服务、全职议员	透过传统社团的社会网络植根基层，具有长期参选的经验	直选、间选
建制商界	商界（中小企业）	来自传统经济类社团，部分具有精英家族的背景	间选、直选
建制专业	专业人士	来自法律、经济、教育、规划等多个领域	委任
新兴民主阵营	专业人士、全职议员	政治立场较鲜明，以反对派的角色监督政府施政	直选
新兴商界	商界（博彩企业）	具有较强的经济实力，部分依赖乡情的票源	直选
本地葡籍	公共行政、专业人士	回归后来自法律界的居多	委任/直选/间选

资料来源：作者根据有关资料整理所得。

通过统计，各政治力量对不同范畴的关注具有显著的差异，对特定范畴相对关注或忽略①（见表6）。再者，不同政治力量所关注范畴的侧重点虽然有别，但也会随着社会议题的转变而有所变更。此外议员人数和质询数量的增加，也使书面质询的关注范围有所扩大。

相较于其他政治力量，“建制基层”除对“劳工与就业”议题一直密切关注外，因应社会经济环境的急速变化，其对“食用品安全、价格与权益”和“楼宇管理/维修/安全”的关注也相对突出。“新兴民主阵营”虽提出不少关于“政府管理”和“劳工与就业”的问题，但相对来说其关注点为“土地与整体规划”和“房屋”，且两者均是其连续两届关注的焦点。

因透过书面质询进行利益表达的本地葡籍代表在两届立法会中均仅有一位，曾为公务员的身份和作为公务员团体的领导，其侧重于代表公务员发声，有关“政府管理”议题，在两届会期内均占该议员书面质询总数的一半。

来自“新兴商界”的代表，基本上均透过直选进入立法会，因此相较

① 详见表6注释。

于“建制商界”，其更加积极地争取选民的支持，并对多个范畴有所关注，其书面质询议题较其他政治力量更为平均①，其中，以“社会安全”、“交通”、“经济与产业”和“司法/法律法规”相对突出。

与之相反，在2005～2009年“建制商界”较少以书面质询做利益表达，且主要以联合提出的形式表达雇主利益，因应外劳审批的情况而提出的书面质询（“劳工与就业”）数量较多。但自2009年因新增一位直选产生的“建制商界”议员，在其带动下该政治力量的书面质询数目急升，关注的重点集中在“社会服务与保障”和“教育及医疗”。

表6　第三届和第四届立法会届期议员的关注范畴^#（按政治力量划分）

政治力量	相对关注范畴	相对忽略范畴
建制基层	劳工与就业、楼宇管理/维修/安全、房屋、食用品安全/价格与权益	土地与整体规划、政府管理、经济与产业
新兴民主阵营	土地与整体规划、房屋	社会安全、司法/法律法规、楼宇管理/维修/安全
本地葡籍	政府管理、公用事业/专营服务	土地与整体规划、房屋、交通、社会安全
新兴商界	社会安全、经济与产业、司法/法律法规、交通	劳工与就业、土地与整体规划、公用事业/专营服务
建制商界*	社会服务与保障、教育与医疗	土地与整体规划、食用品安全/价格与权益

注：^表示为符合统计验证之条件而且具有一定数量的样本，按类别的相似性和相关性，把原来46个分类整合为17个范畴，例如把“土地/工程批给”和“城市规划”合并为“土地与整体规划”。

#表示经统计验证，各政治力量（2005～2009年建制商界和两届中建制专业因提出的书面质询数量不足情况除外）提出的议题范畴并非处于均等分布态势（卡方验证p值<0.01）。透过验证，否定了虚无假设（H_0：各政治力量与所关注的议题范畴没有关系，即预期值=实际值），显示政治力量与关注议题的范畴之间是有相关性的（卡方验证p值<0.01）。因此根据虚无假设而计算的预期值，与书面质询的实际数字之间的差异比例，意味着某一政治力量对相关范畴的关注度相对于其他政治力量、该范畴以及其提出的书面质询的总量来说较多或较少，表明其对特定范畴相对关注或忽略。

*表示仅以2009～2013年的书面质询数字做计算。

资料来源：笔者整理。

三　存在的问题

回归后澳门社会处于快速变迁的转型时期，随着社会的不断发展，利益

① 可从统计验证中各范畴的实际值与预期值之比较接近1加以推论。

诉求随之变化，新生的利益，一旦足以引起社会支持，它们就要求被承认。① 分析两届立法会书面质询所呈现的特点可知，虽然基本上立法会的各个政治力量因应社会的变迁而在利益表达上具有实时性和多样性的特质，可是，由于大众的要求往往源自个人的经历、朋辈影响或者传媒报道，形成的速度较快，也期望能获得及时的反馈和跟进，大众要求的提出与立法会议员做利益表达之间容易出现时间差。如在房屋问题上，虽然2005年伊始市民对日渐升温的楼市和房地产投机活动有所关注，但在2005～2009年，议员针对房屋（包括私人楼宇和公共房屋）提出书面质询的数目不多，还有部分政治力量对房屋范畴相对忽略；2009年以后，私人住宅单位的价格（以每平方米平均成交价计算）迅速上升，并远远高于市民收入水平（本地居民人均总收入）的增幅，且这种差距呈日渐拉大的趋势（见图2），房屋问题成了社会的焦点，第四届立法会议员们就此主题的质询相较于上一届期而言较为积极，但在时间上出现了一定的时间差。

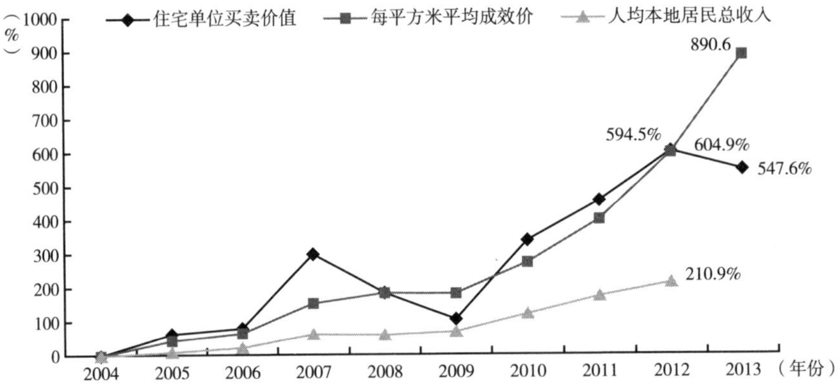

图2　2004～2013年澳门住宅单位价值与本地居民人均总收入变化（累计%）

注：澳门本地居民人均总收入的数字更新至2012年。
资料来源：澳门特别行政区政府统计暨普查局。

再者，“建制商界”、“新兴商界”和“建制专业”的政治力量在议席数上具有明显的优势（所占议席数超过2/3），但其利益表达的相对单一性

① 〔美〕詹姆斯·安修：《美国宪法解释与判例》，黎建飞译，中国政法大学出版社，1994，第147～148页。

和不确定性使得部分群体的利益未得到足够的关注，如专业人士的利益诉求、“夹心”阶层的生活需要、社会的文化道德需求；抑或仅有某一政治力量的相对关注，一些新生但跨届别的社会诉求没有及时获得相应的关注和回应，如公用事业、土地批给和城市规划等，立法会未能有效发挥应有的代表和监督作用，产生利益代表的缺位问题。[①]

另外，按规定虽然政府应在行政长官收到书面质询之日起30日内做出书面回复，但从实际效果来看，不少书面质询并未得到及时回应。同时，由于书面质询对政府的约束力有限，也有部分书面质询的回复出现“答非所问”或“不着边际”的情况[②]，行政机构应有所正视。在那种情况下，部分议员重复追问已提出的质询问题，又或就质询的回复再做跟进，提出类似的质询，形成恶性循环：原有的质询问题没有因议员的提出而获得适当的跟进处理，社会的其他诉求则因某一质询议题的重复提出而挤占了其表达的空间，因此书面质询的效果没有得到充分的显现。

书面质询是立法会议员进行利益表达的一个重要途径，也是在澳门的治理框架中，体现立法会议员与市民大众互动的一个过程，及时的表达和跟进将有助于社会治理系统的建立。本文的书面质询研究，一方面反映了在社会经济转型的情形下，社会诉求透过立法会议员做利益表达而持续演变，另一方面也从侧面显示利益表达的及时性和广泛性有待进一步加强。

（原载陈多主编《港澳研究》总第5期，北京：国务院港澳事务办公室港澳研究所，2014年10月。）

---

① 蔡永君：《社会变迁与利益多元：澳门立法会议员的利益代表分析》，《澳门研究》2013年总第69期。

② 《关姐叹议会难监督政府 呼吁加强立法会权力 免沦为纯粹“立法机构”》，澳门《市民日报》2014年10月3日，P01版；《议员狠批政府回应质询耍太极》，澳门《新华澳报》2011年3月18日，P02版；冷铁勋：《澳门质询制度面临的困境与完善对策》，《行政》2012年总第96期。

邻避抗议如何影响政府政策

——以澳门为例

姜姗姗*

回归以来，澳门社会出现一个新生现象。市民们开始绕过代表性社团①，以直接的抗议行动向不存在语言文化障碍的特区政府表达政策意见。其中，值得注意的一类抗议事件，是由公共设施选址争议所引发的、以共同居住的社区为空间、以改变政府选址决策为目标的邻避抗议。从政策结果的角度看，在澳门诸多因公共设施选址引发的邻避抗议中，有的抗议奏效了，居民们成功地把设施赶出社区，或者使兴建计划“胎死腹中”，民意成为影响政府决策的重要因素；有的却失败了，在历经一番抗议之后，政府并未做出实质性的政策调整，或者只是部分有所回应，居民预期的政策目标没能实现。然而，有关澳门邻避抗议的系统研究刚刚起步②，邻避抗议中那些成功案例如何促成政策改变的机制尚待研究。鉴于此，本文将对之展开分析。

一　抗议与政策结果

当人们意图反对某项具体的政府政策时，往往不是通过投票或者借助利

---

* 姜姗姗，澳门大学社会科学学院公共行政专业博士，澳门特别行政区政府行政公职局高级技术员。

① 关于代表性社团的阐述，详见娄胜华《转型时期澳门社团研究：多元社会中法团主义体制解析》，广东人民出版社，2004，第318～332页。

② 娄胜华、姜姗姗：《“邻避运动”在澳门的兴起及其治理——以美沙酮服务站选址争议为个案》，《中国行政管理》2012年第4期。

益集团等常规途径，而是诉诸抗议这一非常规的政治参与方式。[①] 然而，并非所有的抗议活动都能成功影响政策。在这一问题上，大致存在两种不同观点。精英论者认为，政府对因事而聚、临时组成的抗议团体并不敏感，很少因其抗议而改变既定政策。[②] 相反，多元论者认为，非正式的抗议活动在影响具体政策时较为奏效，虽然参与人数只占人口很小一部分，但其显著性经由大众传播而被强化，引发较大的社会关注，进而得到积极的政府回应。[③] 也就是说，抗议并非直接影响政策，而是通过某种间接机制。有关这种间接机制的研究，美国学者利普斯基（Michael Lipsky）做了开创性工作。他指出，抗议是一种“高度间接的过程”（highly indirect process），在这个过程中，最能对抗议结果产生影响的，不是抗议者本身的行为，而是他们能否吸引和借助“第三种力量”（third party），尤其是那些与政府保持经常性接触的利益团体，以丰富抗议行动的政治资源，提高抗议成功的可能性。[④]

沿着上述思路，后续学者不断丰富对“第三种力量”的研究。休梅克（Paul D. Schumaker）认为外部环境的支持对于抗议取得预期目标非常重要，这些支持来源包括政府官员、民选官员、大众媒体、活跃的社会团体以及主导性的社会舆论五个方面。他强调，其中那些长期活跃的社会团体（long-standing active groups）至关重要，它们的支持或反对更能左右政策走向。[⑤] 塔罗（Sidney Tarrow）则特别重视有影响力的政治成员联盟（political allies）的关键作用。他在研究 1968 年法国学生运动时指出，抗议仅仅为变革打开了一扇窗，但如果没有体制内精英的认同和帮助，实质性的政策变化很难发生。[⑥] 还有一些学者对公共舆论的角色尤为关注。例如伯斯坦（Paul Burstein）认为，社会抗议经由媒体报道影响社会偏好和大众舆论（public

---

① Michael Lipsky, *Protest in City Politics*, Chicago: Rand McNally & Company, 1970, p. 2.

② Paul D. Schumaker, “Policy Responsiveness to Protest-group Demands,” *The Journal of Politics*, Vol. 37, No. 2, 1975, pp. 488 - 521.

③ 〔美〕诺曼·H. 尼、西德尼·伏巴：《政治参与》，〔美〕格林斯坦、波尔斯比编《政治学手册精选（下卷）》，商务印书馆，1996，第 290 ~ 379 页。

④ Michael Lipsky, “Protest as a Political Resource,” *American Political Science Review*, Vol. 62, No. 4, 1968, pp. 1144 - 1158.

⑤ Michael Lipsky, *Protest in City Politics*, Chicago: Rand McNally & Company, 1970, p. 2.

⑥ Sidney Tarrow, “Social Protest and Policy Reform: May 1968 and the Loi d'Orientation in France,” *Comparative Political Studies*, Vol. 25, No. 4, 1993, pp. 579 - 607.

opinion），而在选举政治的压力下，官员们不得不对大众舆论保持高度敏感，并随其变化对公共政策做出相应调整。[①] 可以说，既有研究在抗议如何影响政策这个问题上，已经形成一个基本共识，即抗议不是简单的两方博弈（2－Player Games），而是一个多方力量互动交织（N－Player Games）的过程[②]，其对政策的影响不是直接的，而是通过某些中介变量间接产生。

不过，在不同的社会政治环境中，这些中介变量的重要程度有所不同。一般来说，在西方民主制国家，发达的大众媒体、多元的社会力量、激烈的政党竞争及法律对公民权利的保护等，使民众的抗议行为有更宽松的制度空间和较高的社会关注度，政策诉求更容易得到政府的积极回应。正因如此，兴起于20世纪60年代的抗议政治研究的理论积累，至今大都基于欧美发达民主国家的经验。而在政治体制相对封闭的威权国家，大众抗议处于政府严格控制之下，民意对政策的影响程度相对有限，影响方式也呈现不同于民主国家的特点。近十年来，对当代中国大众抗争的研究逐渐增多，为以西方经验所主导的抗争政治学新添了来自威权国家的视角。在对受冤农民上访、下岗工人维权、农民工维权、房屋拆迁抵抗、社区业主维权、城市环境抗争等案例的研究中，学者们发现那些甚少出现在西方经验中的人群，如老年人、教师、记者、公务员、乡村干部等，在影响政策方面发挥了关键作用。[③] 中国经验还使学者们注意到，大众抗议对政策的影响往往不是体现在政策内容的变化上，而是改进了政策执行的过程，促使一项好的政策在基层得到切实的贯彻。这一结论主要来自对农村税费和村民选举问题的抗议案例研究。[④]

事实上，除了上述各种与环境相关的外在因素，我们还需要注意到与抗议者本身相关的内部因素也会影响政策结果，如抗议团体的组织化水平、行

---

① Paul Burstein, "Social Movement and Public Policy," in Marco Giugni, Doug McAdam & Charles Tilly (eds.), *How Social Movements Matter*, Minneapolis: University of Minnesota Press, 1999, pp. 3－21.

② David Kowalewski, Paul D. Schumaker, "Protest Outcomes in the Soviet Union," *Sociological Quarterly*, Vol. 22, No. 1, 1981, pp. 57－68.

③ 王金红、黄振辉：《社会抗争研究：西方理论与中国视角述评》，《学术研究》2012年第2期。

④ Kevin J. O'Brien, Lianjiang Li, "Popular Contention and its Impact in Rural China," *Comparative Political Studies*, Vol. 38, No. 3, 2005, pp. 235－259.

动的暴力化程度、抗议领袖的风格、目标的排他程度等。[①] 总之，抗议作为人们反对某项具体政策时惯常使用的方式，能否带来预期的政策结果，取决于诸多内外部因素的共同作用。

二　澳门邻避抗议概貌

在当代社会，邻避抗议已经成为群体性事件的重要类型之一。邻避抗议（英文全称 Not in my backyard，一般缩写为 NIMBY），指在现代化与都市化的进程中，许多集体消费的公共设施与非集体消费的生产设施，均面临因设施的外部性扩散，而引起周边居民反对与抗争的现象。所谓外部性扩散，是指设施的风险主要由周边居民承担，好处却由全社会共享。[②] 自 20 世纪七八十年代美国频发邻避抗议以来，类似现象在世界各国的城市化进程中陆续出现，90 年代蔓延至日本、韩国、中国台湾等亚洲各地。在 2012 年，新加坡也连续发生多起居民反对社区内建疗养院、托老中心等事件，社会影响之复杂使总理李显龙公开表示担忧。[③] 而同年在中国内地，首届“‘邻避运动’案例研讨会”的召开，本身就表明了这一问题的严重性。自 2007 年厦门 PX 事件之后，各种邻避抗议在中国频发，2012 年进入高潮[④]，社会震荡之大，被学者喻为“更广泛和深刻的社会运动前奏”。[⑤]

近年来，素有和谐社会之称的小城澳门，也开始成为邻避抗议的多发地区。澳门虽地狭人稠，种族众多，信仰各异，却能长久保持社会稳定，偶有冲突亦能复返安宁，是周边地区少见的多元异质型和谐之城。然而回归后，特别是 2002 年赌权开放以来，澳门经济跳跃式发展，社会财富急速增加，

① 关于内部因素的总结，参见 Marco G. Giugni, “Was it Worth the Effort? The Outcomes and Consequences of Social Movements,” *Annual Review of Sociology*, Vol. 24, 1998, pp. 371 - 393。

② 谭鸿仁、王俊隆：《邻避与风险社会：新店安坑掩埋场设置的个案分析》，《地理研究》2005 年第 42 期。

③ 李叶明：《“邻避”在狮城》，《国际先驱导报》，http：//column. cankaoxiaoxi. com/g/2012/1114/119751. shtml，2012 年 11 月 14 日。

④ 《年度环境 NGO 发展报告》，杨团编著《中国慈善发展报告（2013）》，社会科学文献出版社，2013。

⑤ 唐昊：《邻避运动是更广泛和深刻的社会运动前奏》，http：//www. ngocn. net/news/87434. html。

与此同时，某些社会矛盾与社会问题日益凸显。本地人口与外来人口的增加，以及居民在财富效应下对高质素生活的追求，导致原本就不丰裕的公共设施与公共服务显得更加脆弱与不足。面对与日俱增的公共设施与公共服务需求，政府部门不可避免地需要通过增加供给的方式做出回应。然而，公共设施的选址和兴建屡屡碰壁，无论是周边居民生活所需的街市、停车场、垃圾房，还是与社会整体需求相关的加油站、安老院、行人天桥、轻轨、戒毒服务站等，无一例外地受到选址附近居民的反对，甚至引发街头抗议，导致相关兴建计划每每中断或搁置。

按照研究抗议政治的常用方法，本文以“澳门特区政府新闻局剪报网”收录的电子新闻作为主要资料来源，收集所有澳门邻避抗议的相关报道并进行分类整理。为了避免被特定媒体立场所影响，本文采用多种报道来源，也就是全面阅读出现在各个报纸中关于同一事件的新闻，再做信息的对比整理。需要说明的是，与澳门邻避抗议同时期频繁出现的，还有一系列环境保育的抗议活动。由于两者在理念、目标、动员等方面相互影响，某些研究者也把保育抗议列入邻避抗议的研究范围。但是本文认为，在澳门，两种抗议事件的独立性比较明显，因此只严格地将那些由公共设施选址争议所引发的、以共同居住的社区为空间、以改变政府选址决策为目标的抗议，列为邻避抗议研究对象。

经过收集分析资料，澳门邻避抗议的基本情况总结如下。

从时空分布看，澳门邻避抗议主要集中在回归第二个五年以后，也就是澳门经济开始高速发展、城市建设快速推进的时期。从2004年至今共出现22起抗议，其中13起发生在澳门半岛的花地玛堂区（俗称北区）。该区在整个澳门人口密度最高，以20世纪七八十年代来自内地的新移民为主要居住人群。

从设施类型看，抗议主要针对的是环境类邻避设施。一般来说，是对健康还是对环境造成潜在风险，是划分邻避设施类型的重要标准，前者通常被称为社会类，后者被称为环境类。[①] 澳门22起抗议中，只有6起是由安老院、

① Cynthia Gordon, James M. Jasper, “Overcoming the ‘NIMBY’ Label: Rhetorical and Organizational Links for Local Protestors,” *Research in Social Movements, Conflict and Change*, Vol. 19, 1996, pp. 159－181.

中途宿舍、戒毒中心等以特定人群为服务对象的社会类设施所引发的。余下均是与地理环境相关的邻避设施，如加油站、停车场、垃圾房、电站、轻轨等。

从抗议手段看，居民们大都采用贴白抄、发传单、反对签名、问卷调查、媒体声明、请愿、游行等低冲突手段。不过，和平进行游行示威这一世界各国邻避抗议中的常见手段，在澳门被使用的频率不高，而在伦敦街轻轨路线抗议中出现的公听会、入禀法院等高冲突手段，更是少见。当然，这是在相对意义上界定抗议手段的冲突程度。抗议手段的采用情况，也反映出澳门大众政治文化不喜抗争的传统色彩。①

从动员特点看，澳门邻避动员的强度和密度较高，但时间跨度一般不长。原因在于，邻避抗议的目标单一、具体、明确，旨在使政府取消或者中断相关设施的兴建，是一种单议题行动。② 尽管在抗议过程中，居民们的诉求有时会从单议题延伸至多议题，提出“反对假咨询”“反对庸官”等口号，但总体而言，这种因事而聚、临时组成的抗议团体，往往在问题得到解决后解散，抗议行动也骤然停止，是一种“昙花一现”的抗议。从新闻报道的时间来看，澳门邻避抗议具有多发性和分散性，绝大部分抗议只持续3个月左右，仅伦敦街轻轨路线与风顺堂垃圾房事件历时较久，以年计算。

从行动依据来看，居民们大量使用“阳光政府”和“科学决策”等官方话语捍卫抗议行动。在集体抗议中，人们通常需要使用一套所谓的“维权说法”来赋予行动合法性。在中国，这套说法往往与国家的主流话语挂钩，既不冒犯国家权威，也起到抗议动员的作用。例如，李连江把当代中国农民上访的维权说法归纳为“依法抗争”，农民积极以明确的国家法律和中央政策作为发起抗争和提出要求的依据。③ 于建嵘提出当代中国工人抗争是“以理维权”，这种“理”最直接的精神资源，来自执政党长期宣传的意识形态和主流话语。④ 朱健刚认为，城市业主维权亦采用“以理抗

---

① Shiu - Hing Lo, “Political Culture and Participation in Macau,” *Asian Affairs: An American Review*, Vol. 17, No. 3, 1990, pp. 147 - 155.

② 何艳玲：《“中国式”邻避冲突：基于事件的分析》，《开放时代》2009年第12期。

③ 李连江：《中国农民的国家观与依法抗争》，张茂桂、郑永年主编《两岸社会运动分析》，新自然主义股份有限公司，2003，第281～298页。

④ 于建嵘：《耶鲁演讲：当代中国工人的“以理维权”》，《父亲的江湖》，中国广播电视出版社，2013，第69～77页。

争”策略，但这种“理”，是由国家法律法规和日常生活道德原则交织构成的双重“道理”。[①] 根据观察，澳门的邻避抗议也大多以官方话语作为行动依据。无论在书面的诉求文本或是在即兴的媒体采访中，“阳光政府”和“科学决策”这两大崔世安特首上任后首份施政报告中提出的施政理念，俨然成为居民最常挂在嘴边的维权说法，成为他们最重要的话语资源。借用上述学者的概念，由于澳门在公共设施的选址依据方面缺乏具体的法律法规，居民只能诉诸一种模糊笼统的以理维权方式，而非有法可依的依法维权。

三　邻避抗议的政策影响路径

在邻避抗议中，居民的政策目标是希望政府停建或者迁走相关设施。以此作为抗议成败的判断标准，澳门 22 起邻避抗议事件有半数以上（约 14 起）都是成功的。在居民抗议的影响下，有些设施尚未开始兴建就迅速流产，如黑沙环公园街市计划；有些经过多番调整后仍被搁置，如新桥仓储式停车场计划；有些甚至在建设过程中被推倒叫停，如三盏灯垃圾房计划。而在那些失败的案例中，抗议也并非毫无作用。例如，在黑沙环美沙酮事件中，社区居民于 2011 年 12 月 7 日举行了夜间集会，迫使两位政府部门局长深夜出面对话，并使之迅速做出加强服务站安全运作的具体承诺。紧随其后的回归日游行示威，亦促使政府开启美沙酮服务的三阶段政策推广。[②] 可以断定，如果没有社区居民的反对行动，政策的变化或改善很难出现。从他国经验来看，这些短暂、分散、多发的居民抗议除了引发当下的政策变化，也有可能带来长远的文化及制度影响。

从抗议与政策结果的关系角度，进一步分析澳门 14 起成功的邻避案例，会发现抗议奏效至少源于两大共同因素。

一方面，作为邻避抗议的诉求目标，邻避设施的类别特征很重要。克里西（Hanspeter Kriesi）等人认为抗议目标通常涉及两种政策类别，一种是低调政策（low-profile），另一种是高调政策（high-profile），而后者获得抗议成功

---

① 朱健刚：《以理抗争：都市集体行动的策略》，《社会》2011 年第 3 期。

② 澳门新闻局：《政府对黑沙环卫生中心提供美沙酮治疗服务的规划》，2010 年 12 月 10 日，http：//www. gcs. gov. mo/showNews. php?PageLang = C&DataUcn = 49774。

的机会远少于前者。原因在于，从资源上看，高调政策涉及大量资源问题，并对已经拥有资源的其他行动者带来很大挑战；从政府自主性来看，高调政策问题往往涉及多个政府部门，部门之间的相互牵制，使得任何一个部门都难有充分的自主性来改变政策。[①] 在澳门，那些迫于抗议而停止兴建的设施，大多是专属民署负责的、贴近民生的小项目，如垃圾房、街市、加油站等，属于容易获得成功的低调政策领域。而在诸如轻轨建设的高调政策领域，由于涉及的资源较多，牵涉的利益部门较为广泛，以抗议实现其目标的可能性相对较小。这也能部分解释，为什么澳门邻避抗议中持续时间最长、媒体关注度最高的伦敦街轻轨路线之争，一直悬而未决。澳门经验表明，作为抗议目标的邻避设施，其类别、性质及规模与抗议结果之间存在很强的相关性。

另一方面，作为邻避抗议的行动策略，代表性社团的介入同样重要，它是社区居民主要的外部支持力量。如前所述，学者们已经充分注意到，抗议是一种高度间接的过程，决定其成败的关键在于有无适时适当的外部支持。在不同的社会环境中，各种外部支持的重要性并不等同。公共舆论、社会团体、体制精英、党派力量的支持或反对，都有可能决定抗议结果。根据观察，代表性社团的介入能够增加澳门邻避抗议成功的机会。14 起成功案例中，大都出现了诸如街总、工联及其属会社团的身影。它们的出现，有时是居民求助所致，有时是主动介入的结果，其提供支持的方式主要是陪同和质询，包括陪同到政府部门递信请愿，一起与政府代表会晤磋商，以及立法会口头或书面质询。有趣的是，随着抗议过程的推进，社团有时会根据自身需要游走在介入者与组织者的角色之间，角色的微妙转换也会影响政策走向。

无论是社区居民求助，还是社团主动介入，都反映这样一个事实：在各种社会力量中，代表性社团即澳门社会惯称的传统社团，具有较强的政策影响优势。这种政策影响的优势，主要源于与特区政府之间制度与非制度的联系优势。第一，制度联系方面，在澳门的立法会及各种政府咨询组织中，传统社团拥有人数相对较多的成员代表，这意味着其有更多的机会和场合向政府输送意见。频繁和紧密的制度联系，也会强化代表性社团的组织优势，使其在把社会问题带入政策议程方面，拥有更多的人力资源与游

---

① 谢岳：《抗议政治学》，上海教育出版社，2010，第 194 ~ 196 页。

说经验。[①] 第二，非制度联系方面，回归前的公务员本地化进程促成一批社团精英向政治精英和行政精英转化，而成立较早的传统社团是主要的精英来源。这一历史原因，客观上增加了现任社团与政府官员之间非正式接触的机会，也在情理上限定了个人之间非正式交往的人情规范。[②]

以上论点，有调研数据为证。2006 年，一项“澳门社团（利益团体）对澳门施政和社会稳定所担当的角色”的调查结果显示，回归前成立的社团与政府各级官员会晤次数更频繁，对政府政策的影响更大，更易使政府重视自身提出的意见，政策建议也更容易得到政府回应。[③] 可以说，代表性社团与政府之间的联系优势及衍生而来的政策影响优势，是那些在邻避抗议中因事而聚的、散兵游勇式的社区居民们所不可能具备的。因此，在大部分案例中，居民们在采取贴白抄、发传单、联合签名等独立手段以外，都尝试过找社团帮忙，希望依靠从社团“借来的资源”（borrowed resources）增加抗议成功的可能。[④] 借用索尔（Sarah Soule）等人的概念，这是一种集体抗议中的“内部人策略”（insider tactics）[⑤]，通过在政治制度内部施加影响实现政策变化。代表性社团因其在澳门政治体制中的特殊角色，被普遍视为建制派或者亲政府力量，也就是此处所谓的内部人。事实证明，社区居民在邻避抗议中寻求社团支持并借用社团优势的策略，能够较为成功地改变政府兴建邻避设施的计划。

四　小结

回归以来，随着社会经济的发展和市政建设的推进，具有邻避特征的公共设施选址争议在寸土寸金的澳门日益增多，成为特区政府一个重要的政策

① 〔美〕诺曼·H. 尼、西德尼·伏巴：《政治参与》，〔美〕格林斯坦、波尔斯比编《政治学手册精选（下卷）》，商务印书馆，1996，第 290 ~379 页。

② 潘冠瑾：《澳门社团体制变迁：自治、代表与参政》，澳门基金会、社会科学文献出版社，2010，第 132 页。

③ Lee Shuk - Ping，*Social Stability and Public Policy*：*The Role of Special Interest Groups in Macao*，2006，香港大学硕士学位论文。

④ 何明修：《绿色民主：台湾环境运动的研究》，群学出版有限公司，2006，第 250 页。

⑤ Sarah A. Soule，Doug McAdam，John McCarthy，Yang Su，“Protest Events：Cause or Consequence of State Action? The U. S. Women's Movement and Federal Congressional Activities，1956 - 1979，” *Mobilization*：*An International Quarterly*，Vol. 4，No. 2，1999，pp. 239 - 256. 转引自谢岳《抗议政治学》，上海教育出版社，2010，第 194 ~196 页。

难题。迄今为止，澳门出现了22起邻避抗议，大部分集中在澳门半岛人口密度最高的花地玛堂区，主要由与地理环境相关的邻避设施所引发。抗议的时间跨度一般不长，数月内即会消散。在抗议过程中，社区居民惯常采用一些低冲突手段，并使用“阳光政府”“科学决策”等官方话语作为维权说法。从政策结果看，大部分邻避抗议得到政府的积极回应，迫使政府取消或中止设施兴建计划。易于引起政策改变的原因，一方面在于澳门邻避设施多属于低调政策问题，涉及的资源及部门相对简单，另一方面也在于居民们大多采取了所谓的内部人策略，争取到那些对特区政府有政策影响优势的代表性社团的支持，进而增加政府回应诉求的可能性。

研究澳门邻避抗议对政府政策的影响路径，需要重新思考代表性社团在澳门社会转型中的角色。在澳葡殖民统治时期那个“没有政府的世界里”①，由于政府职能缺位，代表性社团为居民提供了大量服务，柴米油盐、生老病死，无不涉足。从生活经验衍生出来的，是高度的社团信任。回归后，澳门人迎来了一个“自己人的政府”，黑头发，黄皮肤，说着人人都能听懂的广东话。伴随政权回归的，还有政府职能及居民政治身份的回归。在这个过程中，代表性社团的社会服务功能有所消退，管治联盟角色不断凸显，所引发的一个重要结果是，情感上居民对其日益疏远，信任度下降。因此，社会普遍认为，回归前确立的以代表性社团作为利益代言人的制度，开始失去原来的效力。失效的表现之一，是诉诸直接行动的抗议文化逐渐兴起。在很多社会政治问题上，人们试图绕过代表性社团，向不存在语言文化障碍的“自己人的政府”表达意见。然而，澳门邻避抗议研究表明，代表性社团仍然是普通居民为了达成政策目标绕不过去的一道槛。寻求社团帮助，依然是居民们的客观行为选择。这种行为选择的背后，一方面蕴藏了一个地方的历史对当下的文化限定，以及当下对历史的路径依赖；另一方面也包含了居民对社团态度的微妙变化。如果说过去澳门居民与社团的关系，是一种基于生活经验的信任依赖，现在更多的则是基于权宜需要的策略依赖。

（原载陈广汉、黎熙元主编《当代港澳研究》第12辑，总第40期，广州：中山大学出版社，2014年2月。）

① 林玉凤：《七十后也有心声》，《澳门日报》2010年7月22日，E08版。

直选议员的参选政纲与选后表现

——以社会福利议题为例

陈建新　陈慧丹[*]

第五届澳门特区立法会选举业已结束，顺利产生14名直选议员，其中9名议员成功连任，其余5名新当选议员分别来自各成功连任议员的参选组别。议员成功当选或连任的原因较多，但重要的因素之一应当是他们以往在立法会中的良好表现，评估的参考应为其参选政纲或选举承诺，即他们作为立法会的利益代表和在利益表达过程中如何通过实际行为逐步实现其政纲。笔者无意为各直选议员的表现优劣或排名打分，只是想理性地探讨他们在社会福利方面的表现，以及能否贯彻其参选政纲以督促政府施政。

一

作为现代民主政治的重要组成部分，在实行议会民主的国家或地区，民众主要通过选出的代表在议会中表达自己的诉求，反映自己的利益，促成政策的出台。皮特金（Pitkin）从形式和实质两个维度展开对代表的逻辑分类：从形式意义上来说，主要解决授权和问责的问题，授权型代表做授权范围内的事情，无须承担任何责任，但责任由被代表者承担。相反，若做出超出授权范围的事情则不再被视为代表。责任型代表则认为代表者对被代表者负责，但形式意义上的代表无法表明代表应当做什么以及如何判断代表的好

* 陈建新，哲学博士，澳门大学社会科学学院政府与公共行政学系助理教授；陈慧丹，澳门理工学院一国两制研究中心讲师。

坏。描述性代表指代表充分反映了特定的社会政治结构。象征性代表表示代表是一个构成物的符号，主要是一种主观因素。最后两种代表仍没能告诉当选后的代表实际上做过什么事情，因此，行动维度的代表被引入，代表者是为了被代表者的利益而行动，这涉及在代表期间应该如何行动的问题[①]，其实质上强调代表者对选民的回应程度[②]，暗指代表不可能完全偏离被代表者的利益要求，也不会完全认同被代表者的利益要求，反映了代表者与被代表者之间的动态关系。

选民或民众应何时及如何控制代表的行动值得关注。一种观点认为，应在事前借压力、指示或党纲/政纲来行使，党纲/政纲一旦为选民所认同，则应成为议员行动或未来政府施政的参考。另一种观点认为，议员必须为其所作所为向选民或民众负责，如议员行为若被证明未能符合民众所需，唯一的惩罚就是使他在下次选举中落选。至于如何证明其行为，因各国（地）制度不同，有的可以通过出版物、议员的出席次数和投票记录分析，有的则通过政府整个施政效果而评判。第三种观点则认为民众控制是不必要的，竞争性选举就能让民众自由地做出选择。[③]

学术界曾就政党政纲与选后立法表现、政府施政落实程度、政策产出（如政府在某政策领域的预算开支）之间的关联性进行实证研究，此类研究有助于观察政党及其成员的行为，即在选举时所宣示的政纲与其在议会中或政府中的所作所为是否一致。研究普遍采用内容分析法，以预先清晰拟定好的定义、标准及规则将选定的政党参选政纲文本归类，并引证有关政府施政或施政效果的文件资料，最终决定政纲是完全被履行或部分被履行或没有被履行。较有代表性的是罗耶特（Royed）将政纲中不同的句子视为承诺强弱程度的判断标准，从而区分政党对政策的实行意愿或对选民的承诺，以及检验其当选后是否履行竞选承诺。虽然这些都是欧美政党政治发达国家进行的研究，但其研究思路以及方法可以为澳门相关研究提供参照。

---

① Hanna F. Pitkin, *The Concept of Representation*, Berkeley: University of California Press. 转引自景跃进《代表理论与中国政治——一个比较视野下的考察》，《社会科学研究》2007 年第 3 期。

② 冉昊：《“代表”的概念理解》，《浙江学刊》2009 年第 5 期。

③ 安东尼·布奇：《代议制度功能之分析》，江大树译，应奇编《代表理论与代议民主》，吉林出版集团有限责任公司，2008，第 115 ~ 133 页。

澳门不采用如责任内阁制等制度，是因为其是中央政府辖下的一个地方行政区域而非政治实体，不存在政权竞争问题，立法会选举并非选民选举执政党，也不是透过获胜的政党组建政府。基本法规定，立法会既是立法机关，也是代表机关。议员除了行使立法职能外，还应代表、汇集和表达选民或民众的利益意向和诉求，以监督政府施政。立法会议员根据法律行使其权利并履行义务，有权提出议案、对政府的工作提出质询，以及在立法会会议上发言和参与表决。议员可以在立法会中透过这些利益表达方式关注和履行其政纲提出的政策。目前，议员最重要的表达渠道是质询，包括书面质询和口头质询，就不同议题要求当局做出回复和解释，以供日后参考和跟进，借此达成履行政纲的目的。

议员在立法会中提出的促进政府完善工作和政策形成的各种要求和主张是否符合选民的利益，其中一个参考依据为参选政纲。政纲内容反映了参选组别及其候选人关注的议题或回应民众诉求的政策偏好和期待。选民做出抉择及投票支持某一参选组别及其候选人，实际上是因为参选政纲与选民偏好形成一致，一旦候选人成功当选，政纲则成为议员与选民之间的契约，而定期选举则是检验契约是否达成的机制。议员如果不能在任期内为选民争取利益而兑现政纲主张，将面临连任失败的危险，这无疑是一种约束。从授权理论（Mandate Theory）角度看，选民选举的选择准许当选的代表或政党履行他们的政纲政策或选举承诺，使他们在当选之后获得实现政纲或承诺的正当性，这也是检验当选代表或政党的政纲与选后表现之间的关联性的依据。因此，政纲并不纯粹是选举的语言，或是选举推销的一个环节。选民得根据议员所提出的政纲衡量其在立法会中的表现和解决问题的能力，判断其是否兑现参选承诺，并以此作为下一届选举是否继续支持该议员的参考依据。通过这样的程序，议员要向选民负责，选民可以赋予议员责任，选民与议员之间的问责关系由此得以体现。

二

本文旨在探讨直选议员是否践行其参选政纲，因此，将分析对象限定为直选议员，内容限定为他们透过正式渠道发表的参选政纲及书面质询，并以与社会保障基金相关的社会保障和与社会工作局相关的社会服务的内容为

例，时间限于2009~2013年。关注直选议员类别的原因在于，间选和委任的机制仍未被居民充分理解，直选议员以选票为当选规则的机制较被人理解。直选议员是市民直接行使选举权利选出的正式的利益代表，而间选和委任议员较少做出书面质询，而且他们的竞选承诺不全面。集中分析书面质询的理由是，基本法保障立法会议员有权对政府的工作提出质询。相对于口头质询，书面质询提出的规限性较弱，是目前立法会议员代表民意监督行政机构最活跃的方式，也是议员利益表达时最常用的方式。书面质询的内容能够反映议员和市民最关注的或具争议性的政策议题，以及议员本身的政治立场。

本文使用的资料搜集范围为直选议员在2009年参选时发表的政纲及其当选后在2009~2013年代表立法会发布的书面质询。在政纲方面，主要从政府“立法会选举网”参阅2009年官方发布的各参选组别的政纲①。需要指出的是，选取官方出版物存在争议：第一，官方出版物中有的参选组别政纲内容详尽，有的则简单；第二，部分选民可能由于没有更改地址或其他原因未能收到官方出版物而未能阅读政纲小册子。本研究认为，选择官方出版物是合理的，除了能确保资料来源的一致性外，政府集合各组别的参选政纲制成一小册子并邮寄给每位合资格的选民，对每位合资格的选民来说，其可接近性应是相同的，对每个参选组别的宣传来说也是公平的，即每组只能在一个版面展示政纲。如此一来，各参选组别必须把握这一宣传途径，用具体清晰的文字用语或图表归纳自己的愿景、理念和政策，并尽可能展现参选人的形象。在书面质询方面，由于时间限制，本研究只搜集截至2013年8月30日澳门立法会网站上载的2009~2013年直选议员的书面质询，共1942份。②

本文主要采用内容分析法分析政纲及书面质询中与社会保障基金相关的社会保障和与社会工作局相关的社会救济、社会保障、社会服务等内容，然后将当选议员提出的参选政纲中有关社会保障和社会服务的句子罗列出来，并按社会保障制度、社会救济、社会服务三个组别归类。除了内容归类，也辅以数据分析，以观照有关内容在政纲中的具体体现程度，继而衡量直选议员的政纲与

① 2009年16个参选组别的政纲，见 http://www.eal.gov.mo/zh_tw/2009.html，2013年9月23日。

② 2009~2013年第四届立法会议员书面质询资料，见 http://www.al.gov.mo/cn/cn_main.htm，2013年9月23日。

其在立法会中的表现，即通过有否提出上述相关范畴的书面质询来对照分析。

立法会议员的主要职能是就政府所提出的法案进行讨论和投票，监督政府施政，向政府工作提出书面质询则较能体现议员的主动性。本研究以议员所提出的书面质询（数目）为指标，通过 2009 年参选政纲和2009～2013 年的书面质询数目的相关度检视议员是否履行自己的竞选承诺，同时，也探讨直选议员的竞选承诺和书面质询与 2009 年和 2013 年相应组别的得票数目之间的关系。

由于立法会直选议员（2009 年为 12 人）和当选组别（2009 年和 2013 年当选立法会议员的组别数为 9 组）较少，相关统计效能（Statistical Power）较少，所以，本研究选用成效规模（Effect Size）来进行分析评估。根据 Cohen 的理论①，大型成效规模应为 0.50（相关度分析，Correlation Analysis），中型成效规模为 0.30，而小型成效规模为 0.10。

三

（一）2009 年各直选当选组别的政纲内容归类

本研究所选的三个范畴中，“社会保障制度”平均用字最多，“社会救济”最少。有商业界背景的当选组别（改革创新联盟和澳门发展新连盟）关于“社会服务”的用词较其他组别偏少；相反，较注重民主发展的当选组别（民主昌澳门和民主新澳门）在三方面都用较多字数阐述相关议题（详见表 1）。

表 1　2009 年当选组别参选政纲相关议题的字数

单位：个

	相关议题字数			合计
	社会服务	社会保障制度	社会救济	
澳粤同盟	13	33	0	46
新希望	69	94	0	163
民主昌澳门*	78	78	40	196
民主新澳门*	78	78	40	196

① J. Cohen, *Statistical Power Analysis for the Behavioral Sciences* (2nd ed.), N. J.: Lawrence Erlbaum Associates, 1988.

续表

	相关议题字数			合计
	社会服务	社会保障制度	社会救济	
改革创新联盟	6	0	0	6
澳门民联协进会	0	27	6	33
澳门发展新连盟	22	34	0	56
同心协进会	18	27	0	45
群力促进会	40	49	10	99
平均值	36.0	46.7	10.7	93.4

注：* 为当选者与其他当选者共享同一份竞选政纲。

（二）各当选直选议员的书面质询情况与其组别政纲内容的相关度

在2009～2013年立法会会期内，来自传统社团（同心协进会和群力促进会）的议员有较多关于“社会服务”的书面质询宗数，而注重民主发展的当选组别由于分工的关系，民主昌澳门在这三个范畴都提出较多的书面质询，民主新澳门则较少。值得留意的是，有商界背景的当选组别的议员（改革创新联盟和澳门发展新连盟）在这三方面的书面质询宗数并不低于其他当选组别的议员。各直选当选议员的书面质询与其组别政纲内容的相关度中，只有“社会保障制度”和“社会救济”的相关度的效能值处于中等至高等之间（见表2）。

表2　2009～2013年直选议员书面质询宗数与2009年参选政纲相关议题字数的关系

单位：个

组别	书面质询宗数			合计
	社会服务	社会保障制度	社会救济	
澳粤同盟（麦瑞权）	10	4	0	14
新希望（高天赐）	2	5	2	9
民主昌澳门（吴国昌、陈伟智）	22	21	6	49
民主新澳门（区锦新）	6	7	3	16
改革创新联盟（陈美仪）	6	12	2	20
澳门民联协进会（陈明金、吴在权）	14	6	2	22
澳门发展新连盟（梁安琪）	7	3	1	11
同心协进会（关翠杏、李从正）	13	11	3	27
群力促进会（何润生）	13	4	0	17
平均值	10.3	8.1	2.1	20.6
相关度（竞选相关议题字数）	0.032	0.444	0.384	0.268

（三）立法会选举得票数量与书面质询宗数和政纲内容的相关度

表3显示，2009年当选组别在2009年和2013年的选举中所得票数呈正相关度，并取得中等至高等效能值。2009年当选组别的参选政纲相关议题字数与2009年选举中所得票数只取得低等效能值。相反，2009～2013年直选议员在“社会保障制度”和“社会救济”方面的书面质询宗数和2013年选举所得票数却呈负相关性，并取得中等至高等效能值。

表3　2009年当选组别在2009年和2013年立法会选举中所得票数综合分析

	得票数（张）	
组别	2009年	2013年
澳粤同盟	10348	16251
新希望	12908	13130
民主昌澳门	16424	10987
民主新澳门	11024	8827
改革创新联盟	7857	8755
澳门民联协进会	17014	26426
澳门发展新连盟	14099	13093
同心协进会	21098	11960
群力促进会	14044	15815
2009年和2013年所得票数相关度		0.327
相关度	竞选相关议题字数	书面质询宗数
社会服务	-0.028	0.252
社会保障制度	0.055	-0.383
社会救济	0.069	-0.334

四

若以社会福利议题来看，2009年立法会当选组别的议员书面质询宗数和2009年其所在组别参选政纲相关议题字数（只限于社会保障制度和社会救济）呈正相关性，并有中等至高等的效能值，可见当选组别的议员都尝试透过2009～2013年书面质询来落实2009年所做承诺（特别是社会保障制

度和社会救济）。而社会服务之所以取得相关性较低的效能值，原因是社会服务相对具有专业性，范畴较为广泛，针对不同的服务对象，在社会服务目标理念、服务内容的侧重点、服务预期效果等方面都有差异，导致各组别参选政纲中的社会服务相关议题字数不同。近年来不少社会问题如青少年服务、妇女服务、长者服务、残疾人士服务等备受关注，各个群体有各自的需要和诉求，影响了不少当选组别。不论是传统社团组别、倡导民主发展的组别抑或商界组别都提出社会服务范畴的书面质询来解决这些问题，以期向选民或市民展现其政策偏好，进而得到更多支持。然而，虽然议员提出有关社会服务的书面质询的平均值较高，但相关度效应值低，反映了书面质询的数量和质量差异，表明一些议员未能有针对性地提出相关问题和建议。

值得思考的是，当选组别的2009年参选政纲相关议题字数与其在2009年选举所得票数存在低等以上的相关度效能值，显示选民投票时并不重视参选组别的政纲。更值得注意的是，直选议员在社会服务方面的书面质询宗数却与2013年得票数量有低等至中等的正相关度效能值，可见有关社会服务的书面质询取得了市民的认同和支持。社会服务较为注重生活质量，与市民希望透过政府的实物给付或服务给付（如托儿服务、“原居安老”的服务配套、残疾人士的无障碍服务等）改善生活质素的诉求有关。相反，与社会保障制度和社会救济相关的书面质询与2013年得票数量呈中等至高等的负相关度效能值，这或可解释为什么相关书面质询较难取得市民的关注和认同，原因是近年政府较主动地改善社会保障制度和社会救济体系，如逐步提高养老金、残疾金、失业津贴、疾病津贴等社会保障给付的金额，调升敬老金、经济援助金金额，推出双层式社会保障制度和设立非强制性公积金个人账户，建立食物银行，透过现金分享计划向每名合资格居民发放现金津贴。直选议员的书面质询也较多地表达市民在经济高速发展中遇到的生活压力，关注政府社会保障和社会救济给付金额的调升，以及敦促建立中央公积金制度等。可以说，他们更多倾向于督促政府如期履行施政报告中的相关建议和承诺，这些工作都是较易为市民所认知和察觉的，但他们较少针对社会保障制度和社会救济体系提出深层次问题，如两个体系的制度对接甚或社会保障、社会救济以及社会服务之间的功能协调、社会福利特别是社会保障制度的财政稳定性和持续性、给付项目的合理性及标准厘定、社会福利给付的行政程序正当性等。而市民关注的是更为长远的制度性问题而非限于短期扶助措施，因此这降低和削弱了选民对议员在这些方面工作的关注度和评价，所以议员要扭转这一“劣势”，进一步加强这方面的研究工作。

事实上，社会福利议题十分庞杂，议员与市民、社会工作者持续沟通获得实务信息当然重要，但深层次问题多为学术界所发现，所以议员应该多与学术机构合作。学界可透过与各地交流经验，引进新概念，结合实情，通过共同研究，发掘更多问题，以丰富和夯实书面质询的内容和论据，增强相关议题的针对性，督促政府发现问题，让政府更详细深入地考虑相关政策的发展。

本研究是一个初探性研究，在分析上存在不足，特别是较关注民主发展的当选组别。因应竞选策略的调整，在2013年立法会选举时，民主昌澳门与民主新澳门在2009年参选名单的基础上分拆，共3个组别，如民主新澳门名单中分拆出周庭希（自由新澳门），民主昌澳门保留吴国昌、陈伟智领军，导致这些组别所获得的选票比2009年少。此外，2009年和2013年这两届立法会选举当选组别是相同的，然而，在2013年立法会选举中所取得选票升幅较高的组别多有乡族背景，如澳门民联协进会（福建背景）和澳粤同盟（江门背景）。可见，对于选民而言，具有传统社团或同乡组织背景的组别相对于政纲内容和书面质询而言具有更大的影响力。澳门为单一选区，各参选组别的政纲不容易针对不同偏好的选民利益，每一组别的政纲内容大同小异，造成了政纲只是选民投票时的一个基本因素而非重要因素。令人担忧的是，这种现象反映了议员未必有践行参选政纲的压力，也未必存在落选的风险，从而削弱了政纲作为议员与选民之间契约的作用。未来，需要对当选议员在立法会中的行为与参选政纲的相关度进行持续的实证研究，以衡量议员表现。

（原载吴志良、郝雨凡主编《澳门研究》总第71期，澳门：澳门基金会，2013年12月。）

行 政 编

澳门特区政府治理能力的现状与发展路向*

杨爱平**

中共中央在十八届三中全会上提出，“全面深化改革的总目标，就是完善和发展中国特色社会主义制度、推进国家治理体系和治理能力现代化”。事实上，不仅国家要推进治理体系和治理能力现代化，作为国家有机组成部分的地方政府，更需要与时俱进地推进地方治理体系和治理能力的现代化。澳门特别行政区作为一个直辖于中央政府的地方行政区域，自1999年回归祖国以来，特区政府在中央政府的鼎力支持下，循序渐进地对澳门公共行政体系进行一系列改革，改变了澳葡殖民统治时期那种“无为而治”的懒政风格，塑造了特区政府积极有为的精神风貌，开创了澳门经济社会发展的崭新局面。鉴于此，如果以结果（绩效）导向来评判，回归以来澳门特区政府的总体施政成效和治理能力应得到肯定与认可。但由于回归时间不长，澳人治澳的经验不足；加之受澳葡政府体制、机制、文化等路径依赖影响，澳门特区政府的治理能力的确还存在一些问题与不足，甚至在某些方面、某些领域招致社会的严厉批评。那么，回归十几年来，澳门特区政府的施政成效与治理能力到底怎样？目前还存在哪些短板亟须完善？在新的社会政治生态下，澳门特区政府又当如何提升其治理能力？本文尝试在借鉴国内外有关政府治理评估理论与实践的基础上，结合回归以来澳门特区政府的施政理念和

* 本文为全国港澳研究会2013年度委托研究项目“澳门特区政府施政能力研究”（项目编号HKM1306）的阶段性研究成果。

** 杨爱平，管理学博士，华南师范大学公共管理学院副院长、教授，全国港澳研究会理事。

实践，设计出一套评估澳门特区政府治理能力的指标体系，并采用公众问卷调查的方式收集相关数据，对其治理能力现状进行定量评估。同时，运用定性分析方法对澳门特区政府的施政举措及成效进行总结，并在梳理特区政府未来施政面临的主要挑战的基础上，提出提升澳门特区政府治理能力的政策建议。

一　澳门特区政府治理能力的评估框架

要正确而客观地认识澳门特区政府的治理能力，必须首先创设一套切合澳门实际又合乎当代政府治理一般特点的评估框架及具体指标体系。目前而言，澳门学界和官方尚未有一套现成的政府治理能力评估框架，为此，本文在综合相关研究的基础上，发展出一套可进行定性与定量综合分析的评估体系。

（一）政府治理能力的不同评估理论与实践

据不完全统计，目前世界上有140多套关于政府治理的评估体系，国内研究政府治理问题的学者俞可平大致把它们总结为四类①：第一类是联合国开发计划署治理评价指标体系，主要包括联合国以贫困和性别为维度的民主治理指标框架、联合国人类发展报告、联合国人类发展中心的“人文治理指标”、联合国奥斯陆治理研究中心的“民主治理测评体系”；第二类是多边机构治理评价指标体系，主要包括世界治理指标（WGI）、世界银行的国家政策与制度评估、经济合作与发展组织（OECD）的“人权与民主治理测评”指标体系；第三类是双边机构的治理评估，主要包括世界治理评估、美国国际发展署、民主与治理框架、荷兰国际关系研究所的“治理与腐败战略评估”；第四类是独立机构的治理评估，主要包括自由之家（Freedom House）的“世界自由指数”、民主与选举援助组织的“民主评估”、透明国际组织的“腐败指数”、世界经济论坛的“全球治理倡议”、瑞典哥德堡大学的“治理质量观察”。

在国内学界，俞可平研究团队遵循以下五个原则，最早建构了中国的国

① 俞可平：《关于国家治理评估的若干思考》，《华中科技大学学报》2014年第3期。

家治理评估体系和评价标准[①]：第一，立足中国改革开放的实践，借鉴国外和国际组织治理评估的经验；第二，围绕国家的大政方针，突出重点，兼顾治理的基本内容；第三，重在评估治理现状，同时充分注意中国民主治理的未来发展；第四，主客观评估相结合，全面检测中国现行政府治理的现状；第五，治理评估必须具有简便性、实用性和可行性。中国国家治理的评估体系包括12个一级维度，分别是：公民参与、人权与公民权、党内民主、法治、合法性、社会公正、社会稳定、政务公开、行政效益、政府责任、公共服务和廉洁。而一级维度下面又有116个关注点或具体指标，它们共同构成了一个完整的评估指标体系。

（二）评估澳门特区政府治理能力的五维框架

综合以上所述，国外虽有各种各样的政府治理评估体系，但如果简单套用到澳门肯定面临“水土不服”的问题；俞可平研究团队创建的中国国家治理评估框架很有中国特色，但澳门毕竟是一个小小的特别行政区，很多情况和整个国家的国情又有很大差别。因此，中国国家治理评估体系这双“大鞋”也不能直接穿在澳门这双“小脚”上，不过，其指标选取的原则和方法对澳门特区政府治理能力评估体系的设置有很好的启发价值。基于此，本文根据以下几个原则来建构澳门特区政府治理能力评估体系和评价标准：第一，立足回归以来澳门历届特区政府施政的方向和重点，选取政府治理能力评估的一级指标；第二，立足当代政府治理的普遍要求和内在特点，选取澳门特区政府治理能力评估的一级指标；第三，借鉴吸收国际组织治理评估指标的合理要素，融入俞可平的中国国家治理评估框架的方法论思想，即一级指标下设二级指标进行量化操作；第四，主客观评估（定性和定量）相结合，全面检测澳门特区政府治理能力的现状；第五，政府治理能力评估指标必须具有简便性、实用性和可行性。尤其从定量调查分析的角度看，二级指标不能太多、太繁杂，要考虑问卷发放时市民阅读和填写问卷的便利性。在此基础上，我们设计了涵盖5个一级指标和20个二级指标（分别对应20个问卷问题）的澳门特区政府治理能力的公众评估体系（见表1），下面对其做具体说明。

① 俞可平：《中国治理评估框架》，《经济社会体制比较》2008年第6期。

表1　澳门特区政府治理能力的公众评估指标体系

一级指标	二级指标	问卷问题
服务型政府	服务态度	(1)您对特区政府部门工作人员的服务态度,满不满意?
	服务环境	(2)您对特区政府部门提供服务的环境,满不满意?
	服务效率	(3)您对特区政府部门工作人员的服务效率,满不满意?
	服务质素	(4)您对特区政府部门提供服务的质素,满不满意?
法治型政府	法律改革	(5)您对回归以来特区政府的法律改革与法律建设,满不满意?
	司法公正	(6)您对特区政府的司法工作,满不满意?
	政府权力	(7)您对特区政府的行政权力与职能范围,满不满意?
	依法行政	(8)您对特区政府的依法行政工作,满不满意?
责任型政府	高官问责	(9)您对特区政府的高官问责工作,满不满意?
	行政问责	(10)您对特区政府对领导与主管的行政问责,满不满意?
	政府回应	(11)您对特区政府回应市民的民生诉求工作,满不满意?
	绩效管理	(12)您对特区政府开展的绩效考核与评估工作,满不满意?
阳光型政府	民主决策	(13)您对特区政府开展民主决策和科学决策工作,满不满意?
	政务公开	(14)您对特区政府部门推行政务公开的工作,满不满意?
	廉政建设	(15)您对“欧文龙案”后特区政府的反贪污工作,满不满意?
	公共预算	(16)您对特区政府在推进预算公开透明方面,满不满意?
有为型政府	经济发展	(17)您对回归以来特区政府的经济发展成绩,满不满意?
	社会治安	(18)您对回归以来特区政府的社会治安工作,满不满意?
	行政改革	(19)您对回归以来特区政府的行政改革工作,满不满意?
	社会福利	(20)您对回归以来特区政府的社会福利工作,满不满意?

（1）服务型政府。这是澳门回归以来几届特区政府一直坚持的施政理念和施政方略。澳门回归前，澳葡政府属于典型的管控型政府，其想的是如何管控澳门市民而非怎样服务好市民，因此，官僚主义、办事低效、行政成本高在当时广为人诟病。回归以后，澳门特区政府提出“以人为本”的施政理念，并通过顾客导向服务、电子政务、一站式服务、ISO 管理、行政投诉机制建设等一系列举措来改进服务态度、服务环境、服务效率和服务质素。因此，本文选取 4 个二级指标来评估澳门建设服务型政府的现状和水平。

（2）法治型政府。法治型政府是现代政府的核心价值。回归前，澳门市民到政府办事一般要找中间人“走后门”，这种把正式规则置于一边的

“饮咖啡文化”或曰“中介人文化”，带有非常典型的人治行政色彩，澳门市民怨声载道。回归以来，澳门特区政府努力通过依法行政和司法公正来扭转这种局面；同时，政府循序渐进地推行了法律改革和公职法律制度改革来规范政府权力和行政职能。因此，评估依法行政、司法公正、法律改革和政府权力四方面的表现，是衡量澳门建设法治型政府的重要方面。

（3）责任型政府。责任型政府是当代政府追求的更高价值目标，是对传统上只重视程序管理和过程管理的官僚制政府的扬弃。近年来，随着澳门经济社会发展各方面步入快车道，社会各界提出了建设责任政府的更高要求。行政长官崔世安也于近年明确提出加强对官员的问责，建立绩效导向的管理制度。因此，本课题选取高官问责、行政问责、政府回应、绩效管理四个指标来评估澳门在建设责任政府方面的现状与水平。

（4）阳光型政府。自 2006 年澳门发生震惊中外的“欧文龙案”后，澳门特区政府的整体公信力大受打击，社会各界对建设一个廉洁透明、阳光公开的政府抱有极大的期待。对此，行政长官崔世安在首任竞选纲领中提出了“推进科学决策，建设阳光政府”的口号。本文通过民主决策、政务公开、廉政建设、公共预算四个广为认可的指标，评估近年来澳门建设阳光政府的成效及尚存的问题。

（5）有为型政府。回归前夕，澳葡殖民政府沦为“无为而治”的“夕阳政府”，当时的状况是治安不靖、经济低迷、民生福利稀少、政府暮气沉沉。但回归以来尤其是 2002 年实行赌权开放以后，澳门特区政府可谓“重整旗鼓”，在经济发展、社会治安、行政改革、社会福利等方面均推出了诸多举措，取得了明显成效。本文将通过对比研究和问卷调查等方法评估澳门特区政府在有为型政府建设方面的成效。

二 澳门特区政府治理能力的现状评估

我们认为，评判一个政府的施政成效及其治理能力可以从施政主体的角度总结它做了什么，同时还可从施政客体的角度评估政府做得怎么样。为此，本文一方面采用定性分析方法，对回归以来澳门特区政府的施政举措及其成效做一总体评估；另一方面，运用公众问卷调查数据对澳门特区政府治理能力的现状进行定量分析。

（一）回归以来澳门特区政府施政的基本举措与成效

回归十几年来，澳门特区政府在上述五个一级指标维度，出台了一系列施政举措，现概要介绍如下。

在服务型政府建设方面，澳门特区政府一直践行“以人为本”的施政理念，持续推行服务承诺计划与认可制度、电子政务与一站式服务、ISO国际认证管理、“顾客导向”与市民满意度评估、行政投诉机制等，同时设立了多个分区市民服务中心，以提供更为便民、多元的公共服务。

在法治型政府建设方面，澳门特区政府通过调整政府职能与宏观架构、改革公职人员管理制度、修订法律法规以及推行招聘机制等举措，主动缩小政府权力范围，规范政府施政行为，建设依法行政的法治政府。

在责任型政府建设方面，一是出台问责政府官员及公共行政工作人员的法律规范。自2004年以来，特区立法会和行政长官专门通过了多项法律法规，用以规范行政长官、高官、领导与主管的政治、行政问责制，以及一般公共行政工作人员的绩效考核问题。二是推动公务员评核制度改革。自2005年开始正式实施《澳门特别行政区公共行政人员工作表现评核制度》，用以取代施行了十多年的旧工作评核制度。

在阳光型政府建设方面，一是推进民主、科学决策。2010年制定的《公共政策咨询规范性指引》，实现了公共咨询的规范化和制度化。2011年建立特区政府政策研究室，健全体制内研究力量以保障政府决策的科学性与前瞻性。二是加强廉政制度建设，新修了公职人员财产申报法律制度，规定立法、行政、司法等机关要员须公开部分财产申报资料。

在有为型政府建设方面，特区政府抓住机遇实施赌权开放政策，极大地推动了经济社会事业的发展；采取多管齐下的社会治安策略，保障澳门社会的稳定；不断加大对民生与社会福利事业的投入，实现社会福利从依赖民间到以政府供给为主；因应环境变化需要和市民的多元诉求，历经主动求变型改革、被动应变型改革、危机驱动型改革三个阶段，循序渐进推动公共行政改革。[①]

---

① 陈瑞莲、林瑞光：《澳门回归十年公共行政的改革与展望》，《中山大学学报（社会科学版）》2009年第5期。

综合上述，回归十几年来，澳门特区政府通过上述五大领域的一系列施政举措，取得了经济社会发展的巨大成就。笔者认为，从施政主体的角度看，相较于回归前的澳葡政府而言，澳门特区政府施政的主要成效，体现在初步实现了五个方面的制度转型，即管控型政府向服务型政府转型、人治型政府向法治型政府转型、官僚型政府向责任型政府转型、暗箱型政府向阳光型政府转型、无为型政府向有为型政府转型。

（二）澳门特区政府治理能力的量化分析

根据上述政府治理能力的五维评估框架及20个二级指标体系，我们设计了包括20个问题的公众满意度调查问卷，并于2014年3月委托澳门大学师生完成问卷的发放和回收。此次问卷调查共计发放问卷600份，回收有效问卷509份，为方便分析，随机选取其中500份做统计。我们采用李克特量表法，把20个问题的答案分别设计为“十分不满意”“不满意”“一般”“满意”“十分满意”五个层次，并由低到高分别赋值1、2、3、4、5分。下面从单项和总体方面对问卷结果做具体的分析。

在单项数据方面，由图1可看出，20道问卷题得分出现了高低不一的分化现象。这种现象反映了一些重要的社会问题。其中，得分均值高于3.30分的依次是第18、20、17、11题，分别得3.50、3.40、3.33、3.32分，说明市民对有为型政府的3个二级指标即社会治安、社会福利和经济发展相对满意，同时对责任型政府中政府回应市民的民生诉求（二级指标）也较为认可。另外，图1显示共有7个问题（二级指标）得分均值低于3分，它们依次是第3、14、16、12、9、10、15题，分别为2.79、2.89、2.89、2.90、2.94、2.94、2.97分。这说明市民对服务型政府中服务效率（二级指标）不太满意；对阳光型政府中的3个二级指标即政务公开、公共预算透明度、廉政建设也不太认可，反映出特区政府在阳光型政府建设方面还有很多工作要做；对责任型政府的3个二级指标即高官问责、行政问责、绩效管理也不太满意。

从图2反映的澳门特区政府治理能力一级指标得分均值看，我们可对澳门特区政府治理能力做出以下几个总体评价。

其一，澳门特区政府治理能力总体上处于及格水平。问卷数据结果显示，5个一级指标的分值分别为：服务型政府的得分均值为3.11分、法治

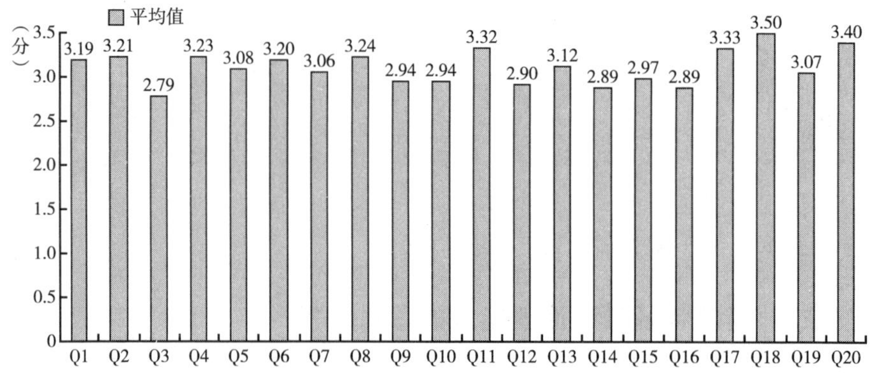

图 1　澳门特区政府治理能力公众问卷得分均值分布状况

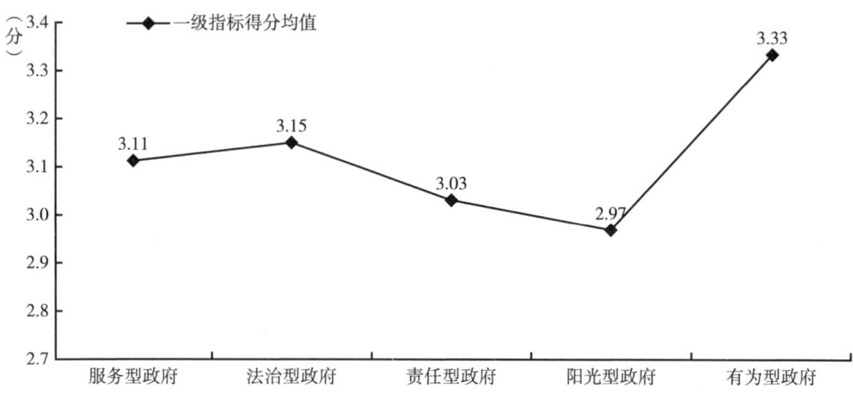

图 2　澳门特区政府治理能力一级指标得分均值

型政府的得分均值为 3. 15 分、责任型政府的得分均值为 3. 03 分、阳光型政府的得分均值为 2. 97 分、有为型政府的得分均值为 3. 33 分，其得分均值的加权平均分值为 3. 12 分。因此，根据问卷赋值表，如果以 3 分为及格线、4 分为良好线、5 分为优秀线的话，目前澳门特区政府治理能力的总体水平处于及格与良好线之间，但刚刚过及格线，离良好线还有较大差距。这表明，澳门市民对特区政府治理能力的满意度总体一般：既不是不满意也不是满意或很满意。

其二，有为型政府的施政能力表现最好。在 5 个一级指标中，按得分均值由高到低排序，分别是有为型政府（3. 33 分）、法治型政府（3. 15 分）、服务型政府（3. 11 分）、责任型政府（3. 03 分）、阳光型政府（2. 97 分）。

这说明，回归以来澳门特区政府的施政还是大有作为的，因此，在所有5个一级指标中，相对而言有为型政府的得分最高。如前所述，澳门市民对特区政府的社会治安和社会福利工作较为满意，对这两个二级指标选择“满意”（D选项）的比例超过了“一般”（C选项）的比例。

其三，阳光型政府治理能力的提升是重中之重。在5个一级指标中，阳光型政府是得分最低的，仅得2.97分，是唯一没有达到3分及格线的一级指标。这说明市民普遍对建设阳光型政府不满意，目前的施政水平和能力离他们的期望值尚有较大差距。除决策民主化和科学化方面进步较为明显外，其他如政务公开、廉政建设、公共预算等二级指标分值均较低，这反映出后欧文龙时代，澳门市民对特区政府建设阳光政府的决心与行动仍然持谨慎的批判态度。这也提醒特区政府，接下来务必大力加大阳光型政府的建设力度。

其四，责任型政府的治理能力亟待提升。在5个一级指标中，责任型政府的得分倒数第二，刚刚过及格线。而其中评价最低的是第12题，即绩效管理（二级指标），得分均值仅为2.90分，这说明特区政府在由官僚制政府向责任型政府转型的过程中，结果导向的政府绩效管理工作做得还很不够，是未来亟待提升治理能力的领域。应该说，这个结论与2014财政年度施政报告提出的建设绩效政府的目标是相契合的，确实反映了社会各界的共识。

三　澳门特区政府未来施政面临的主要挑战

上文对澳门特区政府施政成效及其治理能力的现状评估，为推进治理能力现代化找准了方向。与此同时，我们还需对澳门特区政府未来施政中面临的主要挑战做进一步梳理，以使政府有的放矢地开展施政工作。归结来看，这些挑战主要表现在如下方面。

一是政府施政的威信和公信力遭受冲击。回归初期，澳门特区政府做出了博彩业开放的重要决策，迅速使澳门摆脱了回归前夕经济颓废、社会乏力的困境，也树立了特区政府积极有为的崭新形象。然而2006年爆发的“欧文龙案”，一度使特区政府的管治威信和社会公信力跌入低谷。此后几年特区政府虽做了诸多努力改善吏治，加强制度建设，但欧案的负面阴影一直存在。尤其是2010年民政总署爆出“十幅墓地门”事件，2014年又发生规模浩大的“5·25”反“候任、现任及离任行政长官及主要官员的保障制度”（俗称“高官离补法案”）事件，对特区政府的整体形象造成了二次打击，使其施政威信和公信力进一步流失。

二是社会深层次问题悬而未决，民意碎片化愈发严重。无可否认，澳门回归近15年来，经济连年迅速发展，市民的民生与社会福利也相应得到大幅改善。然而，伴随澳门经济的飞速发展和社会的急剧转型，各种深层次的社会问题也凸显出来，尤其是通货膨胀、房价飙升、贫富差距扩大、交通和环境恶化、阶层流动困难、外劳与黑工问题等最为突出。简言之，澳门普罗市民似乎没有从十多年黄金发展期中得到成正比的实惠，因此产生“相对剥夺感”和社会怨气。这种社会怨气，在澳门特区政府近年连续“派糖”却得不到市民领情这一现象中表现得最为明显：很多底层民众得到现金分享却仍批评政府，因为他们觉得这点钱解决不了什么大问题；而中产阶层认为，政府这种做法有些功利而缺乏远见，不是负责任政府的做法。

三是博彩业国际化的政府监管问题。澳门是当今世界博彩业规模最大的城市，博彩业“一企独大”既是它的最大优势也是其短板所在。然而，博彩公司由一家变六家以后，传统上由博彩专营公司代行部分监管职能的“委托监管”关系，显然已不可能继续下去。原来的专营公司由二级监管者变为一个普通的被监管者以后，原来由它行使的一些监管职能，必然会形成一些监管真空。另外，与博彩专营制度相联系的一些传统的监管体制，也与新的博彩市场环境形成冲突。历史遗留下来的诸如“一家一照”的博彩营业执照制度、“公私合营”的赌场财产权制度、多家共管的博彩监管体制等，都与现代化大博彩的概念形成冲突。① 因此，如何进一步定位好澳门特区政府的监管角色，充分行使好监管职能，破解博彩业国际化后博彩监管面临的制度瓶颈，是政府未来施政要研究的重要问题。

四是输入性人口的爆炸性增长对政府施政的影响。众所周知，自2003年个人游政策推出以来，内地游客的多少，直接影响澳门旅游业及整体经济发展的快慢（见图3）。有研究表明，来澳的内地旅客数量与澳门经济的几

① 王五一：《“赌权开放”与澳门博彩业发展》，《广东社会科学》2011年第2期。

个重要指标如GDP、博彩收益、零售销售额、酒店入住率等都有着显著的相关性。[①] 然而，输入性人口的爆炸性增长在推动经济急剧繁荣的同时，也不可避免地给政府的公共管治带来诸多隐患。超过本地人口几十倍的外来人口的急剧涌入，必然制造出吃、穿、住、行、玩等方面的巨大刚性需求，由此连带引发物价、住房需求、租金的飞速上涨，以及交通、环境、城市秩序的恶化，导致市民产生不适感。而当下的澳门特区政府面对这些问题虽努力应对，但总有“力不从心”的感觉。这种输入性因素导致内部公共管治困境的矛盾一直存在，将来甚至会更加严重。因此，如何平衡经济发展与市民生活质量之间的关系，是澳门特区政府未来施政面临的重要考验。

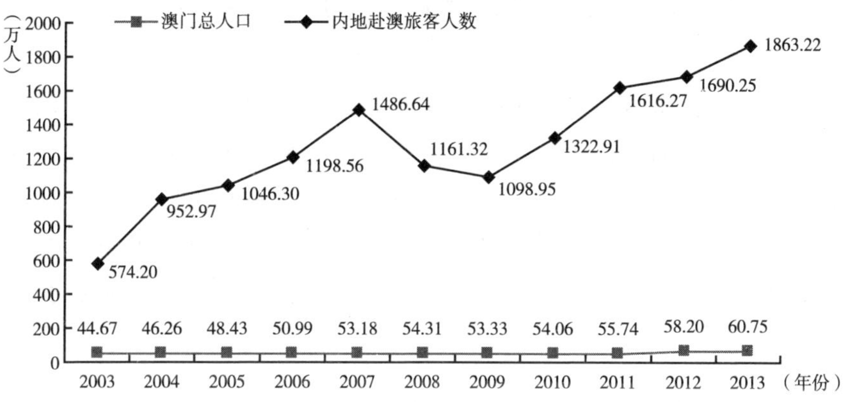

图3　2003～2013年内地赴澳旅客人数与澳门总人口的对比变化

五是港澳台地区政治生态的传染效应。自港澳回归祖国以来尤其是近年来，港澳台地区的政治生态出现一种吊诡的现象，即：很多在台湾率先发生的政治乱象，后来陆续在香港爆发，甚至就连一向以政治平稳、社会平和著称的澳门，也出现了一连串极为相似的政治纷争事件。这说明，港澳台地区的政治生态出现了一种相互传染并互为效仿的非正常现象。其主要表现有：其一，各类“占领”运动和社会抗争运动此起彼伏，近年来港澳台地区各类所谓“占领立法会”“占领中环”“包围立法会”运动及其他游行示威活动相互呼应，互相效仿。其二，立法会政策议题泛政治化，激进反对派议员为达自身政治目的故意刁难政府，导致行政与立法关系愈发紧张。其三，社

① 柳智毅：《内地游客对澳门经济影响的相关度分析》，《学术研究》2009年第3期。

会民粹化问题严重，民众不信任政府的情绪日益弥漫。在政治生态的传染效应下，原本较为平稳有序的澳门，政治生态变得愈加复杂，这是澳门特区政府未来施政的一个重要变量。

另外，回归后社会结构的分化也挑战着传统社团的“协商政治”格局。在社会结构分化及其引发公共参与变化的情况下，原有的依托社团中介进行政治协商，进而达成精英共识的“协商政治”文化遇到挑战。[①] 因此，澳门特区政府与时俱进对社会治理方式加以适应性调整与改革，也是提升政府治理能力的重要方面。

四　提升澳门特区政府治理能力的对策建议

我们认为，澳门特别行政区即将迈入第16个年头，新任的第四届行政长官及其领导的管治团队，应根据中央政府提出的“推进国家治理体系和治理能力现代化”的总体要求，沉着应对政府施政面临的各种内外挑战，从服务型政府、法治型政府、责任型政府、阳光型政府和有为型政府5个方面完善澳门特区政府的治理体系，提升特区政府的综合治理能力。

（一）构建一个有限且有效的服务型政府

（1）政府要做到“有所为又有所不为”，提供适度的公共服务。澳门是一个较为成熟的市场经济社会，特区政府应该谨慎处理好政府与市场、政府与社会的关系，未来的角色定位应该是：该管的要管好，不该管的坚决不管；要强化的职能必须强化，要弱化的职能必须弱化。政府应该明白，所有的公共服务都是需要成本的，对市民提出的各种诉求要区分“公”与“私”，不能迫于市民施加的压力而提供超越政府责任的服务，更不能服务过度。但近年来，在澳门经济快速发展的背景下，澳门的社会福利出现了“大跃进”的趋势。与此同时，澳门社会生态出现市民利益诉求由个体的“碎片化”转向社团的“碎片化”的趋势，致使政府面临更为分散和多元的

① 娄胜华：《回归后澳门社会结构的变动与治理方式调整》，《港澳研究》2014年第2期。

利益表达的声音，甚至出现利益表达的“杂音”。[①] 越是在这种情况下，澳门特区政府越应理性建立一套模式（公式、标准），实现社会福利的制度化和标准化。建议综合考虑财政结余、通胀、国外经验等因素，构建一个社会福利分配的制度框架和标准，达到预定的标准才发预定的数额，不达预定的标准就不派发，这样才可减轻政府压力，不至于让澳门特区政府陷入民粹压力与增加福利的困境。

（2）坚持品质导向的公共服务改革，提升政府服务效率。经过十多年持续的“增量”公共行政改革，澳门特区政府在前线及基层的公共服务有较大进步，尤其是政府提供公共服务的硬件设施、软性环境和配套制度均已相对完善。但正如本文所做问卷调查发现的，市民对政府公共服务的效率不太满意。因此，澳门特区政府对公共服务的改革应在“质”的方面多下功夫。坚持品质导向的公共服务改革，提升政府公共服务的效率，以使市民更为满意。具体建议有：①整合政府公共服务网络，节约政府服务成本。目前，澳门向市民提供公共服务的网络较为分散，导致资源耗费较多。比如有文化局、体育发展局、社会工作局等政府职能部门提供的服务，有民政总署下属的多个市民服务中心提供的服务，还有各大传统社团提供的服务。只有加以整合，才能节约财政开支，提高服务效率。②借助民政总署改革之机，可考虑成立基本法第 95 条规定的“非政权性市政机构”，未来由该机构统一行使向市民提供专业性基本公共服务的职能，而那些补充性服务仍可交由传统社团去做。这样可以向市民提供更专业、更便捷有效的公共服务。

（二）打造一个权责清晰、自觉践行基本法的法治政府

（1）整合政府职能和完善政府架构。根据上述问卷结果，在有关法治政府建设的四个维度中，澳门市民对特区政府的权力与职能膨胀存在担忧，该项评分较低。这与近年来澳门社会经常批评政府规模偏大的声音相一致。事实上，回归以后，澳门特区政府保留了五司、60 多个局级及相当于局级的项目组机构，政府这种宏观架构上确实给人以权力过大的印象；更为关键的是，由于政府职能的法定边界设定不合理、不科学，不少职能部门之间职

① 霍慧芬：《澳门社会福利的政治生态》，《中国行政管理》2011 年第 4 期。

责不清、交叉问题突出，尤以民政总署与文化局、体育局及运输工务司相关职能范畴的职能交叉问题为人诟病。建议第四届特区政府组织研究和评估政府职能的整合与宏观架构的调整问题。尤其是2014年施政报告提出的民政总署改革问题，以及民政总署改革后是否根据澳门基本法第95条设立“非政权性市政机构”问题，值得系统、深入研究。

（2）更加自觉地宣传并贯彻落实好基本法。为防范港澳台政治生态传染效应对澳门社会政治秩序的冲击与破坏，弘扬澳门社会的法治精神，坚持依法治澳和依法行政的基本原则，澳门特别行政区作为中国的一个地方行政区域，未来应该更加自觉去践行宪法和基本法，把维护国家主权、安全利益放在更加重要的战略位置。加大力度宣传和推广基本法，在广大市民心目中树立澳门特区是一个法治之区的牢固意识，从而以更多数的力量和声音去反制少数激进团体的“噪声”。一方面，建议行政长官在每年的施政报告中明确宣布把宣传推广基本法作为特区政府的一项宪制责任，并做出指引，让特区政府各个部门具体落实；另一方面，“澳门基本法推广协会”要加大对基本法的研究、宣传和推广工作力度。

（三）建设一个绩效导向、敢于问责的责任政府

（1）健全和完善政府绩效治理的配套制度。回归以来，特区政府事实上已初步构建了政府绩效治理的一些制度，如公共行政工作人员工作表现评核制度、公共服务评审委员会、公共部门服务承诺制度、ISO质量管理认证制度等，都是政府绩效治理制度的组成部分。从2013年、2014年施政报告来看，特区政府建设绩效治理制度的框架性思路也较为明确。目前的主要问题是缺乏一个配套性法规，由于缺乏这样一个配套的法律规范，实际操作中到底由谁来评估、评估什么以及如何评估，均无从入手。或者说，如果没有配套的规范性文件做指引，建设绩效治理政府就难以有效实施。

（2）落实对主要官员既“问”又“责”的绩效评核体系。澳门特区政府2013年施政报告提出，政府绩效治理制度应涵盖对领导官员的管理及监督制度，以其表现和绩效的评审为核心，进一步完善整个公务人员评核制度。但如何跟进落实官员绩效评审制度的标准，并就实施情况进行评估及完善，是未来绩效评审的主要难点，因为澳门目前的官员问责制度是建立在全

面授权制度基础上的。在这种授权制度下，作为问责对象的官员不是对由法律赋予的非人格化职位权力负责，而是对授权者负责，即对人格化权力负责，因此，全面授权制度下的官员问责会否成为强化下级官员对上级官员人身依附的工具，确实值得思考。[①] 而建基于这种问责制度上的官员绩效考核会否流于形式也应该引起重视，这就必须落实一套既能“问”又能“责”的机制。

（四）塑造一个更具有公开性、透明度的阳光政府

（1）一以贯之坚持“阳光政府、科学施政”的理念。当前，澳门市民仍然对阳光政府建设存在较多疑虑。甚至在“5·25”反“高官离补法案”事件发生后，市民提出了反对高官“自肥”的口号。事实上，2010 年行政长官崔世安在其首份施政报告中就旗帜鲜明地提出了“阳光政府、科学施政”理念，而作为现代政府一个不可或缺的制度性施政理念，“阳光政府、科学施政”应该在每年政府施政报告中加以长期坚持。但遗憾的是，近年的施政报告似乎未见相关提法，这难免引起社会的一些猜疑。因此，建议特区政府一以贯之地在年度施政报告中体现阳光政府的施政理念，一方面向市民宣示政府的施政决心，另一方面也时刻警示政府及其官员做到阳光、透明施政，自觉接受市民的监督。

（2）实现政府信息公开的制度化。公开是最好的防腐剂。政府信息公开是当代发达国家建设阳光政府的重要利器，因为一方面它保障了公民享有的知情权，使公众和企业平等地知悉和享用政府信息，改变政府与企业、个人之间信息不对称状况，为透明行政奠定社会基础。另一方面，它可以加强对行政权力的监督，提高政府工作效能。为使澳门特区的阳光政府建设更为扎实有效，建议也制定类似于《澳门特别行政区政府信息公开法》的法律，就信息公开的权利和义务主体、信息公开的事项范围、信息公开的方式和救济手段、公开程序及法律监督等问题做出具体的规范，以实现政府信息公开的规范化和制度化。

（3）增强廉署行政违法纠错机制的权威性和拘束力。回归以后尤其是近年来，澳门特区对相关法律的修订，使得澳门廉署在打击、遏制贪腐违法

① 娄胜华：《授权与问责：澳门特区官员问责制审视》，《国家行政学院学报》2011 年第 4 期。

案件方面的权力空前强大，但这只是公共行政领域廉政建设较为突出的一个环节，受制于现存管理体制和权限制度，其对大量存在的行政违法、违规、效率低下、未尽责作为等问题依然难以合法、有效地做出处理。所以，有必要进一步强化廉署的行政申诉处理、行政违法干预纠正、行政立法建议权责，以更好地回应公共行政领域廉政建设的实际需要。①

（五）建设一个引领社会发展的有为政府

（1）树立居安思危的战略忧患意识。澳门目前正处于前所未有的最好的时代，而这也可能是面临问题与挑战最多的时代。在这种情况下，作为一个引领社会发展方向的有为政府，极有必要强化自身的战略忧患意识，慎重研究和处理好这几个关系或矛盾：一是经济发展与市民生活质素提升的关系；二是经济发展与政治发展的关系；三是输入性因素与政府治理的关系；四是财政盈余与长远发展的关系。

（2）完善博彩业治理和监管体制。根据澳门理工学院王五一教授的多年研究，澳门特区政府应该采取多管齐下策略，完善博彩业治理和监管体制：一是澳门立法会应通过为博彩业立法，为澳门社会提供一个明晰的、系统的、平衡的博彩公共政策；二是改革博彩法律结构，即逐渐地改变行政当局与博彩企业之间签署的专营合约代替立法机构制定的法律的立法结构，从博彩企业手中收回“立法权”；三是实施一个科学合理的博彩企业执照制度；四是需要探讨建立一个更有效的博彩税征收机制；五是构建一个统一独立的博彩监管机构，并应进一步完善对贵宾业务与中介人的监管体制；等等。②

（3）提升粤港澳跨区域治理能力。《粤港合作框架协议》（2010）和《粤澳合作框架协议》（2011）的签署，标志着粤港澳区域合作进入全新阶段：双方或三方的合作主要集中于重点合作区、跨界基础设施、产业协同发展、社会公共服务、区域合作规划等跨域公共治理领域。为更好应对和处理这些跨域事务，澳门特区政府必须尽快提升如下几方面能力：一是整合原有的相关职能机构，重构一个职责清晰、分工明确、统筹有力的区域合作事务

① 许昌：《澳门公共行政在廉政制度建设中稳步推进》，《“一国两制”研究》2012 年第 1 期。

② 王五一：《以赌权开放为中心的澳门博彩业治理体制变迁》，《港澳研究》2014 年第 1 期。

机构；二是促进粤澳尤其是珠澳双方官员与公务员队伍的互动交流，包括互访、培训、相互挂职等，以减少合作中的文化、制度和行为摩擦；三是重视社会福利转移中的政府协作管理问题。

（4）推动澳门社会建设与社会治理变革。回顾回归以来的历年施政报告，澳门特区政府似乎在论述政府自身的改革方面着墨较多，但对如何推动社会建设与社会治理变革方面关注较少。在依托社团中介进行政治协商这种治理文化受到新的挑战的情况下，作为能够引领社会发展的有为政府，澳门特区政府应该因应施政环境的变化，推动澳门的社会建设与社会治理变革。可考虑借鉴社会治理理论，在既有的制度资源基础上，从增加管治结构的弹性、改革政策咨询系统、拓展公共参与渠道、推进社团组织变革等方面入手，调整与转变治理方式，完善与优化治理结构，从而实现澳门社会的善治。①

（原载陈多主编《港澳研究》总第 4 期，北京：国务院港澳事务办公室港澳研究所，2014 年 7 月。）

① 娄胜华：《回归后澳门社会结构的变动与治理方式调整》，《港澳研究》2014 年第 2 期。

“邻避运动”在澳门的兴起及其治理

——以美沙酮服务站选址争议为个案

娄胜华　姜姗姗*

一　邻避运动：一个世界性的现象

某些社会必需的公共设施遭到选址社区的排斥，是一个世界性的现象，在英文中称为“NIMBY”，全称是 Not In My Backyard，直译为“别在我家后院”，中文音译为“邻避”［一些中文文献提到，NIMBY 一词是 1977 年由奥黑尔（Michael O'Hare）所创。该说法是错误的，这可从奥黑尔本人的论述中证实］。该词最早在 1980 年由英国记者利夫西（Emilie Travel Livezey）提出，描述当时美国人普遍对于化工垃圾极为警觉和反感的态度，后被媒体和学界广泛使用，指在现代化与都市化的进程中，许多集体消费的必要公共设施与非集体消费的生产设施，均因其外部性扩散，而引起周边居民反对与抗争的现象。① 所谓外部性扩散，是指设施的风险主要由周边居民承担，好处却由全社会共享，也就是说，设施的好处和坏处在空间上相互分离。② 这一类设施，通常被称为“邻避设施”（NIMBY facilities），或者因其引发居民的反感

---

* 娄胜华，澳门理工学院公共行政高等学校教授；姜姗姗，澳门大学社会科学学院公共行政专业博士，澳门特别行政区政府行政公职局高级技术员。

① 谭鸿仁、王俊隆：《邻避与风险社会：新店安坑掩埋场设置的个案分析》，《地理研究》2005 年第 42 期。

② C. Vlek, G. Keren, “Behavioral Decision Theory and Environmental Risk Management: Assessment and Resolution of Four ‘Survival’ Dilemmas,” *Acta Psychologica*, Vol. 80, No. 13, 1992, pp. 249 – 278.

情绪而被称为"厌恶性设施"（Obnoxious facilities）。

自 20 世纪 70 年代中期以来，由垃圾处理设施选址引发的一系列邻避冲突在美国逐渐突出。由于担心居住环境、生活品质、公共安全甚至房屋价值受到影响，居民反对政府或者发展商在自家附近兴建垃圾填埋场、焚化炉、机场、监狱、收容所、精神康复中心、戒毒服务中心等。公共房屋甚至也成为备受争议的对象。尽管大家都认为邻避设施对城市发展不可或缺，却希望它们能够远离自己，落址他处。这种观念，一度成为美国"80 年代的大众政治哲学"。[①] 用《纽约时报》的话来说，那是一个不折不扣的"邻避时代"。[②] 同时期，有关核废料的储存选址问题，在英国、瑞典、荷兰等欧洲国家逐渐成为公众议题，并不同程度地受到选址地方的邻避抗议和更广义的环境运动的挑战。进入 90 年代，邻避运动开始在日本、韩国、中国台湾等亚洲各地出现。

在中国内地，随着近十年来城市化进程加速和公民权利意识的觉醒，邻避冲突也正在成为一个突出现象，备受关注的有云南怒江水电站项目、厦门的二甲苯（PX）工厂项目事件、北京和广州居民反对垃圾焚烧厂以及大连反对 PX 项目事件等。集体抗议常常发生在这些由居民邻里发起和参与的、以环境公平为诉求的非政治性的日常生活领域，构成当前中国"社会运动的日常形式"。[③] 香港近年来也频繁出现类似抗议，例如，屯门居民反对兴建永久航空煤油库和污泥焚化炉、将军澳居民反对扩建垃圾填埋场等，使得邻避研究开始受到香港学界的重视。可见，由选址问题引发的邻避运动并非一个转瞬即逝的地方现象，[④] 它在世界各地频繁发生，成为越来越普遍的城市冲突形式之一。

同样，自回归后第二个五年来，澳门的邻避冲突也逐渐增多。根据报纸来源所做的不完全统计，出现过 10 宗规模不等的邻避抗议事件。面对安老院、街市、天桥、加油站、石油气转运站、停车场、垃圾房、精神康复病者

---

① Peter Hall, "The Turbulent Eighth Decade: Challenges to American City Planning," *Journal of the American Planning Association*, Vol. 55, No. 3, 1989, pp. 275 - 282.

② William Glaberson, "Coping in the Age of NIMBY," *New York Times*, July 19, 1988.

③ 刘淳：《道德如何评价市政工程?》，赵汀阳主编《年度学术 2007：治与乱》，中国人民大学出版社，2007，第 355 ~ 377 页。

④ Daniel P. Aldrich, "Controversial Project Siting: State policy Instruments and Flexibility," *Comparative Politics*, Vol. 38, No. 1, 2005, pp. 103 - 123.

宿舍、美沙酮服务站和轻轨路线，人们的普遍态度是“别在我家后院”。那么我们不禁要问，居民们为什么反对？从国际经验来看，如何看待这些反对理由？而这些反对，在遭遇社会指责之外，对于改进澳门的选址决策和缓解澳门的邻避冲突有何启示？本文将以美沙酮服务站选址争议为个案，尝试回答上述问题。

二　案例概况：美沙酮服务站选址争议

美沙酮，一种合成的麻醉性镇痛药，目前主要用于替代毒品以协助吸毒者戒毒。澳门特区政府自2005年起大力推行美沙酮维持治疗服务，具体工作由社会工作局（以下简称社工局）属下的戒毒综合服务中心负责。约2010年以来，社工局拟为戒毒中心另觅新址，然而，选址过程一波三折，前后遭遇三个社区的反对。相比而言，前两次的邻避抗议均发生在一个月内，持续时间非常短，政府在选址触礁后迅速妥协。直到半年以后，一封刊登在《澳门日报》上的居民来信《反映设戒毒服务站意见》，使问题再次浮出水面。

美沙酮的第三次选址，落在设于澳门半岛北区的黑沙环卫生中心。北区原本是人口稠密、环境欠佳、居民社会经济地位较低的居民区。但近年来，北区出现了多幢高层私人住宅，因而常被称为“豪宅区”。其中，又以黑沙环东方明珠地段较为集中。经过多轮买卖，这些住宅已逐步转为家庭自住型，业主多为具有一定经济能力的中青年。与此隔街紧邻的，还有十多年前建成的几座私人住宅、公园、护老院和教会中学。黑沙环卫生中心就坐落在这样一个社区环境中。居民抗议美沙酮服务站选址黑沙环卫生中心的过程，大致可以分为三个阶段。

第一阶段：原子化抗议。

从2010年11月至12月6日，附近居民和学校以发表公开信、反对签名、小规模请愿等方式反对选址决定。这一阶段，离选址最近的居民表现出高度的受害情绪反应，他们很直接地表达了对美沙酮服务站的本能感受。“我们关心戒毒人士，他们（议员、戒毒人士、官员等）有否关心我们的小朋友？”“政府可以批出很多地兴建赌场，为何不能找一个地方设立戒毒中心？”

第二阶段：集体抗议。

个体的愤怒和原子化抗议换来的是政府认为在该处选址是“最好的安

排”，这一在居民看来是“伤口上撒盐”的回应，导致了接下来两起较大规模的集体抗议。12 月 7 日晚，一场被网友形容为在“澳门街……真系新闻”的居民申诉大会，在卫生中心附近的一块空地拉开序幕。集会从 20 时的 100 多人逐渐聚集至 500 多人，并演变成一场在附近范围内的游行，造成澳门关闸（连接澳门与珠海的口岸）来往于友谊大桥的交通枢纽堵塞一个多小时。直到 23 点左右，卫生局和社工局代局长赶到现场与居民街头对话，才逐渐平息了耗时近 4 个小时的抗议行动。然而，当晚的集体抗议依然没有改变政府的选址决定。2010 年 12 月 20 日，卫生中心附近逾 500 居民参与了回归日游行，成为游行队伍中一道与众不同的风景。打头阵举着横幅的是一些小学年龄的孩子们，紧跟在后的有推着婴儿车的年轻妈妈、衣着斯文的男人和背着孙儿的老人家。他们多是男女老少全家出动，提出的利益诉求具体而单一。在澳门，由居住在同一社区的居民邻里，就同一社区议题发起游行，是较为少见的事。黑沙环卫生中心附近的居民用走出社区的方式，向政府表达强烈抗议。

第三阶段：抗议消散。

两次集体抗议未能改变选址决定，但促使社工局在服务站的运作方式上做出了越来越具体的政策调整，当局不仅明确规定了服务站运作时间、服务对象人数和监督管理，还制定了三阶段推广计划，以增进社区居民对美沙酮服务和政府戒毒工作的了解，甚至将“美沙酮”三个字从服务站命名中抹去，改名为“药物治疗中心”。原本计划于 2010 年 5 月底运作的美沙酮服务站，在一年内三易其址，最终于 2011 年 5 月落址黑沙环卫生中心并展开测试性服务。

三　为何反对：邻避冲突的地方表达

进一步分析，在美沙酮选址争议中，黑沙环居民们反对选址的理据何在？从他们富有地方特色的抗议言辞中可以看到，澳门邻避冲突的原因与世界范围的普遍情况有共通之处。第一，居民和政府对邻避设施的风险认识相互冲突；第二，居民普遍认为邻避设施的选址决策过程过于封闭。

（一）关于风险认知

风险，是邻避研究中的重要概念。一方面，邻避设施存在风险；另一方面，降低风险是缓和邻避冲突的重要途径。[①] 不过，究竟什么是风险，不同的群体有着不同的理解。政策制定者和专家往往从技术角度定义风险，而在社区居民看来，风险主要源于一种主观感受，也就是说，存在技术风险和感知风险之分。其区别在于：第一，技术风险是可以实际度量的，而感知风险，如邻避设施引发的焦虑情绪、房屋价值的损失、发生灾难性事故的可能性等往往难以度量。第二，感知风险虽然是一种心理活动，同样具有重要的政策启示，但它常被政策制定者和专家们忽略。[②] 由于在风险定义上各执己见，冲突双方往往难以调和。而对风险定义的话语争夺，成为冲突双方的一个主战场。

在美沙酮选址争议中，风险定义的差异始终出现在政府和居民的言辞中。

政府曾多次强调服务站的安全性，诸如："戒毒综合服务中心自2002年投入运作起，社会工作局并没有收到任何关于服务使用者对附近居民或游客造成滋扰的投诉""设立美沙酮服务站不会对社区有负面影响，治安反而会更好"。社工局某代副局长也曾形象地向居民解释："美沙酮就好似你糖尿病，每日都要食（或注射）胰岛素，是一个病人，他服用后就可返回去工作，或者返回到家庭去。"不仅如此，政府还组织了专家论坛，试图用专家意见强化对美沙酮服务站的安全叙述，重塑居民的风险认知。然而居民们始终认为，社区将出现严重安全隐患，罪案率会急剧上升，美沙酮戒毒所将招致毒贩道友聚集、针筒遍地、治安恶化。居民们更通过实地观察搜集证据：在位于加思栏公园后的美沙酮治疗中心（戒毒综合服务中心），以及在其近旁的公园及街道，经常发现大量针筒，这更证实了风险的真实性。

实际上，美沙酮服务站会不会真如居民们所说的隐含巨大风险，这一问题并不是最重要的，因为"在当代社会，风险实际上并没有增多，增多的仅仅是感知风险"。[③] 也就是说，风险是否存在更多取决于个体感知，受影

---

① 郭巍青、陈晓运：《风险社会的环境异议——以广州市民反对垃圾焚烧厂建设为例》，《公共行政评论》2011年第1期。

② Robin Gregory, Howard Kunreuther, "Successful Sitting Incentives," *Civil Engineering*, Vol. 60, No. 4, 1990, pp. 73-75.

③ Scott Lash, "Risk Culture," in Barbara Adam, Ulrich Beck, Joost Van Loon, eds., *The Risk Society and Beyond: Critical Issues for Social Theory*, London: SAGE Publications Inc., 2000, p. 47.

响的居民是以个体生活、观察经验以及受害者的方式去界定风险。[①] 正因如此，一位居住在香港的一个美沙酮服务中心附近长达十年的先生，以个人的生活体验一针见血地反驳了政府的安全叙述。

此外，在政府的风险定义中，美沙酮服务站与房屋价值似乎并不相关，因为它从未出现在政府的新闻稿和官员的公开表态中。但有研究指出，一个社区里，相比租客而言，自住型业主对社区事务更加敏感，更倾向于加入邻避抗议。如上文所述，黑沙环新填海区是新兴"豪宅区"，自住家庭也越来越多。对于这些入住不久的"豪宅"业主而言，美沙酮服务站的落址意味着财产风险。用一位女士的话来说："这房子很多人看得比生命还重要，辛辛苦苦还在供房。"

由此可见在邻避冲突中，选址社区居民在有无风险、风险是什么、风险有多大等问题上，往往与政府和专家的意见不一致，甚至相互冲突。对风险的不同认知和各自表述，会加重居民的抗争情绪。

（二）关于决策模式

邻避抗议发生的另外一主要原因，是居民们认为自身被排除在选址决策过程之外，对利益攸关的信息知道太少，知道太晚。在选址规划阶段，政府主要依据专家意见进行封闭式决策，挑选出他们认为的最优选址，然后以别无二选的姿态对外公布。而公布消息之时，往往也是社区居民——重要的利益相关者首次知晓之时。遭到抗议后，政府才应急式地与居民接触并做出解释。这种"决定—宣布—辩护"（decide-announce-defend）模式，在80年代以前主导了很多国家的选址决策。其特征有二：第一，初期决策时依据专家意见封闭进行，缺乏与利益相关居民的直接互动；第二，公布决策时强调社会利益和公民责任，呼吁居民做一个"友好邻居"。[②]

澳门美沙酮服务站的选址决策过程，也典型地体现出"决定—宣布—

① 郭巍青、陈晓运：《风险社会的环境异议——以广州市民反对垃圾焚烧厂建设为例》，《公共行政评论》2011年第1期。

② Michael O'Hare, Lawrence Bacow, Debra Sanderson, *Facility Siting and Public Opposition*, NY: Van Nostrand Reinhold Company Inc., 1983, pp. 6-7, 24; S. Hayden Lesbirel, Daigee Shaw, eds., *Managing Conflict in Facility Siting: An International Comparison*, Edward Elgar, 2005, pp. 20, 53.

辩护”的模式特征。

第一次选址美珊枝街时，政府在新闻稿中指出：“经评估后，认为利用社会工作局位于美珊枝街五号、过去亦曾用作戒毒门诊中心的物业设置临时戒毒中心较为适合。”

第二次选址澳门大厦遭到反对以后，政府为了强调服务站尽早运转对社会整体利益的重要性，给居民们算了一笔账：“经联合国估算，社会若付出一元协助吸毒者戒毒，则可省回7元的损失。希望社会能更加包容戒毒人士及支持戒毒工作。”

第三次选址黑沙环卫生中心时，政府甚至公布了时间表：“已多次与相关社区团体接触，听取民意，最后居民都认为在卫生中心内设美沙酮服务站较理想……预计两至三个月内投入运作”，并强调选址的决策依据：“首先要考虑的是专家意见、邻近地区经验和戒毒者需要。”

同时，政府还从公民责任的角度呼吁：“社会各界应尊重接受美沙酮治疗人士的权利。”

然而，居民们认为政府与相关社区团体的接触并不代表决策过程是公开的，被他们多次放在公开信中的头条反对理由是：“住在黑沙环卫生中心附近的居民却从没有参与有关当局的任何咨询，这是否公平，是不是黑沙环居民的意见不值得重视?”“政府对本区居民实行不咨询的强硬政策，令居民受到伤害并十分反感”。

进而，居民们把政府公布消息的举动，视为“擅自”行为；把政府多次与相关社区团体接触得出的民意，视为“虚假民意”；把政府引以正名的专家意见和“他山之石”，视为“盲目跟随”；把政府呼吁公民责任的行为，视为“伤口上撒盐”；把政府的强硬态度，视为“大石压死蟹”。居民们不仅多次要求政府交代决策的理据，而且多次提出要与做决策的官员和专家公开对话，讨个“说得通”的说法。

可见，与很多国家或地区的情况类似，澳门特区政府在美沙酮服务站选址上体现出“决定—宣布—辩护”的决策特征。然而，世界经验同样表明，在居民不断增强的权利意识和权利捍卫能力面前，这种家长式、权威式的决策风格、从上至下的决策过程和先发制人的设址策略在邻避设施的选址问题上再难奏效。80年代中后期以来，很多国家或地区结合实际情况创新选址程序，具体做法各异，学者们对此有不同的术语总结，如自愿/合作模式、

平等主义模式①、放权/多元模式等②，但其要义都是从制度上确立一套开放的参与程序，与社区居民共享选址决策权。这种决策模式转变的背后，是各国逐渐认识到邻避设施选址问题的特殊性。

从政策问题的角度看，邻避设施选址问题的特殊性在于它是一个多目标决策问题，但在传统的“决定—宣布—辩护”决策模式中，它往往被视为单目标决策问题。我们知道，一般公共设施的选址大都采用距离代价最小原则（minimized travel cost），即只要在技术上可行，公共设施就落在与服务对象距离最短、服务获取最方便的地方。邮局、超市、学校、派出所、普通门诊等，均属此类。然而，邻避型公共设施与一般公共设施有显著区别，由于它可能对周边居民带来诸多负面影响，引发厌恶情绪和抗议行动，不能把距离代价最小视为唯一选址依据。研究表明，邻避设施选址只有通盘考虑和权衡经济、政治、社会、心理、环境、交通等各方面因素，尤其是得到选址社区的认同和配合，设施才能顺利落址。也就是说，邻避设施选址决策应满足多个目标，它不仅是技术问题，更是一个社会问题。

在本个案中，澳门特区政府多次表示，为了方便及鼓励戒毒人士，“美沙酮服务不能中断”，同时强调，服务站“大多设于人烟稠密的屋苑或便利的公共交通站点”及“放在社区中才能发挥作用”。可见政府主要是从服务对象获取服务的便利程度这个单一目标角度去考虑选址，而忽略了它可能造成的负面影响及附近居民的诸多忧虑，在“决定—宣布—辩护”的选址决策模式中，政府把美沙酮服务站选址视为一个单目标决策问题，是引发邻避抗议的又一重要原因。

四　延伸讨论：以治理创新应对邻避运动

虽然可以认为美沙酮服务站选址所引发的邻避抗议因议题单一、风险可控、参与者利益受损度有限，缺乏持续动员与剧烈对抗的基础，而且政府及时引入危机干预，加上事件本身政治化或意识形态化的空间并不大，故该抗

① S. Hayden Lesbirel, Daigee Shaw, eds., *Managing Conflict in Facility Siting: An International Comparison*, Edward Elgar, 2005, pp. 13 - 35, 36 - 62.

② Richard G. Kuhn, Kevin R. Ballard, “Canadian Innovations in Siting Hazardous Waste Management Facilities,” *Environmental Management*, Vol. 22, No. 4, 1998, pp. 533 - 545.

议骤起骤落、过程短促，能在较短时间内得以化解，然而，这并不意味着对于类似的邻避抗议运动可以掉以轻心。尤其随着旧区重整、市政建设的推进和城市的更新换代，那些具有邻避特征的公共设施选址争议在寸土寸金的澳门日益增多，越来越成为让政府头疼的“政策难题”。

事实上，基于环境正义的邻避抗议运动已成为新社会运动的重要表现形式之一，并在当今社会中呈现越来越常态化的趋势。从政治参与的角度看，邻避抗议运动可被视为一种非正式的参与方式。其特征有二：第一，与正式的政治参与形式相比，人们在抗议中表现出较高的心理卷入程度和主动精神。进一步来说，居民们更容易在发生在家门口的就利益攸关的事情表达反对意见的行动中，付出更真实、更强烈的情感。第二，邻避抗议的空间基础是社区。人们居住在同一社区，相互关系是邻居，有非常具体而单一的利益诉求，更容易相互传递抗争情绪和被动员起来加入抗议。[①] 可见，邻避抗议的动员成本低，参与者利益相关度高且相互沟通直接方便，因此发生的频度相对较高，也更容易对和谐稳定的社会秩序构成冲击与威胁。

那么，究竟如何解决日渐频繁的邻避抗议运动呢？可以说，这并非“无解”之物，即使那些被认为是结构极度不良的案例同样可以得到适度解构，具有可控性与可治理性。各国（地）在处理不断涌现的邻避抗议运动过程中逐渐探索出一些处理原则与应对之策。例如，在确定邻避设施位置时，应遵循“阻力最小原则”而非“效益最大化”或“距离代价最小”等原则。有研究者通过区分不同邻避设施的类型，寻找出规划相应类型邻避设施的区位模型。[②] 美国智库卡图（Cato）研究院设计出所谓“反向抬价拍卖模型”的市场化补偿方案，即将补偿额度在多个选址中进行拍卖，直到有地区愿意接受为止。各国（地）应对邻避抗议运动的方法，大致可分为缓解和补偿两类。前者着重于从技术和制度角度降低风险，所谓技术缓解，是指改进邻避设施的设计和运作方式，尽可能减少对社区环境和居民生活的影响；所谓制度缓解，是指扩大社区居民对选址决策过程的参与和对设施建设及运作的监督。补偿则分为金钱和非金钱补偿两类，非金钱补偿的方式各式

① Michael O'Hare, Lawrence Bacow, Debra Sanderson, *Facility Siting and Public Opposition*, NY: Van Nostrand Reinhold Company Inc., 1983, p. 8.

② 张颖：《邻避型设施区位分析系统的建立与应用》，华东师范大学资源与环境学院硕士学位论文，2007。

各样，主要是根据实际情况弥补居民在财产、健康、心理等方面的损失。①

不过，上述方案仍未跳出就事论事式的技术思维。很多国家及地区的实践证明，技术缓解和补偿机制能否发挥作用，取决于选址决策是否基于居民参与和社区共识，是否能走出传统的"决定—宣布—辩护"模式而建立一种开放的、参与的、权利共享的决策模式。推而论之，邻避抗议运动挑战的是现行的自上而下的社会管治思维，它要求社会治理思维与模式有所创新。以此反观以往处理邻避抗议事件时，政府每以应急管理方式待之，虽可收一时之效，却未必可以预防或减少邻避冲突，原因即在于此。

从社会治理创新的角度看，引入参与式治理有助于从源头上治理邻避抗议运动。第一，建立参与式的选址决策模式，使选址社区居民直接参与选址政策制定过程，而不是将之排除在决策之外。即使这并不能保证邻避设施顺利落址，但对增进利益相关者之间的信任至关重要。第二，在参与过程上，必须体现社区居民全程参与原则，既要在选址规划的早期阶段参与以便尽早了解相关设施的社区风险与社会收益，也要在相关设施建立之后，参与到风险与责任监督的机制建设之中。第三，在参与主体上，除了利益相关方必须参与决策外，还需要引入第三方参与。利益取向对立的双方之所以发生冲突，往往并非因为专业知识不足，而是缺乏信任。因此，引入一些具有社会公信力、专业性强且无利害关系的第三方（如专业团体）参与，有利于在技术性判断上取得社区居民的信任。第四，构建参与的平台与机制，通过社区居民大会、听证会、论坛、民调、共识会谈、工作坊、评议会等交流平台，使利益相关者公开讨论、充分审议、理性协商，以促进与深化对利益与风险的认知，为最终达成各方都可接受的方案提供可能。最后，居民参与决策的过程是协商、审议的过程，也是相互学习与分享的过程。不同利益方通过倾听与分享彼此的观点修正自己的认识，不断寻求与凝聚共识，使方案最大限度照顾各方利益，借以增强决策的合法性与执行的有效性。与此同时，在参与治理的过程中，居民得到真实情境的民主训练，公民素养亦因此得以提升。

---

① Robin Gregory, Howard Kunreuther, "Successful Sitting Incentives," *Civil Engineering*, Vol. 60, No. 4, 1990, pp. 73-75.

换个角度看，邻避抗议运动的兴起为从社区层面引入参与式治理提供了一个极佳的实验契机，而澳门所具有的丰富社团组织与悠久自治传统乃是参与式治理的基础资源。应该说，参与式治理的引入为邻避设施的选址决策提供了超越技术层面的制度选择，而作为具有创新性的制度，参与式治理的价值显然超出了应对邻避抗议运动的范围。

（原载鲍静主编《中国行政管理》总第322期，北京：中国行政管理学会，2012年4月。）

系统论视阈下的澳门行政改革之路径分析

秦　斌*

澳门特区政府随着澳门的回归而诞生，在十几年的时间里，采用赌权开放等经济刺激政策，利用“自由行”政策的利好，带领澳门创造了澳门经济史上的奇迹，打造了澳门的“黄金十年”，但政府行政系统仍然存在一些问题，在一定程度上制约着经济、文化等其他子系统的发展。

应该看到的是，自澳门特区政府成立以来，围绕行政改革的努力就不曾中断，本文研究认为，澳门历次的行政改革，总的目的是希望做个“好政府”，但在朝着“好政府”行进的途中，道路并不平坦，行政改革陷入困境很大程度上源于没有系统地看待问题，遇到问题后，“头痛医头、脚痛医脚”的被动思维模式已被证明对问题的解决没有益处，也就是说系统的问题必须以系统的方式去解决，否则问题只会被暂时隐藏起来，或者从系统的一部分转移到另一部分，甚至会引发其他更具灾难意义的问题出现。

基于此，本文拟采用系统论（System Theory）的观点和方法，客观地分析澳门公共行政改革当前的处境以及面临的挑战，从系统论的目的性、突变性、整体性、生态性等层面，希冀对澳门公共行政改革的路径进行更科学的探究和分析。

一　系统论

系统思想源远流长，但作为一门科学的系统论，人们认为比较主流的观

---

* 秦斌，澳门城市大学人文社会科学学院助理教授。

点是美籍奥地利人、理论生物学家L. V. 贝塔朗菲创立的。他在1952年发表“抗体系统论”，提出了系统论的思想。

系统论认为，世界上的任何事物都是由其内部的各个要素按一定的方式、规则、关系组成的一个有机整体，要素与环境之间、要素之间必须相互适应、相互协调和相互匹配。行政系统具备一般系统的特点，它是政府在管理区域性事务和社会公共事务中负有的职责和应发挥的作用所构成的体系，是由行政机构、规则和目标、行政输出、信息反馈和信息转换等多种要素构成的复杂系统，一个与外界环境保持密切联系，并能适应外界环境变化，以及为实现既定目标而正常运营的开放系统。

用系统论的观点分析政府以及行政系统，会发现政府是一个完整的实体，是一个非常复杂、精巧的系统，由许多的部分有机组成。同时，行政系统作为社会大系统的一个子系统，势必要依存外界的环境，根据耗散结构理论更可以看出，行政系统不是封闭系统或者孤立系统，而是一个开放的系统，它与外界的组织、环境等进行各种各样的物质、信息交换，二者互相发生作用。

二 澳门行政改革的系统论分析

（一）以系统论的目的性和突变性原理分析澳门行政改革历程

按照系统论的观点，社会系统是一个巨系统，作为社会系统的核心部分，澳门公共组织仍然存在一些问题，在一定程度上制约着经济、文化等其他子系统的发展。变革和创新是当代世界公共行政面临的共同课题，政府必须在不断调整与变革之中适应时代发展。此外，还可以看到的是，自澳门特区政府成立以来，围绕公共行政改革的努力就不曾中断过①，下文即以系统论的目的性和突变性原理对澳门的行政改革历程进行分析。

系统的目的性，从系统的发展变化中得以彰显，社会科学领域的系统一般属人工系统，人工系统的目的性，往往是一种人为的目标，这个目标是通过对系统进行特定的设计，由系统内部复杂的反馈机制发挥作用，最终取得

---

① 陈瑞莲、林瑞光：《澳门回归十年公共行政的改革与展望》，《中山大学学报（社会科学版）》2009年第5期。

一定结果。系统的目的性，一般受系统的突变性所驱动。

系统的突变性，表明系统通过失稳从一种状态进入另一种状态，系统的突变主要源于系统内部以及演化中的环境元素。系统论认为，系统的突变是系统质变的一种最基本形式，突变对于系统发展演化的主要影响是使系统的发展演化出现分叉，分叉使得系统的发展演化前途具有多种可能性。

本研究认为，系统的目的性和突变性在澳门行政改革的演化中，具有互动效应。在陈瑞莲、林瑞光的研究中，澳门的行政改革历程被分为三个阶段。在该研究的基础上，本研究认为澳门的行政改革可以按照系统论的观点，分为四次突变。

第一次突变，即 1999 年澳门回归，特区政府随之成立。这次突变对整个系统的影响则是在有选择地吸收旧有系统要素基础上，构建新系统，重新达到系统的平衡状态。

第二次突变，即 2002 年的博彩业开放。2002 年的博彩业开放给澳门带来了历史性的变化，这一点现在恐怕很少有人质疑①。博彩业开放使得澳门的博彩业呈井喷式发展，对澳门的影响是深远和全面的。有研究指出，博彩业开放之前，“澳门经济是一种发育不全的资本主义经济”②，博彩业开放所带动的澳门经济的全面市场化改造，健全与完善了澳门的资本主义制度，促进了经济的全面发展，为“一国两制”在澳门的实践、为特区政府的有效施政提供了重要的经济支撑。

第三次突变，即 2006 年的欧案曝光。欧文龙贪腐案“打破了澳门昔日的平静，使澳门特区政府的整体形象大受影响”③。此后，澳门市民和社会舆论对政府批评和质疑的声音四起，呼吁改革公共行政的声音不断，尽管特区政府行政暨公职局 2007 年公布的《澳门特别行政区 2007 ~ 2009 年度公共行政改革路线图》，试图对澳门公共行政改革提出一个系统性、整体性的指导原则和技术方案，但迄今为止效果依然不明显。

第四次突变，即 2009 年第三届特区政府成立。2009 年 12 月，在澳门

① 秦斌：《澳门怎么了——赌权开放十年谈》，《澳门月刊》2011 年第 8 期。

② 邹勇兵：《从制度变迁看澳门赌权开放的历史、现状及发展》，《广东行政学院学报》2003 年第 6 期。

③ 陈瑞莲、林瑞光：《澳门回归十年公共行政的改革与展望》，《中山大学学报（社会科学版）》2009 年第 5 期。

特区成立十周年之际，第三届特区政府成立，新任特首崔世安提出了“阳光政府”的施政理念，新的施政团队为原来的系统注入新的元素，新的施政理念无疑会对系统的目的性产生影响，从而在行政改革的路径演化中催生全新的格局。

通过以上的回顾和分析，本研究认为，正是这四次突变，对澳门的行政改革产生了影响，每一次突变都对原有系统产生了非常大的作用，并且系统的目的在大目标不变的前提下，随着系统均衡状态的变化，进行了调整和适应处理。

（二）以系统的整体性原理分析行政改革的困局以及未来构想

系统的整体性，是指系统作为一个由诸多要素结合而成的有机整体存在并发挥作用，整体不是各个部分的简单拼合，而是互相制约、互相关联的有机体。正如亚里士多德所言，“整体大于部分之和”，根据系统论的观点，围绕行政系统进行的行政改革，必须把行政系统看成一个整体，注重系统的整体性，才可能有满意的效果。

本文认为，回顾澳门回归以后的行政改革的历程，可以发现澳门行政改革一直着眼于“重组政府组织架构，理顺部门之间的职责权限”，无论是把澳葡政府时期的七个政务司合并为五个司，还是将有关司局进行合并，基本都是延续这种思路。这种思路最大的弊端就是拘囿于局部的、表面的改动，而未涉及深层次的问题本质。本研究认为，澳门行政系统施行的韦伯行政范式是造成以上弊端的主要原因。

在传统的公共行政范式中，德国政治经济学家马克斯·韦伯（Max Weber）倡导的官僚制一直是公共行政的经典组织模式，它同样影响并主导着澳门的公共组织。这个模式追求的是简单线形的因果关系。主要特征是：受泰勒与韦伯机械观念支配的管理者，把公共组织看作一台结构相当复杂的机械，追求稳定的控制模式，其运转最有效的方法就是建立金字塔似的、由高层领导严格控制的、等级森严的管理制度。①

20世纪初期，以专业分工、等级制和非人格化为特征的“官僚制”政府组织形式的确立为这种分割管理模式的形成奠定了基础，并日益发展成为

① 张康之：《韦伯对官僚制的理论确认》，《教学与研究》2001年第6期。

支配公共行政的普遍组织形式，政府组织中的专业化和分工化倾向进一步得到发展。这种专业化分工的管理模式强调以职能为中心设置政府部门，这种方法使一个部门、一个岗位只需重复一种工作，目的在于提高效率。① 这种以职能为中心设置部门和层级节制的组织结构，明显脱胎于亚当·斯密的分工学说，并且汲取了泰罗科学管理学说的精髓，具有效率高、便于控制和指挥等优点。但是，毕竟分工学说产生于工业生产中，行政业务也不能被简单地等同于流水线上的成衣加工，因此我们看到，韦伯行政范式最大的弊病就在于，把一个行政业务流程硬性地分割为若干环节、横跨多个部门，使一个完整的流程消失在具有不同职能的部门和人员之中，这种注重行政节制而忽略业务连贯性的行政思维，很容易造成多头指挥而使行政效率低下。

正因为韦伯行政范式在机制设计上的先天缺陷，加之时代变化的冲击，韦伯官僚体制中的政府职能的专业化和政府结构的分化，在澳门的实践中走向了自己的反面，具体表现为，专业的交叉重叠，导致整个行政结构分化紊乱和不协调。正如有研究指出的那样，“政府内部部门分割问题突出，职责重叠、职能交叉明显。如文化发展事项，民政总署与文化局有较多重叠；康乐体育事项，民政总署与体育发展局有交叉；‘路面维修’事项，民政总署与土地工务运输局重叠；私人弃置物宇的卫生问题，卫生局管不着，民政总署也不能管，职责不清；行政法务司把行政、法务合并，存在职能庞杂的问题，社会上也对其产生了许多意见”②。

基于此，如备受批评的澳门特区政府效率低下现象，本研究认为，政府职能的专业化与政府结构的分化才是重要的“肇事者”。过细的分工导致部门林立、职责交叉，一个完整的业务流程被若干部门和环节所分割，“将一个完整、连贯的业务流程分割成许多支离破碎的片段，造成了相互隔离的部门壁垒，增加了各个业务部门之间的交流和协调工作，使得行政过程运作时间长、协调成本高”③。

并且，尤为重要的是，在分工中产生的行政部门，很快表现为一个独立

① 蔡立辉、龚鸣：《整体政府：分割模式的一场管理革命》，《学术研究》2010 年第 5 期。

② 陈瑞莲、林瑞光：《澳门回归十年公共行政的改革与展望》，《中山大学学报（社会科学版）》2009 年第 5 期。

③ 蔡立辉、龚鸣：《整体政府：分割模式的一场管理革命》，《学术研究》2010 年第 5 期。

的利益实体，有着自己的利益追求和政治愿望，成为与社会相对应的存在物，并且滋生了严重的部门主义。这种部门主义直接导致每个部门都有自身的利益追求和目标，在各司其职的过程中更多地表现为对利益的争夺。在执行任务时，各部门往往从本部门的工作和利益出发，忽视了特区政府的整体使命和目标，甚至使本部门的目标凌驾于特区政府整体目标之上。严重的部门主义导致部门把工作重心放在个别作业与环节效率的提升上，而忽视特区政府的整体使命；部门间的利益分歧往往使个体的短期利益凌驾于政府发展目标之上，阻碍了特区政府整体目标的实现。①

这种由于职能交叉而派生的不协调、管理秩序的紊乱和管理效率低下问题，俨然已成为下一步行政改革必须正视的主要问题。并且也应该看到，正是韦伯官僚体制本身的弊端，正是碎片化的分割管理模式，导致行政系统混乱和低效。本研究认为，如果不从系统的整体性入手审视行政改革，很难看到行政改革成功的可能性。

因此透过对系统整体性的分析，本研究认为，未来澳门行政改革的最佳路径就在于，面向政府的总体目标，以任务流程为主线，每一项工作或业务处理都具有一个完整的流程，围绕事务的处理将所涉及的各个部门或管理人员、各个环节、资源配置进行有效整合，形成一个具体的流程，各部门不再是流程的障碍，而成为有机联系的节点。这显然为政府的行政改革提出了一个全新的思路，即跳出传统的限制政府规模、监督公权力的既有思路，不再盯着政府的部门规模、公帑开支这些表面现象，而是从大局出发，要求政府作为一个整体，围绕公共管理目标来开展行政改革。这就要求决策层通过整合政府内部相互独立的各个部门和各种行政要素、整合政府与社会以及社会与社会，来实现公共管理目标。

（三）从系统的生态性原理看待行政改革的渐进式推进

任何一个系统都存在于特定的环境之中。系统与环境必须按照一定的规律进行物质和信息的交换，并从中汲取可持续的发展动力和存在价值，因而具有一定的生态性。

行政系统的这种生态性主要有两种表现形式，即外部生态性和内部生态

① 蔡立辉、龚鸣：《整体政府：分割模式的一场管理革命》，《学术研究》2010年第5期。

性。外部生态性源于行政系统所存在的特定的生态环境。单纯地讲，行政系统属于社会大系统的一个子系统，行政系统具有开放性的特征，社会系统的变化必然引起行政系统的变更；并且，行政系统的改变也必然对其存在的社会系统造成一定影响，呈现互动性的特征。内部生态性源于行政系统内部子系统存在的相关性。这种相关性与各子系统所具有的相对独立性是同时存在的，表现为各子系统之间相互制约和相互协同，从而形成特定的系统结构和功能。行政系统的变化必然导致其子系统的变更；反之，系统结构中任何一个子系统的改变，都会通过系统结构对整个系统造成一定程度的影响。

正因为系统的生态性决定了行政改革必须采取一种均衡基础的模式，行政系统必须不断调整自身，使其与环境间的关系在一种稳定和均衡的状态下运行。

行政改革较之于其他领域，所面对的对手正是自身，最大的阻力来自内部，这就决定了问题的复杂性和艰巨性。对上层建筑内部的变革而言，任何冒进式的激情和极端，都只会对有机体本身构成灭顶之灾，继而累及整个改革事业。正如有研究指出的那样，“一步到位的改革措施无疑令人振奋，然而无数的事实显然在不断提醒我们，大跃进式的革命般激情，极容易落入导致社会动荡、经济增长中断的陷阱”①。

在不影响大目标的前提下，注重系统的生态性原则，带有妥协性质的梯次推进，可以在有限度地容忍既得利益的同时，孕育新生动力，避免社会生态和政治结构撕裂和对抗。这无疑是最正确的思路。

三　结语

澳门特区政府成立以来的行政改革路径，留给世人深刻的启示。首先，澳门的行政改革，是一个异常艰难的过程。因为行政改革既涉及权力重组，也涉及利益的重新分配，这就必然使行政改革遇到种种阻力。其次，澳门行政改革的发展趋势，虽然带有一定的澳门特色，但总体上说是符合国际社会改革潮流的。

---

① 秦斌：《澳门将怎样公开官员财产》，《澳门月刊》2011 年第 12 期。

按照前文所述，今后澳门的行政改革应该围绕公共管理目标、业务流程进行改革，但确定公共管理目标及其业务的前提是对行政生态环境予以确认。澳门现在仍处在社会急速变革的时期，经济飞速发展、社会事务日趋复杂，政府需要高效运转。在这样的情形下，单一的“有限政府”绝不会是最好的选择，一个有能力且效率高的“有效政府”，无论对于经济的发展还是社会的进步而言都是不可缺少的。追求如香港特区政府的“守夜人”的角色也是不理智的，因为澳门特区政府在经济领域并不能全身而退，特区政府还要引导、助推澳门经济多元化。显而易见，一个对经济领域坐视不管、听之任之的政府并不符合澳门特有的生态环境。因此，建立一个与生态环境变化相适应的政府管理体制，提高政府的能力，增强政府管理的有效性，对于实现经济和社会的可持续发展，无疑具有极为重要的意义。

（原载乌杰主编《系统科学学报》，第21卷，第3期，太原：太原理工大学，2013年8月。）

澳门公共政策咨询模式的比较与探讨

杨鸣宇*

落实公共政策是指政府为了解决特定社会问题而进行的一系列活动。[①]根据大卫·伊斯顿（David Easton）的定义，公共政策是对“社会的价值进行权威性的分配”[②]。这表明公共政策的产出不仅涉及具体的政府行为，还涉及受政策影响的利益相关者拥有的资源和价值观。因此，一项合意的公共政策不但应该具有专业性，还需拥有合法性。如果决策仅仅关注政策的专业性，而把受政策分配影响的利益相关者排除于决策过程之外，这种“专家理性”的决策结果，可能会引起决策合法性的丧失，因为专家拥有的专业知识并不能替代公众的主观价值偏好。[③] 可以预见，政策如果失去了公众的参与和赋权，将无法有效施政。另外，推出公共政策的目的是解决特定的社会问题，而公众的主观价值偏好容易流于感性，无法满足政策所需的专业性和效率等要求，因而专业知识又是有效的公共决策所必需的要求和门槛。[④]如何平衡专业性和合法性两者之间的潜在冲突，成为任何公共决策过程都必须考虑的问题。

---

* 杨鸣宇，北京大学政府管理学院博士，澳门大学社会科学学院政府与公共行政系讲师。

① M. Howlett, M. Ramesh, *Studying Public Policy: Policy Cycles and Policy Subsystems*, Canada: Oxford University Press, 2003, pp. 1 – 19.

② 〔美〕大卫·伊斯顿：《政治生活的系统分析》，王浦劬等译，华夏出版社，1999，第28页。

③ 王锡锌：《公众参与、专业知识与政府绩效评估的模式——探寻政府绩效评估模式的一个分析框架》，《法制与社会发展》2008年第6期。

④ N. Robert, “Public Deliberation in an Age of Direct Citizen Participation,” *The American Review of Public Administration*, Vol. 34, 2004, pp. 315 – 353.

社团是澳门政治系统里最为重要的单位，它们不单是联结普通市民和政府之间的桥梁，将社会的意见要求反映给政府部门内的决策者，同时协助政府传递具体的政策信息于市民，使政策得以顺利执行和遵守。这种“社团咨询模式”的有效运转，在长达半个世纪的时间里较好地平衡了公共决策过程中专业性和合法性之间的潜在冲突，从而维持了澳门的社会稳定及和谐。随着2002年博彩业开放，澳门经济急速发展，快速变化的社会经济环境除了使社会问题增多外，不同社会群体之间的利益矛盾也有所激化。最具有代表性的事件即2006年和2007年两次“五一游行”期间所发生的警民冲突。[①] 这些冲突表明澳门既有的公共政策决策模式存在缺陷和局限，未能适应业已变化的社会经济环境。本文将通过“美沙酮事件”和“新城填海公众咨询”两个具体的政策案例，重点关注和探讨三个问题：社团咨询模式是如何形成和发挥作用的？这种决策模式的成立条件和局限何在？可通过怎样的方式改进这种决策模式？

一　社团咨询模式的形成和作用

社团在澳门主要发挥三种不同的功能[②]：NGO功能。如澳门同善堂、澳门红十字会等慈善团体，主要针对社会弱势群体提供各种社会服务。“拟政府化”功能。如澳门街坊会联合总会属下的坊众学校、栢蕙活动中心、临屋颐康中心等机构，在教育、青少年和老人服务等方面部分承担了一般由政府提供的公共服务。“拟政党化”功能。在政治系统里，普通市民一般是通过政党这样的组织来和政府发生联系，但在澳门，这样的功能通过社团来完成。除前文述及的澳门街坊会联合总会外，澳门工会联合总会、澳门中华总商会、澳门中华教育会等不同领域的代表社团，均在立法会占有议席，发挥着重要的社会利益反馈和政策咨询功能。

社团的上述三种功能，除了NGO功能和其他地区无异外，“拟政府化”

---

① 《各方反思化解矛盾》，《澳门日报》2006年5月3日，A01版；《澳门五一游行警民冲突开枪镇压》，《苹果日报》2007年5月2日。

② 娄胜华：《转型时期澳门社团研究——多元社会中法团主义体制解析》，广东人民出版社，2004，第174～234页；潘冠瑾：《澳门社团体制变迁——自治、代表与参政》，澳门基金会、社会科学文献出版社，2010，第48～69页。

和“拟政党化”突出了社团在澳门的政治和社会生活中的特殊性。一般而言，NGO 通常针对特定群体提供服务，鲜有像街坊会联合总会这样提供广泛的跨群体的公共服务。此外，政党和 NGO 同属社会功能性组织中的一种，然而两者的根本区别在于，前者是为了赢取选举和取得特区政府的领导权而产生，而澳门的选举恰恰是以非政党化的社团为中心来开展的，参选人往往都具有丰富的社团工作经历，甚至本身就是社团的领袖。这两种特殊的功能，与澳门经历过葡萄牙的殖民统治有着直接的关系。澳葡政府是一个外来的政权，潘冠瑾形容其“并不是真正意义上的政府，而是为葡萄牙派驻澳门对当地进行全权管理的总督服务的辅助机构”[①]。它的管治权力来自葡萄牙皇室，而非澳门本土的市民，这使其面临合法性的问题。因此，如果要对数目上占绝对优势的华人进行管治，单靠暴力压制不仅成本高昂，而且不可持久。澳葡政府的做法是通过寻找华人社会代理人来进行间接的管治。[②] 娄胜华把这样的管治方式称为“相互赋权”，即一方面，政府通过赋予代表性社团某些“拟政府化”的权力，某些代表性社团可以为商品签发产地来源证明、代征职业税、代办无证劳工登记及发放临时居留证等，而另一方面，市民赋予社团作为自己的利益代言人和政府进行谈判和协商的权力，社团同时为市民转介政府颁布的政策，使政策被执行和遵循。[③]

需要注意的是，“相互赋权”只解决了澳葡政府如何对普通市民进行管治的问题，却并未提供一个不同领域社团之间如何进行利益表达和协调的机制。这一机制需要另外通过所谓的“蛛网式结构”来进行。表面上看，“蛛网式结构”和“国家法团主义”（State Corporatism）中，一个功能性领域只能有一个代表的“顶级社团”（Peak Association）进行利益表达的情况非常相似。[④] 但不同的是，核心社团是自发建立的，而非澳葡政府授意其作为某一领域的利益代表。它们和次级功能性社团、基层社团之间也非“国家法团

---

① 潘冠瑾：《澳门社团体制变迁——自治、代表与参政》，澳门基金会、社会科学文献出版社，2010，第 56 页。

② 娄胜华：《转型时期澳门社团研究——多元社会中法团主义体制解析》，广东人民出版社，2004，第 315 页。

③ 娄胜华：《合作主义与澳门公民社会的发展》，《学术研究》2009 年第 12 期。

④ J. Unger, A. Chan, “Associations in a Bind: The Emergence of Political Corporatism,” in J. Unger, ed., *Associations and the Chinese State: Contested Spaces*, Armonk: M. E. Sharpe, 2008, pp. 48 - 68.

主义”中的上下级关系，而是一种平等关系。因此，“蛛网式结构”事实上是一种在澳门特定的历史环境中自发形成的社会秩序。在共同面对澳葡政府这个外来政权，以及在维护族群利益的前提下，这些社团往往可以通过协商和调解的方式来解决内部的利益矛盾，从而打造一个“超稳定”的社会结构。①

二　社团咨询模式的局限：对美沙酮事件的反思

然而，“社团咨询模式”的有效运转依赖特定的历史和社会条件。首先，这种决策模式形成的首要原因是澳葡政府为了维持管治和社会整合，而与华人族群形成一种相互妥协和赋权的关系。但当澳门回归祖国后，政府和市民之间的关系就发生了本质的变化。市民面对的不再是一个外来政权，而是同根同族的华人政府，彼此在文化和语言交流上不再有障碍（语言曾经是限制澳门市民和澳葡政府进行交流的主要障碍之一，因为大多数市民并不懂得葡语）。市民可以通过新闻媒体和政府公布的信息来了解关乎自身利益的政策信息，社团不再是市民和政府之间进行利益表达的唯一管道，而仅仅是其中之一。社团和其成员之间本来存在的“委托—庇护”关系并不必然存在。② 若原来的社团不再能有效代表和反映自己的利益，社会成员要么另行组织新的社团，要么选择不参与社团而成为独立于社团外的个人。由此我们或许就能理解为何澳门在回归后，会同时存在社团数目快速增长③，但市民参与社团的比例又偏低的情况④。

其次，社团咨询模式的一个基石是“蛛网式结构”。自发形成的“蛛网式结构”是通过社团间的协商和调解来维持的。这要求社会不同群体间的利益不能过分分化，否则就难以形成利益上的共识。然而澳门的本地生产总值在2004年后一直保持着双位数的增长，收入中位数也由2001年的5000澳门元增加至2013年的12000澳门元。⑤ 经济发展也使不同的社会团体间的

① 潘冠瑾：《澳门社团体制变迁——自治、代表与参政》，澳门基金会、社会科学文献出版社，2010，第114页。

② 娄胜华：《合作主义与澳门公民社会的发展》，《学术研究》2009年第12期。

③ 娄胜华：《合作主义与澳门公民社会的发展》，《学术研究》2009年第12期。

④ 《社会认同感强烈社团参与度低　社团生态呈变新兴团体冒起》，《澳门日报》2006年12月23日，A07版。

⑤ 统计暨普查局：《澳门2011年人口普查》，2011。

利益快速发生分化，最为典型的即为本地劳工和外地雇员之间的矛盾。这使共识的达成变得困难，彼此更难进行利益调解和协商。另外一个不被多数人关注的因素是回归后澳门特区政府对公共教育的投入使澳门居民的教育水平得到较大的提升。据2011年人口普查的资料显示，年龄在3岁以上的人口完成初中和高中以及高等教育的比例分别为49%和16.7%，比十年前分别增加了11.1%和9.3%。具有小学或以下教育程度的占34.2%，比2001年人口普查时减少了20.4%。[①] 这对社会利益分化有着潜在的重要影响，根据英格尔哈特（Ronald Inglehart）的“后物质主义”理论（Post-material Theory），随着市民基本的物质生活需求得到满足，他们会更为注重所谓的“主观满足感”（Subjective Well - Being）。这会促使他们对政府提出更为个性化的政治需求，并可能进行更多的政治参与。[②]

上述社会经济因素的变迁一方面削弱了“社团咨询模式”赖以成功的社会条件，另一方面使其未能有效地回应回归后澳门市民对治理的需求。发生于2010年的“美沙酮事件”从一个侧面反映了这种决策模式的不足。“美沙酮事件”的源起是2010年5月社会工作局公布的一则消息，内容是原来位于加思栏后新马路的戒毒综合服务中心将被卫生局收回用于兴建传染病大楼，因此社会工作局需要另外寻找新址兴建新的戒毒中心。其中一个美沙酮戒毒中心的选址位于北区台山的澳门大厦。台山是澳门人口最为稠密的地区之一。戒毒中心的消息马上引起了附近居民的关注和反对，他们迅速通过台山区业主会联合总会举行了新闻发布会并收集区内居民的反对签名。台山的居民认为戒毒中心的使用者将滋扰社区居民的生活，并且该中心的设立可能会影响澳门的旅游形象。在台山居民的反对下，戒毒中心计划一度被搁置。后来社会工作局在收集区内居民意见和参考邻近地区经验后，在2010年11月决定把相关服务迁入黑沙环卫生中心。黑沙环卫生中心和台山一样地处澳门半岛的北部，所不同的是卫生中心是教育机构集中的地方，附近有数所中小学和幼儿园，每日均有大量学生在周边的街道活动。于是该中心的选址再次引起了附近居民和家长的反对，三次反对行动均集中在2010年12

① 统计暨普查局：《澳门2011年人口普查》，2011。

② R. Inglehart, *The Silent Revolution: Changing Values and Political Styles Among Western Publics*, Princeton, N. J.: Princeton University Press, 1977, pp. 1 - 18.

月。首先是12月4日约有20名黑沙环区的家长代表向澳门特区政府总部递信和1800名家长的反对签名。他们称，澳门半岛一共有五个卫生中心，为何要选择教育机构最为密集的黑沙环卫生中心来提供戒毒服务。除此，他们认为澳门特区政府在做出决策前并未充分知会受影响的家长和居民。12月7日晚，黑沙环多幢大厦居民在区内的空地集会收集居民签名，后来集会演变成一场几百人的游行，居民通过阻塞交通的方式逼使政府直接对话。随后，卫生局局长与社工局代局长于当晚到场，再次指出决策是在参考了邻近地区的经验，以及咨询了相关社团和立法会议员意见后做出的。随后人群虽然逐渐散去，但据报道他们并不满意官员的解释。[①] 部分居民随后再次通过参与12月20日的回归日游行的方式表达对政府决策的不满。虽然最后政府没有更改戒毒中心的地址，但是政府通过加强对美沙酮药物治疗的宣传，举行座谈会以及和学生上下课时段错开来提供服务，加强区内的治安巡逻等，消除居民的疑虑并确保其日常生活不受影响，至此扰攘时间超过半年的“美沙酮事件”终告一段落。

表面上来看，“美沙酮事件”的选址只是一件由“邻避问题”而引起的公共纠纷。[②] 然而从相关新闻报道的内容来看，可以发现居民主要的反对原因在于，认为政府在决策前并未与他们进行足够的沟通，而且没有充分咨询他们的意见。[③] 换言之，他们不满的是，作为政策的利益相关者，却被政府排除在决策过程之外。因此“美沙酮事件”本质上是一场由决策模式而引起的纠纷。而有意思的是从政府官员的表态来看，相关政府部门明确表示已经进行了充分的咨询。为何两者会有如此不同的认知？最为可能的解释是“社团咨询模式”的惯性使政府相关部门认为只要在决策的过程中咨询了相关的社团、立法议员和专家，就代表了该项决策同时具有了专业性和合法性。而从事件的演变过程来看，结果显然并未如期进行。在事件中政府部门一再为决策辩护的理由均基于专业知识，具体表现为相关部门在大量参考了邻近地区的相关经验后，获得了足够的证据：支持戒毒中心的存在非但不会

① 《反美沙酮站签名会演变非理性抗争　五百居民堵路逼官对话》，《澳门日报》2010年12月28日，B06版。

② 娄胜华、姜姗姗：《“邻避运动”在澳门的兴起及其治理——以美沙酮服务站选址争议为个案》，《中国行政管理》2012年第4期。

③ 《北区居民反对设美沙酮中心》，《澳门日报》2010年12月21日，A06版。

增加而且会有效降低犯罪率。过往的资料亦显示，美沙酮服务能够有效减少艾滋病在澳门的蔓延。最后，对戒毒中心的地址选择是通过计算戒毒服务的潜在使用者的数量，对服务使用者的便利和每日使用服务的人流量等技术指标来决定的。[①] 所有这些理由均合乎科学原则，合理且具有说服力。然而，正如我们在开篇提出的疑问一样，一个政策方案在技术上完全合理、效率很高、合乎科学原则是否就是一项合意的社会问题解决方案？答案恐怕不言自明。政策方案的专业知识并不能替代市民的价值偏好，如果一项政策忽视利益相关者的偏好，它将难以得到市民的支持并有效执行，结果非但不能解决社会问题，更可能如“美沙酮事件”般使纠纷不断扩大。另外，选址在市民和政府之间引起纠纷也反映出“社团咨询模式”的局限性。社团一直以来是联结市民和政府的桥梁，它使政府可以在不直接接触市民的情况下获取来自社会的意见和声音。由于在“蛛网状结构”下只有有限的核心社团有机会和政府进行协商，协商的效率和所具有的合法性取决于该核心社团的代表性。可以注意到，在“美沙酮事件”中政府事先虽然已经向社团进行过咨询，但仍然引起了大量居民的不满。这使我们有必要对这样一种在特定历史环境中形成的决策模式进行反思，即它是否仍适用于澳门今天的社会经济环境？社团又是否仍然能够代表广大市民的利益取向？事实上，在“美沙酮事件”中澳门市民在反映自身要求上所表现出的主动性和积极性，表明他们已经不满足于社团作为他们利益的唯一代言人。正如“后物质理论”预期的那样，随着受教育程度和物质生活水平的提高，市民对政府更高管治水平的期待也在增强，同时市民的政治参与意识也在逐渐展现。这些因素使“社团咨询模式”的有效性降低，政府需要找到新的决策模式来回应社会上这些新变化，从而真正满足公共决策对专业性和合法性的要求。

三　社团咨询模式改进的一种可能：新城填海公众咨询

2013 年末，澳门的土地总面积是 30.3 平方公里，居民总数为 60 万人[②]，

① 《当局增宣传美沙酮站效用　指黑沙环卫生中心为其一试点》，《澳门日报》2010 年 12 月 7 日，A07 版；《指五年前咨询获主流意见认同在卫生中心开设　社局：设美沙酮站尊重病人权利》，《澳门日报》2010 年 11 月 26 日，C02 版。

② 统计暨普查局：《统计年鉴 2013》，2013。

每平方公里的人口密度超过19000人，是世界上人口密度最高的地区之一。土地资源稀缺是限制澳门进一步发展的重要原因之一，尤其是近年来澳门经济快速增长，可供利用的土地已经非常有限。因此澳门特区政府早在2006年就向中央政府提出方案，希望增加填海造地以作经济民生之用，最终于2009年11月获得国务院批准，同意填海造地350公顷（3.5平方公里）。新填海增加的土地需要回应各个方面的社会需求。首先，落实国家“十二五”规划所做的“世界旅游休闲中心”的发展定位，以及推动经济适度多元化。其次，完善交通基建设施，使澳门更好地和周边区域融合，协调发展。最后，提升澳门居民的综合生活素质，包括回应公屋需求，提供更多的公共绿地，增加文体公共设施，等等。① 可以说，新填海土地不仅关乎澳门的长远发展，同时承载了澳门市民的各种期待。因此，新城填海规划绝不仅仅是一项技术性的城市规划，其实质是如何在有限的土地空间内平衡不同社会群体的利益要求。因此，为了最大限度了解社会各方的具体要求，澳门特区政府制定了一项分三个阶段进行的大型公众咨询计划。第一阶段为发展概念咨询，具体分为公共设施、城市宏观/整体规划、交通基建、环保绿化、旅游文化/多元产业等14个不同的范畴，目的是了解澳门市民最关注哪些方面的发展问题。第二阶段为地块的功能性咨询。新城填海增加的并不是一整块面积为3.5平方公里的土地，而是大小不同的五个地段。因此，第二阶段咨询的重点是确定五个地段的具体功能。两阶段的公众咨询已分别于2010年6～8月和2011年10～12月完成。第三阶段咨询则会按计划在适当时间进行。

新城填海公众咨询最值得关注的是，它的具体操作方式，有别于“社团咨询模式”，在新城填海咨询中特区政府除了一贯的社团咨询外，还使用了诸如公众咨询，社团、机构和社区咨询，专家座谈会/工作坊/研讨会、电话和电邮查询，电视评论，展览等多种形式的咨询手段。两个阶段的公众咨询一共收到超过5000条的公众意见。② 这样的决策模式和“社团咨询模式”相比有两个明显的优点。第一，这种“专家＋社团＋公众”模式使政策方

① 土地工务运输局：《新城填海区规划第一阶段公众咨询意见汇编》，2011。

② 土地工务运输局：《新城填海区规划第一阶段公众咨询意见汇编》，2011；土地工务运输局：《新城填海区规划第二阶段公众咨询意见汇编》，2012。

案具有必要的专业性，又能使政府的相关部门从市民那里获得更为丰富的意见信息；而且通过公众咨询、电话电邮等多种媒介手段，特区政府能够在短时间内获得市民的意见反馈，这一定程度上弥补了“社团咨询模式”代表性不足的局限。因此，它在专业性、受众范围和时效性三个维度上均优于“社团咨询模式”。第二，通过公众咨询，使受政策影响的市民参与到决策过程之中，这事实上改变了“社团咨询模式”原有的政府和市民“相互赋权”给社团的情况。市民通过参与行为直接“赋权”给政府，使政府的决策获得了更多的合法性，同时这更可能使市民满意和接受随后的政策结果。而政府主动把两阶段公众咨询的意见汇编在部门网站上公布，不但有助于市民获取相关的政策信息，同时也是服务型政府信息公开的体现，这又将鼓励市民未来进行更积极的参与（第二阶段公众咨询收集到的意见为 3185 条，比第一阶段公众咨询增加近 70% 可以说明这一点）①，最终达到“善治”（good governance）的目的。

当然，新城填海公众咨询并非“十分完美”。首先是成本问题。基于新城填海土地的重要性，特区政府愿意花费大量的时间和资源来进行一项包括三个阶段、跨度超越三年的公众咨询项目。然而新城填海毕竟是一个特殊的个案，纵使这种决策模式具有多方面的优点，但在资源有限（财政预算、时间、其他资源等）的条件下不可能要求政府对每项公共决策均采用类似的决策方式。因此，新城填海公众咨询虽然具有开创性和参考性，但无法在常规公共决策中频繁地使用。其次是监督问题。如何确保公众咨询收集到的意见最后在政策方案里得到反映呢？这不是说政府应该满足于所有收集到的意见（这是不可能的），而是说无论采取还是拒绝接纳市民的意见，均应该给出相应的说明和回应，并且应该通过不同的媒介进行公布，方便市民查阅和监督。这个体现政府问责性（accountability）和回应性（responsiveness）的程序需要有相应的法律文本进行规范。而目前澳门在公众咨询中还没有相关的法规及规定。因此，单就决策过程而言，新城填海公众咨询提供的是一种相对于传统“社团咨询模式”而言的改进方案和试验机会，但是如何使这样一种模式在资源有限的情况下常规化和程序化，需要做进一步的探索。

---

① 土地工务运输局：《新城填海区规划第二阶段公众咨询意见汇编》，2012。

四 政策咨询探讨和建议

“社团咨询模式”是澳门公共决策中常用的范式。这个因为澳门独特历史背景而形成的决策模式曾经在超过半个世纪的时间里行之有效，不但能有效传达社会的利益要求于澳葡政府，而且在市民和澳葡政府的相互赋权和“蛛网状结构”下维护了社会的低度结合及和谐。然而，随着澳门回归以及本地经济的快速增长，“社团咨询模式”赖以成功的社会经济条件发生了变化。“美沙酮事件”清楚表明社团已经不再是澳门市民唯一的利益反馈管道，同时市民的公共参与意识亦在不断提高。在这样的情况下，特区政府需要对既有的公共决策模式进行改进以适应社会的新变化。新城填海公众咨询引入多方面的利益反馈管道无疑具有开创性的意义。一方面，政策议案在专家、社团和市民的共同参与下，其专业性和合法性可以得到最大限度的平衡。另一方面，这种新的公共决策模式可以有效刺激市民的公共参与积极性，这不但有助于公民社会的形成，而且能提高市民对政府决策的支持率和执行率。当然，需要注意的是新城填海公众咨询是一个特殊的案例。常规决策不可能投入如此多的资源和时间进行咨询，因此在参考新城填海公众咨询提供的有益经验后，我们认为澳门特区政府可以在以下方面对现有的公共决策模式进行改进。

第一，尽快制定公众咨询的专门性法规，详细规定公众咨询的范围、时间、文本的表现方式，以及相关的监督机制，使政策方案的公众咨询有法可依，避免目前各政府部门因为无法可依而出现“各自为政”的情况。这样既能增加政府决策过程的专业性和规范性，又能减少不必要的社会质疑。

第二，充分利用新媒体，增加政策信息获取的便利性。比如，参考国内其他地方政府部门经验，开通政务微博。对政府的相关决策情况和消息进行实时更新。这样不但符合年轻人的信息获取习惯，亦能吸引他们更多地关注公共事务。

第三，强化已有政策研究部门的公众咨询功能。澳门特区政府已于2010年12月成立了“澳门特别行政区政府政策研究室”，作为官方的专门政策研究咨询机构，其职能被定位为“在政治、法律、经济、社会、文化方面开展调研、相关工作及研究；在评估、制订及跟进公共政策、发展计划

及方案上，向行政长官提供属技术及组织性质的支援，实现民主决策、科学决策、高效决策的目的”。[①] 因此特区政府可考虑适当增加政策研究室和社会进行互动交流的机会，比如，参考南京市“市民论坛”的做法，定期举办政策论坛[②]，由相关研究人员从科学和专业角度对政府的决策进行解释，并接受市民的提问和反馈。这不仅有助于市民了解政府的决策，特区政府亦能从中获取市民的意见，做到真正意义上的“科学、民主”决策。

（原载江中孝总编《广东社会科学》总第168期，广州：广东省社会科学院，2014年8月。）

---

① 《第375/2010号行政长官批示》，载《澳门特别行政区公报》（第二组），第52期，2010。

② 梁莹：《公共政策过程中的“话语民主”：现实抑或乌托邦?》，《浙江社会科学》2007年第6期。

论澳门特区的行政监督及其实施

程维荣[*]

《澳门基本法》第 16 条规定："澳门特别行政区享有行政管理权，依照本法有关规定自行处理澳门特别行政区的行政事务。"所谓行政管理与行政事务，自然包括行政监督。对于行政监督，各个时期都有不同角度的解释。本文所谓的行政监督，指立法、行政与司法等权力主体对各类行政权、行政运作等客体实施的监督。行政监督制度，是澳门特区立法、行政与司法制度的重要内容。

一 澳门行政监督制度溯源

澳门行政监督制度源远流长，可以追溯到葡萄牙占领早期所建立的总督和议事会制度。早年葡萄牙派往澳门的总督只拥有军事权，直到 1783 年，葡萄牙女王玛丽亚一世颁布《皇室制诰》，要求澳门的葡人议事会将账目提交给总督和王室委派的大法官，并授权总督管辖在澳葡人，对议事会有否决权，总督才逐步获得全面的管辖权与监督权，从此澳门政治体制的殖民色彩日益明显。

1917 年 11 月澳门根据葡萄牙《海外省民政组织法》通过的《澳门省组织章程》，规定总督只能就地区行政划分、公务员编制及其权利、货币和税收制度等进行立法，涉及其他领域的事项，属于政务委员会的决议权限。即使如此，许多决议亦须先报葡萄牙政府批准方可执行。这里包括了葡萄牙政府及澳门政务委员会对澳门总督的行政监督权。与此同时，总督拥有领导本

* 程维荣，上海社会科学院法学研究所研究员。

地区一般性政治，统筹整个公共行政、财政及治安的权力；有权为在当地实施必要的法例及其他法律文件制定规章，表明其监督权。

无论是政务委员会还是1920年从中独立出来的立法会，虽然对总督施政多少起到监督作用，但归根到底仍是总督的咨询机关。直到1964年《澳门省政治行政章程》颁行后，立法会才开始拥有自身的有限立法权，以后逐渐转变为立法机关。1976年8月开始运作的第一届立法会，已不再从属于总督，而成为澳门地区另一个自我管治机关。同年《澳门组织章程》规定，立法会可以对总督的施政方针提出异议；澳门地区社会、经济、财政和行政政策纲要由立法会制定，每年财政收支和施政大纲由立法会审议通过才能实施。立法会还审理每一经济年度的本地区账目，并有权审查总督和公共行政的行为，有权对总督或行政当局的任何行为提出书面咨询，索取有关资料，以便向公众解释。可见，当时的立法会已经完全独立于行政，拥有很大的行政监督权。此外，立法会与总督之间的制衡，与一般意义上的议会对行政权的监督制约不同，更多的是一种表面上的权力平衡。总督不必从政治上向立法会负责，有权拒绝签署立法会通过的法令，必要时，还可以公共利益为理由，向葡萄牙总统建议解散立法会。① 最为突出的是总督享有颁布法令即竞合立法权。

澳门的法院行使审判职能，基本上依照葡萄牙本土模式设立，对行政权有监督与制约作用。检察院则是澳门的司法监督和司法行政机关。19世纪中期以后，检察长脱离议事会，正式成为国家公务员，其所属机构则变成华务检察官署。

据此，澳门传统上实行以总督主导的行政、立法和司法三权分立的政治体制。行政监督正是从不同侧面对行政权与行政运作予以监督。三权分立中，占有重要地位的是立法权、司法权对行政权的监督与制衡。而总督对立法会委任部分立法议员则存在着行政对立法的反制衡。

二 澳门特区的多重行政监督特征

（一）立法机关的行政监督

回归以后，立法会虽然是一个地方性立法机关，但是在“一国两制”

---

① 吴志良：《澳门政治制度史》，上海社会科学院出版社，1999，第264页。

方针及《澳门基本法》的授权下，与其他一般地方各级人大或者民族自治地方的人大相比，立法会无疑是一个享有高度立法权包括监督权的地方性立法机关。依《澳门基本法》的规定，立法会在自治的范围内，可以制定自己的法律，并使之自成一套法律体系。

立法会监督行政的权力主要表现在：第一，有权根据政府提案，审核、通过财政预算及批准税收和公共开支，从而制约行政活动。行政长官因财政预算法案遭立法会拒绝批准而解散立法会，重选的立作会若继续拒绝通过存在争议的原案，行政长官必须辞职。第二，听取行政长官的施政报告并进行辩论，对政府的工作提出质询及就任何公共利益问题进行辩论。根据《澳门基本法》的规定，澳门特区政府必须“定期向立法会作施政报告，答复立法会议员的质询”；立法会“听取行政长官的施政报告并进行辩论”，议员“有权依照法定程序对政府的工作提出质询”。第三，对行政长官的严重违法或渎职行为进行追究。如立法会全体议员1/3联合动议，指控行政长官有严重违法或渎职行为，而行政长官不辞职，立法会通过决议，可委托终审法院院长负责组成独立的调查委员会进行调查。调查委员会如认为有足够证据构成上述指控，立法会全体议员2/3多数通过则可提出弹劾案，报请中央人民政府决定。在行政主导体制下，立法会行使立法权、监督行政尤其必要，其手段包括监督、质询、辩论、听证等。此外还可运用其本来就拥有的立法权，以及对行政长官的弹劾权、处理居民请愿的权力等。①

正因为行政机关享有较大的权力，因而《澳门基本法》要求在体制上必须完善各种监督制衡机制。经过十多年的实践，在妥善处理体制运行所必需的权力制衡方面，也就是说在保障行政主导权的行使合法、合理的同时，强化立法机关对行政的监督，建立一个良性互动的行政立法关系仍然是特区未来工作的重点之一。

（二）政府机关的行政监督

这是特区行政监督的一种方式，指特区政府组成部分对其他部分行政活动的监督，行政长官则同时对立法会的行政监督权加以反制衡。《澳门基本法》所确立的特区政治体制是，行政长官作为特区首长代表澳门特区，对

① 《立法会监督政府四权》，《澳门日报》2013年8月20日，A02版。

中央人民政府和澳门特别行政区负责，领导澳门特区政府执行《澳门基本法》和依照《澳门基本法》适用于澳门特区的其他法律，是一种行政长官享有较大决策权的行政主导型政治体制。行政不但与立法相互配合又相互制衡，其自身相关部门也对其他部门实施监督。建立这一体制的目的是保障特区政府较灵活地制定符合社会发展及社情民意的政策，并及时纠正在施政中可能出现的缺陷与不足，提高施政效率。

行政长官提名特区主要官员，依照法定程序任免公职人员。同时，行政长官对立法实行反制衡，如立法会通过的法案，须经行政长官签署、公布，方能生效。行政长官如认为立法会通过的法案不符合特别行政区的整体利益，可在90日内提出书面理由并将法案发回立法会重审。行政长官如果拒绝签署立法会再次通过的法案，可解散立法会。特区政府从2003年以来，几乎每年的施政方针均提出对各项公职法律，包括《澳门公共行政工作人员通则》《领导及主管人员通则》等进行整体修订，以更好地落实行政监督。

政府机关的行政监督还包括审计机关监督。《澳门基本法》规定，特别行政区政府设立审计署独立工作并对行政长官负责，对澳门地区政府的预算执行情况进行审计监督，并对公帑支付半数以上经费的公共实体进行审计监督。审计署可以将以上的审计结果写成报告，呈交行政长官。

20世纪60~70年代，香港市民饱受政府官员与警队内部贪污的祸害。1973年发生总警司葛柏贪污案，民众忍无可忍，爆发了“反贪污，捉葛柏”的大游行。为了更有力地打击贪污，政府认为需要建立一个独立的反贪污部门。于是1974年2月，香港成立廉政公署，以替代香港警察队反贪污部。该公署直接向港督负责，独立于公务员体系。多年来，廉政公署在打击贪污方面有所作为，使香港成为闻名的廉洁城市。

1975年以后，在香港廉政公署影响下，澳门社会各界亦不断要求成立肃贪机关。澳门立法会效仿香港，于1990年7月决定成立反贪污暨反行政违法性高级专员公署。该公署运作的方针不受当时的澳门总督及立法会指挥，义务上只需向总督报告，因为行政上独立，对监督政府部门运作起重要作用。《澳门基本法》规定：“澳门特别行政区设立廉政公署，独立工作。廉政专员对行政长官负责。”回归后，廉政公署承袭以往的传统，为独立运作的部门，行政上只向行政长官报告。廉政公署的首长为廉政专员，设专员办公室及助理专员辅助廉政专员的日常工作、宣传教育及公署的财政、公关工作等。澳门廉政公署的职能与香港廉政公署略有不同，澳门廉署除承担反贪污工作之外，还负责处理对政府部门行政失当的申诉（行政申诉局）。当时设立的廉政公署人员纪律监察委员会，成员包括廉政专员及其他四名人士，后者由行政长官从特别行政区公认具备适当资格的人士中指定。2003 年 7 月，立法会通过新的公职人员财产申报法律，廉政公署特别制定了一整套推行办法。2005 年 1 月，澳门廉政公署发行《公务人员廉洁操守指引》和《公共部门及机构廉洁守则制作建议》两部规范公仆职业操守的法律指引，并举办《公务人员廉洁操守指引》推广活动暨讲解会。

（三）司法机关的行政监督

《澳门基本法》规定澳门特别行政区享有独立的司法权和终审权，特区司法机关可以根据立法会制定的法律独立行使司法权。法院除继续保持澳门原有法律制度和原则对法院审判权所做的限制外，对特别行政区所有的案件均有审判权。特别行政区主要官员就任时应向特区终审法院院长申报财产，记录在案。法院独立进行审判，只服从法律，不受任何干涉。终审法院、中级法院、初级法院以及检察院能在不受任何干预的情况下，依法定职权和程序对行政机关及其行为进行有效监督，使他们不轻易做出行政违法之举，或施行后受到法律制裁。①

（四）中央政府的行政监督

澳门特区的立法权由中央所授予，因此澳门特区立法权的行使是否符合《澳门基本法》的规定，是否逾越了中央的授权，中央有权加以监督。根据《澳门基本法》，行政长官提名特区主要官员，报请中央人民政府任命。同时，澳门特区立法机关制定的法律须报全国人民代表大会常务委员会备案；全国人大常委会在征询澳门特别行政区基本法委员会的意见后，如认为澳门特区立法机关制定的任何法律不符合《澳门基本法》关于中央管理的事务及中央和澳门特别行政区关系的条款，可将有关法律发回，但不做修改。经全国人大常委会发回的法律立即失效。如上所述，澳门特区的立法包含行政

---

① 新生：《试论澳门行政监督现况及优化》，《澳门日报》2013 年 10 月 30 日，E12 版。

监督，中央人民政府对澳门特区立法的监督表明澳门特区立法权包括立法对行政的监督权，但并非不受限制。

三　澳门特区行政监督的内容与比较

澳门特区行政监督的内容是多方面的。首先是政府的行政活动。如审计署对澳门地区政府的预算执行情况进行审计监督，并对公帑支付半数以上经费的公共实体进行审计监督。其次是政府主要官员的任命和免职。《澳门基本法》规定，澳门特别行政区行政长官、主要官员、行政会委员、立法会议员、法官和检察官必须拥护中华人民共和国《澳门基本法》，尽忠职守，廉洁奉公，效忠中华人民共和国澳门特别行政区。对其实行监督的方式之一是官员就任时必须依法宣誓。“澳门特别行政区行政长官、主要官员、立法会主席、终审法院院长、检察长在就职时”，“必须宣誓效忠中华人民共和国”。再次如官员财产申报。澳门特区主要官员就任时应向特区终审法院院长申报财产，记录在案。1998 年 6 月，立法会通过廉政公署建议的《收益及财产利益的声明与公众监察》法律，又称“阳光法”，规定所有公务员须在入职 90 日内提交个人和配偶的财产报告于公署或高等法院。

我们如果将澳门特区的行政监督方式与国外的行政监督方式做一些比较，可以发现在不少方面存在相似之处，两者之间具有共性。

如前所述，澳门特区针对公务员的忠诚与廉洁颁布了一系列法律法规。在国外，英国制定有相关的《公务员守则》、《公共机构腐败行为法》、《禁止贿赂法》和《犯罪所得赃款法》等。200 多年来，特别是二战以来，美国为约束政府机关及其公务人员的道德行为，确保其廉洁从政，形成了一整套防治腐败的法律体系。新加坡先后出台了《公务员法》、《财产申报法》、《反贪污法》和《贪污收益没收法》等法律。印度不仅像其他国家一样，在宪法和刑法中规定了有关廉政和反腐败的法律制度，还制定有反腐败的专门法，并根据形势变化进行补充、修改。

澳门特区政府必须定期向立法会做施政报告，答复立法会议员的质询。在英国，政府向议会负责，议会监督政府。质询是议会最常用的监督政府的方式，包括口头询问和书面质问，议员如果对口头询问的答复不满意，会以书面形式向部长质询。在瑞典，质询是 1866 年两院制议会形成后发展起来的一种监督方式，内容一般涉及政府的重要事项，原则上议员的所有质询都要得到答复，部长们需要在议会开会时到场回答议员的质询。如果一位部长在收到质询后14天内不作答复，他必须把不答复或推迟答复的理由及时告知议会。在俄罗斯，联邦会议两院代表有权在本院会议上，以书面形式向联邦政府、各联邦执行权力机关领导人和地方自治机关领导人等提出质询。被质询的机关和公职人员收到质询后，必须在规定期限内以书面或口头形式对质询给予答复。在日本，国会议员有权代表国民对政府的施政方针和内外政策提出质询与质疑。

前述澳门特区立法会有权根据政府提案，审核、通过财政预算及批准税收和公共开支，有权批准政府提出的财政预算法案。国外相似的如奥地利国民议会审查批准政府每年的财政预算。在新加坡，国会对政府的财政控制，除了审查和批准预算案和拨款案外，还要监督预算的执行情况。在澳大利亚，由议会审议批准并审查政府年度决算。美国宪法规定，政府的一切财政开支必须经过国会审议、批准，否则政府就得不到国家拨款。财权（预算监督和拨款权）是国会最重要的权力，也是国会制约与监督政府的重要手段。

澳门特区建立有专门的财政监督机关即审计署。在瑞典，议会设有12名审计专员，主要负责对政府机构、国有企业等使用公款情况及其效果进行审计监督。议会根据审计专员的建议，对一些被审计单位采取必要的整顿和改进措施。美国的联邦总审计署约有5200名工作人员，年办公经费达4亿美元。它既是独立机构，也是国会的调查机关，有义务完成国会及其委员会要求其完成的调查工作，并向国会提交调查报告。在新加坡，审计署直接向国会负责，有权审计所有行政机构、法定机构和国有企业的账目。

澳门特区借鉴香港的做法，建立廉政公署。在英国，议会于1987年5月通过法律，翌年4月成立总检察长领导下的反贪污贿赂局，对贪污、贿赂和洗钱案件进行调查和起诉，法律赋予该局包括要求警察与司法部门协助侦查权、询问权、搜查权及对妨害调查的处分权等在内的广泛的权力。韩国设有反腐败委员会，是韩国反腐败最高执法机构，由资深政治家、法律专家和具有丰富反腐败学识和经验的9名人士组成。韩国还设有监察院，是宪法规定的融监察、审计于一体的韩国最高行政监察机构。在澳大利亚新南威尔士州，1989年3月议会通过法案，以香港廉政公署为蓝本，成立了廉政公署。

澳门特区建立有行政官员财产申报制度。法国1988年3月颁布的《政

治家生活资金透明度法》，对政府高级官员的财产申报做了规定，如中央政府成员和各大区区长、大市市长等，在当选或就职后的15天内必须向财产申报受理委员会申报财产，在他们任期届满或职务终止时，还需提交一份新的财产申报单。美国1978年制定的《政府道德法》规定，一定级别以上的官员必须按时申报其财产收入，包括可估价财产和不可估价财产，以及配偶和子女与其有关的财产收入，并规定了对违反财产申报制度行为的处罚措施。墨西哥法律规定，政府部门科长以上公务员直到总统，任职期间及离职前均需向监察部门申报包括本人、妻子和未独立生活的子女在内的家庭全部财产。

澳门特区立法机关制定的法律“须报全国人大常委会备案”；全国人大常委会如认为澳门特区立法机关制定的法律不符合《澳门基本法》关于中央管理的事务及中央和澳门特别行政区关系的条款，可将有关法律发回。在国外，韩国国会的职能包括审议宪法修正案、任命案及弹劾案。国会通过全体会议和委员会方式实施监督，全体会议由所有议员参加，负责最终决定由国会审议决定的事务。在澳大利亚，联邦议会对政府制定的法律草案加以审议。一项议案要成为法律，必须经过参众两院批准通过。奥地利联邦政府有权对州议会制定的法律和州政府制定的行政法规进行审查。①

四　澳门特区行政监督制度的落实与完善

（一）澳门特区行政监督的成效

财产申报是行政监督的重要内容。澳门特区政府通过修订财产申报制度，引入官员财产资料适当公开的机制，加强公众对政府廉政的监察。特首崔世安曾在出席澳门律师公会举办的“反贪与法治研讨会”时表示，第三届特区政府在廉政政策方面会以“依法高效及廉洁透明”为座右铭，接受市民监督。同时，特区政府支持反贪机关公正执法，不干预廉政公署的独立运作。他认同廉政公署在制度建设以及预防腐败方面做的大量工作。最近，澳门更有400多名公职人员，从特首到政坛人物再到官办主要企业事业负责人被公开财产，其财产通过特区法院网站一查便知。财产公示是澳门“净化官员口袋”的举

① 参见侯志山《外国行政监督制度与著名反腐机构》，北京大学出版社，2004。

措之一，是公务员入职的必经流程；如果其俸禄出现一定的变动后还需报备，对于财产数目较大或者存在疑问的，廉政公署有调查的权力。

回归以来，澳门特区先后破获了一系列涉及公务员违法犯罪的案件。2001年8月，廉政公署采取了一次代号为“火凤凰”的行动，以打击公共部门内有组织的贪污集团，分别在内港南舢舨码头及关闸等地带走一批现役水警返署协助调查，案件被移送检察院侦办。2002年4月，三名前澳门市政厅领导和主管成员被廉署揭发在位期间滥用职权，高出合理价格批出工程，以及不按正常程序进行工程批给，案件涉及7项物品采购、工程和服务批给合同，总金额接近800万元。2004年12月初级法院审结该案，基于被告的特殊身份和严重情况，判罚比过去同类案件重，其中两名被告各被判2年10个月及2年6个月监禁，缓刑3年半。前运输工务司司长欧文龙涉嫌贪污，是澳门特区发生的一宗严重的官员犯罪案件。廉政公署完成了初步调查工作，并于2007年4月将案件移送检察院。涉案的公司共有3家，涉案人数30个，包括欧的亲属4人。检察院以欧文龙涉嫌触犯滥用职权、严重受贿、清洗黑钱及巨额财产来源不明等罪名，向终审法院提出起诉。2007年8月，终审法院完成欧案的预审，欧文龙涉嫌触犯受贿作不法行为罪、清洗黑钱罪、滥用职权罪、在法律行为中分享经济利益罪、财产申报的虚假声明及财产来源不明罪等76项控罪。通过行政监督触及刑事犯罪，破获大案要案，对于公职人员违法犯罪活动是一个很大的震慑。

为实施行政监督，澳门特区加强了宣传与教育工作。廉政公署曾制作并出版专为小学设计的“诚实和廉洁”教材，并将该教材与“诚实和廉洁”游戏结合在一起，连同介绍廉署工作的光盘赠给当地学校。教育界对上述教科书反馈理想，近九成学校将其采纳为公民教育科的辅助教材。2004年1月，廉政公署社区办事处经行政长官主持揭幕仪式后正式启用，该办事处的设立将有助于廉政公署拓展社区关系，加强廉洁教育工作，以及为市民提供更方便的咨询、投诉和举报渠道。2005年，廉署曾委托澳门大学社会及人文科学院进行一项街头问卷调查，被访的过千名市民中，近九成市民表示支持特区廉政工作，84%表示如遇上贪污情况会举报，而愿意亲身举报的占73.1%。对于特区廉政工作的成效，有97%表示其本人及亲友在过去12个月内没有遇到贪污的情况。认为澳门贪污非常严重及严重的，由2000年的64.6%减至9.4%，显示市民认为当地的贪污情况已有改善。

与此同时，澳门特区注重在行政监督方面的对外交流与国际评价。廉政专员张裕于2006年5月率团前往菲律宾首都马尼拉，出席“亚太地区反腐败行动组第八次指导小组会议”。会上，澳门正式成为“亚太地区反腐败行动计划”成员。张裕又于2006年10月率团前往西班牙巴塞罗那，出席“国际申诉专员协会”理事会会议。会上，各代表除了对区内工作情况做汇报和交流外，亦就协会的未来发展方向进行探讨。“透明国际”公布的“2006国际清廉指数”，澳门首次被纳入评选之列，在亚太区25个国家及地区中排名第6；在全球163个国家及地区中，则排在第26名。“透明国际”指出，澳门第一次上榜即以6.6的高分跻身前列，这与当地反贪机构大力倡导反腐败运动的努力是分不开的。2007年3月，“政经风险评估”发表《亚洲贪污趋势年报》，在13个亚洲国家及地区中，澳门的廉洁度排名第4，与2006年的排名相同，廉洁水平仅次于新加坡、中国香港及日本。

（二）澳门特区行政监督中的若干问题

毋庸讳言，特区政府的施政在有些问题上，例如，处理博彩业健康发展与促进产业多元化，如何完善土地管理政策、解决置业难问题，怎样平衡城市发展与自然及文化保育，如何提升政府管治的效能与效益，如何缓解人力资源不足及加强人才培养，如何凝聚人心建设幸福澳门，以及如何解决可预见的赌牌续约问题、房屋长远发展策略及“澳人澳地”问题、输入外雇与维护本地工人权益问题，等等，存在深层次的矛盾，需要通过立法与政府的施政加以妥善解决。有观点认为，对于行政监督，“政府不会主动请求”，需要立法与行政密切配合，也需要立法对行政加强监督。政府不应该敷衍议会，议员也不应该事事限制政府。为反对而反对，成天喧哗吵闹，最终可能一事无成。[①]

加强行政监督有赖于法律改革。澳门特区行政监督存在的一个现象是法律与实践的某种脱节。在澳门法制研究会2013年10月举行的第二届澳粤法律论坛上，专家认为澳门特区法律研究水平与起草技巧和社会现实脱轨，停留于修修补补，对法律缺少整体评估与认识，法律高端人才不足，限制了法律的发展与改革。主办单位希望通过研讨会借鉴内地、台湾及香港的法制建

① 蒋生：《“政府不会主动请求监督，立法会要主动”：澳门立法会主席贺一诚强调立法与监督同样重要》，《南方都市报（全国版）》2013年10月31日，A17版。

设经验。政治体制的变革和经济的快速发展，各种利益解构、民意的觉醒，增加了改革的迫切性。虽然在行政体制主导下，法律改革方面做了很多努力，但必须承认澳门法律改革水平、起草法律技巧和现实要求仍然有一定距离。法律改革过程中，起草咨询阶段往往轻轻带过，居民反应不强烈。①

目前，澳门的双语法律人才不足，无法有效将以前的法律翻译成中文。据了解，目前在澳门特区政府2.2万名工作人员中，懂葡文的约有1000人，可以用葡语进行一般沟通的只有400多人。法院、私人律师所对葡语人才的需求量也比较大。根据调查，社会上掌握葡语的人占总人口的2.4%，即有1万多人。随着人口的增加，懂葡文的人所占比重下降。这样，就出现了葡语人才明显不足的问题。在懂双语的人才中，同时具有法律专业背景的人才尤其稀缺。中葡双语法律人才供不应求直接影响澳门特区的行政监督。应该指出，在可预见的未来，葡语和葡语人才需求在澳门仍会继续存在，扩大双语人才队伍对加强与完善行政监督至关重要。

司法独立对行政监督的意义颇大。能否有效落实行政监督，与司法体制及司法效率有密切关系。澳门回归以来，法院、检察院及律师界的司法制度改革持续进行，目标就是要在法律发展中坚守及实现正义。为了切实贯彻与改善行政监督，应该适时对司法组织进行深入的改革，务求提升司法效率，改善司法质量。从数字上可以看出，2012年澳门特区各级法院新增的案件数量大致相同，但结案率相当低，减少926宗，意味着仍有数以千计的案件被积压，一年法院的审判听证已排期至翌年12月。另外，很多公务员在处理居民乃至律师与公共行政部门之间产生的争端时，缺乏法律知识，对求助人不利。特区司法部门在总结过去一年工作时，提到去年司法制度修订时的一些制度还未落实，修订证人证据制度和修订司法从业人员回避制度的工作也未见开展。前者使起诉方证人受保护不足且证据单一化，越来越多的人不愿与检方合作并出庭。后者亦令人担忧会成为产生司法不公和腐败的温床之一。此外需要检讨及研究司法官及司法人才的甄选、培训和聘用程序，以及评核制度。②

---

① 《法律研究水平起草技巧脱离现实，何超明：法改受制高端人才不足》，《澳门日报》2013年10月20日，A07版。

② 《澳门特别行政区司法年度年报（2011～2012）》，第11页；《稳步构建符特区司法体系，崔世安：完善软硬件支持司法》《华年达促改革司法提效率，否则解决积案只是海市蜃楼》，《澳门日报》2013年10月18日，A03版。

（三）澳门特区行政监督的推进与展望

澳门特区行政监督的目标，应该是通过加强监督，创设一个良好的制度环境，保证各级公务人员对国家和特区的忠诚，不断提高公务人员的管理水平与承担意识，弘扬廉洁风气，依法及高效地运用公共资源，准确体现民意，从而强化特区政府的整体施政能力，提供高素质的服务，建立和谐、稳定、进步的社会，确保一国两制、澳人治澳和高度自治方针在澳门成功落实。

今后一段时期行政监督的重要内容应该包括制定高官问责制的法律规范，严格依法行政；修订土地和公共工程批给制度的法律；完善民生经济司法领域的法律；推进原有法律的适应性工作；调整法律改革的组织结构，发挥各职能部门比较了解情况、提出修改意见的作用。在相关行政监督的法律制定和修改研究的准备阶段，可以吸收政府部门法律人员组成团队以提供研究意见。进入实质草拟阶段后，采取相对集中的办法，由专门的权限部门或法律统筹部门的法律人员保障法律修改的统一性。

回归后，澳门市民参与意识不断增强，参与方式更加多样，并逐步习惯在公开场合表达自己的意见。社会和政府都认为需要加强行政监督，对此已经有广泛的社会共识。无论是政府还是社会大众都有着基本的共同看法。历次政府施政报告中，均提到要进行完善法律的工作，也提出了法律修订的工作计划，而社会大众亦给予支持，寄予希望。经过几年实践，政府立法技术水平有所提升，在法律草案咨询意见方面也在不断改进，形式日趋多样，包括通过网络和报纸定点向社会团体征求意见，邀请社会人士发表意见，行政与立法机关就法案进行沟通。要加强对澳门法律改革整体设想的研究，法律改革重点应体现以民为本，完善博彩业法律，简化行政手续。

总之，我们应该看到，澳门的行政监督制度的落实在取得显著成绩的同时，其发展与完善仍然有很大的空间，应该说任重而道远。

（原载杨允中主编《“一国两制”研究》总第20期，澳门：澳门理工学院一国两制研究中心，2014年4月。）

澳门公务员的工作压力、支持及工作满意程度的关系

冯洁心　黄业坚　高　红*

一　引言

压力是身体和情绪上的一种反映。当人的需求超过了个人能力及资源状况时，压力便会出现。[①] 许多研究已经证明工作压力产生的影响。[②] 事实上，工作压力是健康保健中最重要的问题之一，因为安全和个人健康问题会对员工造成负面影响。[③] 除此之外，身体和情绪上的反映也是由工作压力所引起的。许多研究已经证实，工作压力会影响工作绩效、工作满意度和员工

* 冯洁心，澳门旅游学院讲师；黄业坚，博士，澳门城市大学国际旅游与管理学院客座教授及旅游博彩研究所副所长；高红，澳门理工学院管理科学高等学校副教授。

① J. E. McGrath, "Stress and Behavior in Organizations," in M. D. Dennette, eds., *Handbook of Industrial and Organizational Psychology*, Chicago: Rand McNally College Publishing, 1976.

② J. E. McGrath, "Stress and Behavior in Organizations," in M. D. Dennette, eds., *Handbook of Industrial and Organizational Psychology*, Chicago: Rand McNally College Publishing, 1976; S. Cohen & G. McKay, "Social Support, Stress and the Buffering Hypothesis: A Theoretical Analysis," *Handbook of Psychology and Health*, N. J.: Lawrence Erlbaum , Vol. 4, 1984, pp. 253 – 267; J. Bogg & C. Cooper, "Job Satisfaction, Mental Health, and Occupational Stress Among Senior Civil Servants," *Human Relations*, Vol. 48, No. 3, 1995, pp. 327 – 341; T. A. Beehr, & S. Grebner, "When Stress is Less (harmful)," *Handbook of Managerial Behavior and Occupational Health*, UK: Edward Elgar, 2009, pp. 20 – 34.

③ M. J. Chen, C. Cunradi, "Job Stress, Burnout and Substance Use Among Urban Transit Operators: The Potential Mediating Role of Coping Behavior," *Work & Stress*, Vol. 22, No. 4, 2008, pp. 327 – 340.

去留。

为什么在工作场所中会感到有压力？赖特（Wright）发现当来自雇主的需求超过了员工的能力时，这种工作压力便会出现。[①] 此外，另一个让员工在工作场所中产生压力的原因是员工在工作中花费了大量的时间。[②] 由于工作压力影响工作成果，一些研究主要集中在如何缓解工作压力上。这些研究表明：社会支持可以缓解工作场所中的压力。[③]

综上所述，从许多先前的研究中发现，社会支持是一种可以对工作压力进行预测的试验。[④] 然而，从哈里斯（Harris）的研究结果看，社会支持不仅是一种对工作进行压力测试的工具，也能影响员工的工作满意度。布拉夫（Brough）等人的研究得出一个相似的结论：社会支持是一种对工作满意度进行测试的工具。在目前的研究中，社会支持也被用来测试其是否能对在澳门特区政府部门任职的公务人员的工作满意度和工作压力产生影响。[⑤] 工作满意度的定义是"从一个人的工作评价及工作经验中产生的一种愉快和积极的情绪状态"。[⑥] 工作满意度可以解释为内在满意度，如"做一些力所能及的事情"，以及外在满意

---

① J. Wright, "Stress in the Workplace: A Coaching Approach," *Work*, IOS Press, Vol. 28, No. 3, 2007, pp. 279 – 284.

② B. J. Searle, J. E. Bright, S. Bochner, "Testing the 3 – Factor Model of Occupational Stress: The Impact of Demands, Control and Social Support on a Mailsorting Task," *Work & Stress*, Vol. 13, No. 3, 1999, pp. 268 – 279.

③ L. Sundin, J. Hochwälder, C. Bildt, J. Lisspers, "The Relationship Between Different Work-related Sources of Social Support and Burnout among Registered and Assistant Nurses in Sweden: A Questionnaire Survey," *International Journal of Nursing Studies*, Vol. 43, No. 5, 2006, pp. 99 – 105; B. J. Searle, J. E. Bright, S. Boehner, "Testing the 3 – factor Model of Occupational Stress: The Impact of Demands, Control and Social Support on a Mailsorting Task," *Work & Stress*, Vol. 13, No. 3, 1999, pp. 268 – 279; V. Rousseau, C. Aubé, "Social Support at Work and Affective Commitment to the Organization: The Moderating Effect of Job Resource Adequacy and Ambient Conditions," *The Journal of Social Psychology*, Vol. 150, No. 4, 2010, pp. 321 – 340.

④ J. I. Harris, A. M. Winskowski, B. E. Engdahl, "Types of Workplace Social Support in the Prediction of Job Satisfaction," *The Career Development Quarterly*, Vol. 56, No. 2, 2007, pp. 150 – 156; S. L. Kirmeyer, T. – R. Lin, "Social Support: Its Relationship to Observed Communication with Peers and superiors," *Academy of Management Journal*, Vol. 30, No. 1, 1987, pp. 138 – 151.

⑤ P. Brough, R. Frame, "Predicting Police Job Satisfaction and Turnover Intentions: The Role of Social Support and Police Organizational Variables," *New Zealand Journal of Psychology*, Vol. 33, No. 1, 2004, pp. 8 – 18.

⑥ E. A. Locke, "The Nature and Causes of Job Satisfaction," in M. D. Dunnette, ed., *Handbook of Industrial and Organizational Psychology*, Consulting Psychologists Press, Palo Alto, 1976.

度，如“工作条件”。[①] 内在满意度在目前的研究中有所体现。

本研究主要关注澳门公务员，博格（Bogg）和库珀（Cooper）认为，与私人企业的员工相比，政府公务员缺少对工作和部门环境的控制，有较大的工作压力。来自《华侨报》的一份报道指出：澳门公务员的压力相对来说较大，导致在澳门回归后政府部门内部士气十分低。[②] 因此，这项研究将探讨澳门特区政府部门中的公务员是否可以更好地管理工作压力。与此同时，目前研究中，哈里斯还探讨了如果感知到社会支持，工作满意度的程度是会提升还是不变。

二　文献综述

（一）社会支持和工作压力

从西尔斯（Seers）的明确的社会调查中发现，社会支持主要有四个来源：①分公司经理的支持；②单位管理者的支持；③同事的支持；④家人和朋友的支持。

在西尔斯的研究中，对比其他三种来源（单位管理者的支持、同事的支持、家人和朋友的支持），来自分公司经理的支持能更直接地缓解压力。

来自单位管理者的支持更关系到监管的满意度，但是不能缓解工作压力对其造成的影响。

在西尔斯的研究中，当出现巨大压力时，同事的支持起到强有力的作用。

最后一个是家人和朋友的支持。从回归分析的结果来看，在工作中面临冲突时，家人和朋友的支持是与整体满意度有关的。

科恩（Cohen）和他的同事马林劳斯卡斯（Malinauskas）研究发现，社会支持可以缓解个体压力从而保持个体身心健康。社会支持也是使创伤恢复的重要因素。除此之外，在缓解工作压力方面社会支持的作用表现在：在

---

① Jia Wang, Homer Tolson, Ti-Lin Chiang, Tse - Yang Huang, “An Exploratory Factor Analysis of Workplace Learning, Job Satisfaction, and Organizational Commitment in Small to Midsize Enterprises in Taiwan,” *Human Resource Development International*, Vol. 13, No. 2, 2010, pp. 147 - 163.

② 《高天赐讲新特首基本条件》，《华侨报》2008 年 12 月 18 日，13 版。

职场中，同事和上级提供的有效支持远比家人和朋友更加有效。[①]

林（Lin）研究发现，社会支持和工作压力呈负相关关系。[②] 此外，豪克（Hauck）也研究了社会支持与压力之间的关系，研究结果与林相似的，即：当社会支持被提供时，参与者的压力程度显著降低。因此，研究提供的证据表明：社会支持是应对压力的一种有效工具。[③]

综上所述，根据林和豪克的研究得出，当社会支持被提供时，参与者能感知到的压力显著减轻。目前的研究也表明社会支持与压力呈负相关关系。假说原因如下：

假说 1a：来自同事的社会支持与工作压力呈负相关关系。

假说 1b：来自部门的社会支持与工作压力呈负相关关系。

假说 1c：来自上级的社会支持与工作压力呈负相关关系。

（二）社会支持与工作满意度

根据埃利克森（Ellickson）的定义，工作满意度通常被定义为：衡量员工是否喜欢自己的工作的标准。工作满意度反映员工的态度和对工作氛围的消极或积极的感知。它意味着在工作环境中员工的需求被满足时，工作满意度将会被提高。[④]

哈里斯对美国两个培训医院的 122 名全职女性及 57 名全职男性进行了测试。哈里斯用职业指导、任务支持、辅导及合议支持去测试工作的满意程度。结果表明：职业指导和任务支持可以预测工作满意度；然而，辅导和合议支持并不能。那是因为，人们在有压力和不满意的地方工作时，更倾向于借助合议的支持去缓解压力，但事实上并没有任何迹象表明工作满意程度在提高。当一个人不能处理和同事之间的关系时，他们会在工作场所寻求社会

① R. Malinauskas, "The Associations Among Social Support, Stress, and Life Satisfaction as Perceived by Injured College Athletes," *Social Behavior and Personality*, Vol. 38, No. 6, 2010, pp. 741 – 752.

② C. H. Lin, "Exploring Facets of a Social Network to Explicate the Status of Social Support and Its Effects on Stress," *Social Behavior and Personality*, 2009, pp. 701 – 710.

③ E. L. Hauck, L. A. Snyder, L. – E. Cox – Fuenzalida, "Workload Variability and Social Support: Effects on Stress and Performance," *Current Psychology*, 2008, pp. 112 – 125.

④ M. C. Ellickson, K. Logsdon, "Determinants of Job Satisfaction of Municipal Government Employees," *Public Personnel Management*, Vol. 31, No. 3, 2002, pp. 343 – 358.

支持。而职业指导与更高层次的满意程度相关。此外，如果个人觉得他们可以得到上级的支持及可以在工作中取得成功，那么这些人会获得更高的工作满意度。哈里斯的研究结果表明，更加具体的任务支持与更高的工作满意度相关。当个人能从工作中获得更多的支持时，他们可以凭借更强烈的内在动力去应对每一项苛刻的工作。

布拉夫从新西兰警察中不同等级的服务人员中选择了400人作为测试的样本，其中包括200名女性和200名男性。这些参与者被邀请用4个月去回答两个表达自我意愿的问卷。从这项研究看，布拉夫指出，上级的支持度与工作满意度有强烈的关系。来自同事的社会支持与工作满意度确实存在关系，但是和上级力度的支持相比，同事的支持力度与工作满意度的关系并不强。此外，布拉夫研究发现，来自同事的社会支持度并不是影响工作满意度的主要因素，而且这项研究也显示来自家庭的社会支持与工作满意度没有关系。

本研究只关注困难。工作中的困难会带来一种消极的影响，如不良的态度和消极的心理反应。[①] 当一个人感受到压力时，他/她身上会出现应急行为，如抽烟，喝酒，以帮助他们缓解压力。[②] 正如文章前面段落提到的，证据有多种来源：社会支持能帮助缓解工作压力。本文对社会支持和工作压力、满意度的关系研究较多。

综上所述，在社会支持和工作满意度关系中有两种可能的结果。本研究把侧重点放到社会支持和工作满意度上。以下是几种假设，这是目前研究所得出的初步模型（见图1）。

假设2a：来自同事的支持与工作满意度呈正相关关系。

假设2b：来自部门的社会支持与工作满意度呈正相关关系。

假设2c：来自上级的社会支持与工作满意度呈正相关关系。

---

① B. L. Simmons, D. L. Nelson, L. J. Neal, "A Comparison of the Positive and Negative Work Attitudes of Home Health Care and Hospital Nurses," *Health Care Management Review*, 2001, Summer, pp. 63－74.

② M.－J. Chen, C. Cunradi, "Job Stress, Burnout and Substance Use among Urban Transit Operators: The Potential Mediating Role of Coping Behavior," *Work and Stress*, Vol. 22, No. 4, 2008, pp. 327－340.

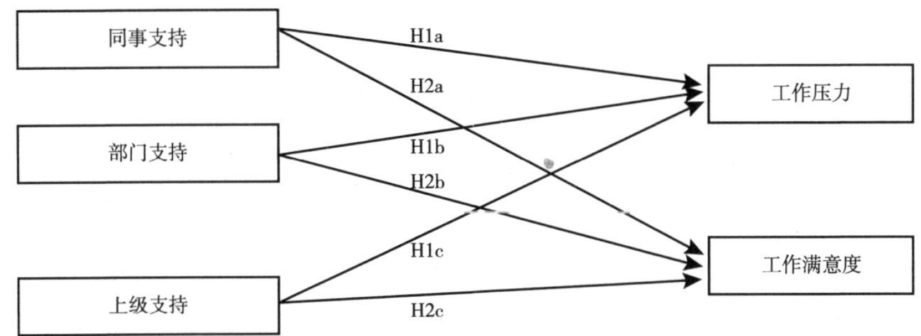

图1　来自同事的社会支持与工作压力和满意度的关系、来自部门的社会支持与工作压力和满意度的关系以及来自上级的社会支持与工作压力和满意度的关系模型

（三）研究方法

本研究的目的在于探讨在澳门特区政府部门中，社会支持（同事、部门和上级）与工作压力和满意度的关系。本次调研从9个政府部门随机选出100个个体，这些部门分别是澳门旅游学院、澳门保安部队事务局、博彩监察协调局、法务局、澳门格兰披治大赛车委员会、交通事务局、澳门理工学院、澳门大学、卫生局。表1是分布在每个部门的问卷的情况。

根据金（King）等学者的定义，量化研究利用数字和统计模型。它对现象的具体方面进行具体分析；它从特定的实例中抽出一般性的描述或检验性的结果；它寻求方法并对其进行分析。但这样做是很容易被其他研究复制的。综上，定量方法被采用是因为在研究中它可以确定社会支持（同事、部门和上级）和工作压力及满意度的关系。①

本次问卷分为六大部分。第一部分是受访者的一般信息，包括性别、受教育程度、工龄、目前的职位及年龄。接下来的五个部分是关于同事、部门、上级社会支持及工作满意度、工作压力的问题。由于受访者全部是中国人，故原有的问题被全部翻译成中文，即一份问卷中既有中文也有英文。德格鲁特（Degroot）建议，为了避免两种语言中相似语法的不同含义，会在

① Gary King, Robert O. Keohane, Sidney Verba, *Designing Social Inquiry: Scientific Inference in Qualitative Research*, Princeton, N. J.: Princeton University Press, 1994.

项目的有效性方面进行检查。①

在中文版被使用之前，这些问题或是来自中文版或是由自己翻译。同事德格鲁特再将中文版问题翻译成英文。之后将翻译过的版本与原始问题进行对比。最终的修订版对中文版本的措辞进行改述，以减少彼此之间的差异。

表 1　问卷分布的细节

政府部门	问卷分布编号	政府部门	问卷分布编号
澳门旅游学院	14	交通事务局	20
澳门保安部队事务局	10	澳门理工学院	8
博彩监察协调局	10	澳门大学	7
法务局	10	卫生局	10
澳门格兰披治大赛车委员会	11	总计	100

（四）研究分析与研究结果

本次研究的对象总数为 100 人，他们分别来自 9 个政府部门。大部分受访者是女性（63%），而且大部分受访者已经获得学士学位（59%）。

表 2 是将所得变量用均值、标准差和相关性进行分析得出的结果。相关性检验只测试两个变量，在目前的研究中，大于两个变量的相关性和多个相关性的相互联系将被测试。工作满意度与来自部门的社会支持之间是一种正相关关系，来自同事和上级的支持的显著水平为 0.001。唯一一个与工作压力呈负相关性的变量是来自上级的社会支持，显著水平是 0.01。

假说 1a、1b 和 1c 关注的是工作压力同来自同事、部门和上级的社会

表 2　均值、标准差、相关性分析结果（N =100）

	均值	标准差	1	2	3	4	5
工作满意度	3.69	0.90					
工作压力	3.14	1.07	0.033				
部门支持	3.13	1.07	0.498***	-0.163			
同事支持	3.14	0.72	0.542***	-0.136	0.566***		
上级支持	3.53	1.16	0.45***	-0.262**	0.647***	0.549***	

注：*指 P<0.10，**指 P<0.05，***指 P<0.01。

① A. M. B. Degroot, L. Dannenburg, J. G. Vanhell, "Forward and Backward Word Translation by Bilinguals," *Journal of Memory and Language*, Vol. 33, 1994, pp. 600-629.

支持之间的关系。假说2a、2b和2c考虑的是来自同事、部门和上级的社会支持下的工作满意度情况。

从回归分析的结果看（见表3），能够预测与工作压力呈负相关性的唯一变量是来自上级的社会支持，显著水平为0.05。

测定的多个系数（R^2）是用来说明如何很好地用独立变量解释因变量。在这个模型中测定的多个系数（R^2）意味着在工作压力中72%的方差是用三个变量解释的。方差分析测验（F-test）中的显著水平为0.067，这个结果小于0.1，意味着这是一个因变量与自变量之间的边际显著结果。此外，这是一个在显著水平为0.05时，来自上级的社会支持对工作压力影响下的负β权重（$\beta=-0.283$）。基于这个结果，假说1c获得成立：来自上级的社会支持能帮助缓解工作中的工作压力。然而，在本研究中，来自同事及部门的社会支持不能显著影响工作压力。

表3　工作压力

	工作压力		
变量	*Beta*β	*t*	Sig.
同事支持	0.013	0.101	0.920
部门支持	0.012	0.087	0.931
上级支持	-0.283*	-2.088	0.040

注：$R^2=0.72$，$F=2.465$，*指$P<0.10$。

另外一种多元回归模型被用来调查同事、部门和上级的社会支持和工作满意度之间是否存在关系，以及这种关系是否是正面积极的（假设2a至2c）。

表4显示了回归分析结果：只有来自同事和部门的社会支持与工作满意度有显著关系。来自上级的社会支持对工作满意度的影响不显著。

在这个模型中测定的多个系数（$R^2=0.349$）意味着在工作满意度下方差的34.9%是用三个变量解释的。方差分析检验（F-test）的显著水平是0.0001，小于0.001。这就表示在因变量与自变量间存在线性关系。除此之外，在显著水平为0.01和0.05时，来自同事和部门的社会支持与工作满意度呈正相关关系（$\beta=0.364$和0.239）。综上，假说2a和2b成立：来自同事和部门的社会支持能帮助提高工作满意度。然而，在本研究中，来自上级的社会支持不能显著影响工作满意度。

表 4　工作满意度

	工作满意度		
变量	*Beta*β	*t*	Sig.
同事支持	0.364**	3.468	0.001
部门支持	0.239*	2.074	0.041
上级支持	0.078	0.691	0.491

注：$R^2=0.349$，$F=17.005$，*指 P<0.10，**指 P<0.05。

综上所述，最终的概括模型呈现了因变量与自变量间的相关关系（见图 2）。

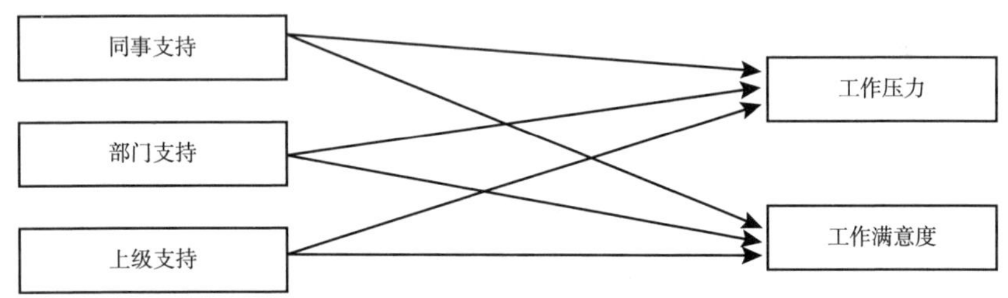

图 2　本次研究的最终概念

三　讨论与结论

有相当多的研究测试了社会支持和工作压力的关系以及社会支持和工作满意度的关系。以往的研究发现在工作压力方面，社会支持对其产生显著的负面影响。这项研究证明：来自上级的社会支持能缓解在澳门特区政府部门工作的压力。关于社会支持和工作满意度的关系，目前一些研究提供的证据是，社会支持对工作满意度而言产生一种正面的影响。相对而言，布拉夫的研究表明来自家庭的社会支持和工作满意度之间没有关联。目前的研究发现，在澳门特区政府部门中，来自同事、部门的社会支持对工作满意度有影响。

（一）本次研究的启示

本次研究评估了来自上级的社会支持对缓解工作压力的贡献，并且来自

同事及部门的社会支持提高了工作满意度。以上这些具有研究和管理实践方面的意义。

（二）社会支持

从以往的研究看，结果显示，社会支持是缓解就业压力的一个重要因素，特别是西尔斯等人在研究中提到在工作中发生冲突时，同事的支持会产生强烈的作用①。

威尔克（Wilk）和莫伊尼汉（Moynihan）研究发现：若员工的工作性质是一种与人打交道的工作，员工会以打电话或面对面的方式与内部/外部客户交流。在此背景下，上级的支持是很重要的，能减轻员工在工作中的压力。这是因为，上级是设置工作角色及工作规则（工作期望）的人。② 根据萨拉悉克（Salacik）和普费弗（Pfeffer）的研究，工作规范/法规/期望是工人精神负担的来源之一。这就是上级的支持是有效的且能显著影响员工的工作满意度的原因。在目前的研究中，在5个政府部门（澳门旅游学院、博彩监察协调局、交通事务局、澳门理工学院与卫生局）中有62个人在自己的工作中（或工作性质与此类似）需要处理人际关系，且与内部/外部客户进行交流。正如上文讨论的，在这种工作性质下，来自上级的支持是重要的，能缓解在工作场合的工作压力。目前的研究结果表明：来自上级的社会支持与工作压力呈显著的负相关性，这也意味着员工可以借助同事和部门的社会支持有效地缓解工作压力，并且目前的研究结果不仅和威尔克与莫伊尼汉的研究结果一致，也和多尔科斯（Dolcos）及沃兹沃思（Wadsworth）等人的研究结果一致。③

---

① A. Seers, G. W. McGee, T. T. Serey, G. B. Graen, "The Interaction of Job Stress and Social Support: A Strong Inference Investigation," *Academy of Management Journal*, Vol. 26, No 2, 1983, pp. 273 - 284.

② Steffanie L. Wilk, Lisa M. Moynihan, "Display Rule 'Regulators': The Relationship Between Supervisors and Worker Emotional Exhaustion," *Journal of Applied Psychology*, Vol. 90, No. 5, 2005, pp. 917 - 927.

③ Sanda M. Dolcos, Dennis Daley, "Work Pressure, Workplace Social Resources, and Work - Family Conflict: The Tale of Two Sectors," *International Journal of Stress Management*, Vol. 16, No. 4, 2009, pp. 291 - 311; Lori L. Wadsworth, Bradley P. Owens, "The Effects of Social Support on Work - Family Enhancement and Work - Family Conflict in the Public Sector," *Public Administration Review*, Vol. 67, No. 1, 2007, pp. 75 - 87.

（三）工作满意度

在过去的许多研究中，工作性质、薪酬和工作环境是工作满意度的预测因素。[①] 在本研究中，来自同事、上级和部门的社会支持被用来测试工作满意度，测试结果是来自同事及部门的社会支持能影响工作满意度。

布拉夫的研究表明，上级的支持能与工作满意度产生强烈的关联。来自同事的社会支持也与工作满意度存在联系，但是与来自上级的社会支持相比，这种关联不是很强。然而，巴鲁克－费尔德曼（Baruch－Feldman）等人的研究结果表明：来自同事的社会支持与工作满意度呈显著的正相关关系。[②] 此外，与兰兹伯格（Landsbergis）和沃兹沃思的调查结果相似的是，来自同事和部门的社会支持与工作满意度呈正相关关系。[③]

兰兹伯格提到工作满意度会受到同事和部门支持的积极的影响。目前的研究结果与巴鲁克－费尔德曼、兰兹伯格和沃兹沃思的研究结果一致。这证实了来自同事和部门的社会支持会影响工作满意度。

此外，上级的支持的作用并不显著，表明这次的研究结果与先前的不同。然而，Harris 研究表明，工作支持、职业指导、辅导和大学的社会支持可被用来测试与工作满意度之间的关系。工作支持涉及分享和交换意见等。职业指导涉及在工作场所提供意见。辅导是在部门中传递一些规则和政策。最后一个，大学的社会支持被看成同事之间的友谊。结果表明：职业指导和工作支持与工作满意度呈正相关关系，但是辅导却相反。哈里斯建议，如果在工作场所同事之间的关系是良好的，那么他们可能不需要辅导，同事会起到支持的作用。将以上结论运用到澳门特区政府公共部门中，因为缺少来自上级的辅导，同事将会发挥支持的作用，他们彼此之间能相互交流意见及想法（工作支持），去分享经验和提供意见（职业指导）。这两种支持类型能

---

① A. K. Singh, J. Pandey, "Social Support as a Moderator of the Relationship Between Poverty and Coping Behaviors," *The Journal of Social Psychology*, Vol. 130, No. 4, 1990, pp. 533－541.

② Caren Baruch－Feldman, Elizabeth Brondolo, Dena Ben－Dayan, Joseph Schwartz, "Sources of Social Support and Burnout, Job Satisfaction, and Productivity," *Journal of Occupational Health Psychology*, Vol. 7, No. 1, 2002, pp. 84－93.

③ Paul A. Landsbergis, Eleanor Vivona－Vaughan, "Evaluation of an Occupational Stress Intervention in a Public Agency," *Journal of Organizational Behavior*, Vol. 16, No. 1, 1995, pp. 29－48.

影响工作满意度，也能解释基于哈里斯研究结果基础之上的上级的支持作用并不显著的原因。

（四）对管理实践的意义

这项研究结果还澄清了一些管理问题。首先，本研究的结果初步显示，上级的支持能缓解员工的工作压力。澳门特区政府公共部门能引导上级为下属提供支持，也能够在未来给下属提供更多的时间。这可能是一种缓解员工压力的更好的方式。

其次，本研究对部门、上级和同事的支持与工作满意度的关系进行了测试，结果显示：部门和同事的支持对于工作满意度而言可以产生一种积极的影响。为了提高公务员的工作满意度，建议澳门特区政府在为公务员提供支持和满足其需求方面下功夫。此外，有必要让公务员了解，同事的支持对于缓解压力而言是一种十分重要且很好的方式。

（五）局限性和进一步的研究

这项研究中有几个限制需要加以解决。首先，五个变量已经包含在目前的研究中。本研究主要集中于内在的工作满意度。外在工作满意度，如部门的管理方式及工作条件等，可以包含在进一步的研究中。[①]

其次，样本包括来自澳门的 9 个政府部门中的 100 名受访者。然而，澳门大约有 22806 名公务员（占劳动力市场的 6.8%）[②] 和 69 个政府部门。为了有一个深入的研究话题，扩展研究需要更多政府部门的样本量，以确定该结果是否能得到验证。

（原载《行政》杂志总第 103 期，澳门：澳门特别行政区政府行政公职局，2014 年 3 月。）

---

① Andrew J. Noblet, John J. Rodwell, "Integrating Job Stress and Social Exchange Theories to Predict Employee Strain in Reformed Public Sector Contexts," *Journal of Public Administration Research and Theory*, Vol. 19, No. 3, 2009, pp. 555 - 578.

② 澳门统计暨普查局 2011 年第三季度及 2011 年 12 月主要统计数据。

澳门特区行政伦理价值取向调查分析

陈慧丹*

行政伦理是政府施政的重要价值基础，公务人员的行政伦理价值观是政府政策顺利推行落实的关键因素之一，因此，世界各地政府都十分重视公务人员正确的伦理道德价值观的确立。回归后，在“一国两制”“澳人治澳”方针下，特区政府致力于建立一套有别于过往的行政伦理体系，来重新树立政府权威、维系政府与市民之间的关系和维持公共行政系统的有效运行，同时市民对公务人员的伦理道德操守要求不断提升，对他们在领导、决策、执行等行政环节或过程中有效践行伦理价值观及行为具有合法性和合理性有了更高的期望。特区政府近年将行政伦理建设列为公共行政改革的重点之一，对公务人员提出了强化现代公共行政的伦理价值观的要求，即除了效率观念外，还必须重视公共利益观念、公平观念、服务观念、责任观念等。

从概念上讲，行政伦理的内容是广泛和多样的，并随着社会发展而丰富自身的内涵，行政伦理的标准也会随时代和人民要求的变化而有所变化。尽管市民和社会都意识到行政伦理对特区政府施政的重要性和必要性，但目前澳门有关行政伦理的研究并不多，已有的研究主要是探讨政府及公务人员应该具备哪些行政伦理观①，而在社会上对行政伦理的实际认知方面几乎没有

---

* 陈慧丹，澳门理工学院一国两制研究中心讲师。

① 林媛：《从人性分析探讨澳门特区的行政道德》，《澳门理工学报》2004 年第 4 期（总第 16 期）；娄胜华：《澳门特区行政文化建设的理性审视》，《行政》2005 年总第 67 期；陈卓华：《现代公共行政伦理在澳门特区的实践——以民为本、依法施政》，《行政》2005 年总第 67 期；李略：《重视行政文化与伦理的提升——以民为本、与时俱进》，《行政》2005 年总第 67 期；惠程勇：《以人为本——建立公共机构服务文化的核心理念》，《行政》2005 年总第 67 期；李燕萍：《澳门特区公务员忠诚义务简析》，《行政》2011 年总第 94 期；等等。

涉猎。本文试采取量化研究方法，了解在市民心目中，当前澳门特区政府行政伦理在现实中应该包含哪些价值理念，以及他们对这些行政伦理价值的看法和认同情况，借以补充澳门在行政伦理方面的实证资料，推进澳门行政伦理研究的发展。

一　行政伦理的概念及其内容

在西方，伦理（Ethics）一词源于希腊文“Ethos”，最早出现于荷马史诗《伊利亚特》，原意指一群人共同生活的地方，后来引申为共同居住的人们所形成的人格、风俗、习惯，规范国家、社会、群体行为的准则。[①] 而亚里士多德最早将伦理意义加以扩展，将其发展成一个新研究领域，即伦理学。[②] 在中国，“伦”含有类别、辈分、顺序的意思，“理”则具有道理、治理的意义，伦理一词最早出现于《礼记·乐记》，意指事物的伦类各有其理。[③] 一直以来，伦理所探讨的是人与人之间相处所应遵循的道德规律。作为一种规范性的研究学科，相对于其他实证性研究学科，伦理较多重视人的行为“应该是什么”，而非“事实是什么”。[④]

行政伦理是人们对于行政活动对或错的判断以及判断的理由，除了包含公务人员个人的道德观念和道德操守，还涉及员工与组织之间、组织与组织之间、政府与市民以至社会之间关系等各个层面所应遵循的价值观念和规范，从更完整的意义上来说，行政伦理应是关于整个政府管理的价值观念体系。[⑤] 但是，从公务人员层面来探讨行政伦理仍然是核心内容，它关注的是公务人员在执行职务时应遵循的一系列道德规范，是一种内在的约束机制，要求公务人员确立正确的价值观和行为准则，切实履行政府为人民谋求公共利益的目标。中国的传统行政伦理比较全面地论述了公务人员履行职务时应具备的道德规范。传统上，中国对为官者的德行（官德）要求十分严格，通过科举考试获得官职的人除了要博学，更需具备一定的德行水平。行政伦

① 参见陶学荣《公共行政管理学导论》，清华大学出版社，2005。

② 参见陶学荣《公共行政管理学导论》，清华大学出版社，2005。

③ 原文节录为“凡音者，生于人心者也；乐者，通伦理者也”。

④ 张康之：《论行政伦理研究中的理论追求》，《社会科学研究》2007 年第 1 期。

⑤ 参见张国庆《公共行政学》，北京大学出版社，2007。

理学者李建华、左高山就将官员的德行归纳为“忠”“信”“廉”“智”四方面来论述。[①] “忠”在古代用于调节官员、国家（君）和人民三者的关系，在涉及与国君的关系时意味着对其忠诚，孔子曰：“君使臣以礼，臣事君以忠”[②]，但倘若国君不依循礼制来用人，臣子就没有必要忠于君主。[③] 因此，将“忠”套用来解释现今情况，一方面可以理解为对国家忠诚，另一方面指需要服从法律，以及履行上级依法做出的工作指示。在对百姓忠诚方面，孔子曰：“居之无倦，行之以忠”[④]，即在职位上不要疲倦，忠诚履行自己的职责。[⑤] 公务人员的最大职责是为民谋福，因此对百姓忠诚可以理解为一切以市民大众的利益为依归。

“信”在传统行政伦理中就是要求统治者取信于民。“自古皆有死，民无信不立”[⑥]，意思是说自古以来人总是要死的，如果老百姓对统治者不信任，那么国家就不能存在了，可见，取信于民是为官之道，是决定一个国家命运的关键，否则施政将会举步维艰。[⑦] 人民对政府的信任是建基于多方面的，包括：以民为本；凡事以人民的利益为先，主动为民服务；平等地对待人民，让市民了解公务人员的工作，增加透明度，对自己的职务负责；等等。这些无疑都是公务人员与公民建立互信所必须承担的重要义务。

“廉”在传统行政伦理方面是最为人熟悉的价值。简单来说，“廉”就是不贪财货。“不受曰廉，不污曰洁”[⑧]，就是说不接受不属于自己的钱财礼物，不让自己清白的人品受到沾污，就是廉洁。现今，世界各地政府均设立反贪部门，反映出廉洁已成为社会最重要的核心价值之一。时至今日，随着社会发展，对公务人员的廉洁要求也是多方面的，包括要正确行使权力，不以权力谋取私利或公器私用；遵守回避原则、避免利益冲突；善用公帑资源，不要浪费纳税人的金钱；等等。

---

① 李建华、左高山：《行政伦理学》，北京大学出版社，2010，第 60 页。

② 出自《论语·八佾》。

③ 李建华、左高山：《行政伦理学》，北京大学出版社，2010，第 62～63 页。

④ 出自《论语·颜渊》。

⑤ 李建华、左高山：《行政伦理学》，北京大学出版社，2010，第 62～63 页。

⑥ 出自《论语·颜渊》。

⑦ 李建华、左高山：《行政伦理学》，北京大学出版社，2010，第 64 页。

⑧ 出自《楚辞·招魂》。

"智"在传统儒家思想中主要是指道德认识和道德理性，孟子认为"是非之心，智之端也"。[①]"智"是人们明辨是非的能力，树立正确的道德是非观是育"智"的核心。有"智"的官员执行职务时除了具备专业的知识，必须有正确区分善恶、是非黑白的智慧，知道什么该做、什么不该做[②]，如此才能够正确使用权力，为人民谋福。笔者认为，维护社会公平、正义是最大的善，是每位公民包括公务人员都应该做的事。

相对来说，西方行政伦理的概念是近百年才发展起来的。自美国学者威尔逊于1887年发表《行政的研究》一文把行政与政治的研究分开后，行政伦理价值讨论开始萌芽。威尔逊认为行政部门应该保持中立，远离政治，最基本的价值就是追求"效率"，即通过对公共资源的有效利用，以较少的投入获得较大的产出。[③]韦伯的官僚制模型就是传统公共行政效率运作的典型模式，强调专业化、法规化、程序化和科层化，公务人员须严格按照法规和上级的指示、摆脱主观情感即非人格化地执行政策和职务，以确保组织工作效率和程序合法性。[④]价值中立、服从上级、依法行政是早期西方行政伦理的主要价值。但是，官僚制往往在追求效率和节约的过程中牺牲社会公平，这引起学术界的关注。美国瓦尔多等人在1968年发表"明诺布鲁克观点"，强调必须建立以社会公平、正义为核心的新公共行政，行政人员除了要善用资源，提供优质的服务外，更要关注如何促进社会公平，例如，维护政府服务的平等性，不能有差别歧视。新公共行政亦强调民众参与的重要性，只有让与政策相关的民众参与到政策制度的制定过程之中，才能集思广益制定更好的解决方案，提升政策的认知度和执行水平。[⑤]社会公平、正义、民主参与是这一时期的行政伦理倡导的价值，而且为后来的行政伦理研究和实践奠定了重要的基础。20世纪70年代西方各国经济和财政出现危机，以市场化、企业化为原则的新公共管理开始主导各国政府改革运动，与传统公共行政一样，新公共管理强调效率的重要性，只是实现的手段不同，它认为应采

---

① 出自《孟子·公孙丑上》。

② 李建华、左高山：《行政伦理学》，北京大学出版社，2010，第66页。

③ 参见沈士光《公共行政伦理学导论》，上海人民出版社，2008。

④ J. P. Olsen, "Maybe It Is Time to Rediscover Bureaucracy," *Journal of Public Administration Research and Theory*, 2005, Vol. 16, No. 1, pp. 1-24.

⑤ 黄源致：《瓦尔多（Dwight Waldo）与新公共行政运动》，《雄中学报》2005年第8卷。

取弹性化（去法规化）、市场化的手段来达成。新公共管理亦十分重视市民的需要，认为公务人员应该视市民为顾客，以服务顾客并提升其对服务的满意度为己任。它所带出的伦理价值除了效率外，还有以顾客为本、为市民服务的精神。然而，新公共管理被批评过于重视经济效率和市民满意度，忽略市民在服务过程中积极参与的公民责任和重要性，使行政伦理的问题再度受到关注。丹哈特在2003年出版的《新公共服务》一书中指出，维护公共利益、凸显“公共性”才是公共行政最根本的伦理要求。《新公共服务》提出应遵循公平和平等的原则，强调公民应该有参与社会的公民意识，主张将公民参与重新纳入公共行政中，借以重塑公民对政府管治的信任，助推社会公平的实现。[①] 因此，与新公共行政相似，新公共服务再次倡导公平、正义、参与的行政伦理价值。

研究中西方有关行政伦理的内容，可归纳出一些公务人员必须遵守的行政伦理价值，包括对国家忠诚、行政中立、服从上级、维护公共利益、促进社会公平正义、依法行政、专业高效、诚实廉洁、利益回避、透明开放、为民服务、加强公众参与等。

在实践中，经济合作与发展组织（OECD）在2000年对29个成员国进行的实证研究显示，成员国的人民重视的核心价值包括：客观中立（Impartiality，Neutrality，Objectivity）、廉洁诚实（Integrity，Honesty）、行政效率（Efficiency）、公正平等（Equality）、社会正义（Justice，fairness）、恪守法纪（Legality）、专业主义（Pofessionalism）、服从指挥（Obedience）、亲切人道关怀（Kindness and humanity）、负责尽职（Responsibility，accountability）、公共利益（Service in the public interest）、透明公开（Transparency，openness，proper disclosure of information）、严守秘密（Confidentiality）、利益回避（No private interests，no interaction of private and public interests，avoidance of conflict of interest）、效忠国家（Loyalty，fidelity to the State）、慎用国家资源（Respect for the state resources）。[②] 其中，前八项最主要的核心价值依次为：客观中立、恪守法纪、廉洁诚实、透明公开、

① 顾慕晴：《新公共管理理论下行政伦理的强化——新公共服务的理念》，《T&D 飞讯》2009年第87期。

② OECD，*Trust in Government*：*Ethics Measures in OECD Countries*，Paris：OECD，2000.

行政效率、公正平等、负责尽职、社会正义①，反映出即使在不同国家或地区，人民对公务人员的行政伦理价值标准要求大致上是一致的。

二　研究方法

从上述 OECD 的经验可知，了解市民对行政伦理的认知与期望，可以通过问卷调查方法进行，因此，对澳门行政伦理的研究同样能够通过问卷调查法获得相应的信息。相关调查于 2013 年 3 月进行，以澳门市民为研究对象，采取街头访问的形式收集样本，地点主要在市民使用公共服务较多的公共机构所在地，包括公共行政大楼、中华广场和财政局大楼。问卷内容主要分为行政伦理价值观和个人背景资料两部分。行政伦理价值观的问题设计主要建基于上文有关行政伦理概念的归纳，参考 OECD 的研究调查，并针对澳门实际情况，确定了 20 个行政伦理价值观选项，分别是：服从上级、公共利益、无私公正、专业能力、透明公开、依法行事、廉洁、负责尽职、行政中立、为民服务、严守秘密、利益回避、诚实、人道关怀、社会正义、平等、行政效率、国家忠诚、公民参与和慎用政府资源。在每个行政伦理价值观后都有一个对应的描述句子，以利于受访者理解，句子的设计主要在参考台湾一项针对中级主管的行政伦理核心价值调查②的基础上，结合澳门的惯常用语做出适当修改。例如，“无私公正”：身为公务人员，就应该做到无私公正；“依法行事”：身为公务人员，就应该严格按照法律规定办事，不违法纪；“公共利益”：公务人员凡事都应该以大多数市民利益为依归；“行政中立”：公务人员一定要保持行政中立；“社会正义”：公务人员应该致力于维护社会公平、正义；“国家忠诚”：公务人员有必要对国家忠诚；“公民参与”：公务人员有责任促进市民在政策制定过程中积极参与；等等。我们让受访者为每个句子打分（1 ~5 分，1 分为很不同意，5 分为很同意），以表示他们对该行政伦理价值观的认同程度。个人背景资料部分包括受访者的性别、年龄和受教育程度等。在正式调查之前，我们对 30 名市民对象进行试测，信度分析（Cronbach’s Alpha）值为 0.95，显示问卷信度较高。

---

① OECD, *Trust in Government: Ethics Measures in OECD Countries*, Paris: OECD, 2000.

② 詹静芬：《中级主管的行政伦理核心价值》，《考铨季刊》2006 年第 47 期。

在统计分析上，除了描述性统计，主要采用 T－test 检定和变异数分析（ANOVA）来检视不同受教育程度、不同收入、不同年龄的受访者在打分上的差异。

三　研究结果

（一）描述性结果

本调查共收集 499 份有效问卷，近 60% 受访者的年龄介乎 18～30 岁（59%），女性比例（60.5%）高于男性（39.5%），专科或以上受教育程度的占 63.2%，绝大多数受访者（94%）收入在 30000 元以下。受访者的详细背景资料见表 1。

表 1　受访者的背景资料

项目		样本数(个)	百分比(%)
年龄	18～30 岁	294	59.0
	31～40 岁	110	22.1
	41～50 岁	48	9.6
	51 岁或以上	46	9.2
性别	男	197	39.5
	女	302	60.5
受教育程度	专科或以上	308	63.2
	中学	162	33.3
	小学或以下	17	3.5
收入	10000 元或以下	199	40.0
	10001～30000 元	269	54.0
	30001 元或以上	30	6.0

问卷调查了受访者对 20 个行政伦理价值观的认同感，平均分越高表示受访者越认同该价值观，反之则表示受访者越不认同该价值观。整体来说，大部分价值观的平均分都大于 3，表示受访者认为这 20 个行政伦理价值观应为澳门公务人员的行政伦理价值观，得分前十位的是“廉洁”（平均分＝3.40，s.d.＝0.62）、“依法行事”（平均分＝3.39，s.d.＝0.58）、“负责尽

职”（平均分 = 3.37，s.d. = 0.56）、“平等”（平均分 = 3.35，s.d. = 0.65）、“诚实”（平均分 = 3.35，s.d. = 0.64）、“严守秘密”（平均分 = 3.34，s.d. = 0.64）、“透明公开”（平均分 = 3.33，s.d. = 1.11）、“无私公正”（平均分 = 3.32，s.d. = 0.62）、“利益回避”（平均分 = 3.25，s.d. = 0.63）、“为民服务”（平均分 = 3.23，s.d. = 0.66）。得分较低的为“服从上级”（平均分 = 2.70，s.d. = 0.84），此外，“公民参与”“国家忠诚”的平均分值都少于 3 分。

表 2　受访者对各行政伦理价值观的认同感

排名	价值观	平均分	标准差
1	廉洁	3.40	0.62
2	依法行事	3.39	0.58
3	负责尽职	3.37	0.56
4	平等	3.35	0.65
5	诚实	3.35	0.64
6	严守秘密	3.34	0.64
7	透明公开	3.33	1.11
8	无私公正	3.32	0.62
9	利益回避	3.25	0.63
10	为民服务	3.23	0.66
11	公共利益	3.22	0.63
12	专业能力	3.21	0.64
13	行政中立	3.21	0.67
14	行政效率	3.20	0.64
15	慎用国家资源	3.18	0.68
16	社会正义	3.16	0.72
17	人道关怀	3.14	0.66
18	公民参与	2.91	0.74
19	国家忠诚	2.86	0.80
20	服从上级	2.70	0.84

本调查透过比较，发现澳门受访者认同的主要行政伦理价值观，与 OECD 成员国的调查结果大致相同，即皆离不开“廉洁诚实”“平等”“依法行事”“透明公开”等（见表 3），表明这些价值观无论在西方国家还是在澳门普遍被认为是最重要的行政伦理价值观，需要公务人员遵从。

表3　澳门与OECD成员国认同的主要行政伦理价值观

地域	行政伦理核心价值观
澳门	廉洁、依法行事、负责尽职、平等、诚实、严守秘密、透明公开、无私公正、利益回避、为民服务
OECD成员国	客观中立、恪守法纪、廉洁诚实、透明公开、行政效率、公正平等、负责尽职、社会正义

（二）T－test检定及变异数分析

1. 受教育程度

整体来说，无论是非高等教育水平（中学或以下）还是高等教育水平（专科或以上）的受访者，均对问卷中所列行政伦理价值观较为认同，平均分都在2.5分以上。其中，高等教育水平受访者较之非高等教育水平受访者，在“无私公正”、“诚实”、“人道关怀”、“社会正义”、“国家忠诚”和“公民参与”六个行政伦理价值观方面的认同度在统计学上明显较低（显著值<0.05），而在其他行政伦理价值观方面，两组受访者在统计学上没有明显差异（显著值>0.05）。

表4　受教育程度对行政伦理价值观认同的差异分析

价值观	受教育程度	平均分	显著值	价值观	受教育程度	平均分	显著值
服从上级	1	2.67	0.358	严守秘密	1	3.36	0.278
	2	2.74			2	3.30	
公共利益	1	3.21	0.755	利益回避	1	3.24	0.635
	2	3.23			2	3.27	
无私公正	1	3.26	0.018	诚实	1	3.31	0.018
	2	3.40			2	3.45	
专业能力	1	3.21	0.652	人道关怀	1	3.09	0.023
	2	3.23			2	3.23	
透明公开	1	3.33	0.955	社会正义	1	3.09	0.003
	2	3.34			2	3.29	
依法行事	1	3.38	0.830	平等	1	3.32	0.119
	2	3.39			2	3.41	
廉洁	1	3.39	0.948	行政效率	1	3.18	0.214
	2	3.40			2	3.26	

续表

价值观	受教育程度	平均分	显著值	价值观	受教育程度	平均分	显著值
负责尽职	1	3.37	0.774	国家忠诚	1	2.76	0.000
	2	3.38			2	3.06	
行政中立	1	3.20	0.369	公民参与	1	2.85	0.015
	2	3.25			2	3.01	
为民服务	1	3.22	0.642	慎用国家资源	1	3.15	0.227
	2	3.25			2	3.23	

注：1 指代高等教育受访者，2 指代非高等教育受访者。

2. 收入

整体来说，较低收入受访者（10000 元或以下）及较高收入受访者（10000 元以上）对各个行政伦理价值观都给予较高程度的认同，平均分皆在 2.5 分以上。其中，较高收入受访者对“服从上级”的认同度比低收入受访者的认同度高（显著值 <0.05）。然而，较低收入受访者对“无私公正”、“诚实”、“社会正义”、“平等”、“负责尽职”和“公民参与”这些价值观的认同程度较高收入人士稍高（显著值 <0.05）。而在其他行政伦理价值观方面，两组受访者在统计结果上没有明显差异（显著值 >0.05）。

表 5　个人收入对行政伦理价值观认同的差异分析

价值观	收入	平均分	显著值	价值观	收入	平均分	显著值
服从上级	1	2.61	0.045	严守秘密	1	3.40	0.068
	2	2.77			2	3.30	
公共利益	1	3.25	0.375	利益回避	1	3.32	0.065
	2	3.20			2	3.21	
无私公正	1	3.44	0.001	诚实	1	3.43	0.031
	2	3.24			2	3.30	
专业能力	1	3.25	0.334	人道关怀	1	3.16	0.584
	2	3.19			2	3.13	
透明公开	1	3.38	0.452	社会正义	1	3.25	0.029
	2	3.31			2	3.11	
依法行事	1	3.45	0.071	平等	1	3.48	0.001
	2	3.35			2	3.27	
廉洁	1	3.44	0.209	行政效率	1	3.27	0.092
	2	3.37			2	3.17	

续表

价值观	收入	平均分	显著值	价值观	收入	平均分	显著值
负责尽职	1	3.43	0.044	国家忠诚	1	2.83	0.492
	2	3.33			2	2.89	
行政中立	1	3.28	0.072	公民参与	1	3.05	0.001
	2	3.17			2	2.83	
为民服务	1	3.29	0.121	慎用国家资源	1	3.25	0.069
	2	3.20			2	3.13	

注：1 指代较低收入受访者，2 指代较高收入受访者。

3. 年龄

在年龄比较方面，变异数分析显示各年龄段的人在一些行政伦理价值观方面存在差异。结果显示，50 岁以上的受访者比 31～40 岁的受访者更认同“利益回避”及“为民服务”等价值。另外，相比于 18～30 岁及 31～40 岁的受访者，50 岁以上的受访者对“社会正义”较为认同。在“国家忠诚”的认同程度方面，分析显示 50 岁以上的受访者较 18～30 岁更高。

表 6　年龄对行政伦理价值观认同的差异分析

价值观	年龄	平均分	Tukey - test	价值观	年龄	平均分	Tukey - test
服从上级	1	2.66		严守秘密	1	3.34	
	2	2.83			2	3.33	
	3	2.60			3	3.32	
	4	2.83			4	3.41	
公共利益	1	3.20		利益回避	1	3.25	(4) > (2)
	2	3.29			2	3.15	
	3	3.23			3	3.27	
	4	3.20			4	3.50	
无私公正	1	3.33		诚实	1	3.32	
	2	3.28			2	3.35	
	3	3.29			3	3.33	
	4	3.39			4	3.57	
专业能力	1	3.24		人道关怀	1	3.09	
	2	3.15			2	3.16	
	3	3.19			3	3.23	
	4	3.22			4	3.33	

续表

价值观	年龄	平均分	Tukey - test	价值观	年龄	平均分	Tukey - test
透明公开	1	3.39		社会正义	1	3.12	(4) > (1)、(2)
	2	3.19			2	3.13	
	3	3.31			3	3.25	
	4	3.36			4	3.47	
依法行事	1	3.38		平等	1	3.36	
	2	3.36			2	3.28	
	3	3.42			3	3.42	
	4	3.46			4	3.46	
廉洁	1	3.40		行政效率	1	3.22	
	2	3.35			2	3.14	
	3	3.44			3	3.17	
	4	3.50			4	3.35	
负责尽职	1	3.39		国家忠诚	1	2.75	(4) > (1)
	2	3.30			2	2.96	
	3	3.35			3	3.04	
	4	3.43			4	3.20	
行政中立	1	3.17		公民参与	1	2.90	
	2	3.19			2	2.86	
	3	3.33			3	2.91	
	4	3.42			4	3.09	
为民服务	1	3.22	(4) > (2)	慎用国家资源	1	3.16	
	2	3.17			2	3.19	
	3	3.21			3	3.10	
	4	3.49			4	3.37	

注：1 = 18 ~ 30 岁，2 = 31 ~ 40 岁，3 = 41 ~ 50 岁，4 = 50 岁以上；显著值为 0.05。

四　讨论及建议

本次调查结果有助于加强对行政伦理价值观的了解，有利于政府了解市民对公务人员以及公务人员自身对行政伦理价值的期待，对特区政府行政伦理价值的建设有一定的启示。

第一，整体来说，受访者对各项行政伦理价值都给予高于一般水平的分数，反映了澳门社会对行政伦理的认知程度较高，对行政伦理的关注度日渐提高。市民最为重视的前十项行政伦理价值与中国传统行政伦理价值十分相近，反映了传统的行政伦理价值在现今社会仍占有重要地位。另外，结果也与 OECD 成员国类似，如对廉洁诚实、依法行事、平等、负责尽职等的认同度较高，反映出这些价值应该是政府及其公务人员所应具备的最基本的伦理价值。市民普遍期望公务人员的行为符合相关行政伦理价值要求，而且尤其注重“廉洁”，因为如果一个政府的廉洁、诚信备受质疑，那将重重打击市民对政府的信心，致使政府无法正常运作。笔者也发现受访者所认同的如“依法行事”“负责尽职”“严守秘密”等得分居于前十的价值观，都是一些较为消极的伦理价值，反映社会大众在这些方面的认知仍有待加强。此外，值得注意的是，“服从上级”这一行政伦理价值是得分最低的一项，反映社会对公务人员的要求已超越了传统公共行政所强调的公务人员只负责按上级命令执行政策的价值观。这可能与近年特区政府不断强调“开拓创新”“勇于承担”“阳光政府”“科学决策”“公民参与”等施政理念，摆脱传统公共行政那种层级式和执行式的管治模式有一定的关系。另外，客观地说，由于政府和社会事务越来越复杂，有些问题未必有先例可循，单靠上级个人判断已难以妥善处理，因此，公务人员在完成上级依法做出的指示的同时，有时需要依靠个人的专业知识和发挥创新精神加以处理。

第二，调查结果显示，非高等教育程度的受访者在“无私公正”“诚实”“国家忠诚”“人道关怀”“社会正义”“公民参与”等方面，比高等教育程度的认同度高，这似乎与一般认为高等教育有助于提升公民意识的水平有出入。然而，由于学历与收入一般有正向的关系，即学历越高，收入水平会相对越高，若进一步看收入方面的结果，即较低收入受访者相对较为重视“无私公正”“诚实”“社会正义”“公民参与”“负责尽职”“平等”价值，我们便不难理解非高等教育程度和较低收入的受访者对上述伦理价值有较高程度的认同，某程度上反映出，相对于高收入或高学历的市民，处于社会基层的市民对公务人员在“无私公正”“人道关怀”“社会正义”“公民参与”等方面有较高的要求。一方面他们较期望执行政策的公务人员能更多地关注他们的需求，肩负起建立公平正义的社会的职责，另一方面，也较期望公务人员能够主动与不同阶层的市民做良性沟通，加强市民在政策制定过程中的参与，使他们的意见能够反映在政策之中。

第三，在年龄方面，值得讨论的分析结果是，年龄较大的受访者（50

岁以上）对“社会正义”和“国家忠诚”的认同程度较年青一代（18～30岁）偏高。需知道，年龄较大人士出生于国家经济欠佳、资源相对缺乏、社会环境较艰难的时期，由于缺乏接受高等教育的机会，只能透过自身的努力，为国家发展、公平社会的建立做出贡献，直接来说，这些人是与国家、社会一同成长的，不难理解年龄较大和学历较低的受访者因为对国家、社会的感情较深而在“社会正义”和“国家忠诚”价值方面给予较高的认同。

针对上述研究结果和讨论，我们提出一些建议，以供参考及讨论。

第一，将行政伦理价值内化为公务人员的内心准则，强调客观责任感的同时，主张重视主观责任感，特别是鼓励和启发公务人员增强个人责任感。客观责任重在遵守法律、对某一任务负责、对上级和下级负责、对居民负责；主观责任是来自内心主观认为要承担的责任。实际上，市民和公务人员都认为不应过度强调“服从上级”，因为这将可能生成责任往上推的惯性并使人做事墨守成规。那么，责任从何培养？有学者认为公务人员的行政伦理精神不应仅限于级别服从的纪律管控，更应透过自我角色的认知及外部规范的指引并结合公平正义原则与负责任的态度来执行公务，以谋求和维护公共利益。[①] 因此，未来可通过伦理培训课程增加公务人员的伦理知识，如增强主动、创新、专业、负责、服务等观念，也可以考虑制定部门内部工作的参与机制，在工作的操作方案、政策制定和执行过程中鼓励共同思考，鼓励个体积极提供建议，从而增强个人责任意识，引导其发挥伦理自觉性，使公务人员负责地执行行政任务。

第二，仍需深度培育行政伦理价值观。巩固消极的行政伦理价值并不代表实践了行政伦理，而应有效践行积极的行政伦理价值，特别是倡导“社会正义”“公民参与”“平等”等伦理价值，凸显公共行政的公共性。从新的公共服务角度看，如果公共行政只关注政府内部管理，脱离社情民意和缺少对社会的人文关怀，公共行政将显得了无生机。回归初期，特区政府重视行政现代化建设，在人力资源评估、公务员职业培训开展、组织结构优化和重组、资源和科技合理运用等方面推出促使行政机关节约公共资源、提高行政效率及提升服务水平的改革措施，可以说主要侧重于公务人员的行政效率

① 黄朝盟、陈坤发：《公务人员的行政伦理观》，《政治科学论丛》2002年第16期。

等技术性伦理的培养。[①] 然而，“公共性”是公共行政的根本特质，行政伦理要捍卫公平正义价值。近年，特区政府推行了一系列相关社会政策和行政改革措施，如推行双层式的社会保障制度，推出公共政策咨询规范性指引等，这些政策措施都是以促进社会参与、社会共融为目的，而这类社会政策和行政措施的效果未必能在短期内显现，但由于受教育程度较低、收入水平较低的人士在参与社会公共事务方面获取的讯息相对较少，表达意见的渠道较窄，他们认为政府政策未必有太大帮助，对以自身力量去影响政策制定的感知可能较小。未来，政府及其公务人员可进一步对促进公平公正、增加公共利益做出主动性的思考，在注重行政效率的同时积极倾听市民心声，有效吸纳民意。可以针对低收入人士进行调查研究，了解他们对解决社会问题和构建公平社会的看法，探讨如何深化和完善有关扶助政策和改革措施，营造人人平等参与、关怀和谐的社会氛围，逐步建立公平正义和参与型的社会。

第三，行政伦理标准必须反映和承接当时的社会核心价值。本次调查结果显示，市民对作为行政伦理价值的“国家忠诚”的认同程度相对来说较低。但根据澳门理工学院“一国两制”研究中心在2011年进行的“一国两制”综合指标民意调查的结果，“一国两制”和“爱国爱澳”都是澳门居民最重要的核心价值[②]，这反映了社会上虽对“一国两制”和“爱国爱澳”的价值观有共识，但市民对行政伦理价值的要求却未能同步反映这一核心价值，其对“一国两制”的内容在理解上仍有待加强。《澳门公共行政工作人员通则》第279条规定“忠诚”为公务人员的一项义务，即“根据上级指示及工作目的执行其职务，以谋求公共利益”，第384/2010号行政长官批示也为领导及主管人员确立了“忠诚有礼”的伦理规范，表现在忠于法律乃至社会规范，协助制定政策，以及树立执行、有效管理、负责的组织形象。可见，忠诚对于公务人员来说是非常重要的。在“一国两制”下，忠诚义务可以在更广的范围上来进一步探讨。[③] 在世界各国的行政伦理价值观中，对国家忠诚都是重要的价值之一，它表现为尽力维护国家的重大利益，以及增强为国家和人民服务的意识。在澳门，忠诚可以理解为维护国家和特别行

① 参见《澳门特别行政区政府2000财政年度施政报告》，2000。

② 《“一国两制”研究》编辑部：《“一国两制”综合指标民意调查报告Ⅱ》，《“一国两制”研究》2012年第1期。

③ 李燕萍：《澳门特区公务员忠诚义务简析》，《行政》2011年总第94期。

政区利益，尊重基本法权威及贯彻执行基本法规定，遵守法律秩序，真心诚意地为国家、特区和市民服务。实际上，如遵循这些价值目标进行行政活动，公共利益可得到维护，公务人员亦能较好地履行忠诚的义务。公务人员作为政府为人民服务的代表，社会对其在国家忠诚方面的要求更高一些，有必要进一步推广国情教育，宣传基本法，特别是年青一代的公务人员甚至是全澳市民，只有对国家和澳门特区产生归属感和认同感，才能为全体市民谋求最大的福祉。

五　结语

政府要取信于民，要实现良善之治，遵循一定的行政伦理价值和规范具有重要作用。公务人员对行政伦理的价值和规范有正确的认识和自我期许，对行政伦理的真正践行有莫大关系。本次调查研究结果将有助于更具体、更实在地把握行政伦理的具体价值内涵。我们应该在强调廉洁、依法行政、尽忠职守等行政伦理价值的同时，大力倡导公平正义、平等、公民参与等价值观。本次调查研究毕竟是初探性的，尚有不足之处，未来可进一步且更深入地调查社会对有关行政伦理价值的认知，与时俱进地界定伦理价值理念的内涵和标准。

（原载《行政》杂志总第 102 期，澳门：澳门特别行政区政府行政公职局，2013 年 12 月。）

基本法编

“一国两制”系统论

骆伟建*

“一国两制”从提出到实施已经有30多个年头，虽然“一国两制”在解决中国恢复对港澳行使主权，设立特别行政区方面取得成功，在特别行政区实施“一国两制”方针政策领域也取得了一定的成就，但是，社会上仍然在“一国”与“两制”的关系、中央与特区的关系、行政与立法的关系、内地与特区的关系等问题上存在一些争议。林林总总的意见中，有一种观点带有一定程度的普遍性，即将上述关系中的两个基本方面对立起来，或者片面强调某一方面，忽视另一个方面，这种观点既影响了“一国两制”的实施，也搞乱了“一国两制”的科学体系。所以，有必要对此进行分析，指出问题的危害，拨乱反正，正本清源。本文尝试运用系统论的方法进行探讨，希望从一个侧面对“一国两制”的系统进行科学的阐述。

一　“一国两制”是一个系统

什么是系统？系统论的创始人贝塔朗菲定义为“系统是处于一定相互联系中的与环境发生关系的各组成成分的总体”。① 钱学森提出，“把极其复杂的研制对象称为系统，即由相互作用和相互依赖的若干组成部分结合成的具有特定

---

* 骆伟建，法学博士，澳门大学法学院教授。

① 〔奥〕贝塔朗菲：《一般系统论》，《自然科学哲学问题丛刊》1979年第1~2期，转引自王雨田主编《控制论、信息论、系统科学与哲学》，中国人民大学出版社，1988，第400页。

功能的有机整体，而且这个‘系统’本身又是它所从属的一个更大系统的组成部分”。[①] 所谓系统，就是由若干相互联系又相互作用的各个部分所组成的具有特定结构和功能的有机整体。在客观世界和人的思维中，系统是普遍存在着的。系统论是研究一切综合系统或子系统的一般模式、原则和规律的理论体系。系统论的核心思想是系统的整体观念。贝塔朗菲指出，“亚里士多德的‘整体大于它的各部分的总和’的论点，至今仍然是基本的系统问题的一种表述”。[②] 任何系统都是一个有机的整体。“各个作为系统子单元的要素一旦组成系统整体，就具有独立要素所不具有的性质和功能，形成了新的系统的质的规定性，从而表现出整体的性质和功能不等于各个要素的性质和功能的简单加和。”[③]

按照系统论的定义，系统是由相互联系、相互制约、相互作用的若干要素构成的、具有特定功能的有机整体。一个系统有三个方面不可或缺：一定的要素、特定的功能和有机的整体。

根据系统论的定义，以澳门特别行政区基本法为例进行分析，可以明确得出“一国两制”是一个系统的结论，因为特别行政区基本法是“一国两制”政策法律化、制度化的集中体现。分析特区基本法，可以清楚地看到“一国两制”系统的各要素和它们之间的各种关系，以及“一国两制”系统的基础和目标。

（一）“一国两制”系统的构成要素

“一国两制”系统是由主体因素、规则因素、权力因素以及制度因素构成的。

1. 主体因素

社会系统不能没有主体，“一国两制”这个特定系统，由一个国家、两种制度构成。所以，在国家层面有两个主要的主体，即全国人民代表大会及其常务委员会和国务院。澳门基本法第 2 条规定，“中华人民共和国全国人民代表大会授权澳门特别行政区依照本法的规定实行高度自治”。第 12 条

---

① 钱学森、许国志、王寿云：《组织管理的技术——系统工程》，《上海理工大学学报》2011 年第 6 期。

② 〔奥〕贝塔朗菲：《普通系统论的历史和现状》，王兴成译，《国外社会科学》1978 年第 2 期。

③ 魏宏森、曾国屏：《系统论——系统科学哲学》，清华大学出版社，1995，第 201 页。

规定，“澳门特别行政区是中华人民共和国的一个享有高度自治权的地方行政区域，直辖于中央人民政府”。在特区层面，有特区行政长官、政府、立法会和司法机关四个主体。澳门基本法第45条规定，“澳门特别行政区行政长官是澳门特别行政区的首长，代表澳门特别行政区”。第61条规定，“澳门特别行政区政府是澳门特别行政区的行政机关”。第67条规定，“澳门特别行政区立法会是澳门特别行政区的立法机关”。第82条规定，“澳门特别行政区法院行使审判权”，等等。因此，“一国两制”系统中有各种主体，不同的主体处在不同的位置，行使各自的职能，发挥各自的作用。“一国两制”系统的运行是由上述主体互相作用决定的。

2. 规则因素

社会系统不能没有规则，在“一国两制”系统中，主体在系统中并不能为所欲为，否则，系统的秩序就混乱了，就不能正常运行。所以，系统中的主体均需要按一定的规则行事。“一国两制”系统的规则就是由宪法、基本法、特区法律组成的。澳门基本法序言规定，“根据中华人民共和国宪法，全国人民代表大会特制定《中华人民共和国澳门特别行政区基本法》，规定澳门特别行政区实行的制度，以保障国家对澳门的基本方针政策的实施”。第18条规定，“在澳门特别行政区实行的法律为本法及本法第八条规定的澳门原有法律和澳门特别行政区立法机关制定的法律”。第11条规定，“澳门特别行政区的任何法律、法令、行政法规和其他规范性文件均不得同本法相抵触”。上述规定清楚地表明宪法是特别行政区基本法的法律基础，基本法是特别行政区制度的法律依据，特区法律是基本法的具体化，它们之间的法律地位、法律效力是由高到低的递减的位阶关系。因此，“一国两制”系统中的主体遵循的规则是宪法、基本法、法律。

3. 权力因素

社会系统中的主体是通过行使权力发挥作用的，在“一国两制”的系统中，中央的主体和特区的主体分别通过行使国家主权、治权和特区自治权，各司其职。澳门基本法第二章“中央和澳门特别行政区的关系”规定，中央人民政府负责管理澳门特别行政区有关的外交事务；负责管理澳门特别行政区的防务；任免澳门特别行政区的行政长官、政府主要官员和检察长；审查澳门特别行政区立法会制定的法律是否符合基本法；决定全国性法律在特别行政区的适用；决定澳门特区进入战争或紧急状态；等等。澳门特别行政区行使行政管理权、立法权、独立的司法权和终审权。因此，“一国两制”系统中主体权力是法定的，职责分明。

4. 制度因素

社会系统必然形成一定的制度，有相对的稳定性，主体在制度下生存，权力在制度下运行。在“一国两制”的系统中，人民代表大会制度和特别行政区制度是两个最重要的制度因素。主体、规则、权力均以制度为载体。人民代表大会制度是国家的根本政治制度，全国人民代表大会制定和修改基本法；授予特区高度自治权；全国人民代表大会常务委员会解释基本法，审查特区的法律是否符合基本法；国务院领导特区政府等，这些都是人民代表大会制度的体现，不能脱离人民代表大会制度去理解基本法的规定。同样，特区的行政长官、政府、立法会、法院和检察院的相互关系也是由特别行政区的制度所决定的，也必须在特别行政区的制度中理解和把握它们之间的关系。

以上要素是“一国两制”系统必不可少的，是有机整体中的部分，是客观存在的。抹杀或者忽视它们的存在都不可能准确地理解和把握“一国两制”的体系。

（二）“一国两制”系统的结构

“一国两制”系统的各要素构成了关联性，组成了相应的结构。然而，“一国两制”体系的结构是分层次的。澳门基本法的章节编排就是“一国两制”系统结构的具体表现。

澳门基本法的第一章规定的是“一国两制”系统的第一层面的关系，即“一国”与“两制”关系，以及与之相适应的法律关系，即宪法、基本法与特区法律的关系。如第 1 条规定，“澳门特别行政区是中华人民共和国不可分离的部分”。第 5 条规定，“澳门特别行政区不实行社会主义的制度和政策，保持原有的资本主义制度和生活方式，五十年不变”。第 11 条规定，“澳门特别行政区的任何法律、法令、行政法规和其他规范性文件均不得同本法相抵触”。第二章规定的是“一国两制”系统第二层面的关系，即中央与特区的关系。第 12 条规定，特别行政区“直辖于中央人民政府”。这个层面的关系还包括第七章对外事务、第八章基本法的解释和修改。第四章规定的是“一国两制”系统的第三层面的关系，即行政与立法、司法的

关系。这些关系是有层次的，并不是等量齐观的。

第一，最重要和最基础的关系是“一国”与“两制”的关系，没有“一国”与“两制”的关系就没有后面的各种关系，因此可以将之形容为母子关系。在“一国”与“两制”的关系中，“一国”是基础，“一国”决定“两制”，“两制”服从“一国”。因为“一国两制”中的“一国”是本源性的目的，“两制”是实现“一国”的条件和手段。当然，“一国”也要尊重“两制”，维护“两制”。“一国两制”在法律上表现为“一国”的宪法和基本法与“两制”的特区法律的关系，“一国”是“两制”的基础，自然，宪法和基本法效力高于特区的法律。

第二，在“一国”与“两制”的关系上，派生了中央与特区的关系、国家主权与特区自治权的关系。中央领导特区，主权高于自治权，主权授予自治权。

第三，中央与特区的关系、主权和自治权的关系又决定了特区行政和立法的关系。虽然，特区的行政与立法关系有其自身的特点，如行政与立法互相分工、互相制约、互相配合，这是由“两制”决定的。但是，特区的行政立法关系与中央和特区的关系又要有相适应的一面，如“一国”决定行政长官对中央负责，需要建立以行政长官为权力核心的行政主导体制，适应中央领导特区的要求。

所以，“一国两制”系统的结构是有三个层次的，这种层次有内在的逻辑性，既不能混乱和颠倒它们之间的位置，也不能互相割裂它们之间的逻辑关系。

（三）“一国两制”系统的功能

按系统论的学说，各要素结合形成的系统具备个体没有的功能，形成了某种特定功能。

澳门基本法序言第二段指出了“一国两制”系统的目标：“为了维护国家的统一和领土完整，有利于澳门社会稳定和经济发展，考虑到澳门的历史和现实情况，国家决定，在对澳门恢复行使主权时，根据中华人民共和国宪法第三十一条的规定，设立澳门特别行政区，并按照‘一个国家，两种制度’的方针，不在澳门实行社会主义的制度和政策。”所以，国家统一，特区发展是“一国两制”系统的目标。为实现这个目标，“一国两制”的系统应发挥它独特的功能。一方面，国家恢复对港澳行使主权，港澳回归祖国，推动祖国统一。另一方面，港澳在“一国两制”中保留原有的制度，实行高度自治，起到维护稳定发展的作用。将“一国”和“两制”的功能整合成“一国两制”的功能，既能维护国家的统一、主权、发展，又能支持特区的稳定和发展。它们之间互相作用，互相配合，共同实现“一国两制”的大目标。

所以，“一国两制”系统有共同的基础，有共同的目标，这决定了“一国两制”系统的功能是两个方面，既能满足国家的需要，也能满足特区的需要。

以上对“一国两制”系统的解析，有助于我们了解系统的构成要素、结构层次和功能。另外，“一国两制”系统在运行时，要尊重主体的地位，遵循确立的法则，依法行使权力，维护现行制度，以实现共同的目标。

二　坚定维护“一国两制”系统的整体性

我们已了解“一国两制”的系统，包括构成要素、结构层次和功能，现在要解决“一国两制”系统在运行中的首要条件，即系统的整体性。

系统的核心是整体观念。各个要素在构成系统之后，必须在整体中运行，不能脱离整体讲个体要素，系统的功能和作用取决于整体的一致行动。如果系统中的主体缺乏整体观，只讲特殊性，不讲整体性，或者脱离整体讲个体，那么系统难以有效运行。遗憾的是，现在恰恰在这个核心问题上出现了一些问题。这些问题如果不讲清楚，会影响和冲击“一国两制”运行。这不仅是理论问题，也是实际问题。

（一）维护整体性的基础

整体性是建立在系统的共同基础和共同目标上的。没有这两个共同点，系统就不能使各要素构成一个整体，也不能将整体维持下去。“一国两制”系统的基础是“一国”，目标是保持国家统一和特区稳定发展。所以，维持“一国两制”系统的运行，第一要务是维护“一国两制”系统的基础。没有这个基础，系统将轰然倒塌。

现在有一种意见要挑战“一国”这个基础。其外在表现是对国家认同

的抗拒、对爱国要求的否定，内在的根子是对"一国"的抹杀。如果"一国"本身都成了问题，自然无从也无须谈国家认同和爱国。虽然一些人不敢也不能否定"一国"原则，但他们总是虚化或者空洞化"一国"的存在。在他们的意识中，"一国"不是具体的中华人民共和国，而是抽象的中国，是等待构建的国家。这种主张虽宣称不是去中国化，但要求恢复华夏，再造中华，"一国"应该是中华邦联。[①] 既然需要再造中国，那么当下的中华人民共和国就不能代表"一国两制"中的"一国"，实质是为不接受宪法，不接受宪法产生的中央（全国人民代表大会和中央人民政府），最后为不接受中央的管治权提供理由。这些人进而认为，中华人民共和国不是正常国家，而是处于建立国家的预备状态。现代中国，国不成国。在法统和道统两方面，中国都没有建立起来，所以无须理会国家，香港搞城邦，独善其身就行了。[②] 这种观点想从根本上动摇"一国两制"系统的根基。

事实上，"一国两制"系统中的法律规则早已明确"一国"就是中华人民共和国，这个不容讨论，也抹杀不了。第一，中国政府与英国、葡萄牙政府签署了关于解决香港问题和澳门问题的联合声明。联合声明规定，中华人民共和国恢复对港澳行使主权，港澳回归中华人民共和国。对港澳的"一国两制"的基本方针由中央人民政府制定。第二，宪法第 31 条规定，"国家在必要时得设立特别行政区。在特别行政区内实行的制度按照具体情况由全国人民代表大会以法律规定"。港澳要不要设立特别行政区，特别行政区实行什么样的制度是由中华人民共和国的最高国家权力机关决定的。第三，特别行政区基本法第 1 条开宗明义规定，特别行政区是中华人民共和国不可分离的部分。第 2 条规定，中华人民共和国全国人民代表大会授权特别行政区实行高度自治。澳门基本法第 102 条规定，行政长官、主要官员等须宣誓效忠中华人民共和国。所以，中华人民共和国是具体的、现实的国家，不是抽象的、虚拟的国家。中华人民共和国拥有固有的领土，13 亿各族人民，独立的主权，以及合法的政府。中华人民共和国实行单一制的国家结构，以及人民代表大会制的政权组织形式，代表国家主权的是中央人民政府。

① 陈云：《香港城邦论是华夏民族安邦、定国、平天下的思想》，https：//facebook. com/notes/wan－chin/487822257908395，2012 年 10 月 6 日。

② 陈云：《香港城邦论是华夏民族安邦、定国、平天下的思想》，https：//facebook. com/notes/wan－chin/487822257908395，2012 年 10 月 6 日。

因此，“一国两制”体系中的主体必须依照宪法和特别行政区基本法承认和接受中华人民共和国。这个基础不容挑战。如果否定中华人民共和国是“一国两制”中的“一国”，那么，“一国两制”中的各主体身份也就不清楚了。中央是什么国家的中央？特区是什么国家的特区？搞不清这个，“两制”也说不清楚了：内地一制是什么国家的制度？港澳一制又是哪种制度？如果否定了“一国两制”的共同目标，维护中华人民共和国的国家主权、安全和发展便仅仅是空话一句，无法落实到实处。维护港澳的稳定发展同样是空中楼阁，既没有具体的、共同的一个国家支持，也没有具体的两种制度之间的互相合作，那双方能够共同发展吗？因此，只有坚持和维护“一国两制”的基础，才能达到“一国两制”的目标。

另外一种观点是颠倒“一国”与“两制”的基础关系。将“两制”变成“一国两制”的基础，为“两制”限制“一国”的主张提供理论基础。例如，某意见认为，“一国两制”的灵魂在于“两制”，而不是“一国”，这是个再简单不过的逻辑，如果重点是“一国”，为何不实行“一国一制”呢？如果重点是“一国”，为何不把香港变成中国南方的一个普通城市？①

从系统论的角度分析，这种说法和逻辑是不能成立的。第一，它混淆了整体与部分之间的关系。按照系统论的逻辑，“一国”是系统的整体，“两制”是系统的组成部分，部分是因系统的整体性而整合一起，部分离开整体就失去了意义，是整体决定部分的存在和发展及它们之间的关系。系统的核心在于整体，“一国”是整体，是系统的基础，“两制”建立在整体基础上就不言而喻了。第二，混淆了目的和手段的关系。在“一国两制”系统的语境下，“一国”是目的，“两制”是手段。当国家出于各种原因没有统一时，为了完成尚未实现的国家统一目标，需要通过实行“两制”，即以港澳居民接受的方式，完成国家统一的任务。如果视“两制”为目的，那么在逻辑上就讲不通了，“两制”已经是现存的，并非是需要完成的任务。也就是说，没有“一国”也已经是“两制”了，为什么还要“一国”呢？同样，“两制”在“一国”之前就已经存在，为什么还要把“两制”放入“一国”的系统中？这不是多此一举吗？按照这种逻辑推理，“一国”就变

① 吴志森：《“一国两制”渐褪色》，明报网，http://life.mingpao.com/cfm/learn3b.cfm?File=20120628/lnprep/gfp1_er.txt，2012年6月28日。

得多余了，“一国两制”也就没有必要了。因此，这种否定“一国两制”必要性和正当性的逻辑不可能是“一国两制”自身的逻辑。当然，“一国”是基础，并不否定“两制”在“一国两制”系统中的重要性。但是，“两制”的重要性建立在“一国”基础上才有意义。离开“一国”基础，“两制”对国家无益，也就谈不上对国家的重要性。

必须看到，“一国”和“两制”谁是基础，实际上是确立“一国两制”关系中的出发点和归宿的问题。如果“一国”是基础，自然“一国”是解决问题的出发点和归宿。如果“两制”是基础，则应该以“两制”为出发点和归宿。所以，坚持“一国”是基础，对“一国两制”系统的正常运行，以及处理“一国”与“两制”关系是十分重要的。

（二）确立整体性的全局观

系统的整体性讲的就是全局性。系统是由部分构成的，但部分组成系统后，就不能独立于整体而存在。“一国两制”中的“一国”是带有“两制”的“一国”，而“两制”是“一国”中的“两制”，这决定了“一国”和“两制”的关系：既不能互相否定，也不能互相分割。

确立“一国两制”系统的整体观，首先需要明确，“一国两制”是建设现代化强国战略的一个组成部分。国家统一是国家强盛的必要条件，事关民族兴旺、和平发展、国家富强的大局，港澳好，有利于国家现代化；港澳乱，则危及和拖累国家的发展。所以，不仅要从港澳的局部角度理解“一国两制”，更要从国家的全局角度理解“一国两制”，不能不看这个大局，更不能影响和干扰这个大局。只有这样，才能把握“一国两制”系统的全局。其次，要认清系统中的“两制”的主从关系。邓小平先生指出，“中国的主体必须是社会主义，但允许国内某些区域实行资本主义制度，比如香港、台湾”。[①] 这个主体是实行“一国两制”的基础。没有这个前提不行。因为国家对香港和澳门的政策是在坚持国内社会主义主体制度基础上制定的，随着国家改革开放，经济持续发展，国家将更加繁荣昌盛。而这个主体的巩固强大，不仅不会损害港澳的稳定发展，相反，将为港澳的稳定发展提供更多的机会，更加坚实的保障。邓小平

① 《邓小平论“一国两制”》，三联书店（香港）有限公司，2004，第12页。

先生自信地表示，“到了五十年以后，大陆发展起来了，那时还会小里小气地处理这些问题吗？所以不要担心变，变不了”。[①] 所以，国家发展好了，对港澳有百利而无一害。搞清楚“两制”的主从关系，有利于“两制”和平共处，互相尊重，互相合作，有利于更好地维护系统的整体性。

确立“一国两制”系统的全局观，还需要对两种观点进行分析。一种观点是片面地看待“一国”与“两制”的关系。只讲一个方面，不讲另一方面。讲“两制”不讲“一国”，讲自治权，不讲主权，只关心部分的重要性，忽视系统的整体性，于是出现了一种奇怪的现象。例如，特区在“一国两制”系统中享有国家授予的高度自治权，但一部分政治势力却不同意甚至反对履行基本法规定的维护国家安全立法的义务，制造系统的整体性与部分之间的矛盾，实质是破坏系统中各主体之间的权利和义务、权利和责任的统一。如果各部分都从自身需要和利益出发，不顾系统的整体需要和利益，只求系统给予权利，却不愿意对系统履行义务，那么，系统由谁来维护，系统的整体利益又由谁来实现？如果系统的整体与部分之间权利和义务不能统一起来，这样的系统是难以维系的。所以，应该学会全面看待“一国”与“两制”的关系，讲自治权时，也要尊重国家的主权。

更值得注意的是，有人主张切割“一国”与“两制”的关系。其要害就是切割系统的整体与部分之间的关系，实质是肢解“一国两制”的系统。一些人所主张的香港城邦自治，实质是让香港“脱离中国政治体制，变成一个与中国互不干涉的自治城市”。[②] 而一些激进分子要求“香港独立”或者将香港变成某种“独立政治实体”、将中央管治比喻为“殖民”的言论，以及他们擅闯驻港部队、烧国旗、涂污钞票等，不论其是否明白其中含义，实际上已经具有分裂国家的言行特征。[③] 所以，不管是隐性还是公开割裂“一国”与“两制”关系，对这种言行，我们都应该保持警惕，并给予批判。

（三）坚守整体性的内在逻辑

“一国两制”的系统有其内在的逻辑。从“一国”与“两制”的关系，

---

① 《邓小平论“一国两制”》，三联书店（香港）有限公司，2004，第18页。

② 张利：《警惕“隐性港独”主张》，天大研究院，http：//www.tiandainstitute.org/cn/article/1228_1.html，2012年3月30日。

③ 韩姗姗：《从擅闯驻港军营看“港独式”激进运动：特征、原因及危害》，《港澳研究》2014年第1期。

到中央与特区的关系，再到行政与立法的关系，它们之间既是基础和派生的关系，也是决定和配合的关系。

有人颠倒这种逻辑关系，分不清哪个是基础关系，哪个是派生关系，甚至用低层次关系否定高层次关系，或者要高层次关系屈从于低层次关系。例如，一些人在讨论行政与立法关系时，总是离开“一国两制”的系统孤立地讲行政与立法的关系，这样不仅说不清楚这种关系，反而会制造更多的混乱。基本法规定特区的行政与立法关系是有逻辑的。首先，从“一国”与“两制”关系出发。“一国”意味着国家主权统一，主权作为一个国家最高的权力，其效力适用于中华人民共和国的领土范围，当然包括特别行政区。主权由中央行使。“两制”意味着特别行政区实行高度自治，自治权由特区行使。因此，在“一国”和“两制”的关系上产生了中央和特区的关系，中央行使对国家事务和中央与特区关系事务的处理权，领导特区政府。而特区行使行政管理权、立法权和司法权，行政长官对中央负责。进一步而言，为了确保行政长官对中央负责，在行政与立法关系中行政长官需要负起领导责任，有职有权才能对中央负责。所以，基本法建立了以行政长官为核心的行政主导机制。从根上说，一方面，行政主导是“一国”决定的，“一国”决定了中央的领导权，中央的领导权决定了行政长官对中央负责，行政长官对中央负责的需要又决定了行政长官在特区政治体制中起主导作用。这是一环扣一环的，是决定与被决定的关系。当然，另一方面，“两制”决定了特区的行政立法关系不同于内地，基本法规定行政与立法之间还需要互相制约，行政机关向立法机关负责。但是，一些政治势力提出的主张，包括否定行政主导，总是想通过改变基本法规定的行政立法关系来对抗中央与特区的关系，从逻辑上说，这颠倒了中央与特区、行政与立法的本末关系。逻辑上的错乱，导致行动上的混乱。通过否定行政主导，摆脱中央对特区领导，在政治上是十分有害的。为了处理好“一国”与“两制”关系、中央与特区关系、行政与立法关系，必须坚守“一国两制”系统的逻辑。

三　正确处理“一国两制”系统的关联性

“一国两制”系统在运行中的另外一个条件是系统的关联性。在不同的系统下，两种制度原本没有共同的基础和目标。但是，在“一国两制”系统下两种制度具有共同的基础和目标：对国家而言是维护特区稳定发展；对特区而言是维护国家统一、主权和利益。两者的结合形成了共同的基础和目标，建立了两种制度各要素之间的联系。

（一）要合作不要对抗

系统中的各要素都有存在的合理性，都有一定的作用，否则就是多余的，可以被排除在系统之外。在"一国两制"系统中，两种制度不是互相排斥的关系，因为它们之间已经有了一个共同体，有了一个共同的目标和任务。两种制度之间虽有差别，但也各有所长，二者不可或缺，对"一国两制"系统可做出各自的贡献。但是，这有前提条件，就是互相合作，而不是互相对抗。因为"一国两制"是为实现国家统一提出的理论，不是为国家内部制度的同一提出的理论，"一国两制"允许不同社会制度共存，可以超越制度不同、制度之争，这决定了两种制度之间合作是系统的要求，对抗是破坏系统的行为。所以，系统论的原则是要合作不要对抗。

现在有一种势力不仅在政治上搞对抗，而且将政治对抗延伸到经济民生上，出现了泛政治化对抗。少数极端势力的政治意图很明显，就是要破坏"一国两制"的系统，表现在诉求上他们寻求"港独"，荒唐地喊出反对中国对香港的"殖民化"。如果我们不旗帜鲜明地反对这种激化矛盾的对抗，"一国两制"系统就危在旦夕。对抗只有一个结果，不是"一国"死，而是"两制"亡，将"一国"与"两制"的关系变成你死我活的关系，这从根本上背离了"一国两制"的目标。所以，必须放弃对抗，对抗没有出路，是一条死路。

系统由不同要素构成，各要素之间需要磨合，在磨合之时，有摩擦不可避免，属于正常现象。宪法规定法律解释权属于全国人大常委会，基本法规定全国人大常委会享有基本法解释权，同时，全国人大常委会授权特区法院对基本法进行解释。由于基本法的解释制度存在人大常委会解释和法院解释，所以需要磨合，法院在提请全国人大常委会解释基本法方面需要探索，通过磨合，互相合作，适应基本法解释制度的安排。香港终审法院在刚果（金）一案中提请全国人大常委会解释基本法就是磨合得好的例证。[①] 但是，

① 国务院新闻办：《全国人大就香港特别行政区基本法有关条款解释草案举行发布会》，2011年8月30日。2011年6月8日香港特区终审法院决定就美国FG公司诉刚果（金）案提请全国人大常委会释法，这是香港终审法院第一次提请释法。

制度磨合不能演变为对抗和排斥，有一种人在讲特区法院对基本法进行解释时，总是否定或反对全国人大常委会行使对基本法的解释权，不尊重全国人大常委会的权力。这种有法院解释就没有全国人大常委会解释的对抗和排斥立场，从小的方面说，将破坏基本法的解释制度；从大的方面说，将会导致"一国两制"系统的崩溃。这是一种对抗思维，应该抛弃。

系统各要素互相合作，不仅可以增强自身的能力，既利己也利他，而且有利于整个系统。两种制度只有在交往合作中，才能发挥最大的作用，效用才能最大化。例如，港澳在与内地的经济合作中，不仅提升了自己的竞争能力，也对国家的发展做出了贡献，并从国家的发展中分享成果。同时，系统各要素也要互相配合。例如，在外交和外事的关系上，特区向外国争取免签证待遇时，得到中央人民政府积极配合，中央人民政府与特区政府一起向有关国家推广，以求取得成效。澳门搭建的中葡经济贸易论坛，也为国家的对外开放提供了平台，有利于国家对外经济的发展。所以，合作是双赢的局面，也是系统优越性的体现。一定要明白，系统为各要素提供的是发挥优势的平台，而不是搏杀的战场。

（二）要平衡不要失衡

系统中的各要素均有自己的功能和作用，必须各尽其职，守好本分。中央要管理好属于中央的事务和涉及中央与特区关系的事务。特区要管理好自治范围内的事务。但是，中央的权力和特区的权力共存于一个共同体中，即"一国两制"系统中，所以二者需要互相协调。例如，行政长官的产生过程中，中央有实质任命权，普选后，香港特区选民有选举行政长官的权利。中央与特区独立行使权力和权利，应该互相尊重，并且需要互相配合：既要让选民满意，也要让中央放心，在两者之间取得平衡。没有互相配合，权力和权利之间就失去平衡了。

所以，中央坚持的是行政长官人选必须是爱国爱港（爱澳）者，接受中央领导，对中央负责。这是"一国两制"系统的基本要求。在这种前提下，中央是开放的，只要能取得选民支持，候选人都可以成为行政长官的人选。对香港特区选民而言，在爱国爱港的条件下，可以自由选择候选人。如果突破这个底线，中央的任命权与特区选民的选举权之间就失去平衡了。这个系统就无法顺利运行。

权力的平衡不是抽象的，必须放到“一国两制”的系统中去平衡。中央任命与选民选举是“一国两制”系统内部的平衡问题，不是系统外部的平衡问题。所以，在“一国两制”的系统之外寻找平衡是错误的，那不可能解决系统本身的问题。例如，一些人提出的有关选举的国际标准就脱离了“一国两制”的系统、找错了平衡点。如果将系统外部的因素引入系统内部，将改变现行系统本身，造成“一国”与“两制”、中央与特区关系失衡。中央任命和选民选举的平衡点还是应该以基本法的规定为基础。基本法是系统运行的规则，只有坚持在轨道上运行，才能奔向目标，一切抛弃规则不讲规则的做法，就如火车脱离轨道必然要翻车，根本谈不上抵达目的地。

所以，在“一国两制”系统运行中，必须抱着互相合作、互相平衡的态度，处理“一国”与“两制”的关系。

综上所述，“一国两制”是一个系统，有中央和特区，有主权和自治权，中央和特区依照宪法、基本法和法律，分别通过行使主权和自治权处理“一国”与“两制”关系、中央和特区关系、行政和立法关系，以达到“一国两制”系统所追求的国家好、港澳好、共同发展的目标。

（原载陈多主编《港澳研究》总第3期，北京：国务院港澳事务办公室港澳研究所，2014年4月。）

“一国两制”架构下的授权理论研究

王　禹*

一　引言

有必要对“一国两制”架构下的授权问题进行专门的讨论。这是香港基本法和澳门基本法规定中央与特别行政区关系的一个重要法律概念。香港基本法正文共160条，有13个条文出现了中央“授权”或“授予权力”的表述，澳门基本法正文共145条，有12个条文出现了类似的条款。① 在这里，笔者将这些条文大致归纳如下。

第一，香港基本法和澳门基本法在第1条规定香港和澳门是中华人民共和国不可分离的组成部分，继而在第2条明确规定香港特别行政区和澳门特别行政区享有高度自治权，包括行政管理权、立法权、独立的司法权和终审权，来自中华人民共和国全国人民代表大会的“授权”，第13条规定中央人民政府授权香港特别行政区和澳门特别行政区自行处理有关对外事务。

第二，香港基本法和澳门基本法在其条文里明确规定中央人民政府或全国人大常委会授权特别行政区的行政长官、政府和法院处理有关事务或行使权力。如以澳门基本法为例，第50条第十三项规定行政长官处理中央授权的对外事务和其他事务；第64条第三项规定澳门特区政府处理本法规定的

* 王禹，法学博士，澳门理工学院一国两制研究中心副教授。

① 这里的授权不包括特别行政区内部的授权关系，如香港基本法第111条和澳门基本法第108条规定特别行政区政府可指定并授权银行发行或继续发行港元和澳门元，等等。

中央人民政府授权的对外事务，第94条规定在中央人民政府协助和授权下，澳门可与外国就司法互助关系做出适当安排；第116条规定澳门经中央人民政府授权可进行船舶登记；第117条规定澳门特区政府经中央人民政府“具体授权”可自行制定民用航空的各项管理制度；第139条规定中央人民政府授权澳门特区政府依照法律给持有澳门永久性居民身份证的中国公民签发中国澳门特区护照，给其他合法居留者签发其他旅行证件；第143条规定全国人大常委会授权特别行政区的法院解释基本法自治范围内条款。

第三，香港基本法和澳门基本法有些条文虽然没有出现“授权”的提法，如香港和澳门应自行立法维护国家安全，可以“中国香港”和“中国澳门”名义参与国际社会事务，签署国际协议，法院可以解释基本法除自治范围外的条款，等等，然而，这些规定都是以中央的授权为前提，并建立在授权与被授权的法律基础上的，属于默示授权。

第四，香港基本法和澳门基本法规定中央还可以“授予”香港和澳门其他权力。如澳门基本法第20条规定，“澳门特别行政区可享有全国人民代表大会、全国人民代表大会常务委员会或中央人民政府授予的其他权力”。

香港基本法和澳门基本法反复强调了授权。对比我国内地的法律体系，我国宪法并没有出现“中央授予地方权力”或者“中央授权地方”的明确提法，我国的地方组织法①和《民族区域自治法》也很少出现这样明确的表述。香港基本法和澳门基本法却多次出现了“授权”的字眼和表述。这是因为我国通过和平谈判，采用“一国两制”解决历史上遗留下来的香港问题和澳门问题。在香港和澳门建立享有高度自治权的特别行政区时，首先就要回答高度自治权的来源问题。两部基本法规定的“授权”就是这个问题的简明答案。

我国自秦汉以来就建立起大一统的中央集权国家，其特征主要就是“天下之事，无大小，皆决于上”。② 全国的政治、经济、军事、立法、审判

---

① 指《中华人民共和国地方各级人民代表大会和地方各级人民政府组织法》，1979年通过，最后一次修改是在2004年10月27日。

② 《史记·秦始皇本纪》。

和监察等皆由皇帝掌握，实行君主专制。地方官员，如秦之郡守与县令，汉之太守与刺史等，皆由皇帝委派，执行皇帝发出的指令，对皇帝负责。这是我国现行宪法建立单一制国家结构形式的历史基础。① 这种国家结构形式虽然将全国划分成不同的地方行政区域，而其目的主要是便于管治，并可根据不同的社会条件和现实情况重新进行划分。也就是说，在单一制下，“从严格的法律意义上来说，所有权力都是属于中央政府的”。② 这种政治观念和法律意识已经深深扎根于我国的政治现实和法律体系，成为整个国家结构运作的基础。也就是说，在我国，地方并非独立的政治实体，地方接受中央的统一领导，其行使的任何权力都是中央授予的。香港回归和澳门回归后所建立的特别行政区亦不可能例外。

因此，没有中央的授权，香港特别行政区和澳门特别行政区本身就无法成立，所享有的高度自治就无从谈起。尤其是近年来，随着“一国两制”实践的深入发展，香港基本法和澳门基本法是一部授权法的观念也得到加强。③ 然而，仅仅认识到“高度自治是来自中央的授权”是远远不够的，我们还必须深入分析授权的内在机制及相关问题，其中三个最核心的问题是：①中央将“高度自治”的权力授予香港和澳门以后，能不能重新收回，不再实行“高度自治”？②中央将权力授予香港和澳门后，自己能不能行使已经授出的权力？③中央对于已经授出的权力，能不能行使以及怎样行使监督的权力？

解答这些问题不仅有重大的理论价值，而且有深远的实践意义。尤其有必要从政治层次上看到，有关授权问题的讨论早在中英就香港问题进行谈判的时候就已经开始了。我国政府坚持香港自古以来就是中国的领土，英国同大清王朝签订的有关香港的三个不平等条约是无效的，我国于 1997 年 7 月

① 我国政治学和宪法学通常将单一制的国家结构形式主要概括为以下四个特征：1. 国家只有一部宪法；2. 只有一个最高立法机关和一个中央政府，一套完整的司法系统；3. 地方政府的权力由中央授予，地方没有脱离中央而独立的权力；4. 国家是国际交往的唯一主体，公民只有一个统一的国籍。

② David M. Walker：《牛津法律大辞典》，李双元等译，法律出版社，2003，第 1133 页。

③ 参见吴邦国《在纪念中华人民共和国香港特别行政区基本法实施十周年座谈会上的讲话》，2007 年 6 月 6 日，以及其在澳门基本法实施十周年座谈会上的讲话《认真总结澳门特别行政区基本法实施经验，把“一国两制”的伟大实践不断推向前进》，2009 年 12 月 4 日。吴邦国委员长在这两次重要讲话上，都明确提出“基本法是一部授权法律”的重要观点。

1 日对香港恢复行使主权。当时英国政府坚持“三个条约有效论”，企图用“主权”换“治权”，在确定中国收回香港不可阻挡后，又在香港大搞“代议政制”“还政于民”，这些争论的背后，都涉及香港的权力来源问题。

当然，有关中央和特别行政区关系中一些引起关注和争议的问题，从根本上看，是一个对授权理论的理解问题，是原来争议的一种延续，只是争议转移到了对基本法具体条文的理解上，尤其是一种对基本法条文“咬文嚼字”的理解上。所以，我们还必须对基本法进行“咀嚼”，讨论基本法里有关授权的具体写法及其方式和特点，深入分析授权的内在含义。

还有一个问题是，我国对香港、澳门恢复行使主权，多次宣布不干预其自治范围内的事务，以体现“高度自治”的原则。[①] 这是否是指既然赋予特区高度自治权，那么在自治范围之内的事务，中央就不能行使任何权力？中央应该是“无为而治”，还是“无微不治”？[②] 所以，我们在回答上述三个核心问题前，还要回答授权与分权、授权与让渡的概念及其区别。这些概念的实质在于应当怎样看待香港和澳门特别行政区所享有的高度自治权，其性质如何，其范围有多大，以及应当怎样看待中央与特别行政区的关系，在香港和澳门实行高度自治的过程中中央应当扮演什么角色，等等。

二　授权的概念分析

“授”是指“给予”和“给付”的意思，《国语》曰：“为我予之邑，今日必授，无逆命矣。”“权”在我国当代汉语中，既可以指权力（power），也可以指权利（right），因此，授权在我国当代法律体系里，既可以指权力的授予，也可以指权利的授予。后一种意义上的授权，主要是指民法意义上广泛使用的委托授权。这种授权是指法律上处于平等地位的两个民事主体的法律关系。本文在此并不研究此种授权，除非特别指出，本文所指的授权，都是指权力的授予。

香港基本法英文本主要使用了“authorize”“give the authority to”

① 如江泽民主席曾经对英国客人提出“井水不犯河水，河水不犯井水”的观点。参见江泽民《香港必须有一个平稳的过渡期》，1989 年 12 月 6 日在会见英国特使、首相外事顾问柯利达时谈话的要点。

② 张鑫：《中港法制新论》，太平洋世纪出版社，1999，第 233 页。

“authorization”等词来翻译“授权”，唯有在翻译第20条特别行政区还可以享有中央“授予的其他权力”时，使用了“grant”。“Authorize”主要是权力和权威“authority”的词源变化所致，是指给予权力，使其成为权力当局或权力主体的意思。“grant”在英文中主要是指赋予对方某些与土地有关的权益，同时也适用于国王创设的权利。[①] 从香港基本法中文本的有关条款来看，第20条所指的授予其他职权，没有明确指出与土地有关的权益的意思，与其他地方的授权没有明显的区别，因此，这里主要应当将其理解为翻译问题，“授予”翻译为“grant”，“授权”翻译为“authorize”。

澳门基本法葡文本将授权主要译为“autorização”，然而，葡萄牙法律体系里的授权，在民法范围内，表述为“Procuração”，其行政法上的授权则为“Delegação de poderes”。行政法上的授权“Delegação de poderes”，是指决定权由多个机关之间或由该类机关与行政人员分享，或由机关与其直接下级、助理或代任人分享。这种授权被认为是行政分治的一种手段。[②] 这与澳门基本法第2条所指的授权是不同的。

我国法律体系里所使用的“授权”本身就有多种含义，不仅是不同法律部门所使用的授权内涵本身并不一致，而且，即使是同一法律部门所使用的授权，其概念也有多种。譬如，我国行政法学领域所使用的“授权”，至少存在两种含义：一种就是行政诉讼法所规定的“法律、法规授权的组织”概念，这里的“授权”是指法律与法规对行政权力的设定，另一种是其他有关法律和法规所使用的“授权”，是指行政机关将自己的行政权力“授予”其他机关来行使。这两个授权的内涵是不同的。第一个授权是指法律与法规直接赋予有关组织拥有和行使一定的行政权力，第二个授权是指已经由法律与法规赋予权力的行政机关再次通过自己的行为把权力授予其他机关。一个是“第一次授权”，一个是“第二次授权”，而且授权主体与被授权主体都是不同的。

还有一个与授权经常一起使用的概念是“委托”。我国在民法领域里经常将这两个概念合并使用，如“授权委托书”和“委托授权”。这是指民法

① David M. Walker：《牛津法律大辞典》，李双元等译，法律出版社，2003，第483页；Bryan A. Garner (ed. in chief), *Black's Law Dictionary*, St. Paul: West Group, 1999, pp. 129, 707。

② 陈华强：《管治权让渡后的一国两制与授权》，《澳门法制研究会会刊》第1期。

上一方当事人向另一方做出了授权的意思表达，双方就成为委托人（被代理人）和受托人（代理人），授权的法律效果随之产生。这里授予的是一种权利，而非我们这里所讨论的权力。而在我国的行政法领域，却刻意区分了“行政授权”与“行政委托”，行政委托是指行政机关委托行政机关系统以外的社会组织行使某种行政职能，办理某种行政事务，与上面所指的授权在行政诉讼法上具有不同后果：“由法律、法规授权的组织所作的具体行政行为，该组织是被告。由行政机关委托的组织所作的具体行政行为，委托的行政机关是被告”。① 然而，行政委托本身也是一种权力的授予与接受，这种含混使用“授权”概念的情况增加了行政法研究的难度。②

这些在不同意义上使用的“授权”概念，不可避免地也反映在两部基本法里，当然也增加了我们研究的难度。

（二）不同意义上使用的授权概念

我们已经知道，授权作为一个法律概念，并非香港基本法和澳门基本法所独有。我们不仅在私法意义上广泛使用授权的概念，而且在政治学、宪法学与行政法领域广泛使用“授权”：既有建立在人民主权宪法原则基础上的人民对政府的授权，也有自魏玛宪法以来被当代宪法学广泛运用的授权立法和委托立法，还有上级行政机关对下级行政机关的授权，等等；既有作为整体意义上的人民与国家的关系，也有国家机构内部权力机关、立法机关与行政机关之间的关系；既有上下级之间的授权，也有行政机关与其他社会组织的授权。

授权的概念广泛存在于我们的法律体系里：只要将自己的权力委托给其他机构行使，便是授权。在这里，笔者对具有公法意义而且又在不同语境下使用的授权概念做一个简单梳理。

1. 君权神授与人民主权理论

如果我们追问统治我们普罗大众的国家所赖以建立的基础是什么，其权力运行的最终依据在哪里，就必须回答国家的权力来源问题。历史上首先出

---

① 《中华人民共和国行政诉讼法》第 25 条第 4 款。

② 胡建淼：《有关中国行政法理上的行政授权问题》，刘莘主编《中国行政法学新理念》，中国方正出版社，1997，第 1～21 页。

现的就是君权神授理论。这种授权理论认为君主的权力是由上天授予而形成的，是在上天授权的基础上行使的。譬如，中国古代的君主们自称“天子”，秦始皇的玉玺上就刻有“受命于天，既寿永昌”。我们熟悉的中国古代皇帝圣旨前面冠以“奉天承运，皇帝诏曰”，就是指他们认定自己的权力起源于天，是由上天授权他们统治天下的。[①]

这是一种政治学意义上的授权，其目的是解决政权的合法性问题，是解决国家权力的最终来源问题。近代宪法产生以后，这种授权理论就被人民主权理论取代了。[②] 人民主权理论的核心是人民是国家权力的最终来源，政府的一切权力都是人民授予的，所以，政府不得行使人民未明确授予的权力，人民成立政府的目的是为人民服务，政府的统治必须经过作为被统治者的人民的同意。这个理论是近代宪法产生以来的最重要的宪法原则，使得国家政权的合法性从天上转移到人间，构成了整个国家运作的基础。我国宪法第 2 条就明确指出，“中华人民共和国一切权力属于人民。人民行使国家权力的机关是全国人民代表大会和地方各级人民代表大会”。第 3 条第 2 款规定，“全国人民代表大会和地方各级人民代表大会都由民主选举产生，对人民负责，受人民监督”。这就体现出全国人大和地方各级人大的权力来源于人民授予的宪法原则。

2. 单一制下中央对地方的权力授予

这种授权的概念是指在单一制国家结构形式下中央对地方的权力授予。单一制国家的核心是国家本身是统一的整体，国家为了方便管理，才把全国划分为若干行政区域，并据此建立地方政权。国家的主权由中央统一行使，地方没有主权，不是独立的政治实体，不具有独立的外交权，也没有退出该国的权力。国家的所有权力都是中央行使的，中央可以对该国领土内所有的事务与所有的居民行使权力，地方只是中央的派出机构，其权力来自中央的授权。

单一制的国家结构形式通常被分为中央集权型和非中央集权型。中央集权型的单一制国家是指地方的权力较少，地方必须严格执行中央制定的法

① 古代世界的其他地方也普遍信奉这种君权神授理论。如古埃及法老称自己是天神的儿子，被认为是天神的化身。在古代日本，天皇常以神道教总神官姿态现身，被称为天照大神的使者。在中世纪欧洲，各国君主与罗马教皇合作，使其臣民相信其权力来自上帝。

② 不过，也有少数例外，如巴基斯坦宪法规定主权属于真主。

律、政策和指令，地方的权力受到中央严格控制。非中央集权型的单一制国家是指地方具有一定程度的自治权，地方在解决地方事务时，既要严格执行中央的政策和指令，又享有一定自主权，地方还往往拥有对地方一般性事务进行立法的权力。[①] 这种分类法说明，地方权力的大小，以及是否具有自治权，都取决于中央的授权程度。

3. 宗主国对殖民地总督的授权

在理解单一制下中央对地方权力的授予时，有必要区分另外一种授权，即宗主国对殖民地总督的授权。近代殖民主义兴起以后，宗主国对殖民地的管治，是通过派遣宗主国的代表——总督完成的。总督大权独揽，对宗主国负责，这就是所谓的总督制。总督的权力来源于宗主国，由宗主国授权。

这种授权与单一制下中央对地方的授权既有相同点，又有不同点，其不同的实质在于宗主国对殖民地的占领和管治，是以异族入侵的面目出现的，其权力行使的理论基础不可能建立在本殖民地居民授予和同意的基础上，只能是由来自异族的宗主国自上而下授予的。在单一制下，地方的权力虽然来源于中央，而中央的权力却是建立在人民主权原则的基础上，是由各个地方组成的全国范围的人民授予的。而宗主国对殖民地的权力授予缺乏这个最根本的原则，这种授予更多地带有个人化和人格化的特点。在这种授权的形式下，权力是授予总督个人的，由他代表宗主国进行管治。正因为所有的权力均授予总督个人，总督再将权力授予其他机构，所以，殖民地往往不存在严格法律意义上的现代政府，其宪制文件往往不再规定政府的权限，甚至连“政府”这个词也鲜有提及。

4. 授权立法、行政授权与其他有关某种具体权力的授权

我们通常所说的授权，实际上是指某种具体权力的授予。自从洛克和孟德斯鸠提出权力的分立与制约的思想后，立法权、行政权和司法权的概念就成为分析和划分国家权力的主流理论。根据这种理论，某种具体权力的授予包括立法权力的授予、行政权力的授予和司法权力的授予。这些授权既包括横向意义上的授权，也包括纵向意义上的授权。其中比较常见的授权主要有

① 唐晓、王为、王春英：《当代西方国家政治制度》，世界知识出版社，1996，第10页；孙关宏：《政治学概论》，复旦大学出版社，2003，第118～119页。

授权立法和行政授权。

授权立法，也被称为委托立法，是指立法机关将自己的立法权授予行政机关去行使。这就打破了立法权力只能由立法机关行使的传统宪法观念。[①]立法授权的普遍运用，是1919年德国魏玛宪法以来的一个重要宪法现象。在我国，这种意义上的授权立法是指全国人大和全国人大常委会将立法权授予国务院行使。全国人大和全国人大常委会对国务院的授权立法，在2003年制定的《立法法》中得到了进一步的规定及完善，该法规定了授权立法的位阶和界限，明确指出授权决定应当明确授权目的与授权范围，被授权机关不得进行转授权，并应当严格按照授权目的和范围行使权力。

在我国，授权立法的概念还包括以下两种：一种是全国人大将自己的立法权授予全国人大常委会行使，另一种授权立法是指全国人大和全国人大常委会向地方人大授权。这种授权是在我国建设经济特区的过程中出现的，主要是让经济特区更加灵活自主地制定单行经济法规。另外，我国宪法第67条规定全国人大常委会还可以行使全国人大授予的其他职权。这里的"授予的其他职权"的表述，不仅说明全国人大常委会的全部权力来源于全国人大，而且包括既可以授予其立法权力，也可以授予其立法权以外的其他权力的意思。如果从形式上看，全国人大向全国人大常委会授予其他权力，属于立法机关之间的授权，也可以归到立法授权的范围。

行政授权，主要是指上级行政机关将自己的权力授予下级行政机关去行使。这里使用的"行政授权"，不是指法律与法规对有关行政机关与组织的"第一次授权"，而是指有关行政机关与组织在取得法律法规对其行政权的设定后，再将自己的行政权力授予其他机关行使。

一个典型的例子是我国在对香港和澳门恢复行使主权时，原香港和澳门的全部资产和债务，亦应当由中央人民政府负责接受和审核，考虑到高度自治和平稳过渡，国务院授权香港特别行政区政府和澳门特别行政区政府负责

---

① 美国联邦最高法院在1892年的菲尔德诉克拉克案（Field v. Clark）中就指出，"国会不能将立法权授出，这是一项广泛接受的原则，这对保证宪法导控的政府系统的纯洁与运作至关重要"。在罗斯福新政初期，美国法院在"热油"案和"病鸡"案中，以法律并未明确规定授权标准、授权过于宽泛为由，分别判决相应授权无效。

接受与审核。[①] 在这里，中央人民政府即国务院接收原港澳政府的资产和债务，是宪法规定的职权与职责，而国务院将此权力授予两个特别行政区政府行使，这是在第一次授权基础上的第二次授权。

这种意义上的授权，在行政法领域比较普遍，主要用于上级行政机关对下级行政机关的授权，而且必须有法律、法规的明文规定，只有法律与法规明确规定其可以授权的，行政机关才可以将行政权力授出，否则授权不能成立。同时，必须制作授权文件，内容需包括授权主体与被授权主体、授权的事项与范围、授权的期限，等等。

除了常见的授权立法和行政授权外，在我国，还有一种授权也比较常见，这里将其称为"司法授权"，是指上级司法机关将某种司法权力授予下级司法机关行使。如我国法律规定由最高人民法院行使死刑复核权，但同时规定最高人民法院可以授权高级人民法院行使。两部基本法规定全国人大常委会授权香港法院和澳门法院解释基本法，也可将之视为一种具体司法权力的授予。

（三）授权的一般原则

有一种意见认为，所谓授权，是指某种国家权力在授权主体与被授权主体之间依照一定的原则和程序进行的转移。所以，授权关系一旦形成，就会产生特定的后果：授权者原来拥有和行使的某种权力就会被被授权主体拥有和行使，被授权主体则会拥有本来不属于自己的某种权力，行使该权力并为行使该权力的后果承担责任。[②]

这里涉及授权的核心内涵，然而，授权是否就是指权力本身的转移？这种观点还有待进一步商榷。笔者认为，我们应当将授权理解为权力行使的转移，而非权力本身的转移。这里的重点是权力"行使权"的"转移"，而非权力的"所有权"转移。譬如在政治学意义上的人民对主权的"授权"，是

① 见国务院1997年6月28日发布的《关于授权香港特别行政区政府接收原香港政府资产的决定》，其文如下："国务院决定：授权中华人民共和国香港特别行政区政府自1997年7月1日起接收和负责审核原香港政府的全部资产和债务，并根据香港特别行政区有关法律自主地进行管理。"1999年12月18日国务院发布了《关于授权澳门特别行政区政府接收原澳门政府资产的决定》，其文大致相同。

② 李元起：《澳门特别行政区高度自治权性质和特点初探》，《纪念澳门基本法实施十周年文集》，全国人大常委会澳门基本法委员会办公室编，中国民主法制出版社，2010，第99～110页。

指人民拥有主权，而政府只是主权的行使者，而非所有者。单--制下中央对地方的授权，在法律意义上是指中央将权力的行使权转移给地方，如果认为这是权力本身的转移，就会推出这么一个结论：当中央收回某种权力时，就必须征得地方的同意，如果地方不同意收回权力，中央就不能收回权力了。这个结论与单一制国家的理论与实践显然背道而驰。

授权这个本质性的特点还可以在行政法上找到相应的例子。譬如在葡萄牙的行政法理论中，关于授权的性质，理论上有三种学说，一种是转移和转让说，一种是许可说，还有一种是实施转移说。转移和转让说认为，授权人根据授权法将本属于自己的权力转移或转让给被授权人，被授权人获得授权后，该权力就属于被授权人的权力范围。许可说认为，授权人和被授权人各自都有自己的权限范围，授权人授予权力，不过被授权人行使自己的权力存在一些条件和限制，即在授权人未授权前，被授权人不得行使自己的权力。实施转移说认为，授权人根据授权法将本属于自己的权力转移给被授权人，权力仍然属于授权人，授权只不过是转移权力的行使权。① 第三种学说是主流的学说，这种学说与其他类型的授权理论是一致的。

在我们理解国家结构形式时，授权主体在授出权力以后，能否再度收回权力，是其中的核心问题。如果授权的这一方将自己的权力授出以后，就不能再行使此种权力了，那这就不是"授权"，而是"权力让渡"。权力让渡主要发生在联邦制国家。在联邦制的国家结构形式下，属邦通常先于联邦制国家而存在，已经是单独享有主权的政治实体；在组成联邦制国家时，联邦制成员国把各自的部分权力让渡给联邦政府，这里说的"让渡"是指联邦制成员国将这些权力本身转移到联邦政府，而自己不再行使。这样就形成了联邦制下双重主权的宪法理论，即联邦拥有主权，而属邦亦拥有主权。所以，授权与权力的让渡不同，让渡是权力本身的转移，而不是我们这里所说的权力行使的转移。

授权主体所授出的权力应当是可以授予被授权主体行使的权力。如果是自己必须行使的权力，那就不能授出。我们通常所理解的授权立法，是指立法机关将自己的部分立法权力授予行政机关来行使。立法机关不得将自己所

---

① José Eduardo Figueiredo Dias：《澳门行政法培训课程》，关冠雄译，法律及司法培训中心，2008，第 73 页。

有的立法权力授予行政机关来行使，《立法法》就明确指出全国人大及其常委会不得将有关犯罪和刑罚、对公民政治权利的剥夺和限制人身自由的强制措施和处罚、司法制度等事项授予国务院进行立法。[①] 即使在民法意义上的授权，授权主体亦不可以将自己所有的权利，尤其是一些人身权利授予他人行使。

授权主体在授权过程中不能将自己所有的权力都授予被授权主体。将自己所有的权力授予他人，就等于取消了自己的主体地位。所以，我国政府在提出“一国两制”的过程中，邓小平就指出不赞成“完全自治”的提法，“完全自治”就是“两个中国”，而非“一个中国”，高度自治不能没有限度，其条件是不能损害统一的国家的利益。[②] 这是说，“完全自治”和“两个中国”本身挑战了中华人民共和国在国际上唯一合法政府的地位，没有限度的高度自治，即完全自治，本身就会损害中华人民共和国作为授权主体的地位。

授权还必须遵守法定明示原则，民法上的授权必须签署授权委托书，以授权委托书所载的授权内容为界限。某种具体权力的授权关系，如宪法学上的授权立法和行政法上的行政授权，亦是如此。至于政治学意义上的人民对政府的授权，通常认为授权的范围是以宪法为准，政府不能行使人民未授予的权力，主要表现在政府不得行使宪法未许可的权力。在古代的君权神授理论下，天神对君主权力的授予是不明确和不具体的，而且权力可以被君主随意解释，用于统治人民。当然，这种建立在神学基础上的授权理论，已经被近代宪法的人民主权原则取代了。

授权者既然有权将权力授出，而且保留权力的所有权，就必须有在必要时将被授权主体的权力收回的权力。这就说明授权者还有监督被授权者的权力和责任，有对被授权者发出指令的权力。当授权者发现自己的意志无法贯彻时，自己的指令无法下达给被授权者时，可能会取消和变更授权。譬如在人民主权意义上的授权，人民将自己的权力授予政府，但是如果发现政府不能满足人民的愿望并为人民带来福祉时，就可以推翻政府。美国《独立宣

① 《中华人民共和国立法法》第9条。

② 邓小平：《中国大陆与台湾和平统一的设想》，《邓小平论“一国两制”》，三联书店（香港）有限公司，2004，第5页。

言》就确认了这一点：“为了保障这些权利，人类才在他们之间建立政府，而政府之正当权力，是经被治理者的同意而产生的。当任何形式的政府对这些目标的实现起破坏作用时，人民便有权力改变或废除它，以建立一个新的政府；其赖以奠基的原则，其组织权力的方式，务使人民认为唯有这样才最可能获得他们的安全和幸福。”这就指出了有授权就有取消授权与变更授权的原则。

行政法上的授权更加强调这个原则。授权主体，往往也就是上级行政机关，不仅对被授权主体有取消与变更授权的权力，而且有直接废除被授权主体所做出的法律行为的权力。在中央与地方的授权关系方面，也有这种例子。单一制国家有权对全国范围内的行政区域重新进行划分，也就是对地方授权予以变更、取消和重新配置。所以，有一种意见认为，我国对特别行政区广泛授权的政治基础是中央对特别行政区的信任，如果缺乏信任，则可能导致撤回全部或部分授权。英国历史上四次撤回对北爱尔兰自治政府的授权，就是对后者缺乏信任的结果。①

现在，我们可以总结一下授权的基本原则了。这些基本原则包括：①授权是指权力行使的转移，而非权力本身的转移；②授权者不可能授出自己所有的权力，而必须保留自己必要的权力；③授权必须法定明示；④授权者负有监督的责任，有发出指令的权力；⑤授权者有取消授权与变更授权的权力，当然也有在授权期限届满后重新授权的权力。这些原则有助于我们进一步廓清和解决“一国两制”架构下的授权所衍生的各种法律问题。

（四）基本法里的两种授权概念

如前所述，我们所说的授权至少有两种内涵：一种授权是指宪法与法律等规范性文件对某个主体的权力赋予，如我们经常说的宪法授权全国人大决定特别行政区的设置，基本法授权行政长官领导特别行政区政府，等等。这里的授权是指对权力的直接设定，宪法与基本法并不是授权的主体，而仅是授权的形式和载体。另一种授权是指已经拥有某种权力的机构再将法律赋予

---

① 程洁：《中央管治权与特区高度自治权——以基本法规定的授权关系为框架》，《法学》2007年第8期。

自己行使的权力授权给其他机构来行使，如我们通常说的全国人大及其常委会授权国务院行使立法权，行政长官授权司长行使某种具体的行政权力，等等。这里的授权是指宪法与基本法本来将国家立法权与行政管理权等某种权力赋予全国人大常委会及行政长官行使，而现在全国人大常委会及行政长官将宪法及基本法赋予自己行使的权力授予国务院及司长行使，这是在第一次授权基础上的第二次授权。

两部基本法所使用的“授权”至少具有以上两种不同的内涵。如两部基本法第 2 条都规定全国人大授权特别行政区依照本法的规定实行高度自治，享有行政管理权、立法权、独立的司法权和终审权。这里的授权是指法律对特别行政区权力的设定，所以，我们通常也说基本法授权特别行政区实行高度自治，享有行政管理权、立法权、独立的司法权和终审权。这是因为基本法是由全国人大制定和通过的，全国人大是授权的主体，基本法是授权的载体与形式。

这种授权属于我们在前面所指出的单一制下中央对地方的授权。这种授权是指中华人民共和国对特别行政区区域权力的直接设置，体现了单一制国家结构形式。同时应注意的是，我国中央对地方的授权，是建立在人民主权的基础上的。所以，基本法还规定特别行政区居民中的中国公民依法参与国家事务的管理、选举自己的全国人大代表、参与最高国家权力机关的工作。[①] 而回归前的香港和澳门根本不存在这个根本性的宪法原则。

至于基本法其余条文出现的授权，往往是指全国人大常委会、中央人民政府将某种本应自己行使的权力授予特别行政区行使。如宪法规定，全国人大常委会负责解释法律，既然全国人大常委会能解释法律，当然就能解释基本法。[②] 但是考虑到“一国两制”的种种特殊情况，全国人大常委会又将此种权力授予特别行政区法院行使。又如宪法规定，国务院负责管理对外事务，同外国缔结条约和协定，当然也包括负责处理回归后与香港和澳门有关的外交与对外事务。[③] 但是，基本法规定中央人民政府将相关的对外事务处理权授予特别行政区行使。这里的授权已经是在宪法“第一

① 香港基本法第 21 条和澳门基本法第 21 条。

② 《中华人民共和国宪法》第 67 条第四项。

③ 《中华人民共和国宪法》第 89 条第九项。

次授权”基础上的“第二次授权”，属于中央对地方某种具体权力的授予。基本法为这些授权提供了直接的法律依据。

三　我国对特别行政区授权的意义、依据与形式

（一）授权与分权

在讨论我国对特别行政区授权及特区高度自治的意义、依据和形式时，有必要对“授权”与“分权”的概念进行辨析。“分权”是宪法学的重要概念，往往与“权力分立”、“三权分立”或“分权制衡”的概念交织在一起，这些概念最早由洛克和孟德斯鸠提出，其内涵是将国家权力分成立法、行政与司法三种，并在这些权力之间设计环节，让其相互牵制，维持平衡，进而防止权力滥用的情况出现，确保人权保障的落实。所以，分权是指权力的“分界”，每种权力在其界限内活动，在互相牵制的宪法结构下，每种权力都不能逾越“界限”而进入其他权力的“活动领域”。

“分权”原来是指横向意义上的权力配置原则，不过现在，我国许多学者也用这个概念指国家结构形式里国家与国家结构单位的权力配置，并认为中央与地方适当分权是我国中央与地方关系将来的发展方向。然而，这里的分权只能是单一制下中央权力的“分发”和“分散”，而不可能是中央与地方的权力领域的互相界定。这与我们通常所说的“分界的分权”是不同的。

我国的国家领导人也使用过这个意义上的分权概念。邓小平在《论党和国家领导制度的改革》里说：“我们历史上多次过分强调党的集中统一，过分强调反对分散主义、闹独立性，很少强调必要的分权和自主权，很少反对个人过分集权。过去在中央和地方之间，分过几次权，但每次都没有涉及到党同政府、经济组织、群众团体等等之间如何划分职权范围的问题。”①彭真在1982年宪法修改草案的说明里也使用了“分权”的说法：“草案根据发挥中央和地方两个积极性的原则，规定中央和地方适当分权，在中央的统一领导下，加强了地方的职权，肯定了省、自治区、直辖市人大和它的常

① 邓小平：《论党和国家领导制度的改革》，1980年8月18日在中共中央政治局扩大会议上的讲话。

委会有权制定和颁布地方性法规"。[①] 然而，这里的"分权"，并非严格的法律概念，如果使用严格的法律概念，应为"授权"。

我国历来就是中央集权的大一统国家。毛泽东在其著名的《论十大关系》一文中指出，"中央和地方的关系也是一个矛盾。解决这个矛盾，目前要注意的是，应当在巩固中央统一领导的前提下，扩大一点地方的权力，给地方更多的独立性，让地方办更多的事情。这对我们建设强大的社会主义国家比较有利。我们的国家这样大，人口这样多，情况这样复杂，有中央和地方两个积极性，比只有一个积极性好得多。我们不能像苏联那样，把什么都集中到中央，把地方卡得死死的，一点机动权也没有"。[②] 这就形象地指出，在我国，中央是权力的源泉，地方的权力是中央"给"的，这是一种单一制的国家结构形式。"给"字换成法律术语，就是"授权"。

联邦制国家与其联邦成员国的权力关系可以被称为"分权"。这是因为在联邦制下，属邦本身拥有主权，有些属邦在组成联邦制国家前，本身就是一个独立的国家或政治实体，其行使的权力是本身固有的，而非来自联邦的"授权"。联邦制国家结构形式下联邦与其属邦的权力都由联邦宪法加以规定，而联邦宪法的制定与修改，既需要联邦的参与，也需要属邦的参与，只有在联邦与属邦达成一致的情况下，宪法的制定和修改才有可能，联邦与属邦的权力才有可能得以重新配置，在这种意义上，联邦与属邦构成了分权。

在单一制的情况下，只有中央拥有主权，也即只有中央拥有本源性权力，地方的权力是派生的，中央与地方的关系不构成分权，而只能是中央对地方的"授权"和"放权"。以香港回归前的宗主国英国为例。英国是单一制国家，英格兰、威尔士、苏格兰和北爱尔兰的地方政府亦享有广泛权力，包括制定附例（by-laws）的权力。[③] 然而，这些权力由英国议会授予，亦可由英国议会轻易予以废除。[④] 1998 年，英国通过了《苏格兰法》（*The*

---

① 彭真：《关于中华人民共和国宪法修改草案的说明》，1982 年 4 月 22 日在第五届全国人民代表大会常务委员会第二十三次会议上的讲话。

② 《毛泽东文集》第 7 卷，人民出版社，1999，第 31 页。

③ 也有意见认为英国并非单一制，也非联邦制，见 David M. Walker《牛津法律大辞典》，李双元等译，法律出版社，2003，第 1133 页，"大不列颠及北尔兰联合王国"条。如果从授权的角度着眼，因为地方权力都是英国女王授出的，英国无疑属于单一制。

④ Eric Barendt, *An Introduction to Constitutional Law*, Oxford: Oxford University Press, 1998, pp. 51－52.

Scotland Act），赋予苏格兰议会超越一般地方自治的较大权力，而将英国议会的权力主要局限在有关宪法问题、国防与外交等方面。然而，这不影响“英国议会为苏格兰立法的权力”。英国议会“保有完全的修改和废除《苏格兰法》的权力，而且可以不受限制地在任何时候这样做，也无须经诸如全民公决等程序”。①

有一种意见认为，在单一制下，中央与地方的权力都是宪法或法律加以规定的，“都是被授权者，两个被授权者之间在这个层面上完全是分权关系——宪法给双方分配权力、职权或权限”。② 这种观点的要害在于没有看到在单一制下，宪法和法律的制定和修改完全是中央的事，而地方是不能染指这些事的。这种情况与联邦制有根本性的不同。所以，我国许多学者和一些领导人所使用的“分权”，是在单一制国家结构形式下而言的，这种在单一制下所使用的“分权”，是指中央权力的“分发”与“分散”，是将中央权力下放给地方，在本质上是授权。

所以，中央与特别行政区是授权与被授权的关系，而非分权关系。使用“分权”的表述，不仅不能准确认识我国特别行政区实行高度自治的实质，还容易引起理论上的混乱。同时，也不能认为中央与特别行政区既有授权的关系，也有分权的关系。分权的实质在于国家整体与国家结构单位都是独立的政治实体，双方通过平等协商而达成权力配置。单一制国家并不排除地方享有并行使中央授予的权力的可能，但这种权力并不是与中央平等协商、相互分权的结果。香港特别行政区和澳门特别行政区并非独立的政治实体，其所有的权力都是中央的，都是中央授予其行使的。这是授权，而非分权，这一点已经被两部基本法的许多条文明确说明。

（二）我国对特别行政区授权的意义

“授权”在“一国两制”理论体系构建中具有重要意义。“授权”回答了两个特别行政区所行使的高度自治权力的来源问题，进而回答了高度自治

① Jeffrey Jowell, Dawn Oliver, *The Changing Constitution*, Oxford: Oxford University Press, 2004, p. 50。转引自张海廷《高度自治与地方分权——澳门基本法与苏格兰法的比较》，萧蔚云、杨允中、饶戈平主编《依法治澳与稳定发展——澳门特别行政区基本法实施两周年纪念研讨会论文集》，澳门科技大学、澳门基本法推广协会，2002。

② 童之伟：《法权与宪政》，山东人民出版社，2001，第376页。

的性质问题与国家结构形式问题，同时在法律上回答了“一国”与“两制”的关系问题。

香港和澳门特别行政区的权力来源，无非有两种：一种是香港和澳门本身所固有，一种是非其本身所固有。所谓固有，是指这种权力是与生俱来的，所谓非固有，是指这种权力必须来自外部的授予。[①] 外部的授予，在理论上又可以分为三种情况，一种是中央人民政府的授予，一种是原来宗主国英国和葡萄牙在其撤退时的授予，最后一种是由中国和英方、葡方共同授予。香港基本法和澳门基本法在第 2 条就提出授权的概念，明确指出香港和澳门的权力是来自全国人大的授予。

有一种意见认为，从中英联合声明到香港基本法，“高度自治”有了很大转变。中英联合声明规定香港特别行政区直辖于中华人民共和国中央人民政府，除外交和国防事务属中央人民政府管理外，香港特别行政区享有高度的自治权，如行政管理权、立法权、独立的司法权和终审权，现行的法律基本不变。但是，香港基本法第 2 条在“高度自治”前增加了“授权”，规定：“全国人民代表大会授权香港特别行政区依照本法的规定实行高度自治，享有行政管理权、立法权、独立的司法权和终审权。”一些人据此认为，“授权”两字就决定了目前北京和香港的关系，也改变了中英联合声明规定的香港享有高度自治权的地位。[②]

事实上，这种理解是不对的。中英联合声明既然已经明确规定香港特别行政区直辖于中华人民共和国中央人民政府，这就是一种地方与中央的关系。既然是地方与中央的关系，地方权力必定是中央授予的。这是单一制的国家结构使然。我国政府在同英国谈判解决香港问题的过程中，英方反对香港特别行政区直辖于中央人民政府。[③] 英方立场的实质在于不承认香港特别行政区的权力是中华人民共和国所授予的，不承认存在这样一种权力的授予与被授予的关系，力图从根本上把香港变成一个独立或半独立的政治实体。

① 有关固有权与非固有权的区别，参见李元起《澳门特别行政区高度自治权性质和特点初探》，《纪念澳门基本法实施十周年文集》，全国人大常委会澳门基本法委员会办公室编，中国民主法制出版社，2010。

② Yash Ghai, *Hong Kong's New Constitutional Order: The Resumption of Chinese Sovereignty and the Basic Law*, Hong Kong: Hong Kong University Press, 1997, p. 146; http://www.ntdtv.com/xtr/gb/2007/07/12/a61159.html，2010 年 3 月 4 日；等等。

③ 宗道一等编著《周南口述：遥想当年羽扇纶巾》，齐鲁书社，2007，第 280～281 页。

我国当然反对这种意见。

我国对香港和澳门恢复行使主权，并根据历史情况和现实情况，承诺在香港和澳门回归以后，保持原有的资本主义制度和生活方式不变。这就必须做到一方面必须承认主权的统一，承认单一制国家在香港和澳门至高无上的宪法地位，另一方面必须让香港和澳门享有超越单一制下的一般地方的权力，实行高度自治。"授权"的概念解决了这个矛盾，要使香港和澳门享有高度自治权，必须由中央授权。

授权将维护国家统一和保障高度自治结合起来，在理论上找到一个连接点。高度自治权既然是由中央授予的，就不可能是"完全自治"，也不是"最大限度的自治"。所以，"授权"从根本上为中央下放权力给地方消除了顾虑。高度自治权仍然是一种有限度的自治权，属于地方自治的范畴。

"授权"说明香港和澳门的高度自治并非本身所固有，其权力来源于中央。这就与联邦制划清了界限，在联邦制国家，属邦的权力是其本身所固有的，并非联邦授予的。所以，我国单一制的国家结构形式并没有因香港回归和澳门回归所设置的特别行政区而发生根本性变化，我国仍然属于单一制国家。所以，不能将联邦制理论套用在中华人民共和国与其所设立的香港和澳门特别行政区之间。香港基本法和澳门基本法第 20 条规定香港和澳门还可以享有中央授予的其他权力，这就用授权的概念回答了联邦制下所谓的"剩余权力"理论在我国不适用的问题。①

我国在两个特别行政区实行的"一国两制"是指在"一国"的前提下实行"两制"。"两制"本身由"一国"派生，是"一国"在其国土范围内实施管治的方式。授权高度自治"是中央对特别行政区实施管理的方式"，② 其目的是更加有效地管治香港和澳门。而且，中央既然有权授出权力，自然亦有权收回权力，中央还有权对授出的权力予以监督，在必要的时候可以变更授

① 有关联邦制下剩余权力理论能否适用于特别行政区的讨论，参见萧蔚云《论香港基本法》，北京大学出版社，2003，第 55、199、273 页。

② 国务院发展研究中心港澳研究所编《香港基本法读本》，商务印书馆，2009，第 39 页。有些学者并将这种关系称为主权一授权的宪制关系，参见邹平学、潘亚鹏《港澳特区终审权的宪法学思考》，杨允中主编《"一国两制"与宪政发展——庆祝澳门特别行政区成立十周年研讨会论文集》，澳门理工学院一国两制研究中心，2009。

权，甚至取消授权。这就在法律上回答了“一国”是“两制”的前提和基础的问题。

（三）授权的法律依据和政策依据

我国对特别行政区高度自治的授权，包括两个基本问题：第一个问题是“中央能不能授权”？第二个问题是“中央如何授权”？第一个问题“能不能授权”是指：①中央是否有权进行授权？其合法性在哪？②由中央哪个机构代表中央进行授权？第二个问题是“中央如何授权”，包括：①中央为什么授予这些权力而不授予其他权力？②授予这些权力的理由是什么？[①] 这两个基本问题，就是授权的法律依据和政策依据的问题。

我国向香港和澳门特别行政区进行授权，授权的法律依据是宪法。我国宪法第 31 条规定：“国家在必要时得设立特别行政区。在特别行政区内实行的制度按照具体情况由全国人民代表大会以法律规定。”宪法第 62 条第十三项规定全国人大决定特别行政区的设立及其制度。这里的“设立”，是全国人大主动的行为，如果没有全国人大的“设立”，特别行政区也就无法产生，这里本身就包含授予特别行政区以特别权力的意思。这就指明：第一，全国人大是授权的具体主体；第二，授权的形式是实施全国人大制定的“法律”，即香港基本法和澳门基本法。

有一种意见认为，宪法第 31 条和第 62 条十三项只是规定全国人大可以设立特别行政区，但特别行政区的权力有哪些、其实行的制度应当怎样构建，并未明确说明。所以，宪法的条文不能说是授权高度自治的依据。这种观点是不对的。宪法第 31 条是为解决我国特殊地区的管治问题而规定的，彭真在其《关于中华人民共和国宪法修改草案的报告》里有详细的说明，尽管有关说明主要是讲对台政策，但最后指出：“这是我们处理这类问题的基本立场。”彭真这里所说的“这类问题”，就是指香港问题和澳门问题。香港问题与澳门问题，虽然与台湾问题不完全相同，但可以建立特别行政区，实行“一国两制”的方针，却是相同的。所以，宪法第 31 条是我国在

① 骆伟建：《论“一国两制”下的授权》，杨允中主编《“一国两制”与宪政发展——庆祝澳门特别行政区成立十周年研讨会论文集》，澳门理工学院一国两制研究中心，2009，第50～60页。

香港和澳门建立特别行政区，授予台湾自治权的直接法律依据。

在理解宪法是授权高度自治的法律依据时，还必须区分两种不同的法律依据。这是因为全国人大在向特别行政区授权的时候，主要是通过两个措施完成的，一个是建立特别行政区，一个是制定基本法。这是两个紧密相连但又不同的法律行为。必须指出的是，制定基本法的依据是整部宪法，而设立特别行政区的依据是宪法第 31 条和第 62 条第十三项。不能认为制定基本法的依据仅仅是宪法第 31 条和第 62 条第十三项。①

既然宪法规定全国人大可以向特别行政区授予权力，那么，全国人大应当怎样向特别行政区授权，又应当授出哪些权力？这就是授权的政策依据问题，也是中英联合声明和中葡联合声明规定的内容。

我国政府在中英联合声明和中葡联合声明中承诺香港回归和澳门回归以后，建立特别行政区，实行"一国两制"和"港人治港"、"澳人治澳"、高度自治，不在香港和澳门实行社会主义的制度和政策，保持原有的资本主义制度及生活方式五十年不变，并以《中华人民共和国香港特别行政区基本法》和《中华人民共和国澳门特别行政区基本法》予以规定。我国政府在两个联合声明里宣布实行"一国两制"并做出具体说明，是我国对国际社会所做的庄严承诺。中英联合声明和中葡联合声明及附件一的具体说明，为全国人大向特别行政区授出哪些权力提供了具体的政策依据。这些政策依据为我国顺利起草香港基本法和澳门基本法起到重要作用，两个联合声明的基本方针政策和具体说明都被写入基本法。②

所以，香港和澳门的高度自治来自中华人民共和国的授权，授权的法律依据是我国宪法，授权的政策依据是中英联合声明和中葡联合声明及附件一的具体说明。必须指出的是，授权的法律依据和政策依据不能混淆。譬如，有一种意见认为，香港在回归后享有的各项权利及特殊地位并非仅由中央赋予，而是由一份有约束力的国际协定所赋予的，那就是 1984 年签署的中英联合声明。这种意见就混淆了授权的法律依据和政策依据，而且混淆了中英联合声明作为一份国际法律文件的效力和载于该声明中的中国政府对香港基本方针政策的效力。

① 有关论述还可参见萧蔚云《论香港基本法》，北京大学出版社，2003，第 44 ~ 72 页。

② 萧蔚云：《论香港基本法》，北京大学出版社，2003，第 51 ~ 54 页。

香港和澳门在回归后，已经成为中国的地方政府，然而，香港基本法和澳门基本法规定，要继续保持其原有的资本主义制度和生活方式，其在经济上属于西方资本主义经济体系的一部分，为了保障其经济利益和政治影响，西方势力试图继续干涉香港和澳门的内部事务。因此，如果混淆授权的法律依据和政策依据，就会否认特别行政区高度自治的权力来源于中央，进而认为香港和澳门的高度自治来自中英联合声明和中葡联合声明，其权力是由中英、中葡两国共同授予的，港澳地区就会变成一个中英、中葡共管的地区，这就为外国干预港澳特区的事务提供借口，结果就会损害国家主权，否定“一国”原则。①

（四）授权的形式

我国政府向香港特别行政区和澳门特别行政区授权的形式主要有两种。

第一种形式是香港基本法和澳门基本法。香港基本法和澳门基本法第2条都明确指出，全国人大授权香港特别行政区和澳门特别行政区“依照本法的规定”实行高度自治，享有行政管理权、立法权、独立的司法权和终审权。这里的“依照本法的规定”，指明全国人大向特别行政区授权的形式主要是由基本法完成的。香港基本法和澳门基本法不仅在第2条对高度自治做出授权，而且在其他条文中对有关需要授权的事项做出具体安排。香港基本法和澳门基本法是一份授权的法律文件，是我国向特别行政区授权的主要载体与形式。

第二种形式是全国人大、全国人大常委会、国务院制定的其他法律文件。两部基本法第20条均明确指出，香港和澳门可享有全国人大、全国人大常委会或国务院授予的其他权力，这就明确了授权的第二种形式。这里的其他法律文件主要是全国人大及其常委会、国务院做出的决定。这种授权形式是次要的，仅对基本法的授权起补充作用。有一种观点认为，第二种形式的授权是指全国人大及其常委会、国务院做出的决定，不包括法律。② 这样

① 骆伟建：《论“一国两制”下的授权》，杨允中主编《“一国两制”与宪政发展——庆祝澳门特别行政区成立十周年研讨会论文集》，澳门理工学院一国两制研究中心，2009，第50~60页。

② 骆伟建：《论“一国两制”下的授权》，杨允中主编《“一国两制”与宪政发展——庆祝澳门特别行政区成立十周年研讨会论文集》，澳门理工学院一国两制研究中心，2009，第50~60页。

的理解太过绝对，不能排除将来全国人大及其常委会在其他法律里将某种权力授予特别行政区。

以上第二种形式的授权，从“一国两制”的具体实践来看，主要有以下几种：

（1）全国人大常委会授权香港特别行政区政府指定其入境事务处处理有关国籍申请事宜（1996年5月15日）；

（2）国务院授权香港特别行政区政府自1997年7月1日起接收和负责审核原香港政府的全部资产和债务，并自主进行管理（1996年5月15日）；

（3）全国人大常委会授权澳门特别行政区政府指定其有关机构处理国籍申请事宜（1998年12月29日）；

（4）国务院授权澳门特别行政区政府自1999年12月20日接收原澳门政府资产（1999年12月18日）；

（5）全国人大常委会授权香港特别行政区管辖深圳湾口岸内设立的港方口岸区（2006年10月31日）；

（6）全国人大常委会授权澳门特别行政区对设在横琴岛的澳门大学新校区实施管辖（2009年6月27日）。

另外，中央人民政府在“钱七条”里规定香港特区、澳门特区与台湾地区之间以各种名义进行的官方接触往来、商谈、签署协议和设立机构等行为，“须报请中央人民政府批准，或经中央人民政府具体授权，由特别行政区行政长官批准”。[①] 这里所指的“授权”也应当属于第二种形式的授权。

有必要探讨的是这里所说的高度自治授权的第一种形式与第二种形式的关系。第一种授权形式已经由两个基本法的有关条文明确规定，第二种授权形式则表现为全国人大常委会与国务院等中央机构通过的个别决议和决定，是对基本法有关条文的进一步补充。当然，授权的第二种形式已经被两个基本法第20条明确指出，其直接法律依据是第20条，而两个基本法第2条已经明确指出全国人大授权特别行政区“依照本法的规定”实行高度自治，“依照本法的规定”已经包括第20条的授权在内，因此，这里所说的第二种形式的授权本身就包括在基本法内，进而也包括在授权第一种形式内。

---

① 参见《中央人民政府处理“九七”后香港涉台问题的基本原则和政策》和《中央人民政府处理“九九”后澳门涉台问题的基本原则和政策》。

这两种授权形式是统一的，其最高依据都是我国宪法的有关规定。不能认为如果没有两个基本法的第20条，中央就不可以再授予特别行政区其他权力，而特别行政区也不可以再接受这样的授权。[①] 在我国单一制情况下，中央这种行使授权的权力本身是行使主权的表现，属于主权范围内的事务，在法律上是不受限制的。因此，即使两个基本法没有第20条的规定，也不能排除全国人大及其常委会与国务院等中央机构在基本法以外的其他决议和决定，甚至通过法律将有关权力再授予特别行政区行使。两个基本法第20条的规定，只是进一步明确了中央与特别行政区的授权关系，而且更加明确地指出了第一种形式的授权和第二种形式的关系问题。

四 授权的主体、内容和方式

（一）授权主体与被授权主体

我国对香港和澳门特别行政区的授权是一种单一制国家结构形式下中央对地方的授权。这里的中央是指作为整体意义上的国家，是指中华人民共和国对其设置的特殊行政区域的授权。这种授权既表现为国家对地方权力的整体设定，赋予其包括行政管理权、立法权、独立的司法权和终审权在内的高度自治权力，也包括某种具体权力的授予，如受理国籍申请、接受外国殖民政府的资产和债务、在租赁内地土地的基础上管辖该地段，等等。

高度自治的授权主体是中华人民共和国，从法律上看，全国人民代表大会是中华人民共和国的最高权力机关，是我国主权在法律上之体现，我国其他一切国家机关的权力都是由其派生的，因此，两部基本法都明确规定由全国人大授予特别行政区高度自治的权力，澳门基本法更是在“全国人大”之前加上中华人民共和国。

被授权主体也可以被称为“受权主体”，是指与授权主体相对应的、接受权力的另一主体。高度自治的被授权主体是特别行政区。两部基本法已经明确规定特别行政区的地位是直辖于中央人民政府的享有高度自治权的地方

---

① 王振民：《中央与特别行政区关系——一种法治结构的解析》，清华大学出版社，2002，第176页。

行政区域。这里的被授权主体是指香港特别行政区和澳门特别行政区整体，而接受中华人民共和国的授权，在法律上即是接受中华人民共和国最高国家权力机关——全国人民代表大会的授权。

值得指出的是，这与香港和澳门回归前的殖民授权体制不同。殖民授权体制通常是指宗主国对总督个人的授权。如《澳门组织章程》明确规定总督的权力是由总统授予的，并规定政务司辅助总督工作，因此，政务司没有本身的权限，而只拥有由总督授予的权限，政务司在取得总督的授权后，再将权力授予其下级，层层下放。由此形成了总督个人在大权独揽的情况下对宗主国独自负责的机制。澳门回归后，澳门基本法改变了这种授权体制的宪制基础，将包括行政管理权、立法权、独立的司法权和终审权在内的高度自治权力授予特别行政区，其中行政长官和行政机关获得行政管理权、立法会获得立法权、司法机关获得包括终审权在内的司法权。

两部基本法还有许多条文规定中央、中央人民政府和全国人大常委会作为授权主体，授权特别行政区行政长官、政府或法院行使有关对外事务和解释基本法的权力等。如行政长官处理中央“授权”的对外事务和其他事务，在中央人民政府协助和“授权”下，可与外国就司法互助关系做出适当安排，可进行船舶登记，签发中国澳门特区护照，给其他合法居留者签发旅行证件，全国人大常委会授权特别行政区的法院解释基本法自治范围内的条款，等等。这里指出了中央的授权主体是全国人大常委会与中央人民政府等，被授权主体是特别行政区行政长官、政府和法院等。这里的授权也是由基本法所明确载明的，因为基本法是由全国人大制定和通过的。所以，这些“授权”指全国人大许可中央有关国家机构将某种根据我国宪法本应自己行使的具体权力授予特别行政区行使，并特别指明特别行政区为接受主体。

（二）高度自治授权的内容

香港基本法和澳门基本法规定特别行政区行使高度自治的权力，内容包括以下三方面。

第一，全国人大授权香港特别行政区和澳门特别行政区依照基本法的规定实行高度自治，享有行政管理权、立法权、独立的司法权和终审权；

第二，中央人民政府授权香港特别行政区和澳门特别行政区依照基本法自行处理有关对外事务；

第三，香港特别行政区和澳门特别行政区可以享有全国人大、全国人大常委会及中央人民政府授予的其他权力。

1. 行政管理权

香港基本法和澳门基本法授出的第一种权力是行政管理权。需要辩明的是行政管理权与行政权是否等同。使用“行政管理权”，而不使用“行政权”，可能是因为行政权的内涵通常还包含国防与外交的权力，而根据基本法，国防与外交属于中央的权力，香港和澳门不能享有这些权力。[①] 因此香港基本法和澳门基本法所指的“行政管理权”是指管理本地各项行政事务的权力。这些事项曾在 1988 年香港基本法（草案）征求意见稿中得到列举，包括“财政、金融、经济、工商业、贸易、税务、邮政、民航、海事、交通运输、渔业、农业、人事、民政、劳工、教育、医疗卫生、社会福利、文化康乐、市政建设、城市规划、房屋、房地产、治安、出入境”等。后来考虑到这样的列举可能还不全面，因此将其做概括性的规定。

两部基本法对行政管理权的授权具体分配主要包括两个方面：一是有关行政长官职权的规定，主要在香港基本法第 46 条和澳门基本法第 50 条；二是有关政府职权的规定，见香港基本法第 70 条和澳门基本法第 64 条。根据两部基本法的规定，除国防、外交和其他不在自治范围的事务，其他方面的行政事务完全由特区政府自行管理或处理。

2. 立法权

接着授出的是立法权。立法权由立法会行使，两部基本法都明确规定立法会是特别行政区的立法机关，立法会有制定、修改和废除法律的权力，澳门基本法还明确规定立法会有暂停实施法律的权力。另外，立法权由立法会行使，但不是指立法会仅仅行使立法权，两部基本法亦规定了立法会行使的其他权力，如审议政府财政预算和决算、批准政府承担的债务、辩论公共利益和弹劾行政长官等。这些权力亦由中央通过基本法予以授出。

3. 独立的司法权和终审权

这是授出的第三种权力。终审权是指对案件进行终审判决，而不能再予

---

① 王禹：《授权与自治》，濠江法律学社，2008，第 110～111 页。

以审理的权力，其性质属于司法权的其中一种。这里的“和”，不是指终审权是与司法权，甚至是与行政管理权和立法权相并列的权力。“司法权和终审权”，具体是指“司法权及其终审权”，是指中央授予特别行政区行使包括终审权在内的司法权。[①] 另外，香港基本法第158条和澳门基本法第143条还规定全国人大常委会授权特别行政区法院有权解释基本法，这种权力与特别行政区所行使的独立司法权和终审权亦有密切联系。

4. 对外事务处理权

两部基本法都在第13条规定中央人民政府授权特别行政区自行处理有关对外事务。这是授出的第四种权力：对外事务处理权。这种权力包括：①参加有关外交谈判；②开展对外经济文化交流；③参加国际组织和国际会议；④加入有关国际协议；⑤签发护照和旅行证件；⑥设立涉外官方机构；等等。

这里要讨论一个问题，即两部基本法第2条所指出的高度自治，与其享有的行政管理权、立法权、独立的司法权和终审权相联系在一起。那么，高度自治的权力是否还包括第13条所指出的“处理对外事务的权力”？如果高度自治的权力还包括“对外事务处理权”，那么，香港基本法和澳门基本法为什么将其分为两条进行表述呢？

这就必须回到两个联合声明中去。基本法对授权结构的安排，与中英联合声明和中葡联合声明的写法有关。中英联合声明正文第3条第二项规定香港特别行政区享有高度的自治权，第三项规定香港特别行政区享有行政管理权、立法权、独立的司法权和终审权。中葡联合声明的写法是将高度自治与行政管理权、立法权、独立的司法权和终审权放在一起来写。中英联合声明和中葡联合声明的正文都没有出现授权对外事务的写法，仅规定香港和澳门可以“中国香港”和“中国澳门”的名义单独同各国、各地区及有关国际组织保持和发展经济、文化关系，并签订有关协议。

不过，在中英联合声明和中葡联合声明的附件一中，高度自治与“行政管理权、立法权、独立的司法权和终审权”，是和“对外事务权”放在一

① 香港基本法英文本和澳门基本法葡文本较为清楚地表达了“和”的内涵。香港基本法英文本使用了“independent judicial power, including that of final adjudication”的表述，澳门基本法葡文本使用了“poder judicial independente incluindo o de julgamento em última instância”的表述，“和”在这里被翻译成“包括”。

起来写的。以中英联合声明附件一的有关规定为例："香港特别行政区直辖于中华人民共和国中央人民政府，并享有高度的自治权，除外交和国防事务属中央人民政府管理外，香港特别行政区享有行政管理权、立法权、独立的司法权和终审权。中央人民政府授权香港特别行政区自行处理本附件第十一节所规定的各项涉外事务。"中葡联合声明的写法亦同。香港基本法和澳门基本法对授权内容的结构安排，说明全国人大授予它们行政管理权、立法权和独立的司法权及其终审权，其享有的自治程度已经属于"高度自治"，而中央人民政府对对外事务处理权的授予，是在高度自治的基础上再授予高度自治的其他权力，当然，其性质还是属于高度自治。

然而，这两类授权的内容是不一样的，一种是行政管理权、立法权、独立的司法权和终审权，一种是处理对外事务的权力；授权的主体也是不一样的，一个是全国人大，一个是中央人民政府，即国务院。这就提出了一个问题，香港和澳门处理对外事务的权力是由谁授予的？如果按照基本法的字面意义，这些权力由中央人民政府授予，但是中央人民政府的"授权"却是通过基本法形成的，而基本法的制定主体是全国人大，而非中央人民政府。因此，香港和澳门特别行政区处理对外事务的权力，也可以说是全国人大通过基本法赋予的。这就形成一个悖论。

这个悖论与我们通常所使用的"授权"概念的不同内涵有关。笔者在前面已经指出，基本法里的授权有两种内涵，一种是指法律与法规对权力的直接设定，一种是在法律与法规设定权力的基础上，授权主体将自己的权力授予其他主体行使，这是在"第一种法律与法规授权"基础上的第二次授权。因此，要解决基本法这个悖论，必须回到我国宪法的授权体制。根据我国宪法，国务院的权力本来是全国人大授予的。国务院的对外事务处理权，本身就是全国人大授予的，因此这里的授权是指全国人大同意和许可国务院将对外事务处理权授予香港和澳门特别行政区。这里的授权是某种具体行政权力的授予，是在宪法"第一次授权"基础上的"第二次授权"，基本法是"第二次授权"的直接法律依据。

（三）授权的方式探讨

授权的方式是指相关授权的方法和形式。我们通常认为，基本法有关授权的方式有以下几种：

（1）概括式授权与列举式授权；

（2）一般性授权与具体性授权。

这些分类法获得了一定程度的认同。笔者在这里还讨论其他几种相关授权的方式：

（3）主动式授权与被动式授权；

（4）明示授权与默示授权；

此外，笔者还分析了两部基本法对授权条文的几种不同写法：

（5）授权、具体授权、授权或协助。

1. 概括式授权与列举式授权

概括式授权通常是指在单一制国家，宪法或宪法性法律对地方处理公共事务和公益事业所需的职权作原则性规定，而不是逐项列举；列举式授权是指详细列明地方的职权，逐条规定。然而，香港基本法和澳门基本法对中央授予特别行政区的权力，既对其主要的自治权予以列明，又规定根据需要授予其他职权，其授权方式既有概括式授权，又有列举式授权。[①]

我们通常认为概括式授权主要体现在两部基本法的第 2 条，其余条文则体现了列举式授权。这里必须看到概括式授权与列举式授权的关系。譬如有这么一种看法：两部基本法第 2 条规定授予特别行政区以行政管理权、立法权、独立的司法权和终审权，列举了高度自治所必须行使的各项具体权力，属于列举式授权，而非概括式授权。[②] 其实，概括式授权与列举式授权是相对而言的，两部基本法第 2 条虽然明确列举了高度自治的四种权力，但是这些被授予的权力，与基本法其余条文相比，起着提纲挈领的作用，仍然是概括式的规定。

2. 一般性授权与具体性授权

这里主要有两种看法。一种看法是所谓一般性授权，其特征是特区可以根据基本法的规定直接行使权力，无须中央进一步授权。如两部基本法的第 16 条、17 条、19 条分别规定特别行政区享有行政管理权、立法权和独立的司法权及其终审权，又如香港基本法第 151 条规定香港可以中国香港的名义

---

① 骆伟建：《澳门特别行政区基本法概论》，澳门基金会，2000，第 63 页。

② 庞嘉颖：《高度自治与善治》，杨允中、饶戈平：《基本法与澳门特区的第二个十年——纪念澳门基本法颁布 17 周年学术研讨会论文集》，澳门基本法推广协会，2010。

参与国际社会。所谓具体性授权，是指基本法原则规定特区可以行使某一方面的权力，同时规定在行使有关权力时还需得到中央的具体授权。如香港基本法第96条规定在中央人民政府协助或授权下，香港特别行政区可与外国就司法互助关系做出适当安排，第125条规定香港经中央人民政府授权继续进行船舶登记，并根据特区法律以中国香港的名义颁发有关证件，第133条和134条规定特区政府经中央人民政府具体授权可以签订或修改民用航空协议等。[①] 这里的一般性授权与具体性授权的分类依据，是看该权力是否还需得到中央的具体授权。

另一种看法是，所谓一般性授权，是指授权主体在授予被授权主体某些权力的时候，只对如何行使这些权力做出原则性规定而不做具体要求，至于究竟如何具体行使这些权力，由被授权主体根据授权法或授权决定所规定的原则自行采取措施；而具体授权，是指授权主体在授予被授权主体某些权力的时候，不仅要明确授予何种权力、明确行使该权力应遵循哪些原则，还要为如何行使该权力规定具体的措施和方法。香港基本法和澳门基本法的授权，既有一般性授权，又有具体性授权，既一揽子规定了特别行政区拥有高度自治的立法权、行政权、独立的司法权和终审权，又比较详细地规定了法院如何行使基本法解释权，以及特区如何拥有财政、税收方面的自治权等许多具体授权。[②] 这里的一般授权与具体授权的分类，在某种程度上，是根据授权的详细程度而言的。授权越详细，也就越具体，授权越简单，也就越“一般”。

必须指出，香港基本法和澳门基本法在有关民用航空制度方面用了“具体授权”的提法。这里的“具体授权”，与其他条文的“授权”提法不同，其余条文的授权规定本身就已经将权力授予特别行政区，而“具体授权”是指在每一项具体事务或具体制度上，还必须由中央人民政府做出授权的具体行为。这个概念是指每一次都要“具体”地授权，而不是一次性、笼统地授权。

3. 主动式授权与被动式授权

授权的表达方式在日常生活里，有以下两种方式：第一种方式就是

---

① 程洁：《中央政府的管治权与特区高度自治》，《香港回归十周年——“基本法回归与前瞻研讨会”论文集》，澳门理工学院一国两制研究中心主编，2008，第57～68页。

② 李元起：《澳门特别行政区高度自治权性质和特点初探》，《纪念澳门基本法实施十周年文集》，全国人大常委会澳门基本法委员会办公室编，中国民主法制出版社，2010。

"我授权你这样做"，第二种就是"你经我授权可以这样做。"这两种方式可以用授权的主动式和被动式来指称。

所谓主动式，其句式表达是指中央有关机关授权特别行政区行使某种权力或处理某种事务。如香港基本法第2条规定，"全国人民代表大会授权香港特别行政区依照本法的规定实行高度自治，享有行政管理权、立法权、独立的司法权和终审权"。在这里，主语是全国人大，授权主体放在前面，突出了全国人大的授权行为。所谓被动式，其句式表达为"特别行政区有关机构经'中央'授权行使某种权力或处理某种事务"。这里突出的是特别行政区接受并行使某种权力或处理事务的可能性。如香港基本法第125条规定，"香港特别行政区经中央人民政府授权继续进行船舶登记，并根据香港特别行政区的法律以'中国香港'的名义颁发有关证件"。

当然，这两种授权的表达方式在本质上没有不同，只是侧重点有所不同，然而，被动式授权还包含特别行政区向中央提出授权请求的意思。

4. 明示授权与默示授权

两部基本法第2条明确规定全国人大授权特别行政区实行高度自治，第14条明确规定中央人民政府授权特别行政区处理对外事务，那么，基本法里除了明确规定授权的条文外，其余没写上授权字眼的条文，是否就是指特别行政区在这些方面的权力并非授权，而是其本身所固有的呢？显然不能做这样的理解。

这里就有一个明示授权与默示授权的区别。所谓明示授权与默示授权，关键是看授权的字眼是否明确表达，如果授权得到明确表达，即是明示授权。默示授权是指没有出现明确的授权字眼，而从其内在的机制来看，仍然属于授权与被授权的关系。我国宪法对地方政府职权的规定，虽然没有出现明确的"授权"字眼，但这是建立在单一制国家形式下中央对地方的授权关系上，即属于默示授权。我国宪法规定全国人大批准省、自治区和直辖市的建置，全国人大常委会有权撤销省级国家权力机关制定的同宪法、法律和行政法规相抵触的地方性法规和决议，国务院统一领导全国地方各级国家行政机关的工作，规定中央和省级国家行政机关的职权的具体划分，改变或者撤销地方各级国家行政机关的不适当的决定和命令等，这些规定都是在单一制下中央对地方默示授权的基础上展开的。

明示授权与默示授权的典型例子是基本法关于授权特区法院行使解释权的条款，其第2款规定全国人大常委会授权特别行政区法院在审理案件时对基本法关于特别行政区自治范围内的条款自行解释，第3款规定特别行政区法院在审理案件时对本法的其他条款也可做出解释。前面就是明示授权，后面就是默示授权。

香港基本法和澳门基本法第23条规定特区应自行立法维护国家安全，也属于默示授权的例子。这是因为在通常的情况下，维护国家安全的立法属于中央的权限，而两个基本法规定特区自行立法维护国家安全，也就是将维护国家安全的立法权授予特区的立法机关。香港基本法和澳门基本法第2条对高度自治的授权即属于明示授权，其余有关特区行政管理权、立法权和司法权运作及其行使范围的条款，都建立在这一明示授权的基础上，属于默示授权的范畴。

5. 授权、具体授权、授权或协助

香港基本法和澳门基本法有关授权条文的具体表述不是完全一样的。这里有三种情况：①授权；②具体授权；③授权或协助。

第一种情况就是仅仅写上“授权”，两部基本法在多数的情况下都是使用这种提法。其中不仅包括主动式授权，也包括被动式授权。唯有一个条文的表述略有不同，这就是两部基本法的第20条。如香港基本法第20条规定，“香港特别行政区可享有全国人民代表大会和全国人民代表大会常务委员会及中央人民政府授予的其他权力”。这里使用了“授予权力”的提法，这种提法同授权的写法没有原则上的不同，也属于第一种情况。

第二种情况是“具体授权”。两部基本法唯独在民航制度方面，使用了“具体授权”的提法。香港基本法第133条规定香港特别行政区政府经中央人民政府具体授权，可“（一）续签或修改原有的民用航空运输协定和协议；（二）谈判签订新的民用航空运输协定，为在香港特别行政区注册并以香港为主要营业地的航空公司提供航线，以及过境和技术停降权利；（三）同没有签订民用航空运输协定的外国或地区谈判签订临时协议”。其后的第134条则规定中央人民政府授权香港特别行政区政府“（一）同其他当局商谈并签订有关执行本法第一百三十三条所指民用航空运输协定和临时协议的各项安排；（二）对在香港特别行政区注册并以香港为主要营业地的航空公司签发执照；（三）依照本法第一百三十三条所指民用航空运输协定和临时

协议指定航空公司；（四）对外国航空公司除往返、经停中国内地的航班以外的其他航班签发许可证”。而澳门基本法是在第117条作出规定，“澳门特别行政区政府经中央人民政府具体授权可自行制定民用航空的各项管理制度”。

这就提出了一个问题：具体授权是否与授权不同？为什么这样写？所以，有一种意见是，“具体授权”的提法“令人感到困惑”。[①] 不过，首先需要解决的困惑是香港基本法和澳门基本法为什么有这样大的不同。这是因为香港基本法的写法直接来自中英联合声明。中英谈判香港问题时，香港早已是国际知名的航空运输中心，中英联合声明对民用航空制度做出了详细的规定。而澳门基本法起草时，澳门尚无国际机场，中葡联合声明也没有提及机场。

香港基本法已经指出具体授权的内容：续签或修改原有的民航运输协定和协议、谈判签订新的民航运输协定和临时协议。这就是指在香港，每一次新签、续签和修改民航运输协定和协议时，都要事先请示中央人民政府，获得批准同意即授权后，方可进行。[②] 而澳门基本法所指的民用航空的各项管理制度，其具体内容应当包括：①航空公司的组建、注册、登记方面的制度，尤其是飞机国籍标志和登记标志的制度；②与航空运输服务有关的行业的管理制度，如飞机维修公司、航空食品公司的管理等；③飞机登记册的设立、监管制度；④有关空域的划分及飞行情报区的划定；⑤航班的提供、过境和技术停让方面的制度；⑥签发航空运输执照和航班许可证的制度；⑦是否可以与外国的航空公司签订航空运输协定或临时协议；等等。[③] 以上事务在很多方面都涉及国家主权，每项具体的民航管理制度，都需要得到中央人民政府的明确具体的授权许可。

第三种情况是“授权或协助”并列的提法，其内容主要涉及司法互助安排、国际协议的适用和缔结互免签证协议等问题。在这些方面，两部基本法都明确指出授权主体是中央人民政府，被授权主体是特别行政区政府。

---

① Yash Ghai, *Hong Kong's New Constitutional Order: The Resumption of Chinese Sovereignty and the Basic Law*, Hong Kong: Hong Kong University Press, 1997, p. 466.

② 杨静辉、李祥琴：《港澳基本法比较研究》，北京大学出版社，1997，第430、435页。

③ 王叔文等：《澳门特别行政区基本法导论》，中国人民公安大学出版社，1994，第357页；杨允中：《澳门基本法释要》（修订版），澳门特区政府法务局，2004，第169页。

然而，值得指出的是，在不同的条文里，语序和用语都略有不同。详情见表1：

表1

条文具体事务	香港基本法		澳门基本法	
	条文	具体写法	条文	具体写法
司法互助安排	第96条	协助或授权	第94条	协助和授权
国际协议适用	第153条	授权或协助	第138条	授权或协助
谈判和签订互免签证协议	第155条	协助或授权	第140条	协助或授权

这些事务都属于特别行政区与外国的关系，涉及对外事务，尤其涉及签订有关国际协议。两部基本法已经明确指出中央人民政府授权特别行政区自行处理有关对外事务。然而，在签订有关国际协议方面，香港基本法和澳门基本法仅仅指出，可在经济、贸易、金融、航运、通信、旅游、文化、体育等领域以“中国香港”或“中国澳门”的名义，单独地同世界各国、各地区及有关国际组织保持和发展关系，签订和履行有关协议。这里的适当领域，就是指经济与文化等方面的非政治性的领域。然而，司法互助、国际协议的适用以及谈判和签订互免签证协议，涉及司法、外交和政治方面的事务，已经超出香港基本法第151条和澳门基本法第136条所指的单独自行处理的范围，因此必须由中央人民政府“出面”，予以协助或授权。

在这些条文中，有的时候将协助放在授权前，有的时候将授权放在协助前，本身没有本质上的不同，只是有所侧重而已。另外值得留意的是，在与外国达成司法互助这一部分，香港基本法使用的是“协助或授权”，而澳门基本法使用的是“协助和授权”。如果翻查中英联合声明和中葡联合声明，可以发现二者在此处都使用了“协助或授权”的提法，澳门基本法的这一变动原因尚不明朗。1991年澳门基本法（草案）征求意见稿和1992年澳门基本法（草案）都使用了“协助和授权”的提法，而且，在咨询期间也没有咨询意见提出。因此，尚不清楚将中葡联合声明里的“协助或授权”改为“协助和授权”的理由。如果从该条的立法原意和立法精神去看，“协助或授权”的提法更加全面和准确。这也许是当时的起草者疏忽所造成的。

五　授权监督与变更、取消、续期

（一）授权监督

授权者对其授出的权力有监督权，这是我们在前面所讨论过的授权的基本原则。在建构“一国两制”授权理论的过程中，这是一个尤其值得重视的问题。这是因为香港和澳门的高度自治无论有多“高”，其已经回归，成为中央人民政府领导下的特别行政区，已经成为中国的地方政府，所以，高度自治出了问题，最终是由中央人民政府“买单”，特别行政区本身无法承担最后责任，“兜底责任最终在国家和中央政府”。[①] 这在法律上就表现为，中央作为特别行政区高度自治权力的授予者，自然有权监督被授出的高度自治权力的行使情况。

在单一制国家，中央对地方的控制与监督大致有以下几种方法：法律监督、财政监督、人事任免、司法监督与发出指令、视察地方等。由于在香港和澳门特别行政区实行“一国两制”，这些监督与控制的机制表现出来的形式又有所不同。

1. 对行政管理权与对外事务处理权的监督

这些监督机制主要有：行政长官在当地通过选举或协商产生后，由中央人民政府任命，政府主要官员和检察长由行政长官提名后，报中央人民政府任命，行政长官对中央人民政府负责，行政长官执行中央人民政府就基本法规定的有关事务而发出的指令，等等。

必须指出，中央人民政府对行政长官的任命是一种实质性的任命，是指在当地选出行政长官人选后，既可以任命，也可以拒绝任命。行政长官对中央人民政府的负责也是一种实质性的负责。这是由授权者有权监督被授权者的原则所决定的。尤其需要指出的是与这些监督制度相联系的行政长官向中央人民政府述职的制度。这是指行政长官每年年底到北京向国家主席、国务院总理等中央领导人汇报工作。两部基本法对此没有明确规定，这是在香港基本法和澳门基本法实施过程中形成的行政长官对中央人民政府负责的具体

① 邹平学、潘亚鹏：《港澳特区终审权的宪法学思考》，《江苏行政学院学报》2010 年第 1 期。

制度。

另外，由于特别行政区实行财政独立，所以，两部基本法没有规定特别行政区财政预算和决算报中央人民政府批准，而是报中央人民政府备案。在对外事务方面，基本法也就监督问题做出一系列规定：特别行政区在外国设立官方或半官方的经济和贸易机构报中央人民政府备案，外国在澳门特别行政区设立领事机构或其他官方、半官方机构，须经中央人民政府批准。

2. 对立法权的监督

两部基本法都规定，特区本地立法机关制定的法律须报全国人大常委会备案，全国人大常委会如认为其不符合基本法有关中央管理的事务及中央和特别行政区关系的条款，在征询其所属的澳门特别行政区基本法委员会的意见后，可将有关法律发回，但不做修改。被发回的法律立即失效。该法律的失效，除特区的法律另有规定外，无溯及力。这种“发回使其无效”的机制，其效果大致等同于我国宪法规定的“撤销”。

3. 对独立的司法权和终审权的监督

两部基本法在第2条都明确指出全国人大授予特别行政区的高度自治权中包括独立的司法权和终审权。我们可能都有一个印象，当时的基本法起草者可能是考虑到原有的法律基本不变，以及赋予特别行政区独立的司法权和终审权，对司法权行使的监督没有过多考虑。必须指出，特别行政区所行使的独立的司法权和终审权并不是绝对独立的。这是因为这种权力本身并非其“固有”的权力，而是由授权所形成的。①

中央上述监督权体现的第一点是规定香港终审法院的法官和高等法院首席法官、澳门终审法院的法官和院长的任命和免职须报全国人大常委会备案。这里的备案虽然不是批准，但体现了特别行政区政治体制的主权原则，说明其行使的独立司法权和终审权本身来自中央授权。

另一点是规定全国人大常委会拥有基本法的解释权。但同时也规定特别行政区法院亦有权解释基本法：全国人大常委会授权特别行政区法院在审理案件时对基本法关于自治范围内的条款自行解释；特别行政区法院对基本法

① 有关港澳特区终审权的性质分析，参见邹平学、潘亚鹏《港澳特区终审权的宪法学思考》，《江苏行政学院学报》2010年第1期。

的其他条款也可解释。除此，还明确规定：特别行政区法院在审理案件时需要对本法关于中央人民政府管理的事务或中央和特别行政区关系的条款进行解释，而对该条款的解释又影响到案件的判决，在对该案件做出不可上诉的最终判决前，应由终审法院提请全国人民代表大会常务委员会对有关条款做出解释。如果全国人大常委会做出解释，法院在引用该条款时，应以全国人大常委会的解释为准。但在此以前做出的判决不受影响。

这里就指出基本法的两种解释：一种是全国人大常委会对基本法的立法解释，一种是特别行政区法院对基本法的司法解释。这两种解释本身就是授权与被授权的关系。必须看到，法院对基本法的解释是被动的，只能在案件审理过程中进行，而全国人大常委会的解释，既可以应终审法院的提请而解释，也可以自己主动解释基本法，其效力高于法院的司法解释。全国人大常委会的解释对法院的司法解释构成了监督。

应该说，在两部基本法起草的过程中，对授权监督的问题是重视不够的，当时主要考虑的问题是增加港人和澳人对中央在港澳实行“一国两制”“港人治港”“澳人治澳”、高度自治的信心。香港和澳门回归后，随着“一国两制”实践的深入发展，中央人民政府领导特别行政区开展治国理政工作，保持原有资本主义制度和生活方式五十年不变，实现经济繁荣和社会稳定，是其必须承担的宪制责任。为了更好地履行这个宪制责任，作为授权者的中央，就必须享有和行使有关监督高度自治的权力。

有一种意见认为，根据两部基本法，中央人民政府并不领导特别行政区政府，中央人民政府也不是特别行政区政府的主管部门，而只是直辖与被直辖的关系。[①] 这种意见是不对的。我国宪法明确规定国务院统一领导地方各级行政机关，这里当然也包括特别行政区政府。因此，这是一种直辖与被直辖、领导与被领导的关系，只不过具体的领导方式不同于我国国务院对内地地方政府的其他领导方式而已。所以，研究中央人民政府领导特区政府的原则、方法和措施等问题，已经是摆在有关实务部门面前的现实理论课题。

---

① 马岭：《特别行政区长官“述职”之探讨》，刘兆兴主编《比较法在中国（2009 年卷）》，社会科学文献出版社，2009，第 133～144 页。

（二）授权的变更、取消与续期

授权变更，是指授权主体对其已经授出的权力进行部分收回与部分修正。授权取消，是指授权主体对其已经授出的权力全部收回，取消被授权主体的地位及其相关权力。授权续期，是指授权主体对被授权主体在其授权期限届满以后继续授予权力。

1. 授权变更

我们这里所讨论的授权变更，是指我国对特别行政区实行“一国两制”“港人治港”“澳人治澳”与高度自治做出部分调整或部分更改。两部基本法是我国在特别行政区实行“一国两制”“港人治港”“澳人治澳”与高度自治的法律载体与法律形式，因此，授权变更在法律程序上，就表现为授权主体全国人大对两部基本法的修改。香港基本法第159条和澳门基本法第144条专门规定了这个问题。其内容包括：

（1）修改权属于全国人大。我国宪法规定全国人大制定和修改刑事、民事、国家机构的和其他基本法律，基本法由全国人大制定，自然由其修改，这是不言而喻的。基本法之所以写上这一条，是因为在两部基本法的制定过程中，一些人担心中央修改基本法会改变或影响香港和澳门原有的资本主义制度，所以主张基本法的修改权属于特别行政区立法机关。① 这种意见在法律上是无法成立的，因为基本法是全国人大制定的全国性法律，其效力本身就及于全国范围，特别行政区作为一个地方，其立法机关不可能去修改中央制定的法律。从授权理论来看，基本法的修改涉及高度自治授权变更的内容，只能由授权主体即全国人大进行，被授权主体没有此种权力。

（2）修改提案权属全国人大常委会、国务院和两个特别行政区所有。基本法的有关规定大大缩小了《全国人大组织法》规定的有权向全国人大提出议案修改法律的主体范围。这里体现了授权主体全国人大维护基本法稳定性和严肃性的诚意和决心。

全国人大常委会和国务院分别是授权主体，也即全国人大的常设机关和执行机关，理所当然有基本法的修改提案权。而赋予特别行政区对基本法的修改提案权，体现了基本法在特别行政区的宪制性地位。我国内地的各省、

① 转引自焦洪昌主编《港澳基本法》，北京大学出版社，2007，第84页。

自治区和直辖市都不具有对全国人大通过的法律的修改提案权，特别行政区拥有此种权力，本身就是高度自治的重要体现。因此，两部基本法都明确对特别行政区行使修改提案权所遵循的程序做了严格规定：必须经特别行政区的全国人民代表大会代表 2/3 多数、立法会全体议员 2/3 多数和行政长官同意后，由特别行政区出席全国人民代表大会的代表团向全国人民代表大会提出。

基本法的修改议案在列入全国人民代表大会的议程前，先由香港特别行政区基本法委员会和澳门特别行政区基本法委员会研究并提出意见。这两个机构是全国人大常委会下设的专门工作机构，其职责是就基本法的有关条款在实施中出现的问题进行研究并向全国人大常委会提供意见。香港基本法委员会为 12 人，澳门基本法委员会为 10 人，其成员既包括内地委员，也包括香港委员和澳门委员。内地与港澳委员各占一半。

（3）基本法的修改不得同中华人民共和国对香港与澳门既定的基本方针政策相抵触。那么，什么是中华人民共和国对香港与澳门既定的基本方针政策？这实际上已经由两部基本法序言明确说明：国家对香港和澳门的基本方针政策，已由中国政府在中英联合声明和中葡联合声明中予以阐明。这就是说，中华人民共和国在中英联合声明和中葡联合声明中已经明确承诺，中华人民共和国在解决香港问题和澳门问题后，不在香港和澳门实行社会主义的制度和政策，在这两个地方建立特别行政区，实行“一国两制”“港人治港”“澳人治澳”、高度自治，保持原有的资本主义制度和生活方式五十年不变。因此，任何违背这些既定方针政策而对香港基本法和澳门基本法做出的修改都是无效的。

我们在前面已经指出，我国授权特别行政区高度自治的依据有两个：一个是法律依据，即我国宪法，一个是政策依据，就是我国在中英联合声明和中葡联合声明中所宣布的 12 条基本方针政策及其具体说明。既然存在授权的依据，其就必然会对授权变更构成限制。所以，基本法的有关规定指明了授权主体全国人大对其授出的高度自治权力进行变更时，必须受到实行“一国两制”、授权高度自治的政策依据的限制。从根本上说，这是由我国在港澳实行“一国两制”这一政策的特殊性所决定的。

2. 授权取消与授权续期

我们这里所讨论的授权取消则是指我国彻底取消特别行政区建制，取消

“一国两制”“港人治港”“澳人治澳”与高度自治。授权续期是指我国继续授予特别行政区高度自治权，使其实行不同于内地社会主义制度的资本主义制度。

这个问题实际上涉及如何理解两部基本法第5条所写的“五十年不变”的内涵。邓小平曾经指出，基本法“至少要管五十年”，“五十年以后更没有变的必要”，还说，“我们在协议中说五十年不变，就是五十年不变。我们这一代不会变，下一代也不会变。到了五十年以后，大陆发展起来了，那时还会小里小气地处理这些问题吗？所以不要担心变，变不了”。这里的意思主要是指“前五十年是不能变”，“五十年以后是不需要变”。[①]

高度自治的授权取消与授权变更很快就会摆在我们的面前。2006年12月30日，国务院在2006年10月31日全国人大常委会通过的《关于授权香港特别行政区对深圳湾口岸港方口岸区实施管辖的决定》上发布《关于授权香港特别行政区实施管辖的深圳湾口岸港方口岸区范围和土地使用期限的批复》（国函〔2006〕132号），授权香港特别行政区和深圳市政府签订国有土地租赁合同，租赁期到2047年6月30日为止。而在2009年6月27日全国人大常委会通过的《关于授权澳门特别行政区对设在横琴岛的澳门大学新校区实施管辖的决定》，批准澳门以租赁方式获得位于珠海市行政区内的横琴岛上1.0926平方千米的土地使用权，用于建设澳门大学新校区；授权澳门特别行政区依照澳门特别行政区法律对澳门大学横琴新校区实施管辖，土地使用权的租赁期限至2049年12月19日，租赁期限届满，经全国人大常委会决定，可以续期。

这两个授权决定属于我们前面所讨论的第二种授权形式，都体现了届满授权可以续期。

六　结论以及授权理论的进一步运用

我们现在可以对授权的有关问题得出一些基本结论了。这些结论包括：

---

① 邓小平：《保持香港的繁荣和稳定》，1984年10月3日会见港澳同胞国庆观礼团时的谈话。

（一）两部基本法反复强调了香港和澳门特别行政区的权力并非本身所固有，而是来自中华人民共和国的授予

基本法在本质上是一部授权法。如果对比单一制的国家结构理论，所有地方的权力都是中央授予的，因此，所有涉及中央与地方关系的法律，尤其是地方组织法等，在本质上亦是授权法。基本法不仅是授权法，而且是一部特殊授权法。这部特殊授权法的特别在于授予地方超越一般情况下的高度自治权，并明确规定高度自治的内容，包括行政管理权、立法权、独立的司法权和终审权，以及处理对外事务的权力。中央作为授权主体，不能将自己所有的权力授出，而是保留着国防、外交，以及其他不属于自治范围内的权力。

我国授权特别行政区实行高度自治的法律依据是宪法，第 31 条的规定为建立特别行政区提供了直接法律依据。授权高度自治的政策依据是中英联合声明和中葡联合声明，以及附件一中国政府对有关政策的具体说明。

授权的形式有两种。其中一种是通过基本法授予的，这是主要的授权形式，另一种形式就是特别行政区可以行使中央授予的其他权力，这是次要的授权形式。这两种授权形式是统一的，本质上都是源于宪法的规定。基本法有关授权的方式是多种多样的。这里既包括概括式授权，也包括列举式授权；既有一般性授权，也有具体性授权；既有主动式授权，也有被动式授权；既有明示授权，也有默示授权，还有授权、具体授权、协助或授权这种具体写法。

“授权”概念在基本法里至少有两种含义，一种是单一制下中央对地方权力的直接设定，另一种是全国人大常委会与国务院等中央机构将某种具体权力授予特别行政区行使。因此，有必要正确区分基本法里有关授权的两种内涵。第一种情况是指中央已经授出的权力，在这种情况下，既然权力已经授给特别行政区享有和行使，其就属于特别行政区自行处理的范围。第二种情况的授权是指中央人民政府原则上可以授权，但尚未具体授出，在这种情况下，有关事务还不属于特别行政区自行处理的范围，必须经过中央人民政府另外的授权，甚至包括同意、批准和许可等，才能处理。

“授权”不是“分权”，也不是权力的“让渡”。中央与特别行政区的关系是授权与被授权关系，而非分权。授权是指权力行使的转移，而非权力本身的转移。因此，授权者对被授权者负有监督的责任，有对被授权者发出指令的权力，授权者有取消授权与变更授权的权力。

同时，还必须认识到："授权"也是"限权"。这里的"限权"，是针对两方面来说的：一方面是针对香港和澳门来说，其高度自治的权力仅限于中央授权的范围。这是由授权必须法定明示的原则所决定的，所以，未经中央依法授予的权力，特别行政区有关政权机关不能自行行使。另一方面是针对中央来说，中央对于已经依法授出的权力，非经过法定的撤销授权或变更授权的程序，不能随意中止、废止和干预高度自治范围内的事务。

（二）授权理论的运用：以全国性法律和基本法的解释问题为例

我们可以用授权理论来解决基本法实践中遇到的问题。笔者在这里以附件三的全国性法律和基本法的解释为例。

我国宪法规定全国人大常委会负责解释法律，因此，两部基本法及其附件三的全国性法律，都由全国人大常委会负责解释。但是，香港基本法第158条和澳门基本法第143条又授权香港法院和澳门法院解释基本法。那么，香港和澳门的法院是否有权解释列于附件三的全国性法律？这里可能存在两种理解。一种理解是香港法院和澳门法院有权解释，因为基本法已经授权法院解释基本法，既然有权解释基本法，就应当有权解释基本法附件三，而附件三已经明确规定哪些全国性法律在香港和澳门实施，因此，香港和澳门的法院既然有权解释基本法，就有权解释列于附件三的全国性法律。

另一种理解是香港基本法和澳门基本法只是授权香港法院和澳门法院解释基本法，但没有授权香港和澳门的法院解释列于附件三的全国性法律。因为基本法的授权是这样的：第一，授权法院自行解释基本法中属于自治范围的条款，而列于附件三的法律应限于有关国防、外交和其他依照本法规定不属于特别行政区自治范围的法律，因此不属于香港和澳门法院自行解释的范围。第二，基本法规定法院对基本法的其他条款也可以解释。其他条款当然也包括附件三的内容，但是附件三的内容不等于全国性法律的具体条款，附件三只是解决那些全国性法律适用于香港和澳门的问题。

这两种理解，笔者认为以第二种理解为优。因为法院对基本法的解释权是来自全国人大常委会的授权，既然是授权，就必须遵守法定明示原则。而法院是否可以对附件三的全国性法律进行解释则缺乏明确规定，既然缺乏明

确规定，法院就不得自行解释附件三的全国性法律。而且，即使采用第一种比较宽松的理解，认定法院有权解释列于附件三的全国性法律，而两部基本法第 18 条已经明确指出，列入附件三的法律应限于有关国防、外交和其他依照本法规定不属于特别行政区自治范围的法律。这些内容要么涉及中央人民政府管理的事务，要么涉及中央和特别行政区的关系。因此比照香港基本法第 158 条第 2 款和澳门基本法第 143 条第 2 款的规定，附件三的全国性法律不属于法院自行解释的范围，而且，如果该解释影响到案件的判决，在对某案件做出不可上诉的终局判决前，应由香港和澳门的终审法院请全国人大常委会对有关条款做出解释。这就从反面证明了法院不能自行解释附件三的全国性法律。①

笔者的这种理解在驻军法里得到了进一步的支持。香港驻军法和澳门驻军法明确指出，驻军法的解释权属于全国人大常委会。由于我国宪法已经明确规定全国人大常委会负责解释法律，驻军法当然是由全国人大常委会负责解释，所以，香港驻军法和澳门驻军法的这一规定，其立法意图在于再次强调全国人大常委会解释驻军法的宪制权力。

另外一个例子就是引起广泛争议的法院对基本法的审查权。两部基本法都明确规定法院可以自行解释基本法在其自治范围内的条款，而且还规定对基本法的其他条款也可以解释。香港法院和澳门法院都根据这些条款，推论出法院有权根据基本法对立法会的法律进行审查。这是一个广受争议的问题，理论界一直存在不同的看法。问题的核心在于，香港法院和澳门法院对基本法的解释权，是否就包括法院有权对立法会通过的法律进行审查的权力？这就需要对香港基本法第 158 条和澳门基本法第 143 条本身的含义进行解释。而对香港基本法第 158 条和澳门基本法第 143 条的解释已经超出了香港法院和澳门法院自行解释的范围。

两部基本法都在规定法院有权解释基本法后的第三款指出，如特别行政区法院在审理案件时需要对本法关于中央人民政府管理的事务或中央和特别行政区关系的条款进行解释，而对该条款的解释又影响到案件的判决，在对

① 有关全国性法律的概念、分类及其实施和解释问题的研究，还可参考王禹《论全国性法律的概念、实施及解释》《论全国性法律的概念和分类》，《一国两制研究》2009 年第 1 期和 2010 年第 3 期，澳门理工学院一国两制研究中心，2009 年 7 月及 2010 年 1 月。

某案件做出不可上诉的终局判决前，应由终审法院提请全国人大常委会对有关条款做出解释。如果全国人大常委会做出解释，特别行政区法院在引用该条款时，应以该解释为准。但在此以前做出的判决不受影响。因此，笔者认为，根据授权理论，授权的界限只能由授权者予以界定，被授权者不能自行界定授权的界限，香港和澳门法院一些判决书所声称拥有的对立法会法律的审查权，实际上涉及“中央人民政府管理的事务或中央和特别行政区关系的条款”，应当根据香港基本法和澳门基本法有关规定，寻求全国人大常委会对基本法有关条款的解释。法院不能自我推论演绎拥有此项权力。

（原载朱育诚、赵广廷主编《港澳研究》总第 29 期，北京：国务院发展研究中心港澳研究所，2013 年 3 月春季号。）

澳门财政预算权力配置问题的法律思考

孙同鹏[*]

财政预算作为一个国家或地区财政年度的收支计划和安排，不仅设定收支的来源、用途和数目，也体现政府政策并约束政府活动的范围。由于财政预算事关一个国家或地区的“钱袋子”，又直接影响民生福祉，各国通常都会在宪法中对财政预算权力及其行使做出规定，这些规定相应地被称为“财政立宪”而备受重视。

《中华人民共和国澳门特别行政区基本法》（以下简称《澳门基本法》）第52条、第54条、第64条、第71条及第75条等条款也对财政预算事宜做了原则性规定。这些规定反映了行政机关与立法机关之间的财政预算权力配置，构成澳门特别行政区财政预算法律制度的基础。《澳门基本法》是澳门的宪制性法律，只有在宪制架构下才能更好地把握这些规定的意义。本文将从宪法一般原理和比较法的经验出发，对财政预算权力配置问题加以探讨，并期待对改善预算立法和实践工作有所帮助。

一　宪制理念与财政预算的关系

传统宪法理论认为，宪法实施主要基于两方面的经验性认识：一方面，权力及制度设施是国家或一定规模的社会共同体存续的前提，但国家权力有扩张或被滥用的危险；另一方面，公民权利是公民必不可少的生存条件，但

* 孙同鹏，北京大学法学博士。

公民权利易受侵害。相应的，宪法理论一切命题的基本出发点在于有效地解决公民权利与国家权力的冲突与协调问题，理论的核心则在于保障公民的基本权利，规范和约束国家或政府的权力及其行使。

公民权利与国家权力之间的内在紧张关系，在财政领域体现得更为直接，因为国家的财政收入通常主要来源于税收，国家财政权力直接影响到纳税人的财产权利。这种关联性决定了财政问题的敏感性。无论是财政收入还是支出都势必受到作为公民的纳税人的格外关注。公民财产权利和国家财政权力之间的辩证关系构成财政立宪的基础和出发点。

从历史来看，宪法产生、发展往往是由财政问题引发的。1215 年世界第一部宪法性文件《自由大宪章》就是英国国王和贵族、平民因财政问题激烈斗争并最终达成妥协的结果。1688 年英国经“光荣革命”逐步建立了君主立宪政体，确立了议会主权原则，“未经议会同意不能征收税赋”成为其中一项重要内容。[①] 在美国独立战争前，北美殖民者与宗主国之间围绕赋税问题展开斗争，提出了“无代议士不纳税”的口号；独立战争后，美国宪法详细规定了国会在财政方面的权力，赋予国会掌握“钱袋子”的权力[②]。此后爆发的法国大革命，是社会阶级矛盾激化的结果。1789 年国王路易十六的举债和增税计划成为大革命的导火索。作为大革命成果的《人权宣言》以及宪法，不仅确立了财产神圣不可侵犯的权利，也确认了议会的财政权。[③]

由此可见，财政问题在推动近代宪法的产生、发展过程中发挥了重要作用。以上都是财政立宪的生动体现。受英国、美国和法国立宪运动的影响，各国相继制定了成文宪法，并通过议会对财政预算的控制完成了公共财政的制度建构。

时至今日，宪法理念已经得到广泛传播，并赋予财政制度全新的内涵。建立在宪法基础上的公共财政制度，具有民主性和法制化的特点：

---

① 阎照祥：《英国政治制度史》，人民出版社，1999，第 200～202 页。

② 美国宪法之父汉密尔顿对国会的这一权力大加赞赏，认为“掌握国库的权力可以被认为是最完善和最有效的武器，任何宪法利用这种武器，就能把人民的直接代表武装起来，纠正一切偏差，实行一切正当有益的措施”。〔美〕汉密尔顿等：《联邦党人文集》，程逢如等译，商务印书馆，1980，第 297～298 页。

③ 李龙、朱孔武：《财政立宪主义论纲》，《法学家》2003 年第 6 期。

财政权力不再是一种用于统治的工具和手段，财政源于人民的公共需要，用于向大众提供公共物品。财政权力来源于人民的授权，同时也受人民的监督，人民通过议会行使对财政的决定权和控制权成为财政制度的基本原则。

宪法理念和制度的目标在于规范和约束公权力及其行使方式，从而保障公民的基本权利。在财政领域，则体现为对财政预算权力做出恰当配置，以便最大限度地实现公共财政的目的。

澳门作为中国的特别行政区，其宪法地位显然不同于任何一个国家。但是，这并不妨碍在宪制的视野下，通过比较法研究，分析和探讨《澳门基本法》关于财政预算权力的配置问题。因为在一国两制的原则之下，规范和约束公权力及其行使，保障居民权利，也是《澳门基本法》的应有之义。

二　立法会审核通过预算案是财政民主的要求

在葡萄牙管治时期，根据《澳门组织章程》的规定，澳门立法会在预算方面的权力限于“核准行政当局征收收入与支付开支”，“在有关许可的法规内订定编制与执行预算应遵守的原则和标准”。与此不同，《澳门基本法》赋予立法会审核、通过政府提出的财政预算案的实质性权力，同时还规定立法会有权审议预算执行情况报告（第 71 条 2 项）。显然，《澳门基本法》的规定与以往相比是很大一种进步，它体现了财政民主的要求，也为财政预算的正当性奠定了规范性基础。

由议会控制财政是财政立宪主义的核心内容，也是民主国家的普遍做法，其意义和作用主要表现在以下几方面。

第一，议会审核、通过财政预算案体现了主权在民的思想。代议制被认为是现代社会贯彻人民主权原则的理想模式，也是现代民主的逻辑起点。同样，财政预算作为国家的重要权力，其享有和行使必须经过人民（通过议会）同意和授权才具有正当性。实际上，在现代国际社会，议会对预算案的审批几乎已经内化为预算概念不可缺少的组成部分。当然，议会对财政预算的控制，不仅表现为有权审核、通过年度财政预算案，还有权决定其他财政重要事项，包括制定规范财政预算活动的一般性法律。

第二，议会审核、通过财政预算案是由公共财政的目的所决定的。“取之于民、用之于民”被认为是公共财政的基本要求。要达到公共财政取用合理的目的，议会审议和监督是不可或缺的环节。财政预算案通常包含公共收入和支出两个方面，而收入来源是否合法、是否必要，开支用途是否适当、是否存在滥用等问题，都由议会通过对具体预算案的审议来判断，并由此来防止公共收支偏离纳税人的利益，保证公共开支用于适当的目的。

第三，议会审核、通过财政预算案是监督和约束政府活动的需要。因为政府的任何一项活动都需要相应的财政支出，而预算恰恰是以计划形式对每一笔支出做直接规定和安排，议会对预算案的审核、通过，实际上也是对政府具体施政活动的审议与批准过程。可见，议会通过对预算案的审议，将政府活动纳入议会的监督和制约范围。

经济合作与发展组织（OECD）通过考察数十个国家发现，立法机关在处理关乎国家“钱袋子”的事宜上是至高无上的，这种地位不仅表现在立法机关有权批准年度财政预算案，而且有权要求行政机关准备预算执行报告，由此使议会“控制”得以落实。① 这一考察结论无疑是对议会审核、通过财政预算案必要性的最好注解，也是此种制度具有普遍性的有力见证。

历史和现实都表明，由议会审核、通过财政预算案具有无可争辩的正当性。《基本法》赋予立法会审核、通过财政预算案的职权，符合世界的普遍做法。从宪制角度来看，这一规定体现了财政的民主性要求，是对政府财政权力的制约，也是对居民基本权利的保障。无论在理论还是实践方面，都需要对这一规定及其意义有充足的认识，以便更好地落实这一规定。

三　政府行使财政预算提案权是行政主导的体现

《澳门基本法》一方面赋予立法会审核、通过财政预算案的职权，另一方面赋予特区政府编制并提出财政预算、决算的职权，除此，也限制立法会

---

① OECD, “The Legal Framework for Budget Systems—An International Comparison,” *OECD Journal on Budgeting*, p. 132.

议员提出涉及公共收支的议案。《立法会议事规则》进一步规定，特区政府对公共收支的事项具有专属提案权和随后提案权。这些规定既是立法会与政府预算职责分工的需要，也是行政主导[①]理念的体现。

实际上，这样的规定并非澳门独有的做法。在世界范围内，议会虽然在审核、通过财政预算案方面具有崇高的地位，但并不意味着它在整个预算活动中享有绝对的、不受制约的权力。从大多数国家或地区的立法或实践来看，政府在预算过程中都居于主导地位，而议员在预算方面的权力则受到这样或那样的限制。

各国宪法一般都规定由政府编制并向议会提出预算案，这被视为政府在预算过程中的主导地位的核心体现。虽然各国行政机关在预算权力配置中的具体安排并不相同，预算权力结构也在不断地进行动态调整，但各国预算一般为行政主导的局面已经确立。[②] 不仅如此，议会在审议过程中对预算案的修正通常也会受到某种限制。譬如，在德国，如果议会的修正是增加收入或减少支出，就不需要政府同意，如果是减少收入或增加支出则需要政府同意；在英国，下议院无权增加支出，唯一合法的修正权力是减少支出或取消某项税收；在澳大利亚，议员可以减少支出或收入，但是，只有政府同意才能增加支出或收入。[③]

各国立法或实践之所以将预算的提案权保留给政府，而对议员和议会在预算提案和修正方面的权力加以限制，主要是基于以下理由。

第一，政府比议会更擅长预算编制工作，因为预算编制是一项极为复杂和专业的工作。预算的编制通常需要衡量整体国民经济负担能力，并根据政府施政理念及施政计划需要，投入大量行政人力才能完成。相比较而言，一方面议会依其组织特性，采取合议制方式运作，每一位议员均独立表达个人意愿；另一方面，议员并非执政者，对整体施政结果无须负责，其考虑预算时，偏重于特定阶层或选区的利益；此外，议会一般不具备行政部门庞大的人力和技术资源，其对预算的审议也难以像行政部门编制作

① 萧蔚云教授对澳门政治体制中的行政主导理念及其体现进行过详细的分析和论证。参见萧蔚云《论澳门基本法》，北京大学出版社，2003，第 220～221 页。

② 朱大旗、何遐祥：《议会至上与行政主导：预算权力配置的理想与现实》，《中国人民大学学报》2009 年第 4 期。

③ 马骏、林慕华：《现代议会的预算修正权力》，《中国改革》2007 年第 6 期。

业程序那样周密。[①]

由于议会通常并不制定政策，难以对政府部门的活动及信息了如指掌，如果不加限制任由议员提案，势必打乱预算和施政的安排。因此，由政府行使预算的提案权具有较强的可操作性，在效率和科学性方面也有着天然的优势。

第二，减少或防止议会在预算活动中的机会主义倾向。公共选择理论研究表明，议会中的机会主义倾向也会体现在预算方面，主要是因为议员通常存在选举的压力，这使得他们倾向于在任期内为其支持者提供某种利益，包括增加项目支出来提供好处。由于每位议员都有相同的动机，他们容易在议会审议中形成某种“互惠”规则，互相为对方的支出项目提供政治支持，导致政府支出增加。换言之，在代议制民主发展过程中，议会尽管会监督政府的财政支出行为，但议员出于对连任、名望等因素的考虑可能屈从于选民扩大财政支出的要求，故而存在增加财政支出的动机，而这些因素往往是“民主国家”财政赤字居高不下的重要原因。[②]

因此，现代各国议会，无论其具体制度安排如何，都试图将预算审批权与预算申请权分开，以确保公共资金不被滥用。其原理在于，既然无法杜绝议会预算机会主义，那就必须通过相应的制度安排，对议会的预算权力加以限制，以使公共支出获得有效控制。对议员的预算提案权和议会修正权的限制就是这样一种制度安排。[③]

第三，权力分立和制衡原理。历史和实践证明，代议制作为民主制度的载体有其不可替代的优越性，但代议制本身也并非万能。“代议制议会的适当职能不是管理——这是它完全不适合的——而是监督和控制政府”[④]。

同样，就财政预算事宜而言，议会基于其本身的特点，也不可能包办预算活动的整个过程。正如上文指出的，预算编制和执行本身具有复杂性和专业性，议会较难胜任。同时，如果由议员提出和通过预算案，相当于自己提案自己批准，难以避免议会中的机会主义行为。因此，对议会和政府的预算

---

① 李允杰：《政府预算审议之跨国比较分析：对我国的经验启示》，http://www.npf.org.tw/post/2/2908，2007年9月4日。

② 马骏、林慕华：《现代议会的预算修正权力》，《中国改革》2007年第6期；周刚志：《论财政预算的法律效力——基于财政立宪主义的理论视角》，《时代法学》2011年第6期。

③ 马骏、林慕华：《现代议会的预算修正权力》，《中国改革》2007年第6期。

④ 〔英〕J. S. 密尔（John Stuart Mill）：《代议制政府》，汪瑄译，商务印书馆，1982，第80页。

权力加以适当划分，符合权力分工和制约原理。

《澳门基本法》就政府与立法会在财政预算方面的职责分工也或多或少包含对上述原理和因素的考虑，特别是将编制和提出预算的权力保留给政府，并对议员在公共收支提案权方面做出限制，是澳门政治体制中行政主导理念的重要体现。[①] 政府与立法会需要在《澳门基本法》规定的框架下，各司其职，各尽其责。

四　行政与立法在财政预算权力配置方面的制衡

在世界范围内，一方面议会在审核、通过财政预算案事宜上拥有无可置疑的权力；另一方面政府在预算编制、提案和执行事宜上的主导作用显而易见，以致“议会的无上地位与行政的实际主导似乎同时为人们所接受”[②]。

实际上，无论议会的无上地位还是行政的主导作用，都是历史和现实因素共同作用的结果。这种预算权力配置结构既是职责分工的需要，也是权力制衡的体现。而从权力制衡的角度而言，最突出的问题莫过于预算案不获通过的后果及相应的制度。

从理论上讲，无论在奉行何种政治体制的国家，都可能发生议会与政府之间由于存在严重分歧而不通过财政预算案的情况。由于预算案事关重大，其不获通过往往会导致宪法危机，包括内阁辞职、议会解散或者政府关门等。尽管这种纷争和冲突属于比较极端的情况，但相应的事例并不少见。譬如，意大利、荷兰、拉脱维亚等国家都曾因预算案纷争而发生议会解散或内阁辞职的事情。美国国会不通过预算案而导致政府关门停摆的例子就更具有代表性。[③]

---

① 萧蔚云：《论澳门基本法》，北京大学出版社，2003，第220~221页。

② 朱大旗、何遐祥：《议会至上与行政主导：预算权力配置的理想与现实》，《中国人民大学学报》2009年第4期。

③ 在美国，预算拨款权力掌握在国会手中，国会不通过预算案，就意味着政府不能花钱，很多需要花钱的工程无法继续，员工的工资也将难以支付。从1977年到1996年19年间，联邦政府曾关门17次。2013年9月20日开始至30日晚间，在共和党内“茶党”等保守势力的强烈要求下，国会众议院议长提出不同版本的临时拨款议案，因为与阻挠奥巴马总统力推的美国医疗保险改革实施内容相捆绑，议案没有得到民主党掌握的参议院的通过，最终导致联邦政府预算未获通过。2013年10月1日，美国联邦政府的非核心部门关门。2013年10月16日晚联邦政府关门状态结束。参见“百度百科”网站之“美国政府关门危机”。

各国宪法通常都会对议会与政府之间的政治分歧或权力冲突做出应对性规定。特别是在议会制国家，政府向议会负责，议会有权就政府及其政策举行信任投票，政府需要取得议会的信任，否则，将可能出现政府官员辞职或议会解散的情况。预算案不仅体现了政府财政政策，在很多时候也是整体政策的体现，因此往往成为引发政府与议会关系紧张的重要原因。

澳门作为特别行政区，实行行政主导的政治体制。鉴于财政预算事宜的重要性，《澳门基本法》也就行政与立法在这方面的分歧做了相应的规定：如果立法会拒绝政府提出的财政预算案，行政长官可解散立法会，但重选的立法会如果仍拒绝通过存在争议的原案，则行政长官必须辞职（第52条、第54条）。

然而，《澳门基本法》对行政长官解散立法会的程序和条件做了严格的限制，即在立法会拒绝通过预算案的情况下，必须是在“经协商仍不能取得一致意见”后方可解散。而且，行政长官在解散立法会前，须征询行政会的意见，解散时应向公众说明理由。行政长官在一个任期内只能解散立法会一次。

此外，《澳门基本法》还规定了相应的临时性措施，“行政长官在立法会未通过政府提出的财政预算案时，可按上一财政年度的开支标准批准临时短期拨款”（第53条）。

《澳门基本法》就行政长官因财政预算案问题而解散立法会或者辞职的规定，无疑只是针对极端情况的应对性措施，但从一个侧面反映出财政预算问题的极端重要性。这就要求政府与立法会依法履行职权，审慎行使权力，从而践行立法与行政之间“既互相配合又互相制衡”[①] 的制度设计理念和原则。

五　完善澳门预算法制的几点思考

《澳门基本法》对行政与立法之间的财政预算权力配置做了概括性规

① 姬鹏飞：《关于〈中华人民共和国澳门特别行政区基本法（草案）〉和有关文件及起草工作的说明》，国务院港澳事务办公室网，http://www.hmo.gov.cn/Contents/Channel_351/2013/0325/27593/content_27593.htm，1993年3月20日。

定，这是“财政立宪”原则的体现。然而，这些规定需要通过具体的制度和实践来落实，如此方能实现“财政立宪”的目的。从改善预算立法和实践的角度出发，以下问题值得特别关注。

（一）预算法内容的修改问题

议会在财政预算方面的权限，除了直接参与预算活动（主要是审核、通过年度预算案），还包括制定财政预算方面的法律。预算法律是预算编制、提案、审核、通过、执行和修正工作的基础，也是进行预算监督的依据，因而其重要性不言而喻。

但是，澳门目前适用的第41/83/M号法令（订定有关本地区总预算及公共会计之编制及执行，管理及业务账目之编制以及公共行政方面之稽查规则。为方便表述，以下简称预算纲要法），距今已有30多年的历史，在回归前已经过多次修改；回归后又经第1/1999号法律《回归法》和第6/2006号行政法规《公共财政管理制度》修改。由于几经修改和废止，该法令在内容方面所剩无几，在体系方面残缺不全。

更为突出的是，第41/83/M号法令核准的预算纲要法是在原《澳门组织章程》的框架下制定的，反映了当时总督和立法会之间在预算方面的权力配置和权限划分要求。而在澳门回归以后，不仅宪政基础发生了根本转变，立法会和行政长官在财政预算方面的权力配置与以往也有显著不同。在这种情况下，现行预算纲要法框架下的许多制度内容的正当性受到广泛关注，对其加以修改和审核的呼声很高。

其中，预算修改问题是最受瞩目的内容之一。在澳葡政府管治时期，根据《澳门组织章程》的规定，立法会所通过的仅仅是预算编制和执行的原则和标准，而预算案本身由总督编制、核准和执行。相应的，第41/83/M号法令规定由总督对预算进行修正和修改①，符合当时宪政框架下预算权力配置的逻辑，因为立法会本来就无权干涉预算的内容。但是，当《澳门基本法》将审核、通过预算案的权力赋予立法会以后，该法令关于预算修改

① 第41/83/M号法令第21条“核准范围及权限”规定：“一、为支付未预测或拨款不足之不得拖延之开支，得修正或修改预算。二、如本地区总预算之总开支增加，则透过法令修正预算。三、如能以开支项目内剩余之拨款抵销追加或登录之款项，则根据总督批示之规定修改预算。”

权力归属的规定就受到质疑。

因为从一般原理来讲，经议会通过的预算就具有法律上的约束力，特别是就开支而言，每一笔款都具有“专款专用”的性质，需要严格执行①。但是，第41/83/M号法令第21条第3款规定可以用批示方式修改预算②，这为政府对项目开支的调整和追加打开了方便之门。实际上，一些预算项目超支被认为与预算修改缺乏有效监管有直接关系。

上述规定的存在，导致预算执行偏离“专款专用”原则，也使立法会通过的预算本身成为软约束，与《澳门基本法》赋予立法会审核、通过预算案的实质性权力不匹配。这样的规定既有损财政预算的严肃性，也无助于政府建立依法施政和科学施政的形象，因此，在预算法的修改中对此需要给予足够的重视③。

此外，也有意见认为，目前预算案的编制在项目分类方面比较粗疏，不够细致，不利于对部门的绩效进行评估和监督；大型工程项目的开支只有年度预算，缺乏总预算和整体规划，从而不利于立法会的监督；等等。这些事情关系到《基本法》赋予立法会对财政预算的审核、通过以及监督的权力能否有效落实，因此不能不慎重对待。

（二）预算法的立法方式问题

除了预算法内容的修改，预算法的立法方式也需要引起关注。众所周知，预算法不仅直接涉及居民的财产权利，也涉及预算权力的行使问题。由于事关重大，预算法通常属于议会法律保留的范围。这是预算民主化和法制

---

① 关于预算的法律性质存在不同的见解。譬如，有人认为预算是法律（特殊法律），也有人认为财政预算是“授权规范”而非“强制规范”，是“内部规范”而非“外部规范”。参见周刚志《论财政预算的法律效力——基于财政立宪主义的理论视角》，《时代法学》2011年第6期；林子仪等《宪法——权力分立》，台湾新学林出版股份有限公司，2009，第224～225页。

② 第41/83/M号法令被采用为澳门特别行政区的法律，该法令第21条第2款已经被第1/1999号法律《回归法》废止，意味着必须以法律形式才能修正预算。第3款的规定（以批示方式修改预算）得以保留，但却成为争议的对象。

③ 立法会分析公共财政制度临时委员会也指出，预算修改涉及的资金调拨发生于内部，外部无法知情，因而导致透明度不足，节制程度降低，因此这一制度必须予以改善。参见分析公共财政制度临时委员会第1/Ⅲ/2008号工作报告，http://www.al.gov.mo/download/CEARFP-relatorio_1_Ⅲ_2008_cn.pdf。

化的要求和体现。

澳门第13/2009号法律《关于订定内部规范的法律制度》也规定，“财政预算和税收”事项须由法律予以规范（第6条15项）；同时，该法律还明确规定，“法律应有确定、准确和充分的内容，应清楚载明私人行为应遵守的法律规范，行政活动应遵循的行为规则，以及对司法争讼作出裁判所应依据的准则”（第4条2款）。

但是，如上所述，现行的预算纲要法在内容方面所剩无几，在体系方面残缺不全，而且许多内容由行政法规乃至有关批示来规范，这种状况与财政预算法律所应具备的法律位阶以及完整性要求无疑存在很大差距。

立法方式与技术并非细枝末节问题，因为形式正当是法治的内在要求。在修改预算纲要法内容的同时，有必要一并思考和解决立法方式和技术方面存在的问题。

（三）预算案审议期限问题

基于预算的特点，期限对预算案本身以及预算活动而言都是一个至关重要的因素。如果不能按期编制、提出、通过和实施，预算的效力就会大打折扣，并对政府施政产生影响。

从实践情况来看，政府通常于每年11月向立法会提交下年度的预算案。由于财政经济年度与公历年度一致，因此需要在12月之前完成预算案的审议，这样才能保证预算案如期实施。但是，在这段时间内，除了立法会的审议，还有行政长官签署、印务局登载公报公布等环节的工作，加之适逢政府施政方针辩论、回归纪念日和圣诞节公众假期等，因此留给立法会审议的时间其实所剩无几。

在澳门回归以前，《澳门组织章程》也要求立法会在每年12月15日完成预算方面的工作。但区别在于，当时立法会只是核准行政当局征收收入和支付开支的许可以及订定编制和执行预算应遵守的原则和标准，而不是通过具体的预算案，预算案由总督以法令形式颁布。而根据《澳门基本法》的规定，立法会具有审核、通过预算案的实质权限。在这种情况下，仅以一个月左右的时间审议事关民生福祉和政府施政并且账目庞杂的预算案，时间是否充足的确值得思考。

从比较法的经验来看，国外宪法或预算法通常从程序上规定政府提出预算案的期限，留给议会审议预算案的时间也较为充足①。审议时间的长短并非确保审议质量的唯一要素，但对于如此重要且复杂的财政预算案而言，充足的审议时间无疑是十分必要的。因此，探讨对政府提案以及议会审议时间做出适当规定有积极意义。

而且需要指出的是，在审议时间有限的情况下，预算审议的民主性与专业性之间的矛盾也会显得更突出。为此，有必要在解决审议时间问题的同时，增强审议的技术辅助力量，以便协助议会提高审议的质量和效率。②

（四）预算执行监督问题

预算的编制、提出、审核、通过和执行并不是预算活动的全部内容，预算监督也是预算活动不可分割的组成部分，它是保障预算案得到正确实施的重要手段。各国宪法或预算法普遍规定了预算监督制度，包括要求政府向议会提交预算执行报告、决算报告或账目，设立审计机关或审计法院进行监督等，以此来监督和保障预算的执行。③

《澳门基本法》赋予立法会审议预算执行情况报告的职权在一定程度上是审核、通过财政预算案权力的逻辑延伸：既然有权通过预算案，自然也有权对预算的执行情况加以监督。如果说审核、通过属于事前的监督和控制，那么，对执行情况的监督则属于事中和事后监督，具体包括决算阶段和执行

---

① 譬如，美国总统于元旦假期后的第一个星期一将联邦政府预算送到国会提请审议，到国会于6月30日通过拨款法案，其间有6个月左右的审议时间；法国、德国议会审议预算草案的时间也有3个多月；日本国会会议分为通常国会、临时国会和特别国会，其中通常国会会期长达150天，预算草案审议与自然休会（如节假日等）共占据2/3的时间。参见汤喆峰《预算审批制度的域外经验及其对我国的启示》，《求索》2013年第6期。

② 国外议会对预算的审议，在组织方面除了设置专门的预算委员会、拨款委员会等，通常还配备较强的辅助团队。在这方面，美国的国会预算办公室非常有代表性。该办公室的编制超过200人，有关专家在弥补议员专业知识的不足、协助编制预算报告、费用估计、经济预测和财政政策分析等方面发挥着重要作用。

③ 譬如，日本宪法规定，内阁必须定期——至少每年1次——向国会和国民报告国家的财政状况；国家收支决算每年都须由会计院审查，内阁必须于下一年度将决算和此项审查报告一并向国会提出。丹麦宪法规定，将公共账目提交给议会不得迟于财政年度终止后6个月。法国宪法规定，审计院协助议会监督政府行为，协助议会和政府监督财政法的实施。葡萄牙宪法规定，议会审议政府及法律规定的其他公共机构的账目，该账目应连同审计法院的报告一并提交。参见《世界各国宪法》编辑委员会编《世界各国宪法》（亚洲卷、欧洲卷），中国检察出版社，2012。

阶段的预算监督。

立法会对预算执行情况的监督，主要在于审议、分析各项收支是否符合已经通过的预算案，是否有所偏离。这是一种对预算执行合法性的监督。而对预算绩效的评估则具有更深层次的意义，这是对预算监督权的深化和延伸。在实践中，立法会对预算的审议和监督日趋细致，并且已经表示会关注预算效益问题[①]。这样的监督有必要不断深化，而这必然会反过来推动预算的编制和执行的改善。

六　结束语

《澳门基本法》就财政预算事宜的规定，既体现了财政民主的要求，又体现了行政主导的理念；既满足了职责分工的需要，又贯彻了权力制衡的精神。但是，《澳门基本法》的规定只是奠定了财政预算权力配置基础，还需要透过具体的制度和措施加以落实。由于预算法事关财政预算权力的具体行使，检讨和修改现行的预算纲要法及相关财政管理制度，使其符合《澳门基本法》规定的原则和精神，具有很强的迫切性。只有这样才能使政府与立法会依法各司其职，各尽其责，共同做好财政预算工作。

（原载《行政》杂志总第103期，澳门：澳门特别行政区政府行政公职局，2014年3月。）

① 立法会第二常设委员会针对2014财政年度预算案，邀请十个部门就预算编制及开支增加做出解释和说明。同时，强调政府应当贯彻从严控制、审慎理财、节约资源和提高效益的原则，从预算的编制、执行、控制和监督等各个环节，合理使用财政预算案中所规定的各项开支；对于在过往年度预算编制和执行过程中所存在的问题，应当从财政资源使用的必要性和效益性角度，提高将来预算编制特别是开支预算的准确度，防止不必要的支出，以实现增加财政资源使用的合理性和整体效益的目标。参见立法会第二常设委员会第1/V/2013号意见书。

论澳门特别行政区法律体系的科学认定

杨允中*

一 前言

《中华人民共和国澳门特别行政区基本法》（以下简称《澳门基本法》）自 1993 年 3 月 31 日正式颁布至今已有 20 多个年头，正式生效、全面实施也有十几年。在"一国两制"方针和《澳门基本法》的指引与保障下，澳门特别行政区法制建设成效有目共睹，具有"一国两制"特征的澳门特区法律体系已经形成，特区政府依法施政实现常态化、规范化，广大居民包括爱国爱澳居民在内的核心价值观有所调整，习法知法、遵法守法的公民意识都有所增强。这是正确认识澳门当前形势的一个基本点。

在某些人看来，既然"保持原有资本主义制度和生活方式五十年不变"，那么，特别行政区各领域同回归之前就没什么两样。这其实是一种十分明显的误读误判。由于澳门回归是一场不折不扣的社会大变革，而且特区推行的又是史无前例的"一国两制"发展模式，故而保持原有资本主义制度不变只是特区社会生态的一个重要内容而非全部内容，而且被保留的原有制度本身也要与时俱进。更何况根据《澳门基本法》所设计的特别行政区制度，无论政治法律、经济民生、文化社会还是对外事务都要按照"一国两制"的需要不失时机地做好制度建设与理念调整。实践"一国两制"的

* 杨允中，法学博士、经济学博士，澳门理工学院理事会顾问、教授，澳门经济学会会长。

伟大进程，同样适用于邓小平的“三个有利于”（是否有利于发展社会生产力，是否有利于增强综合国力，是否有利于提高人民生活水平）标准。而是否符合这一标准，具体地讲，就是要看能否实实在在推动国家与本地区同步发展且使广大民众实际获利——政治上民主参与空间的扩大和经济上民生改善程度的提高。

开放的时代、开放的特别行政区，要求人们具有相应的开放思维。在过去的三分之一世纪里，中华人民共和国靠改革开放走出了中国特色社会主义的新路，祖国河山和人民命运同步发生了根本性变化。正如习近平所讲："中国特色社会主义之所以具有蓬勃的生命力，就在于它是实行改革开放的社会主义。”“我国过去 30 多年的快速发展靠的是改革开放，我国未来发展也必须坚定不移地依靠改革开放。”“中国特色社会主义在改革开放中产生，也必将在改革开放中发展壮大。”①

对新制度、新体制、新机制的验证要有一个适应期，而调整身份与心态同样需要一个适应期，如日方中的“一国两制”事业也需要在实践中提升水平。以衡量社会进步的最重要的一项指标——法制建设来讲，特区成立后迄今为止的成效，恐怕只能认定是万里长征走完了第一步，摆在特区政府与社会面前的挑战依然繁重而严峻，其中，特别行政区法律制度、特别行政区法律体系，恐怕仍有待予以全面关注并加以深入认真的探讨。

二　原有法律与“基本不变”

“我国政府在一九九七年恢复行使对香港的主权后，香港现行的社会、经济制度不变，法律基本不变，生活方式不变，香港自由港的地位和国际贸易、金融中心的地位也不变，香港可以继续同其他国家和地区保持和发展经济关系。”② 这是邓小平于 1984 年 6 月 22 日在《一个国家，两种制度》一文中做出的庄严承诺，也是中央政府制定基本国策时的一项重要原则。在上述“四个不变”中，“法律基本不变”在一定意义上直接决定另外三个不变，亦即另外三个不变都要靠《澳门基本法》以及原有“法律基本不变”

① 习近平：《在十八届一中全会上的讲话》，《求是》2013 年第 1 期。

② 《邓小平文选》第 3 卷，人民出版社，1993，第 58 页。

来加以认定和保障。这样，正确理解“法律基本不变”就具有十分突出的重要性。

（一）何谓原有法律

“法律基本不变”中的法律当然指原有法律，但原有法律的概念、意义、价值又何在呢？“法律与社会的关系，是社会需要决定法律的产生，法律的存在服务于社会需要。”“法律与社会之间的关系，既要稳定又要发展。所以，法律不能朝令夕改，也不能一成不变。”[①] 依据《全国人民代表大会常务委员会关于根据〈澳门基本法〉第145条处理澳门原有法律的决定》（以下简称《决定》）的精神，凡在1999年12月19日前，在澳门有效实施的规范性文件，原则上均可列入原有法律的范围内。原来在澳门实施的法律，由葡萄牙主权机构制定，体现的是葡萄牙的国家意志，代表葡萄牙的主权，与中国恢复对澳门行使主权和《澳门基本法》相抵触，当然不能被采用为特区法律。另一部分由葡萄牙制定、经过过渡期本地化，即由澳门自身的立法机关进行修改、通过，不与《澳门基本法》抵触的，则可采用为特别行政区的法律。至于回归前由本地立法机关制定的法律，只要不与《澳门基本法》相抵触，一般均可被采用为特别行政区的法律。

通常提及的“原有法律”应理解为广义概念，泛指回归前的法律、法令和其他规范性文件，当然以法律（含法令）为主体。如果使用“原有的法律”则只能是狭义概念，即不包括法律（含法令）之外的规范性文件。至于“基本不变”所指的原有法律，重点显然仍在于居于原有法律体系主体地位的法律和法令。

（二）对“基本不变”的正确理解

1. 以全国人大常委会所做决定为依归

法律不仅是最核心的社会规范，也是直接维护某一政权合法性、正当性的规范体系，故而对原有法律的过滤、审查就成为政权顺利交接、平稳过渡的一项基本原则和重要内容。澳门特区筹委会法律小组负责审查的原有法律（包括原立法会制定的法律和原总督制定的法令）共855

① 刘高龙、赵国强主编《澳门法律新论（上册）》，澳门基金会，2005，第58页。

件，“绝大多数的法律通过作出必要的变更、适应、限制或例外以及通过解释、名称词句替换等原则解决，从而使这些法律均可采用为特别行政区法律”。[①]

在“基本不变”方针指引下，上述原有法律中的大多数包括在过渡期经过本地化的法律基本上都获准坐“直通车”过渡到特别行政区，所以，“基本不变”就是指原有法律中多数不变，成文法传统不变，体现原法制传统的进步成分和做法不变。但对“基本不变”的认定要以全国人大常委会做出的相关决定为依据，因为全国人大常委会是最高国家权力机关的常设机关，拥有解释宪法和法律、制定和修改除应当由全国人民代表大会制定的法律以外的其他法律的职权[②]，由它做出的决定具有与《澳门基本法》相同的法律效力。

根据全国人大常委会的《决定》，属于其附件一所列即因抵触《澳门基本法》而不被采用的原有法律共 12 件，属于附件二因抵触《澳门基本法》而不被采用，但在特区制定新法律前可按《澳门基本法》所确定原则参照原做法处理相关事务的法律共 3 件，属于附件三因部分内容抵触《澳门基本法》而不被采用的原有法律共 18 件。三项共占被审查的原有法律的 3.86%，其中全面废除的只占 1.75%。被澳门特区采用的原有法律，如“以后发现与基本法相抵触者，可按照基本法的规定和法定程序修改或停止生效”（《决定》第七项），“从某种意义上说，澳门今天的法律基本上仍是昨天的法律”[③]。特区成立之后除全国人大常委会决定附件一、附件二所列法律被废止外，附件三所列部分内容与《澳门基本法》构成冲突的已基本上被修改。这充分体现了“基本不变”政策的包容性、宽松性，也体现了“一国两制”基本国策的前瞻性和预见性。

2. “基本不变”不等于永远不变

保持法律规范相对稳定，是立法者和广大民众的共同愿望和期盼，但个别法律规范乃至整部法律又必须在实践检验中与时俱进、适时完善。任何法律都不可能一成不变、一劳永逸，在回归前特殊立法环境下形成的法律规范

---

① 钱其琛：《全国人民代表大会澳门特别行政区筹备委员会工作情况报告》，《人民日报》1999 年 12 月 27 日，03 版。

② 见《中华人民共和国宪法》第 57 条、第 67 条。

③ 刘高龙、赵国强主编《澳门法律新论（上册）》，澳门基金会，2005，第 13 页。

更不例外。要做到“基本不变”，一是必须强调原有法律制度、法律体系在不抵触《澳门基本法》前提下的相对稳定性；二是以特区筹建期间特区筹委会进行审查的时间为界限，以当时做出的认定为主要依据，日后如发现抵触《澳门基本法》情况者另行处理；三是除全国人大常委会决定通过的适应性措施、名称词句替换外，原有法律的中译版本质量欠妥者必须进行适当的文字优化。

被保护下来的原有法律，作为原有资本主义的重要价值符号，应做总体观察。对建构澳门特区“一国两制”法律体系相当有利的，澳门社会则应把它看成一份有益文化遗产，做到古为今用、外为中用。但事物不能绝对化，基本不变不等于长期不变，更不等于永远不变。可以被特别行政区新社会保留的只能是法制大方向大原则，而不是某一具体法律法规或某一具体法律规范。

（三）对“基本不变”的误读误判

1. 法典法说

澳门在1999年12月20日回归前长期受葡萄牙及葡萄牙传统法律的管治。葡萄牙是一个典型的大陆法系国家，素以成文法作为法律的主要渊源，故其法律体系相对来说比较完备。这种以成文法构成的完备严谨的法律框架的特征在澳门原有法律体系中也得到充分的体现。[①] 大陆法系对“五大法典”（民法典、刑法典、民事诉讼法典、刑事诉讼法典和商法典）推崇备至。既然澳门特区保持原有法律基本不变，除业已本地化的同名“五大法典”外，澳门尚有多部次级法典和多部纲要法以及常用的程序法典和登记法典，它们构成实体法与程序法的骨干。因而，认定澳门当前法律制度时，部分人士依然坚持法典法观点。澳门原有法律（包括“五大法典”）绝大多数经本地化后均直接延续下来，其中，一些重要领域的法律以法典形式颁布，这是事实。但当前澳门法律体系中居最高位阶的《澳门基本法》和11部在澳门特区适用的全国性法律绝对不可简单地纳入欧陆法典法体系。故此，与其说澳门特区保留原法典就是实行法典法，倒不如说澳门特区“一国两制”法律体系保留了法典法特点。

---

① 刘高龙、赵国强主编《澳门法律新论（上册）》，澳门基金会，2005，第15页。

2. 民法主导或民商法主导说

欧陆法系有时亦被某些学者称为民法法系或民商法系，民商法受到法学界的高度关注，强调民法某种意义上意味着对保障公民基本权益的重视，这在当代亦构成备受重视的一项宪制原则。葡萄牙 1974 年 4 月 25 日革命后重新颁布宪法，全面移植以德、法为首的欧陆国家法制现代化积极成果，在一定意义上也推动澳门法律体系的更新与逐步现代化。1987 年中葡联合声明签署后，法律本地化更成为澳门过渡期三大要务或三大难题之一，推动法律本地化进一步为原有法律基本不变创造了条件。回归之后，业已本地化的民法典和商法典无疑仍具有不可取代的重要地位，但说由它来主导显然言过其实。在澳门特区法制领域，唯一起主导作用的只能是居特区法律位阶最高的《澳门基本法》。《澳门基本法》是“一国两制”的具体化、法制化，显而易见，确保长期繁荣稳定、长治久安靠的正是《澳门基本法》。

3. 原有法律主导说

20 世纪 70 年代中期以后同葡萄牙新政权推动对内政治民主化、对外非殖民化两大新政相适应，澳门当时迎来一个立法高峰期，1987 年中葡联合声明签署后法律本地化成为中葡双方和澳门各界的一大关注点。经共同努力，到澳门正式回归时除极少数原有法律因同国家恢复行使主权的要求不相适应而被全国人大常委会宣布废除外，大部分原有法律均得以延续下来。由于原来是双轨立法，由总督颁布的具有法律地位的法令又占多数，加之受立法原则和技巧等多方面因素影响，法律乱象纷呈，政府清理至今仍未能了结此事。要讲原有法律主导说，恐不符合澳门特区当前现实。

当然，那种认为澳门回归后法律应当推倒重来的，以及认为葡萄牙法律观念均应舍弃的，都是不切实际的观点，不利于社会稳定，也不符合“一国两制”的原则和精神。同样，那种认为原有的葡萄牙法律观念均不可触动的，甚至视其为“澳门传统”而死抱不放，也是与澳门社会的发展要求格格不入的。[①] 认为原有法律“基本不变”就是说进入特别行政区时代的澳门仍以原有法律为主导，这种判断既是对原有法律得以保留的

① 刘高龙、赵国强主编《澳门法律新论（上册）》，澳门基金会，2005，第 23 页。

认知失据，更是对“一国两制”和基本法以及澳门特区社会现实存有偏见的一种表现。

4. 原有法律受保护说

根据“五十年不变”原则，澳门原有法律绝大多数因不抵触《澳门基本法》得以延续下来，某种意义上也可以讲受到《澳门基本法》的保护，这是事实。但不容忽略的另一方面是，构成澳门特区法律体系的基本组成部分还有特区立法机关自行制定的新法律和涉及国家主权及中央与特区关系而在特区生效实施的部分全国性法律。故此，绝不宜因受到《澳门基本法》保护而把原有法律说成是一成不变，或有意无意地把保持“基本不变”的原有法律认定为特区法律的代名词。需要充分肯定的一点是，原有法律绝大多数作为法治文明成果有其存在价值，有对其合理利用的必要性，但所有法律都面对与时俱进、及时完善的课题，即使是特区立法机关制定的新法律，假以时日也要修改完善，遑论立法背景与时代环境均与当前脱节的原有法律。一个可以预期的前景是：原有法律在特区法律体系中所占比例将会越来越低，属此消彼长，而特区立法机关制定的新法律所占比例会逐渐增大，恰恰是此长彼消，双方结构比例是逆向变化的。这表明原有法律在特区的社会功能处递减趋势，从另一层意义上讲也是特区发展进步使然。

5. 资本主义法律当道说

这是对原有法律认知的又一种倾向。在某些人看来，既然特区保持原有资本主义制度五十年不变，那么作为原有资本主义产物的原有法律当然也要五十年不变。这类判断的片面性、简单化是十分明显的。一方面，法律本身是动态性很强的刚性社会规范，它必然随社会演进而演进，另一方面，原有法律总体上可以延续运用，但其规范度、完善度绝未达到令大多数居民满意的地步。因此，肯定不等于绝对化，自我封顶或被动封顶即不想改、不愿改、不让改的心态，都是不妥的。原有法律要分期分批在审慎有据前提下纳入规范化、完善化日程，这是历史发展的客观要求，而具体做法上肯定要慎之又慎，成熟一件修订一件，循序渐进，逐步推进完善进程。总之，包括“五大法典”在内的原有法律，其基本适用性应予以肯定，对其中大部分乃至整体的存在价值表示肯定，但对部分过时、过宽或过严或不够严谨的规范包括文字做出优化，绝不是多余的过分要求。

三　对特别行政区法律制度的科学认定

（一）制度与社会制度

制度是在一定历史条件下形成的政治、经济、文化等方面的运行规范体系。在过去的一百年间随着社会主义思潮的广泛传播，特别是1917年俄国十月革命成功，全球范围内逐渐形成两种针锋相对的社会制度：社会主义制度与资本主义制度。其实，“社会主义与资本主义最本质的区别不外乎两条：一是社会财富由谁占有且如何分配，二是国家公权力由谁来行使。社会主义强调一公二共，即在社会财富的占有和分配上强调公有制，强调共同富裕，而国家公权力掌握在以工人阶级为首的劳动人民及共产党手里；资本主义则强调一私二资，即私有制天经地义，神圣不可侵犯，而国家公权力由资产阶级及其政党来掌握”。① 这本是常识性问题，却往往被人忘记。

实行某种社会制度和发展模式，是不同国家或地区人民自行做出的选择，但一种制度之所以能够实施，首要条件便是由其最高权力机关或立法机关制定相关法律加以保障，因此，制度以法律确认为前提，由法律确认的制度便成为刚性的、全民的行为规范：从政府到民间，从中央到地方都要加以维护。故法律制度既是社会制度的核心和基础，又是其灵魂和价值所在。

（二）法律制度与法律传统

法律制度学理上有广义与狭义解释。广义上主要指某一国家、地区所实行的法律体系归属，如按法系认定的大陆法制度或海洋法制度，按建立原则认定的成文法制度或判例法制度，按社会制度认定的社会主义法律制度或非社会主义法律制度。而狭义上则泛指某一具体领域的制度，如审判制度、出入境管理制度、教育制度、劳动保护制度、公职人员制度等。

法治作为人类文明的一项积极成果，是现代国家的重要标志。但不同国家、不同民族出于历史与社会原因均有各自不同的文化传统（包括法律传统），法治实现程度也各不相同，重法治还是重人治、重形式上的法治还是

① 杨允中：《我的“一国两制”观》，澳门理工学院一国两制研究中心，2012，第39页。

重事实上的法治，仍是最大分水岭。西方国家更有法学家法与法官法的不同法律传统，前者强调制成法的权威性和学者的法理主张，后者则强调法官的权威性和判例的广泛适用性。

（三）澳门特区实行的是特别行政区制度

澳门实行的特别行政区制度（包括法律制度）以《澳门基本法》的规定为依据："根据《中华人民共和国宪法》第三十一条，澳门特别行政区的制度和政策，包括社会、经济制度，有关保障居民的基本权利和自由的制度，行政管理、立法和司法方面的制度，以及有关政策，均以本法的规定为依据"（第11条）。由最高国家权力机关——全国人民代表大会所制定的基本法，其崇高权威性不容挑战："澳门特别行政区的任何法律、法令、行政法规和其他规范性文件均不得同本法相抵触"（第11条）。特别行政区制度既不是百分之百的原有资本主义制度，也不是百分之百的社会主义制度，而是由《澳门基本法》指引与保障，从澳门社会现实出发、体现理论创新与制度创新的"一国两制"新型制度体系。

人们完全有理由相信，既具历史延续性又具时代创新性的澳门特区法律制度与法律体系，是具有自身特色的，甚至也具有明显的相对优势。当然，澳门法律的发展完善与科学化之路仍然漫长。但"只要我们敢于正视现实，立足本地，解放思想，以新思维、新模式去应对未来的挑战，就一定能使澳门法律跟上社会发展的步伐，不断走向成熟，最后形成一个具有澳门特色的符合澳门实情的先进的法律制度"。①

（四）澳门特别行政区现行法律制度举例

从宏观上观察，澳门特区正在实行的法律制度只能被认定为具有"一国两制"特征或具有澳门自身特色的新型法律制度，简称为"一国两制"法律制度。以下从微观层面讨论几个具体法律制度。

1. 规范中央与特区关系的法律制度

根据《中华人民共和国宪法》（以下简称《宪法》），规范中央与地方关系的条文包括总纲第30条，第三章国家机构的第59、62、89条以及第五

---

① 刘高龙、赵国强主编《澳门法律新论（上册）》，澳门基金会，2005，第27页。

节地方各级人民代表大会和地方各级人民政府第95～111条，第六节民族自治地方的自治机关第112～122条，此外，全国人民代表大会组织法、全国人大和地方各级人大代表法、全国人大和各级人大选举法、地方各级人大和地方各级人民政府组织法等全国性法律也均做出相应规定。

由于实行"一国两制"，中央与澳门特区的关系在《宪法》第31条授权下由《澳门基本法》第一章"总则"的部分条文和第二章中央和澳门特区关系共12个条文做出具体规范与指引。这些具有宪制规范性质的规定明确表明：①澳门特别行政区的法律定位——是中华人民共和国不可分离的部分，是中华人民共和国的一个享有高度自治权的地方行政区域，直辖于中央政府。中央与特区是上下级、领导与被领导的关系。②中央政府行使的公权力——凡体现国家主权的事务如外交权、防务权、对行政长官及主要官员任免权、对特区立法机关制定法律的监督权、决定全国性法律在特区适用权等权力，属中央政府。③特区的高度自治权——凡属高度自治权范围的行政管理权、立法权、独立的司法权和终审权，由全国人大及其常委会或中央政府授予的其他权力，以及澳门居民中的中国公民依法参与国家事务的管理权等权力，由特区所享有。④中央与特区之间是良性互动关系——中央所属各部门、各省（区、市）不得干预特区内部事务，而特区应自行立法实行"三禁止"：禁止任何叛国、分裂国家、煽动叛乱、颠覆中央政府及窃取国家机密，禁止外国的政治性组织或团体在特区进行政治活动，禁止特区的政治性组织或团体与外国同类组织或团体建立联系。中央关心、支持特区，而特区维护中央尊严，维护国家主权、安全、发展利益，双方良性互动、同步发展是"一国两制"基本宗旨所在。这个极不寻常的创新设计，开创了国家行政管理中最具中国特色的新型制度。

澳门特别行政区成立伊始便不失时机地推出第1/1999号法律《回归法》、第2/1999号法律《政府组织纲要法》、第3/1999号法律《法规的公布与格式》、第4/1999号法律《就职宣誓法》和第5/1999号法律《国旗、国徽及国歌的使用和保护》作为配套跟进之举。2009年2月第2/2009号法律《维护国家安全法》的出台，标志着《澳门基本法》145个条文全都得到有效落实。

2. 保障居民基本权利和自由的制度

我国《宪法》关于公民权益保障的规范不仅具有中国特色而且日臻完

善。第一章总纲确定国体、政体，核心条文如“中华人民共和国的一切权力属于人民”（第2条），全国人大和各级人大“都由民主选举产生，对人民负责，受人民监督”，“国家行政机关、审判机关、检察机关都由人民代表大会产生，对它负责、受它监督”（第3条）、“中华人民共和国各民族一律平等”（第4条），“中华人民共和国实行依法治国”“任何组织或者个人都不得有超越宪法和法律的特权”（第5条）。《宪法》还直接涉及公民基本权利，第二章公民基本权利和义务通过24个条文分别从不同领域对此加以规范指导。这些规范原则上亦适用于特别行政区。

《澳门基本法》第三章居民的基本权利和义务共21个条文，其中有20个条文是保障居民基本权利的，连同其他章节的相关条文共有逾35个条文来保障居民的政治权利、人身权利、经济权利、社会与其他权利，其中政治权利有：权利和自由全面保障权（第4条）、平等权（第25条）、参与国家事务管理权（第21条）、选举权和被选举权（第26条）、言论结社示威自由权（第27条）、信仰自由权（第34、128条）、国际人权公约保障权（第40条）、葡裔居民正当权益受保护权（第42条）、领取特区护照权（第139条）等；人身权利有：人身自由权（第28条）、罪刑法定和无罪推定原则保护权（第29条）、人格权（第30条）、住宅不受侵犯权（第31条）、通讯自由权（第32条）、迁徙旅行移民权（第33、139条）、诉讼权及获司法补救的权利（第36条）；经济与工作权利有：私有财产被保护权（第6、103条）、正式居留权（第24条）、就业自由权（第35条）、学术及创作自由权（第37、125条）、外来投资受保护权（第103条）、合法土地契约权（第120条）、办学自主权（第121、122条）、专业资格受保护权（第129条）；社会保障权利有：婚姻自由及自愿生育权（第38条）、社会福利及退休保障权（第39条）、妇幼老残受保护的权利（第38条）、选择院校及境外留学权（第122条）；其他权利有：法律保障的其他权利和自由（第41条）、原有法律关系被保护权（第145条）。所列保障权利总数达30种以上，形成一个完整保障体系。再加上民法典、民事诉讼法典、行政诉讼法典、劳动诉讼法典、各相关登记法典，以及有关选举权、参政权、居留权、请愿权、集会示威权、结社权、著作权、生育权、自由出入境权等单项法律的规范，澳门居民享有实际保障的程度远远超出中国内地和国际通用标准。《澳门基本法》特别强调《公民权利和政治权利国际公约》、《经济、社会与

文化权利国际公约》和国际劳工公约适用于澳门的有关规定继续有效（第40条）。

尤其值得强调的是，澳门居民回归后身份与理念都得到较为及时的调整，作为特区当然主人翁，澳门广大居民不仅是特区建设的参与者，也是特区发展成果的分享者，不仅在人权、民主、法治等传统核心价值观上保持较为理性的心态，而且及时确立了爱国爱澳、“一国两制”等具有时代特征的新型核心价值观认知。

3. 澳门司法制度

《澳门基本法》规定，澳门特区享有的中央授予的高度自治权中包括独立的司法权和终审权。澳门特区的司法制度自成体系，独具特色，不仅同实行单一制的内地司法制度、体制存在明显差异，而且同香港特别行政区也有重大不同之处（澳门沿用欧陆法系传统，审判与检察同属司法部门掌控，而香港因原为海洋法系，只有行使审判权的法院代表司法体系）。正因为如此，澳门与内地及港台之间建立尊重、平等、互惠、互利、互鉴的司法合作关系十分重要。

回归前，澳门司法制度极不完整，更谈不上完善。长期来只有一个初级法院，上诉案件要向里斯本法区的中院提起，直到进入回归的倒数年份——1993年才草草成立高等法院。澳门特区成立后，根据《澳门基本法》、第1/1999号法律《回归法》和第9/1999号法律《司法组织纲要法》的规定，澳门特区有效地行使了独立的司法权和终审权，不仅建立了包括初级法院、中级法院和终审法院的完整的审判系统，而且建立了“一院建制、三级派任”运行模式的检察系统。法院和检察院的组织、职权和运作由《司法组织纲要法》和其他法律予以规定。其中，各级法官根据当地法官、律师和知名人士组成的独立委员会的推荐，由行政长官委任，各级法院院长由行政长官委任，终审法院院长必须是永久性居民中的中国公民，检察长由永久性居民中的中国公民担任，由行政长官提名并报中央政府任命。上述规定清楚地呈现以下几个特征：一是新制度体现国家恢复行使主权的时代特征；二是澳门沿用完整的欧陆法系司法制度，司法由审判和检察两大系统组成；三是审判系统拥有由初级到终审的三级法院，不仅有独立的司法权还拥有独立的终审权；四是运行机制相对灵活，具澳门特色，如建立推荐法官独立委员会，可以聘用葡籍司法人员等。

4. 特别行政区区旗区徽制度

《澳门基本法》规定："澳门特别行政区除悬挂和使用中华人民共和国国旗和国徽外，还可悬挂和使用澳门特别行政区区旗和区徽"（第10条）。作为同省、自治区、直辖市并列的地方行政单位，特别行政区因享有高度自治权而拥有自己的区旗、区徽，这本身就构成中国宪制史上的一个创举，也是特别行政区实行特别行政区制度的一个典型特色。"澳门特别行政区的区旗是绘有五星、莲花、大桥、海水图案的绿色旗帜。澳门特别行政区的区徽，中间是五星、莲花、大桥、海水，周围写有'中华人民共和国澳门特别行政区'和葡文'澳门'"（第10条）。设计优美的区旗、区徽不仅令全体澳门特区居民深受鼓舞、引以为荣，而且令全国人民和全球华人心存敬佩并感到无限欣慰。

在特别行政区，要维护作为国家形象的国旗、国徽、国歌，《宪法》相关条文以及最高国家权力机关全国人大制定的《国旗法》《国徽法》均在澳门特区生效实施，除《澳门基本法》第10条规定外，澳门特区立法机关还制定了第1/1999号法律《回归法》、第5/1999号法律《国旗、国徽及国歌的使用和保护》、《区旗、区徽及区歌的使用和保护》，加以指引。《国旗法》和《国徽法》都在第3条明确规定："中华人民共和国国旗（国徽）是中华人民共和国的象征和标志，一切组织和公民、都应当尊重和爱护国旗（国徽）。"澳门特区第5/1999号法律重申：作为国家象征的国旗、国徽、国歌"应当被尊重和爱护"。第6/1999号法律规定："澳门特别行政区的区旗、区徽是澳门特别行政区的象征，应当被尊重和爱护"（第2条），并相应规定："以言词、动作或散布文书，又或以其他与公众通讯之工具，公然侮辱区旗或区徽，又或对其不尊重者，处最高两年徒刑，或科最高二百四十日罚金"（第7条）。焚烧、毁损、涂抹、玷污或践踏区旗和区徽均是对区旗和区徽的不尊重。这项新制度的建立为提升特区形象、普及公民教育，起着不可取代的特殊作用。

5. 就职宣誓制度

《澳门基本法》规定："澳门特别行政区行政长官、主要官员、行政会委员、立法会议员、法官和检察官，必须拥护《中华人民共和国澳门特别行政区基本法》，尽忠职守，廉洁奉公，效忠中华人民共和国澳门特别行政区，并依法宣誓"（第101条）。"澳门特别行政区行政长官、主要官员、立

法会主席、终审法院院长、检察长在就职时，除按本法第一百零一条的规定宣誓外，还必须宣誓效忠中华人民共和国”（第 102 条）。就职宣誓是现代国家常见的一种法律规范，但特别行政区高层官员履行就职宣誓同回归前澳葡时代有着本质的区别，这项制度的实施提高和增强了公权力机关高层的产生和运作的透明度和庄严性。由于国家暂未采取同类做法，故它也一定程度上凸显了特别行政区的自身特色。

澳门特区第 4/1999 号法律《就职宣誓法》还就就职宣誓的标的、定义、要件、语言、誓词等相关内容做出规定。法律分别对行政长官、主要官员、立法会主席、终审法院院长、检察长以及行政会委员、立法会议员、法官和检察官的誓词做出了规定。拥护《澳门基本法》、尽忠职守、廉洁奉公、效忠国家或特区是共同的要求。行政长官的誓词是：“本人（姓名），谨此宣誓：本人就任中华人民共和国澳门特别行政区行政长官，必当拥护并负责执行《中华人民共和国澳门特别行政区基本法》，效忠中华人民共和国及其澳门特别行政区，尽忠职守，遵守法律，廉洁奉公，致力于维护澳门的稳定和发展，对中央人民政府和澳门特别行政区负责。”在主要官员、立法会主席、终审法院院长、检察长的誓词里均有“效忠中华人民共和国及其澳门特别行政区”的要求，在法官、检察官誓词里用“公正廉洁、维护法制”来替换“廉洁奉公”。在澳门特区，局级领导职务据位人就职时也要履行相关仪式并宣誓。

6. 澳门特区的正式语文制度

《澳门基本法》规定：“澳门特别行政区的行政机关、立法机关和司法机关，除使用中文外，还可使用葡文，葡文也是正式语文。”（第 9 条）所谓正式语文（língua oficial）即官方语文，指公权力机关制定法律、发布文告和信息必须使用的语文，根据基本法的原则性规定，在澳门特区主要指政府公权力机关必须以规范的中文作为其工作语文，法律的草拟、制定应使用中文，政府公文第一文本应为中文，官员与华人民间的社会沟通亦应选用中文，特区以中文制定的法律文件如与葡文出现理解差异时应以中文为准。

这清楚地表明，首先，澳门特区有两种正式语文：中文和葡文，但以中文为主、葡文为辅，两者不可能也不需要等量齐观、平起平坐，这既是《澳门基本法》立法原意，是国家恢复对澳门行使主权后国家主权和核心利益所在，又是澳门社会现实和澳门绝大多数居民意愿的正确反映。为了确保政府运作的连续性，并照顾葡裔居民的愿望和要求，《澳门基本法》规定“葡文也是正式语文”，这对澳门特区长治久安、提升国际形象而言是有益的。但两者法律定位有所不同：中文是毫无疑问的主要、正式语文，葡文是“还可使用”的正式语文。两者有主有次、有先有后的立法原意，是十分明显的。

其次，关于同等尊严论，或如何看待第101/99/M号法令。1999年12月13日政府公报刊登第101/99/M号法令，正式确认“中文及葡文均为澳门正式语文”，“两种正式语文具有同等尊严”（第1条）。“法律之草案及提案应以其中一种正式语文制定，并附另一种正式语文之译文，方呈交立法会”（第2条），“法律及行政法规须以两种正式语文公布”（第4条），规范性文件“两种正式语文文体之任一文体均具公信力”（第5条）。毫无疑问，这部法令在回归前有一定积极作用。遗憾的是，这部法令是在澳门政权交接前七天公布的（翌日生效），实际生效时间只有六日。由于澳门特区筹委会对澳门原有855件法律（法令）的审查已于1999年8月28、29日举行第十次会议时结束，九届全国人大常委会第十二次会议于1999年10月31日已做出处理澳门原有法律的决定，因此，它属于未经特区筹委会审查、带有一定“偷步”性质的法律文件。

最后，还原一下立法原意。原草委王叔文指出：“这一条（指《澳门基本法》第9条——笔者注）对澳门特别行政区政权机关使用的正式语文，作了原则性的规定。澳门特别行政区是中华人民共和国不可分离的一部分，当地居民的98%是中国人，以中文作为行政机关、立法机关和司法机关的正式语文，并以中文为主，乃理所当然。”① 原草委萧蔚云指出：“这是中华人民共和国恢复对澳门行使主权的必然要求和体现。在澳门特别行政区的政权机关，葡文也可以作为正式语文使用，但是，当中葡文两种语文出现解释或理解方面的不一致时，应以中文为准。基本法确立的澳门特别行政区的语文政策，是要把中文作为主要官方语文的地位确认下来。”②

全国人大常委会的决定第5条指出：“采用为澳门特别行政区法律的澳门原有法律，自1999年12月20日起，在适用时，应作出必要的变更、适应、限制或例外，以符合中华人民共和国对澳门恢复行使主权后澳门的地位和《基本法》的有关规定。”因此，尽快就上述法令的合法性做出认定并就

① 王叔文等：《澳门特别行政区基本法导论》，中国人民公安大学出版社，1994，第105页。

② 萧蔚云等：《一国两制与澳门特别行政区基本法》，北京大学出版社，1993，第77、78页。

其中所谓“同等尊严”的提法做出相应修改，是十分必要、十分迫切的一项法制建设课题。在维护基本法权威的前提下，毫无疑问澳门应该充分开发与利用葡语和葡语人才的优势，甚至可以说澳门在这方面还有很大提升空间。但这同前面讨论的问题具有不同性质，应加以区别。

四　澳门特区法律体系：认定与评估

（一）基本法的原则性规定

“在澳门特别行政区实行的法律为本法以及本法第八条规定的澳门原有法律和澳门特别行政区立法机关制定的法律。”“全国性法律除列于本法附件三者外，不在澳门特别行政区实施。”“列入附件三的法律应限于有关国防、外交和其他依照本法规定不属于澳门特别行政区自治范围的法律。”（第 18 条）

以上规定表明，澳门特别行政区由基本法统率的法律体系，其渊源有三：一是《澳门基本法》第 8 条规定的原有法律，二是特区立法机关制定的法律，三是在特区实施的全国性法律。此外，适用于特区的国际公约和条约，也可列为广义上的特区法律渊源。从数量上看，第一类原有法律仍占较大比重，但其清理、适应化工作受各种因素影响一直拖到今天，人们期望即将正式公布的清查结果能成为法律改革的一个标志性起点。第二类特区立法机关制定的新法律至今已逾 190 件，其中包括第 1/1999 号法律《回归法》、第 2/1999 号法律《政府组织纲要法》、第 9/1999 号法律《司法组织纲要法》、第 11/2000 号法律《立法会组织法》、第 16/2001 号法律《娱乐场幸运博彩经营法律制度》、第 2/2009 号法律《维护国家安全法》和第 13/2009 号法律《关于订定内部规范的法律制度》等重要法律。第三类迄今共有 11 件全国性法律在澳门特区实施。截至 2011 年底，属于国际法性质、在澳门特区适用的民航类、海关类、禁毒类、经济金融类、教育科技文化体育类、资源环保类、外交国防类、卫生类、人权类、知识产权类、国际犯罪类、国际贸易类、劳工类、海事类、国际私法类、道路交通类、邮政电信类、建立国际组织类内容的国际公约、条约，共逾 269 件。[①]

① 澳门新闻局：《2012 澳门年鉴》，澳门新闻局，第 507 ~ 519 页。

澳门法律体系的这种结构性变化正是对原有法律的优化、补充、调整的反映，也是法律自身与时俱进与自我完善的表现。

（二）澳门特区法律的体系归属与结构分类

现阶段澳门特区法律总体上依然属成文法，欧陆法系特别是葡萄牙法律渊源颇深，但如果从法系（family of laws）判断，把它简单归结成前文提及的欧陆法系，或法典法系，或民商法系，恐也会有失全面。构成特区法律龙头与核心的是《澳门基本法》，而《澳门基本法》是由最高国家权力机关——全国人大依《宪法》授权而制定的，它是一份体现理论创新与制度创新的、中国特色社会主义法律体系中的一部全国性法律或宪制性法律。现今11件在特区实施的全国性法律也是百分之百的中国特色社会主义法律。中国法律虽然亦具成文法特点，但同欧陆法系成文法相比具有质的不同，中国法制要为社会主义的国体政体服务，要坚持“五个不搞”[①]，而澳门是中国特色社会主义国家中由中央政府直接管辖的特别行政区。特区立法机关制定的法律则要依法向全国人大常委会上报以备案。故把这两类法律也纳入欧陆法系显然不适当也没有必要。

法律和其他事物一样，根据不同标准可以有不同分类。2012年2月澳门理工学院一国两制研究中心推出一部《澳门特别行政区常用法律全书》（以下简称《全书》），《全书》收录现行法律178部，参照《澳门基本法》的结构，《全书》把这些法律分成六大类：《宪法》及《宪法》相关法35件、有关保障居民基本权利和自由的法律20件、特区公权力机关法50件、民商刑事及行政法39件、程序法和登记法16件、国际法及有关司法互助法律文件18件。在上述分类中，《宪法》及全国性法律共21件，占11.8%，特区立法机关制定新法律76件，行政长官制定的行政法规、国际法文件及司法互助协定41件，两项合计117件，占65.7%，原有法律、法令40件，占22.5%。[②]《全书》的分类简朴实际、

① 吴邦国于2011年3月10日在向十一届全国人大四次会议作全国人大常委会工作报告时提出：“不搞多党轮流执政、不搞指导思想多元化、不搞‘三权鼎立’和两院制、不搞联邦制、不搞私有化。”http://www.npc.gov.cn/npc/xinwen/syxw/2011-03/11/content_1641626.htm。

② “凡例”，见杨允中主编《澳门特别行政区常用法律全书》，澳门理工学院一国两制研究中心，2012。

主次分明、多重兼顾、一目了然，对于科学认定澳门特别行政区法律体系的结构特点不无参照价值。

（三）澳门特区法律与中国特色社会主义法律体系之间的关系

任何法律体系都需要不断完善，都不可能一成不变、一劳永逸。实行“一国两制”的特别行政区是依《宪法》规范成立的。特区位阶最高的根本大法《澳门基本法》是最高国家权力机关依宪制定的。特区赖以维持正常运作的法律制度是根据《澳门基本法》建立的，组成特区法律体系的核心和骨干除《澳门基本法》外，还有在特区发挥作用的十多部全国性法律以及特区立法机关制定的现行法律，当然也包括原有法律体系中不抵触《澳门基本法》的法律。《澳门基本法》和十多部在特区实施的全国性法律，属于中国特色社会主义法律体系，这一点毫无疑问，特区立法机关制定的法律均向全国人大常委会备案，宏观上成为中国特色社会主义法律体系的特殊成分，亦顺理成章。至于原有法律得以保留的前提，一是不抵触《澳门基本法》，不影响中国政府对澳门恢复行使主权，二是符合当代法治原则和理念，符合现代法治文明的共同规律。“把有‘一国两制’特色的特区法律纳入宏观的中国特色社会主义法律体系，是好事不是坏事，它有助于彰显‘中国特色’的时代特征和理论跨度与深度。”① 因此，认定澳门特区法律总体上“姓社”不“姓资”是适当的。

（四）澳门特区法律的基本特点

从上述分析不难得出的几点判断是：①欧陆法系的渊源性。当前澳门特区法律体系仍属沿袭欧陆法系传统的成文法系，如此小的微型社会存在一套较为完整的有自身特色的法律制度和法律体系殊不简单，它为法治的完善和公民意识的提升奠定了较为扎实的基础。②保障的全面性。澳门特区成立十几年来政治稳定、经济繁荣、社会和谐，证明特区政府依法施政中遵循的法律制度与体系是有效而可靠的。③结构的与时俱进性。澳门法律结构中，居主导地位的是《澳门基本法》和特区立法机关自行制定的法律，原有法律均有其合理的存在价值且不抵触《澳门基本法》，同时所占比重还在进一步

---

① 杨允中：《我的“一国两制”观》，澳门理工学院一国两制研究中心，2012，第48~49页。

降低。④嫁接效应的显著性。在澳门法律体系中有体现社会主义优越性的根本大法和全国性法律及特区立法机关自行制定的新型法律，也有体现原有资本主义制度合理性的适用性法律，故可以讲，它是集中东西两大不同法系各自优越性的嫁接型新法律体系。它的出现和存在，为正确验证“一国两制”的科学性提供了有力佐证。

五　完善澳门现行法律的若干思考

十八大报告指出：“解放思想、实事求是、与时俱进、求真务实，是科学发展观最鲜明的精神实质。”在《澳门基本法》颁布20多年、特区成立已逾15周年的时间节点，倡导勇于实践、勇于变革、勇于创新，把握时代发展要求，顺应民众共同愿意，不懈探索和把握“一国两制”实践规律，是形势发展的客观要求，也是未来“一国两制”在实践中不断取得突破、实践水平不断提升的必然选择。针对澳门法制建设迅猛发展、重新定位而某些领域依然相对滞后的现实，进一步加大对法制建设的关注力度、进一步推动法制领域自我完善，不能说没有现实必要性和迫切性。这里，谨提出几方面不成熟的思考：一要查清资源，二要扬长避短，三要突破语言，四要优化功能，五要突出特色。

（一）清查家底、摸清资源

前文已提及，澳门特区法律体系是“一国两制”方针、原则的具体体现，《澳门基本法》早已做出科学定位。其中，原有法律的延续又是独具优势的一项安排，一方面，原有法律数量多、层次高、体系完善，可视为澳门社会的一项遗产加以继承，但另一方面，结构松散、系统性不强、翻译文字粗糙生硬等负面特点也十分明显。早在1999年10月特区筹建期间，九届全国人大常委会第十二次会议便做出处理澳门原有法律的决定。决定第二、三、四项指出，原有法律因抵触《澳门基本法》而被废止或部分废止。决定第五项指出，原有法律仍适用“应作出必要的变更、适应、限制或例外”这一项。这项被归纳为“原有法律适应化及清理”的工作，回归之初受各种因素影响未能及时完成。到2012年底，崔世安行政长官在2013年施政报告中提出：“为期三年的澳门原有法律适应化及清理工作进展顺利。”“澳门

回归前于1976~1999年12月颁布的法律和法令共2123项，经过清理，明确其中712项仍然生效，但其中有些已与回归后的社会现实或法律制度的发展相脱节，故需要进一步研究，确定修订或废止。”这项清查对特区法制建设具有重大历史意义和深远影响。人们衷心期望，随后政府公布的清查结果不仅能具体列出相关法律仍然适用的法理依据，而且能就原有法律中观念的异化和内容的老化问题提出一个系统性的整体优化与完善方案。

（二）扬长避短、以我为主

作为一种创新型法律制度和法律体系，澳门现行法律最明显的特点和优点是两大法系的直接对接与科学嫁接，这就促使迄今跨度最大、活力极强的新型法律体系出现。在澳门特区现行有效法律中，原有法律，包括“五大法典”，仍占不容忽视的高比例，但其性质属旧法新用、外为中用，把它说成是主体主导，显然言过其实。按照“一国两制”基本国策，不仅《澳门基本法》的统帅作用不容挑战、不可超越，在澳门特区适用的全国性法律和澳门特区立法机关自行制定并经全国人大常委会备案的新兴法律，正处此长彼（指原有法律）消态势。随着时间的推移，一旦原有法律清理告一段落，澳门法律人才进一步集结，对原有法律分期分批修订完善势在必行。这不仅基于所有原有法律都需要与时俱进的要求，而且从清一色用葡文起草的原有法律的中译文的规范性考虑，也有其必要性。

（三）语言突破、决心早下

客观地讲，葡萄牙法律的完善程度和法律人才的密集程度已达到一个不容忽视的水平。作为老牌海外扩张国家，葡萄牙在征服非、亚、拉美十多个国家和地区的过程中，法律和语言是两大撒手锏。澳门可被视作一个特殊案例，澳门居民绝大多数非但未被葡萄牙法律和语言征服，反而使葡萄牙后裔亦即通常提及的土生葡人在很大程度上被中国文化所同化。澳门原有法律带有明显的葡萄牙影子，全部由葡人用葡文草拟，对本地占居民绝大多数的华人的理解和要求少有考虑，这是特殊历史背景所造成的。这种状态的有利方面是法律渊源较为丰富、扎实，可在特区加以合理开发利用，特区成立后一再聘请葡萄牙法律专家和司法人才来澳服务，借势发展，同时推动澳门与葡萄牙以及中葡新型关系的发展。但负面效应是在培育本地高端法律人才与进一步推动法律本地化的进程中存在诸多不合理、不协调现象。如今，法律草拟、法律咨询、行政执法、司法运作、法律教学、法学研究等领域都已有不错的积累和不俗表现，只要社会大环境配合，澳门法制建设中的语言依赖问题有可能逐步得到缓解和彻底解决，关键是特区政府要早下决心、下大决心引导。

（四）功能优化、科学指引

在历史大变革的关键时刻，进一步全面完善法律的难度不容低估，但推动法制进步与完善需要充分发挥人的主观能动性，在命运已被改写的澳门人面前，只要充分调动爱国爱澳积极性，就推动法制改革的意义作用形成共识，使居民对“一国两制”下澳门法律体系的优特点与相对劣势持务实理性态度，并且政府对现有法律人才和潜在法律人才敢于大胆起用，澳门有自身特色的“一国两制”法律体系在现有基础上进一步优化结构和完善内容，就有望逐步实现。工欲善其事，必先利其器。要想正确推进“一国两制”伟大事业，推动现有法律体系系统化、科学化、民本化和非依赖化，就越来越重要、越来越迫切。而要真正有效推动法律体系的完善，投入必要的资源、必需的人才做好论证研究，就更加重要且势在必行。

（五）特色突出、走自己的路

澳门特区现有法律体系已是具有自身特色的新型规范体系集合体：既有体现“一国两制”原则与精神的《澳门基本法》的统领，又有原有法律所代表的欧陆成文法传统；既有中国特色社会主义法律的保障，又有原有资本主义适用性法律的延续。其特点突出、优点明显：《澳门基本法》居高临下起统领作用，特区适用的全国性法律提供有效保障与支持，原有法律基础相对雄厚、适度，立法机关所制定的新法律与时俱进，系统性、完整性十分突出，嫁接性、创新性格外醒目。

当然，现阶段仍处于调整期、适应期，立法、执法、司法几大领域还存在不少难点难题有待破解，居民法制与法治意识尚显薄弱，规范体系有待重构与优化，对法制的认知和对法治的理解还有颇大调整空间，故持封顶满足态度是没有依据的，依赖、放松也是不妥的。如何走好澳门特区“一国两制”下新型法律制度与法律体系的优化与强化之路，应是没有选择空间的

选项：坚持自身特色，走好自己的路，在实践中坚持创新，在创新带动下深入实践。在这方面，要力争尽早形成更大共识——既要推动系统而深入的理论研究，又要破除对法律的过分敬畏感。人们热切期望，有朝一日，有自身特色的澳门法律体系亦能成为澳门特区的一道风景线，一个备受认同的品牌。

六　结语：既要科学化、系统化，又要民本化、大众化

国家承诺原有法律“基本不变”，是落实“一国两制”的需要，即确保政权顺利交接、平稳过渡并确保特区长期繁荣稳定，当然，也是出于对特区居民原已适应的法治环境的保护，概念上则是出于对历史和现实的尊重。但“基本不变”不等于完全不变、不等于一成不变。变是社会有活力、有生命力的表现，变也应是社会发展的常态，是与时俱进的形象化。对原有法律在全面清理的基础上进一步做出循序渐进的完善既合情合理又不可避免，同样，即使特区立法机关所制定的新兴法律也存在逐步完善的需要，完善的最终目的是维护国家主权、安全和发展利益，推动特区长期繁荣稳定、长治久安，推动民生持续改善和民主循序渐进发展，或者从技术层面讲就是从规范内容到表现形式都要科学化、系统化、民本化、大众化，即优化、简化、通俗化、实用化。

不能不强调的一点是，由《澳门基本法》统率的澳门特区法律体系，是新型的“一国两制”法律体系，其结构、运行、特色及影响已远远超出回归前原有的形态，同时也开创了中西两大法律制度兼容互补的崭新局面。不能不强调的另一点是，澳门特区法律宏观上作为中国特色社会主义法律体系的一个特殊组成部分，它的存在绝没有削弱中国特色，而是增强了中国特色的独创性，它没有也不可能否定社会主义制度，反而为其在新形势下的创新提供了现实例证。这就是澳门特别行政区的现实，这就是“一国两制”在澳门的成功实践，这就是全新的“一国两制”法律体系的兼容性、互补性、创新性与开拓性所在。

（原载杨允中主编《“一国两制”研究》总第17期，澳门：澳门理工学院一国两制研究中心，2013年7月。）

澳门毗邻水域的管辖状况及未来可行调整的法律分析

许　昌*

2014年5月，澳门特区正式向中央政府提交报告，要求明确划定澳门管辖水域。由此而提出的澳门毗邻水域的管辖现状及其未来可行调整的问题，既关系到国家地方治理和经济利益分配的现实需要，也涉及我国中央和地方分级管理水域体制的法理依据，更体现为在“一国两制”前提下依法确立特别行政区相关制度的规范设计，值得做专题研究。

一　澳门毗邻水域的自然状况和法律属性

澳门位于珠江口西岸的伶仃洋畔，通常认为由澳门半岛、氹仔岛与路环岛三部分组成，但目前澳门半岛与氹仔岛由三条公路桥相连，氹仔与路环两岛早些时候通过填海造地贯通，三部分的地貌因接连不断的填海造地而不断改变。所谓澳门毗邻水域是指环绕澳门周边与珠海毗邻且相连的水域，包括澳门半岛西和南与珠海湾仔之间的湾仔水道（石角咀水闸至澳门妈阁山）、氹仔与澳门半岛之间的主干道（马骝洲至澳门外港码头以北）、氹仔和路环西与珠海横琴岛之间的十字门水道（澳门跑马场至横琴红旗村）、拱北东部水域（九洲港以南至澳门外港以北），以及路环东南方向与香港和珠海横琴三洲相对的珠江口入南海的水道。该水域多个方向为狭窄水道，向东南受限

* 许昌，北京大学法学博士，澳门理工学院一国两制研究中心教授。

于横琴三洲，向东受阻于港珠澳大桥管辖区。由于长期以来从未确定澳门在法律上对其的管辖关系，迄今未清晰公布过相关划界坐标，故无确切的面积统计，所知的由澳葡政府自1928年首次公布并不断更新的“澳门港口图”，仅反映澳门地方自我宣称的“实际管辖”水域范围。

（一）澳门毗邻水域性质属于中国的内水

1. 内水的法律地位和相关制度

所谓内水，与领海相区别，指沿海国领海基线以内向陆地一侧的所有水域，包括内海湾、内海峡、海港和河口。领海则是连接一国领陆和内水，受国家主权支配和管辖的一定宽度的海水带，根据1982年《联合国海洋法公约》的规定，领海基线即沿海国划定领海外部界限的起算线，也就是领海的内侧界限。1958年9月4日，《中国政府关于领海的声明》，宣布中国大陆与近陆岛屿的领海基线为各基点之间的各直线，中国的领海宽度为12海里。1992年2月25日，全国人大常委会制定《中华人民共和国领海及毗连区法》，专门就中国内水、领海和毗连区的概念和相关制度做了17条规定，并明确授权政府公布领海基线。从1996年至今，中国政府两次正式发布了94个领海基点，连接起来构成大陆领海的部分基线和西沙群岛、钓鱼岛及其附属岛屿的领海基线。其中位于广东沿海的有7个领海基点，即汕头南澎列岛1（北纬23°12.9′、东经117°14.9′）、汕头南澎列岛2（北纬23°12.3′、东经117°13.9′）、揭阳石碑山角（北纬22°56.1′、东经116°29.7′）、惠州针头岩（北纬22°18.9′、东经115°07.5′）、珠海佳蓬列岛（北纬21°48.5′、东经113°58.0′）、江门围夹岛（北纬21°34.1′、东经112°47.9′）、江门大帆石（北纬21°27.7′、东经112°21.5′）。[①] 与澳门乃至香港毗邻的水域，都位于上述领海基点所连接的折线基线之内，属于中国的内水，与其相关的航行、资源开发、行政税务和环境管理，完全处于中国主权管辖支配之下。

2. 我国现行的水域使用管理体制

我国现行的水域使用管理制度，系由2001年10月27日全国人大常委

① 《中华人民共和国政府关于中华人民共和国领海基线的声明》，钓鱼岛专题，http://www.iocean.net.cn/zt/dyd/news005.html，2012年9月17日。

会通过、自2002年1月1日起施行的《中华人民共和国海域使用管理法》做规范调整。该法共8章54条，是统一管理国家海域即内水和领海的水面、水体、海床和底土的核心制度，分别规定了总则、海洋功能区划、海域使用的申请与审批、海域使用权、海域使用金、监督检查和法律责任等内容。其中关乎本文论题的重要内容可归纳为：一是确定海域所有权属于国家，国务院代表国家行使海域所有权（该法第1、3条）。二是国家实行海洋功能区划制度，全国性和地方性规划，分别由相关行政部门编制并报请国务院批准或备案（该法第4条和第10～15条）。三是国务院海洋行政主管部门负责全国海域使用的监督管理，沿海县级以上地方人民政府海洋行政主管部门根据授权，负责对本行政区毗邻海域的使用进行监督管理。而渔业行政主管部门依照《中华人民共和国渔业法》，对海洋渔业实施监督管理。海事管理机构依照《中华人民共和国海上交通安全法》，对海上交通安全实施监督管理（该法第7条和第16～18条）。四是考虑到填海造地是增加土地面积、缓解人地矛盾的一种方法，但大规模、不符合科学规划的填海造地会对海洋生态乃至区域生态环境带来严重影响，应当报请国务院审批的用海项目包括：①填海五十公顷以上的项目用海；②围海一百公顷以上的项目用海；③不改变海域自然属性的、七百公顷以上的项目用海；④国家重大建设项目用海；⑤国务院规定的其他项目用海。除此之外的项目用海的审批权限，由国务院授权省、自治区、直辖市人民政府规定（第18条）①。在海域国有而不分属任何地方区域的原则基础上，建立起的国家现行水域管理体制，既保证国家对作为其疆域不可分割部分和战略性资源的水域拥有所有权，确立起国家统一管辖海防、外交、集中审批海洋规划、实行海事管理与海上交通和渔业管理部门职能分工相结合的管理体制，又能充分发挥地方各级政府用海、管海、护海的积极性，在海域使用和渔业管理上实行中央统一管理和授权地方政府分级管理相结合的管理体制。

必须指出，尽管国家授权县以上地方政府监督毗邻海域的使用管理和渔业管理，但事实上曾长期未展开管理海域划界工作。1989年11月18日国务院有关部门勘界试点工作联席会议通过的《省、自治区、直辖市行政区

① 《中华人民共和国海域使用管理法》，中华人民共和国国土资源部，http://www.mlr.gov.cn/zwgk/flfg/hyglflfg/200406/t20040625_4517.htm，2001年10月27日。

域界线勘定办法（试行）》[①]就规范划界的原则和标准做出概括性规定。2002年2月11日，《关于开展勘定省县两级海域行政区域界线工作有关问题的通知》（国办发〔2002〕12号）作为国务院法规性文件正式发布，要求“根据尊重历史，注重现实的原则，对相邻行政区域海域的历史沿革、海洋经济开发现状等进行全面的调查”“采取平等协商、协调与裁决相结合的办法”“按照坚持有利于沿海地区社会稳定和安定团结，有利于国家安全，有利于海洋资源开发利用和生态保护，有利于海洋经济可持续发展，有利于海域行政管理的原则”[②]，开展海域勘界划界工作。据此，部分沿海省、自治区、直辖市的省际海域界限和省内县际海域界限，才通过正式勘界予以划定，并得到国务院批复同意或通知确认。没有划定界限的水域，仍由相邻地方依照便利管辖原则行使各自的管辖权力，故可能仍会出现“无利益时皆不管导致无人管辖、有利益时争相管导致管辖权争议”的复杂问题，所幸在中央主管部门和上级政府的协调之下，近年已无突出群体争议性事件发生。

但是，我国现行全国性水域管理体制，在遇到港澳两个特别行政区在“一国两制”基本国策下而获授权实行“高度自治”的新情况时，出现了一些新的问题。

（二）澳门回归前地域管辖历史演变的简要回顾

1. 中葡双方对澳葡政府地域管辖范围的事实确认

中国历代政权从不承认葡萄牙对澳门的行政管辖及于其毗邻水域，这种法律确信是有充分的事实和文献依据的。葡萄牙人于16世纪中叶入据澳门，以航海商贸为由，以归化受庇护于皇帝的名义，在澳门半岛上租地筑屋成村，逐步形成规模并声称“自治”。直到19世纪中叶，至少在中国官府看来，葡人是接受官府管辖的“外夷”，并无法律上可资承认的特殊地位。即便按葡萄牙史料所记载的，自1623年葡印总督开始向澳门派任总督，其后宣布澳门与果阿及帝汶合并设海外省或单独成为海外省[③]，以及1845年11

---

① 萧蔚云、王禹、张翔编《宪法学参考资料（下）》，北京大学出版社，2003，第679~681页。

② 《国务院办公厅关于开展勘定省县两级海域行政区域界线工作有关问题的通知》，http://www.huaxia.com/hxhy/hyfg/2011/06/2461481.html，2011年6月20日。

③ Jorge Noronha e Silveira（萧伟华）：《澳门宪法历史研究资料（1820—1974）》，澳门法律翻译办公室，1997，第4、26和42页。

月20日确定澳门为“自由港”并驱赶广东海关离境①，虽属葡萄牙单方行为，但标志着葡萄牙与中国政府对澳门的主权管治呈现此长彼消的态势。到1849年“亚马留事件”发生后，葡武力驱赶清官府和驻军退出澳门半岛，并逐步蚕食中国领土，形成了事实上的殖民统治，这在当时无任何条约和其他法律依据。1887年3月26日，中葡签订《里斯本草约》，规定：定准由中国坚准，葡萄牙永驻管理澳门以及属澳之地，与葡萄牙治理他处无异。这一规定又得到于1887年12月1日签署的《中葡和好通商条约》的正式确认，其规定：“大西洋国永居、管理澳门之第二款，大清国仍允无异。惟现经商定，俟两国派员妥为会订界址，再行特立专约。其未经定界以前，一切事宜俱照依现时情形勿动，彼此均不得有增减、改变之事。”② 条约所提及的“澳门以及属澳之地”，依法当属葡萄牙管治的地域，但具体所指则不明确，为此中葡双方举行了旷日持久的勘界谈判。葡方曾就氹仔、路环、对面山、大小横琴两岛及周围提出领土要求，并先后吞并了关闸以南的青洲等位于澳门半岛周边的村落，以及路环、氹仔二岛，但直至1928年该条约到期失效，始终未能就正式勘界与中方达成协议。至中华民国和新中国政府管治时代，更无人再提勘界之事，直到澳门1999年回归前，澳葡管治的澳门地域仍仅以其实际控制的澳门半岛、氹仔岛和路环为限。

2. 澳门过渡期中国政府对澳门水域问题的处理态度

1987年，中葡联合声明确认葡萄牙负责澳门过渡期内的行政管理。在此期间葡方曾多次在与中葡联合联络小组和其他相关机构的磋商中，要求与中方谈判按照当时澳门的习惯管理范围划定明确的水域管辖界限。中方理所当然予以拒绝，原因不外乎以下诸条：一是与殖民者划定水域管辖界限，是延宕百年来中国历届政府都不愿做的事，澳门回归在即，更没有必要做这种政治上不正确的事情；二是澳葡政府虽在法律上对水域无管辖权，但实际承担疏浚河道等事项，并不影响中方对澳门毗邻水域的管辖，实状整体上对中方有利，无须加以改变和调整；三是澳门基本法已经在序言中明确界定澳门特别行政区的行政区域只包括澳门半岛、氹仔岛和路环岛，并无提及水域。

① 施白蒂：《澳门编年史十九世纪》，澳门基金会，1998，第90页。

② 引自两条约各自的第二款，参见王禹编《澳门问题重要文献汇编》，濠江法律学社，2010，第51～52页。

而且从现有规范所体现的立法原意看，就是保持澳门制度现状基本不变，包括保持其地域管辖的现状不增不减，是否有必要划定水域给未来澳门特区在当时条件下还看不准，没必要仓促处理。

但必须提及的是，澳门特区筹委会在审查《关于规范澳门水域公产制度》的第6/86/M法律时，提出了因其整体上抵触基本法而不予采用为特别行政区法律的意见。筹委会认为，“水域关系到国家的领海权问题，由于历史的原因，澳门是没有水域的，基本法的“序言”及《全国人民代表大会关于设立澳门特别行政区的决定》中也没有关于澳门水域的规定，因此该项有关澳门水域制度的立法没有法律依据”。考虑到澳门的特殊情况，即“长期以来，澳门在实际上又管理和使用着部分水域，修建了码头、船坞，并形成了一些管理制度，而且将来是否给予特别行政区水域还将有待国务院作出决定”，因此，虽建议不采用该法，“但澳门特别行政区在制定新的法律前，可按基本法规定的原则和参照原有做法处理有关事务”①。全国人大常委会《关于根据〈澳门基本法〉第一百四十五条处理澳门原有法律的决定》采纳了上述意见并做出相应规定。这充分说明，一是中央权力机构对于历史遗留的澳门毗邻水域管辖问题是完全清楚的，采取了区分澳门回归前后不同情况的区别立场，对澳葡政府的水域管辖主张予以坚决否定，对澳门特区是否享有水域管辖权则采取开放态度留待日后处理；二是确认由国务院依法全权处理澳门水域权问题；三是将修订本地适用法律和处理具体问题等事项灵活留待特区政府自行完成。这就事实上给中央和特区未来就水域问题展开必要调整工作，预留了政策和法律上的空间。

二　澳门回归后澳门毗连水域管理的现状

1999年12月20日，澳门回归中国，成立澳门特别行政区，作为直辖于中央政府且享有高度自治权的特殊地方行政区域，其法律地位和水域管辖性质发生了根本的变化。

---

① 《法律小组工作报告——在澳门特区筹委会第十次全体会议上》，全国人大常委会澳门基本法委员会办公室编《全国人民代表大会澳门特别行政区筹备委员会文件汇编》，中国民主法制出版社，2011，第251页。

（一）澳门特区对毗邻水域习惯管辖的理据

澳门特区作为中国直辖于中央的地方行政区域，自然并无对任何海域的所有权，但应当如其他沿海省市一样拥有对毗邻水域的使用管理权，这是不言而喻的。事实上，澳门特区确曾不断行使这样的管辖权力，从特区政府所设海事及水务局的职能可以看出。这些职能包括确保海事安全，监管和控制航海活动，统筹海上事故搜救行动，发出从事海上及港口活动的准照，统筹监察港口事务和管理客运码头，推动发展与渔业有关的活动等。[①] 同时，澳门特区政府还积极履行以下海事管理行为：港务局负责疏浚进出港口的航道并维护和修葺防波堤，警方在毗邻水域执法并逮捕偷渡及其他犯罪人员，澳门在己方自然添附或人工填海形成的新陆地无须办任何手续就享有地域管辖权，在澳门半岛和氹仔岛之间架设桥梁和拟议开挖隧道也无须与广东省商洽等。种种情况表明，澳门特区事实上拥有对毗邻水域的习惯管辖权或实际管辖权。

国家规范性文件对澳门拥有“习惯水域”也有明确的确认。就在发布澳门特区行政区区域图的1999年12月20日《国务院令第275号》中，专门在附件关于澳门特区《行政区域范围文字表述》中明确规定：“澳门特别行政区维持澳门原有的习惯水域管理范围不变”。而在国办发〔2002〕12号文件中，首段文字即宣称“我国沿海各级行政区毗邻的海域，目前只有香港和澳门两个特别行政区有明确的管理范围”[②]，将澳门特区海域划界列为已获解决的事项。对此笔者认为表述虽值得商榷，但其至少说明在中央政府观念中澳门已然拥有“管理水域”。

澳门特区的相关立法也明确其对“习惯水域”的管理权限。规定海关制度的第11/2001号法律第2条和第5条，明确规定澳门海关在执行保护人身和财产安全、执行本地内部保安政策、参与民防事务和紧急行动的职责方面，其活动范围包括澳门特区“海事管理范围”，并具体界定其包括：“（一）习惯管理之水域；（二）港口范围及造船厂；（三）水

① 见澳门海事及水务局网站，http://www.marine.gov.mo/intro/index_c.html，2014年5月26日。

② 《国务院办公厅关于开展勘定省县两级海域行政区域界线工作有关问题的通知》，http://www.huaxia.com/hxhy/hyfg/2011/06/2461481.html，2011年6月20日。

域公产"[①]。虽然经严格考察，此处所称"习惯水域"似乎不仅与随后的概念语义重复和交叉，而且也没能确切说明具体的水域管辖制度构成如何，但据此在澳门特区内部法律秩序中整体上确立了"海事管理范围"和"习惯管理之水域"的概念和相应规范，则是确定无疑的。

澳门特区法院的两个司法判例也确认对"习惯水域"的管辖权。一是中级法院2012年11月22日就一协助偷渡案所做的判决。针对被告故意驾驶舢板搭载5名偷渡者在西湾大桥近融和门岸边登岸、警方下海将其带返澳门起诉的事实，被告声称自己是在内地管辖的范围内被澳门警方截获。3名法官一致认定，案发地点属于澳门特区"习惯管理之水域"，是澳门特区行政区域的一部分，所以澳门特区对其拥有管辖权。[②] 二是澳门中级法院2013年11月21日就另一宗协助非法入境案所做的判决。被告人被指控协助非本地居民或无证者在澳门氹仔新建码头工地内尚未与陆地相连的海上工程平台上工作，并安排或容留其在锚泊于毗邻水域的船只上居住，而该码头系国家批准澳门特区合法兴建的用海项目，该水域属于澳门"习惯水域"。故合议庭一致判定，尽管"事实上在澳门附近水域行使海事行政管理职权时并没有明确的界限"，特区政府回复称"所有由澳门特别行政区使用的中华人民共和国海域须按照"《中华人民共和国海域使用管理法》"向海洋行政主管部门提出申请"，但"应毫无疑问地，基于特别行政区的独特性，澳门特别行政区享有高度自治权，并对周边海域范围行使管辖权"，"该管辖权属一获允许及须受国务院有权限当局之监管之管辖权"。所以，该案发生地点无论是在工程平台还是在锚泊船上，都"应处澳门特别行政区获允许行使管辖权之海域范围内"，因此澳门刑法中的管辖权合法存在。[③] 这两个判例，对于确立澳门对其"习惯水域"或"获允许"水域的管辖权有重要的标志意义。

（二）澳门特区对习惯海域的实际管辖状况

综合前述情况，澳门习惯海域是在沿海自然地理环境下，当事方在主观

---

① 《澳门特别行政区公报》（第一组），第32期。

② 第404/2012号刑事上诉案判决书，http://www.court.gov.mo/sentence/zh－53590d4552966.pdf，2014年5月28日。

③ 第62/2013号刑事上诉案判决书，http://www.court.gov.mo/sentence/zh－53590d4b09605.pdf，2014年5月28日。

上将管辖当作法律上的权利和义务，在客观上导致行为具有统一性和一致性，并经过长时间反复的行为不断确认，据此在公法上构成有相对非强制性而可资遵循且有拘束力的习惯管辖海域。但正如习惯法承认的权利效力毕竟与法律明确确认的权利存在差别一样，澳门特区对其习惯海域的管辖权实际上具有以下特征。

（1）所谓澳门习惯水域，并非由澳门专属管辖，所实行的是内地与澳门并行不悖的双重管辖制度。从历史上看，中国政府始终在法律上认为，澳门毗邻水域完全属于中国，故理当由中国的海事部门、海监机构和边防水警分别负责管理水域使用、水上交通、边境巡逻和治安维护，澳葡政府并无任何异议；与此同时，出于各种原因，中国政府也曾对澳葡政府填海、疏浚河道、维修港口、海岸建设等不持异议，在不妨碍中方管辖权的前提下变相默许。从现状看，澳门特区成立后，在不妨碍内地管辖权前提下，中央政府允许澳门特区自行管理其毗邻水域的范围和程度都在不断扩大，粤澳治安部门在接洽时也相互承认对方的习惯管辖区域和方式。但这并不意味着业已形成澳门特区专属管辖水域的制度，事实上，内地政府在澳门“习惯水域”内实施法律和实际管辖的事例仍显而易见，且得到澳门特区的尊重。2003年国务院批示要求澳门特区政府决定在其毗邻海域内填海造地时需事先上报国务院进行专项审批①，2009年国务院正式批复同意澳门特区填海造地350公顷，内地公边快艇在澳氹之间巡航，前述案件判词所引证特区政府表示港口项目须获中央授权等，都充分说明目前澳门“习惯水域”内仍实行由内地主导、内地（包括中央和广东省政府）和澳门特区并行管辖的体制。

（2）避免双重管辖体制下权限冲突的前提是严格遵从依法办事和便利管辖两项原则。所谓“依法办事”，是指澳门特区和内地相关部门在各自行使管辖权的过程中，分别按照本行政区域所实行的法律来执法。澳门特区依照基本法及相关本地法律来执法；内地一方则执行相关全国性法律和地方性法规；双方互不执行对方的法律，但对对方的执法行为予以尊重。所谓“便利管辖”，是指哪方的管辖方便有效果，哪方就实施管辖，相对方予以

① 《国务院关于设立珠澳跨境工业区的批复》，即国函〔2003〕123号中有关“今后，澳门特别行政区填海造地，仍应与广东省人民政府和国务院有关部门协商后报国务院个案批准”的规定。

协助而不持异议。在双重管辖体制下，各方自觉行使法定的管辖权，并尊重相对方的管辖权，因此主要可以通过双方协商和上级指令的方式解决管辖权冲突。特别是在粤澳两地目前关系良好而共同服从中央统一协调的情况下，不至于也从未听闻出现因“双重管辖”而引发两地争端。其中必须指出的是，与水域管辖相关的全国性法律，在双重管辖体制下的法律适用和调整拘束中呈现复杂情形：就内地一方在该海域执法而言，无论是国家海事和公安边防专门机关，还是地方海事管理机关，显然都必须严格遵守内地法律的所有规定；而就澳门特区而言，由于该等全国性法律并未列入基本法附件三，澳门执法机构显然没有实行该等法律的义务，但由于澳门填海事项需要报请国务院做专项审批，而国务院在审批时仍需要依照全国性法律办事，即便是就澳门习惯水域的功能定位和规划发展做审批，也有必要考虑国家乃至广东省海域功能规划的相关因素。这与在“一国两制”前提下已截然划定界限的陆地管辖相比较，显然有其独特性。

（3）在粤澳毗邻水域实行的“双重管辖”制度，并非“一国两制”条件下的特例，而是我国现行水域制度的常见现象。究其原因，一是我国法律规定水域属于国有，县以上地方获授权监管本地区毗邻水域的使用，本身就没有指明要划定各地方的专属水域，勘察划界的目的当然是进一步划分管辖权，但并不排斥国家海监部门的统一巡查权和执法权，所以即便划界也不能简单说特定地方对特定海域有专属管辖权。二是海域管理确实不同于陆地管理。陆地的归属权、用益权是和特定划分的界域紧密联系的，国与国、国内的省与省、市与市、县与县，甚至乡镇之间、村落之间乃至承包到户的田亩之间，都需要有明确的界碑或界限标识；而浩渺水域上并无明确界标，交错包含的自然地形，也给简单划分管辖权带来难以解决的困难。如澳门半岛和氹仔岛之间大桥下即是珠江西侧重要的水道，历史上本是由内地管辖的，不知从何时变成内地和澳门共管，至少难算作澳门单方专属管理的水域。三是长期以来各地管理水域之间并无明确的勘界划定，而是形成了一套在毗邻交接水域按“便利管辖”原则实行并行管辖的可行机制，较少引发严重的管辖权冲突。如广东省虽迄今未完成省内市县间海域的勘界划界，却从未引发各地水域管辖的正面冲突，说明现行制度是有例可循、行之有效的。

（4）国务院公告和批示明确“澳门习惯水域”的存在但未指明其范围。这种宏观、抽象的肯定而在具体划界上的模糊，恰好反映了解决“双重管辖海域”问题的实际困难。一方面，澳门特区基于其毗邻海域的地方行政区域的性质，应当有对特定水域的使用管理权；另一方面，从历史性法律渊源看这块毗邻水域从不属于澳门，若通过改变行政区划将之纳入澳门地域范围内，则会产生改变管辖现状的后果。这突出地表现在：一旦划入澳门特区高度自治的管辖领域，前述的这些长期形成的制度将全面改变，内地有可能需要单方放弃相关的管辖权。

所以，至少从目前的事实现状和法律规定看，澳门毗邻海域包括澳门习惯水域迄今并非是由澳门特区单方专属管辖的水域，而是处于澳门与内地的双重管辖之下的，故而解读澳门“习惯水域”的概念、内涵，必须依据此等特定现实。

（三）对澳门毗邻海域管辖认识存在争议的原因

（1）对上述客观现状认识的不同。认为澳门完全没有水域的人，实际上是在观念上否认澳门拥有“习惯水域”，在他们看来，双重管辖下的水域不属于澳门，澳门必须拥有单方专属水域才符合特区自治的需要。认为澳门已经拥有水域的人，对“习惯水域”历史渊源和管辖现状缺乏准确理解，故而对澳门争取获得水域管辖权的法律关系难有确切认识。文献查询所知的相关研究文章，鲜有对基础事实的正确体认，难免悖论频出、自相矛盾，提出的建议也流于空想。

（2）对法律规范理解的不同。否定澳门特区对毗邻海域法律管辖的人，坚称澳门特区迄今没有水域。理由就是前述的澳门基本法序言对澳门地域范围的概括和《全国人民代表大会关于设立澳门特别行政区的决定》中的表述几乎是一样的，如后者的第 2 条规定：“澳门特别行政区的区域包括澳门半岛、氹仔岛和路环岛。澳门特别行政区的行政区域图由国务院另行公布。”其未提及澳门特区获授权进行水域管理。但此说法显然忽略了法律规范的形成背景和后续发展。而肯定的理据，又往往简单地从前述的国务院公布澳门特区区域图说明中有关“习惯水域”的表述、全国性水域使用管理法的立法逻辑、国务院办公厅 2002 年关于开展海域划界通知中的个别表述来表达看法，理据亦不够充分。

（3）与香港行政管辖水域制度比较所发现的异同。比照香港情况来设想澳门事务的解决方案，是许多澳门人士惯有的路径依赖方式。但在毗邻水

域管辖问题中，香港特区和澳门特区的情况大为不同。首先，历史背景不同。划定香港单方行政管辖水域是有特定历史和现状依据的，早在1898年中英间第三个关于香港地位的条约《展拓香港界址专条》及附属的1899年3月的《香港英新租界合同》《香港英新租界水面照会》等约章文件中，中英双方确认“按照黏附地图，展扩英界，作为新租之地。其所定详细界线，应俟两国派员勘明后，再行划定。以九十九年为限期”，“查按照黏附地图所租于英国之地内有大鹏湾、深圳湾水面，惟议定，该两湾中国兵船，无论在局内、局外，仍可享用”。[①] 以该约为依据，香港所谓“新界”地区陆地面积376平方英里，其中大陆286平方英里，岛屿90平方英里租借归英国管辖，另把框于港岛、九龙和新界周边近似梯形的毗邻水域约1700平方公里纳入租借地水域。港英政府对该水域管辖近百年的实状，在香港建立高度自治行政区域后被视为相关行政管理水域的事实基础，是情有可原的。而澳门不存在这样的事实基础。其次，管辖的授权基础不同。香港特区对其周边水域的管辖是根据基本法的授权。香港基本法第7条规定，“香港特别行政区境内的土地和自然资源属于国家所有，由香港特别行政区政府负责管理、使用、开发、出租或批给个人、法人或团体使用或开发，其收入全归香港特别行政区政府支配”。而《全国人民代表大会关于设立香港特别行政区的决定》第2条规定：“香港特别行政区的区域包括香港岛、九龙半岛，以及所辖的岛屿和附近海域。香港特别行政区的行政区域图由国务院另行公布。”故而国务院据此公布的香港特区行政区划，考虑到受历史因素影响而形成的地域管辖现状，明确指出香港管辖地域包括其“附近海域”并有其四至范围，这使得法定范围内的国家内水水域的所有管辖权都能被授予香港特区，由其自行管理和支配。而涉及澳门“习惯水域”的仅有国家规范性文件，且该文件并未明确授予特区特定的、具体的管理权限，亦未清晰划定界限。再次，管辖的内容不同。香港特区的管辖权包括行政管理权、立法权和独立的司法权与终审权，是与其在特区法定地域范围内获得授权实行高度自治相联系的，采取了国家土地所有权和香港土地管理权明确分离的管理体

① 参见“互动百科”之“展拓界址专条”栏目，http://www.baike.com/wiki/%E3%80%8A%E5%B1%95%E6%8B%93%E9%A6%99%E6%B8%AF%E7%95%8C%E5%9D%80%E4%B8%93%E6%9D%A1%E3%80%8B。

制，内地邻近地区对香港高度自治范围内的事务不予干预，中央也不直接行使管理权。而澳门“习惯水域”内的管理权需要中央政府的具体授权，至少到目前为止，没有任何权威规范和宣告排除内地政府对该水域的航行安全、填海审批、边防和海关管理以及生态环境方面的管辖权。最后，管辖的法律后果不同。香港特区在海域管理上实行高度自治，全国性的《海域使用管理法》《海上交通安全法》《渔业法》都未列入基本法附件三而不在香港适用，全国性的海域功能规划也对香港没有强制拘束力，进入香港水域的内地船舶要接受香港特区法律的拘束和管辖。而对澳门特区“习惯水域”，并无明确法律规定排除内地管辖权和法律适用性，甚至对其是否属于澳门特区行政、立法和司法管辖的专属地域亦存在明显疑问。

上述种种原因，造成了澳门特区毗邻水域管理问题上的复杂现状，即名为澳门“习惯水域”，而实际上由内地与澳门双重管辖。更为棘手的是，对此问题，无论是内地或澳门的政府机构，还是关注的意见团体乃至学者，迄今鲜见全面、客观、翔实、准确的分析研究，这容易造成拘泥于利益之争而难解的口水战。

三　关于调整澳门特区对毗邻水域管理权限的前景

（一）有关明确澳门管理水域的议论过程和特点

1. 调整对毗邻水域管理权限是澳门特区政府和社会的单方要求

澳门特区第三任行政长官崔世安上任以来，特别是2014年年初曾连续提出由中央划出珠海横琴10平方公里土地给澳门、由澳门特区政府向中山翠亨开发区租用5平方公里土地供澳门商家投资开发的请求，以满足澳门经济和社会发展用地需要。随后在4月22日向立法会答复议员质询时表示，特区政府已向中央申请水域，并获中央批复开始调研。他说，划定澳门水域，对将来的土地储备有好处。向中央申请水域，“拿回水域的权利”来展开填海计划，是澳门特区政府从多方面增加土地供应政策的组成部分。[①] 这是澳门特区政府

① 蒋生：《向中央申请水域　获批复开始调研》，《南方都市报（珠海版）》2014年4月23日，AII07版。

在回归后首次就澳门毗邻水域归属问题正式向中央提出请求，也是以澳门社会最近几年多方呼吁要求确立澳门水域管辖权、划定澳门所属海域等作为铺垫的，后一部分中一些全国人大代表和政协委员的各类议论值得关注。

由于澳门特区政府向中央政府申请划定水域管理的报告迄今尚未公开，我们无从知晓其中陈述了哪些要求和理据。但从近年澳门特区全国人大代表和全国政协委员的公开呼吁和议策、提案中，我们可以大致了解有关主张。这当中以3位全国政协委员联合署名的“关于划定澳门特区水域管辖范围的提案”，最具典型性。他们将划定澳门水域范围和一揽子解决长期困扰澳门发展空间的问题挂钩，建议：第一，由中央政府出面，提请国务院或其指定的单位牵头，成立一个由相关部委组成的联合协调小组。对澳门水域管辖范围问题进行调研，提出解决方案，提供给中央政府或者全国人大作为决策参考。第二，本着“尊重历史、尊重法治、正视现实、面向未来、面向发展”的思路，以战略眼光考虑澳门的水域管辖范围问题。既要考虑澳门过去的“习惯水域”管辖范围，又不要拘泥于“习惯水域”管辖范围，从改变澳门目前的单一产业结构以及创建宜居生活环境等方面的实际需求出发，为澳门预留适当水域空间。第三，一定程度上可参照内地省（区、市）之间的勘界办法，由中央决策、无偿划拨。①

特区政府向中央请求划定澳门水域的消息曝光后，引来澳门社会包括学界、经济界和媒体的一片赞和，这是可以预期并容易理解的，因为此举完全符合澳门地方的利益和愿望。而由于中央政府迄今未就此问题做任何正式表态，故涉及广东省和国家专门海事管理、渔业管理和海上交通安全管理相关方的意见和看法，在内地制度环境下未见公开表达，笔者也无从加以搜集和分析研究。

2. 对澳门特区政府和社会涉水域要求的几点分析

初步看，澳门特区官方和民间反映的水域要求有以下几个特点。

一是相关水域要求内容表述多样尚无统一。综合来看，有“划定澳门水域”“以法律规定澳门特区有水域管辖权”“解决澳门水域管辖问题”

---

① 参见政协第十二届全国委员会第一次会议第5411号提案（2012年）和政协十一届全国委员会第四次会议第3253号（政治法律类379号）提案（2010），提案人为廖泽云、崔世昌、徐泽。

“拿回水域的权利”“向中央申请管理澳门水域”“取得水域管理权”等种种不同提法。这在一定程度上说明，各方面对于澳门毗邻水域的历史和现状、归属关系和管辖方式乃至解决相关问题的前景，确实有不同理解，以致衍生出不同的观点和方案。本文为便于集中论述，将上述说法统一概括为澳门提出的水域要求。

二是并不满足于确认澳门“习惯水域”管理范围的现状，而是提出适当扩大水域管辖范围的新要求。在澳门特区政府要求和相关社会舆论附议中，人们仅在陈述理由时笼统提到澳门已有“习惯水域”，但较少明确要求将“习惯水域”管理范围确定或固定为未来澳门特区管理水域范围，而是提出适当扩大水域管辖范围的要求。如前面提到的，全国政协提案所说的“为澳门预留适当水域”可“不拘泥于习惯水域管辖范围”。

三是相关水域要求的主旨是确立对澳门管理水域的专属管辖权。澳门提出的水域要求及其解决方案，基本上是参照香港划定自治管辖水域的模式设计的，较多考虑或照顾澳门的单方利益而几乎忽略相邻各方的既得权利，要求中央确立澳门特区对毗邻水域的专属管辖权而完全排除国家对该水域的相关管辖权。而事实上，海域是由连续水体与其周围的海岸、海床、底土以及蕴藏于其中的自然资源构成的多维结构体，是一个无法截然分开的空间资源整体，具有明显的整体性、流动性和多功能性。这些特殊属性要求在确定管辖权界限的时候不仅要尊重海洋生态的规律，也要考虑各种不同类型的用海活动间的协调和整合问题。香港特区与深圳、珠海总体上相隔较远，香港自行决策的用海和填海项目通常在环境生态、水道维护乃至安全管理方面较难对内地产生重大影响，即便如此，深圳河裁弯取直过程中还是出现了管辖权争议问题。而澳门特区多个方位与内地紧邻，倘若相邻关系中原有的管理制度和习惯做法有所突破，相关海域的许多自然属性可能会因为行政管理的切割而出现改变，进而引发诸如相关全国性海事相关法律是否完全不适用于该水域，澳门该在什么层面上接受国家海域功能规划的指导或调整等问题，对此有必要从实际出发深入思考和系统研究。

3. 澳门水域要求的核心是用海设施建造和管理权特别是填海造地的批准权

综合上述情况可以清晰看出，澳门方面的水域要求就其实质而言，聚焦于两个方面的权利：一是明确澳门特区用海设施建造和管理的合法性，即建

设和维护码头、航道、水上标志、治安管辖等公共管理权力需要得到确认；二是谋求自主填海以扩大地域管辖的主动权，借以取代国务院对于澳门填海事项的专项审批权，同时这也意味着希望排除全国性海事相关法律对澳门毗邻水域的效力。尽管澳门特区受到本身地形的规限，建设用地又受到港珠澳大桥、港澳两个机场的用役物权等限制，仅在路环岛东南方向一个很受限制的小区域内有进行填海造地的可能性，但这对地少人多、用地需求殷切、填海符合最大效益需求的澳门而言，切实算得上是具有实质性的利益所在。

（二）从法理逻辑和现实规范分析相关的可行方案

笔者未能确切了解澳门毗连水域的自然条件和现行管理中存在的各种问题，也并不掌握研究海域划界和管理的专门技术知识，甚至难以就中央和澳门特区各自的政策考虑和相关各方的利益博弈做出评论，仅可依据国家宪法、澳门基本法和其他全国性法律的相关规定，从水域国有并实行分级管理、确定地方对水域的管理权属于中央事权、原有合法的既得权利当受法律保护等法理逻辑出发，分析梳理出以下有关处理澳门水域要求的四个初步可行方案。

方案一：总体维持现状。正如笔者前面所论述的，根据基本法规定、全国人大决定和国务院的规范性文件，澳门特区对“习惯水域”管理范围内的事务自主进行管理，澳门与内地按照“便利管辖”原则维持双重管辖的现状，澳门特区填海须向国务院专项报批。这套对澳门毗邻水域实施管理的现行制度，行之有效，没有人明确指出其会阻碍澳门特区稳定发展，存在的各种模糊认识可以通过法律解释和修改澳门内部法律加以解决，故而全面改变现行制度并无迫切必要性，总体维持制度现状有其可行性，也符合“港澳原有制度保持基本不变”的指导原则。

方案二：有限度地调整和明确澳门“习惯水域”管理制度。援引国务院 2001 年批准借用内地土地用于拱北澳门关闸边检区扩建、2003 年珠澳跨境工业区建立及用地方案获准的先例，由国务院以澳门“习惯水域管理范围”为基础，通过国务院令或者其他规范性文件明确划定澳门特区使用及管理水域，同时宣告终止广东在该范围的使用管理权，但国家边防、海关和海监专门机关依据相关全国性法律实施的专项管理职能则予以保留。该方案在形式上基本满足澳门特区划定、使用、管理水域的要求，而且最大限度地保持国家和特区共同管理的利益格局不变。

方案三：以“习惯水域”为基础确定澳门特区管理水域。在方案二基础上将澳门“习惯水域管理范围”划定为澳门特区管理水域后，由全国人大常委会通过解释基本法的适用范围加以确定，澳门特区获基本法授权，享有像对澳门半岛、路环岛和氹仔岛一样的对澳门特区习惯水域自行管理的行政、立法和司法权，内地任何海事机构不在其内执法，内地船舶进入澳门特区管理水域须遵守澳门特区法律，澳门特区政府可自主决定填海，无须遵守国家水域功能规划、报批程序和权限规定。而倘若经研究认为，全国性水域使用管理法、水上交通安全法等相关法律确有必要在澳门特区加以运用，须由全国人大常委会另行决定修改基本法附件三，增列上述法律入内，要求特区立法实施。该方案在实质上基本满足澳门提出的水域要求，较大幅度地实现对利益格局的重新调整，仿效香港特区水域管理体制形成澳门特区管理水域的概念和相应的制度。

方案四：由全国人大常委会采取特别授权方式确定澳门特区管理水域，即由全国人大常委会以专项决定的方式，确定划给澳门特区一块较大的水域（包括澳门“习惯水域”在内但不受其限制），授权澳门特区按照当地法律实施管辖，从而达到方案三的法律适用功效。这是依循全国人大常委会2006年决定授权香港特区对深圳湾口岸港方口岸区实施管辖和2009年决定授权澳门特区按照澳门法律管辖澳门大学横琴校区的先例，由最高国家权力机关的常设机关根据宪法有关常委会权限的相关规定和澳门基本法第20条有关全国人大常委会可以授予澳门特区其他权力使其享有嗣后授权的规定而定，具有更高的法律权威，体现中央多方面给澳门特区以政策支持，也可最大限度地满足澳门特区的水域要求。值得指出的是，一旦确定了划界范围，至少在2049年以前这应当是个一劳永逸的解决方案。对特区而言，意味着填海用地将具有明确的最终界限，不能随意用尽后再予申请调整扩张；同时，特别授权所应附随的用海条件是否应该明列于专项决定中，可以参照澳门基本法第117条有关澳门航空制度的条文所确立的澳门特区自行制定海域管理制度须经中央政府具体授权的体制。

正如笔者的上述分析，这四个方案根本的差异在于利益分配的多寡和方式，对相关利益方而言各有利弊，具体而言，利弊取决于分析、判断事务的角度和追求的目的。从确保原有制度保持不变的理据出发，方案一有其合理

性，但难为一心谋求自治管理地域范围扩大的澳门特区所接受；从争取澳门特区利益最大化的制度设计目标出发，方案四具有比较全面、彻底地解决相关问题的优势，但继全国人大常委会专门授权澳门特区依法管理澳门大学横琴校区之后，再另行增加对毗邻水域管理的嗣后授权，恐会引起其他地区的异议或攀比等。比较简便易行的处理办法，是由国务院依据宪法和其他现行法律所赋予的职权，在因循1999年第275号国务院令所规定的澳门“习惯水域”概念的基础上，用国务院令或其他规范性文件的方式，进一步明确澳门特区对毗邻水域的具体管辖范围和管辖内容，根据“澳门特区管理水域属于国家所有，澳门特区依照基本法享有使用、管理和收益的权利”的原则，适当综合方案二和方案三就授权管辖性质、权限内容所做探讨而加以直接、具体和明确规定，以期作为建立和完善澳门特区的水域管理制度的基础。相信唯有这样做，方能既兼顾国家和澳门特区的整体和长远利益，又充分践行“一国两制”事业不断探索创新的理念，推动澳门“一国两制”实践的发展。

需要另行说明的是，坊间议论的有关“租借珠海海域”的提议，实际上缺乏法律依据。澳门毗邻水域属国家所有，即便是曾经授权广东省珠海市对其行使使用管理权，那也并不产生离开所有权基础的支配权，唯一产生的是在使用、管理方面的收益权并形成既得利益。中央在依法处理澳门毗邻水域问题时有必要切实正视并照顾这种既得利益，对相关各方给予公平合理的补偿，但珠海作为地方行政区域并不享有对相关海域的自主处置决定权。

（三）关于澳门“习惯水域管理范围”或澳门特区管理水域的划界方法

无论采取上述哪个方案来处理澳门特区的水域要求，事实上都避不开澳门“习惯水域管理范围”或澳门特区管理水域与广东省水域划界的方法问题。笔者注意到，近年来也有报纸媒体的评论和个别学者谈及此点，在此笔者做一初步分析。首先，有人主张从陆域向内海一侧延伸12海里为界，这显然是简单套用国家划定领海的方式，不仅缺乏根据，而且不符合实际情况和要求。其次，针对澳门与珠海相邻水道的划界问题，有人主张维持粤澳双方在内港习惯性以航标中线来划界的做法，也有人主张不拘泥于水道中线来划分。笔者认为，就此可根据国务院相关现行“以河流为界”划分边界所依照的标准来执行，即对“通航的河流，边界线以主航道中心线划分”，对“不通航的河流，边界线以河道中心线划分”，对“滚动的河道，边界线以主航道中心线或者河道中心线划分，双方并应当商定并维持边界线确定的办法”，对“界河中的岛屿和沙洲，依勘界前的归属确认”。[①] 诚然，考虑到上述法律规范的位阶层次较低，若全国人大常委会或国务院在处理澳门水域要求时需要按照某些更高层次的规范要求来加以变更、调整，则可根据其他明确一贯的法律原则如考虑各方的既得权利益等来行使权限。最后，笔者参照行政法有关行政行为应符合公平、适当的基本行事原则，建议所涉当事各方，无论是代表国家和人民整体利益的中央政府，还是代表澳门利益的特区政府，都能审慎、适度和公平地顾及和维护各方的合法利益，不偏向特定对象，以经得起公众的监督和历史的检验。

（四）处理澳门特区水域要求问题的关键是中央政府的依法决策

综上所述，在“一国两制”前提下恰当处理澳门特区水域要求问题，不仅是一个中央和特区利益及管理权限的分配问题，而且是一个相对复杂、有多个选择的法律问题。澳门特区依照基本法向中央提出了相关请求，中央依法享有处理澳门水域划界和明确管辖权限问题的完全决策权，全部相关问题的解决依赖中央政府依法决策的事权。法律作为形成和辅助政治决策的原则依据和制度工具，虽然在处理澳门特区水域要求事务中发挥重要作用，却不能代替国家的政治意志和公共利益决策。因此，解决问题的关键是中央政府要依法、科学、民主决策，在纷繁利益和复杂矛盾中做出最为公平、适当的制度安排，从而维护包括澳门居民在内的全国人民的长远利益和根本利益。对此，笔者抱以热切的期待。

（原载陈多主编《港澳研究》总第4期，北京：国务院港澳事务办公室港澳研究所，2014年7月。）

---

① 转引自《省、自治区、直辖市行政区域界线勘定办法（试行）》第14条第二款，萧蔚云、王禹、张翔编《宪法学参考资料（下）》，北京大学出版社，2003，第679～682页。

关于在由《基本法》确立并由第13/2009号法律落实的内部规范渊源制度下对行政违法行为问题的探讨*

简天龙（Paulo Cardinal） 郑 伟**

一 引言

关于内部规范的渊源，自1999年12月20日起开始实施的《中华人民共和国澳门特别行政区基本法》（以下简称《基本法》）确立了一个与过去极为不同的制度。

在延续原则下很多事项如法律秩序、基本权利、社会制度、金融制度等得以保留，但在这一方面却相反，对于这个触及整个政法制度敏感神经的关键点，其选择是不延续①。除了其他不同之处②，事实上，与保留双轨立法体制相反，即与立法会和行政长官分别制定同等位阶的法律和法令相反，其选择仅限于议会能制定法律。

做出这一选择，即与过去曾运行畅顺的制度决裂，其原因并不容易实时被揭示，更不容易被接受。第一眼看上去可能会认为，也许在这个问题上澳

---

* 本文责任由作者本人承担，所表达的意见和立场均属作者的个人观点，而非属任何机构。

** 简天龙（Paulo Cardinal），澳门特别行政区立法会法律顾问；郑伟，澳门特别行政区立法会法律顾问。

① 第一常设委员会第3/Ⅲ/2009号意见书强调，“其次，亦需考虑特区基本法所确立的制度已有别于之前的制度”，参见《关于订定内部规范的法律制度的法律汇编》，http://www.al.gov.mo/lei/col_lei-10/283-426.pdf。

② 事实上，还有其他的改变，例如为规范性文件创设新的类别［如行政命令，这种完全是外来的规范性文件（香港法律体系中的executive order），其规范性质并非毫无争议］，以及为立法提案权引入重要的限制。

门又一次是盲目抄袭香港基本法的受害者。引入一个为香港构思的制度，而这个制度基本上源于英国法律体系传统的习惯，却漠视了澳门回归前的立法模式，并选择了一个革命式的方案，即废止政府的立法权，而这没有任何先例及明显的益处，至少没有实时的好处。

但也有学者提出以下理由："总督有权立法，其范围包括所有未保留予共和国主权机关或立法会的事宜，立法会赋予总督立法许可或于解散后，其立法权亦属于总督，这些权限，行政长官不能享有，将来行政长官没有立法权，没有颁布具有法律效力的法令之权，基本法则不能参考或照搬这些总督职权。现在澳门立法会没有完全的立法权，1999 年后澳门特别行政区立法会享有立法权……在起草关于行政长官职权的条文时也参考和研究了这些情况。"①

在此有必要提及法律渊源的问题，如渊源的名称和种类，在实质及组织权限上的划分，规范的位阶、保留、补充以及相互之间的关系，这些问题在任何国家的任何法律体系中都存在而且是决定性的内容。众所周知，这些在规范的制定过程中所遇到的一系列核心问题，一般来说都是由宪法规定的。例如，宪法界定规范性文件的种类（至少规定那些主要的，如法律、法令、行政法规及决议等），这些规范性文件的名称及制定机关，法律保留范围或少有的行政法规保留范围，位阶设置上的一般规定，如宪法崇高原则、法律优先原则及各位阶之间的相互关系（或者在某些情况下，在两个或多个规范性文件之间并不存在等级关系）。在两个规范性文件之间，如纲要法和实施法令、预算纲要法与预算法之间，可能存在授权关系，例如在实施某个规范性行为之前必须获得许可。

另外，在有架构、定义及划分的情况下，一般同时设置对规范性文件的一系列监察机制（绝大多数是透过司法途径），例如，违宪审查，合法性审

① 萧蔚云：《论澳门基本法》，北京大学出版社，2003，第 78 页。我们熟悉的这位学者还指出："总督有权提请宪法法院审议立法会作出的规定是否违宪或违法，总督也有权立法，立法会赋予总督立法许可或于解散后，其立法权亦属于总督。对于这些总督职权，将来行政长官则不能享有，不能照抄，行政长官没有立法权，1999 年 12 月 20 日后澳门特别行政区的立法权属于立法会。行政长官要有权但须受到制约。在起草澳门《基本法》的政治体制时，政治体制专题小组讨论了一个原则意见，即行政长官要有实权，但又要受到制约和监督。行政长官的权力是较大的，不然他就难以履行职责，发挥行政的效能，但行政长官的权力又不是太大，他要受到立法会的制约。"参见萧蔚云《论澳门基本法》，北京大学出版社，2003，第 230 页。

查，等等。

在澳门，基于曾作为宪法性法律的《澳门组织章程》的规定，规范渊源的模式在本地法律中得以明确及具体化[①]，并且两个法律渊源之间的各种关系，例如，法律保留范围、法令保留范围、竞合范围、特定法律与法令（例如许可法和被许可的法令）之间的特别关系等被规定下来。这个制度同时伴随着有效及必要的司法审查机制，它包含各个方面的内容和形式，尤其是对法律规范的宪法性上诉。

而基本法规定了较少的宪法性事宜，例如，认定法律由立法会制定，明确行政法规和立法会决议，承认已经存在的法律渊源——法令，确立基本法为最高的规范性文件，为此其他所有内部规范必须遵守，以及正式公布的原则。此外，基本法还零散、非系统地规定了一些法律保留的事项，例如，基本权利、订定犯罪、订定税收等。

然而，基本法并没有明文规定地区权力机关之间严格的权力划分，没有为立法权和行政权设定分水岭。哪些规则适用于过去遗留下来的规范性文件如法令？行政命令的性质为何？在学术、司法见解以及特区的政治实践中很多疑问浮现出来，例如，是否存在法律的一般性保留，是否存在行政法规的保留，在行政法规之前是否需要有一个先行授权法，在预先并无法律的情况下直接基于基本法制定行政法规的正当性，行政法规的种类和性质，以及是否存在用以保障规范性文件位阶的合宪性及合法性审查机制，等等。

因此，存在一系列的问题、疑问和不确定，困扰着本地的法律界、政府、法院、政界以及整个社会。在如此重要及敏感的关头，这样一个巨大的改变很难毫无痛楚地实现。所以不需要水晶球就可以预见，很明显的一个趋势是行政部门透过行政法规逐渐拓展其制定规范的疆域。[②]

---

① 关于《澳门组织章程》以及葡萄牙宪法规定的立法制度，可参见简天龙（Paulo Cardinal）《过渡期澳门之政治制度：是延续还是衔接?》，《澳门法律学刊》1997年第4卷第3期（总第10期）；Carlos Blanco de Morais，“A organização do poder político-legislativo no território de Macau：Durante e após a transição para a soberania chinesa，” *Estudos em Homenagem ao Prof. Doutor Rogério Soares*，Coimbra：Coimbra Editora，2001；António Katchi，*As fontes do direito em Macau*，Macau：Faculdade de Direito de Universidade de Macau，2006。

② 对于取消行政长官立法权限这一真正的变革，人们曾提出这样的问题：“只有等到未来，人们才能看到行政法规出台的密度……” 参见简天龙（Paulo Cardinal）《过渡期澳门之政治制度：是延续还是衔接?》，《澳门法律学刊》1997年第4卷第3期（总第10期）。

实际上，正如时任全国人大常务委员会副秘书长以及基本法委员会委员长乔晓阳所指出的，“澳门回归后，由于历史的惯性，行政机关制定行政法规的权力比较大，去年，澳门特区立法会制定了《关于订定内部规范的法律制度》，比较好地处理了这方面的问题”。[①]

另外，要与一个可以制定独立法规的权力（即无须通过预先的立法）共存，也是不容易的，这与如何划定规范权力的界限以及法律保留的范围无关。

司法争议本身就是帮助在有关事宜上存在不确定及争论的一个很好的例证。

终审法院一个著名的裁判[②]是一个很好的素材，有助于澄清几个问题。它指出：“另一个问题与法律优先原则有关，对行政法规而言的，即行政法规不能违反《基本法》和整体上的法律。这一原则载于第11条第2款——对《基本法》（‘澳门特别行政区的任何法律、法令、行政法规和其他规范性文件均不得同本法相抵触’），对一般法律，第65条（‘澳门特别行政区政府必须遵守法律……’）。没有疑问的是这一原则有效。”

终审法院随后指出行政长官的批示也是广义上的行政法规，“《基本法》所使用的行政法规的概念如下：行政机关在行使管理职能中所制定的法律规范”。“因此，经由第3/1999号法律第3条第2项所创立的、定名为‘行政法规’的规范，仅仅是规定于《基本法》内的行政法规类别中的一种，其实这也是从同第3/1999号法律第3条第4、5项、第13条第1款、第15条第2款和第16条第2款中所得出来的，该法在创立了‘行政法规’的同时，还创立了由澳门特别行政区行政长官和主要官员作出的‘对外规范性批示’。后者有的以《基本法》第50条为依据，另一些则以同一法律第64条为依据，同样是规定于《基本法》中的行政法规。”“关于行政法规的表现形式，《基本法》没有规定，第3/1999号法律第3条规定存在行政长官的行政法规和由澳门特别行政区行政长官和主要官员制定的对外规范性批示。”

终审法院随后指出，“因此结论是，在《基本法》规定保留法律规定的事项以外以及不违反法律优先原则的情况下，行政长官可仅以《基本法》

① 乔晓阳：《深入学习研讨基本法　努力提高公务员素质——在“澳门基本法高级研讨班”结业典礼上的讲话》，《“一国两制”研究》2010年第6期。

② 澳门终审法院第28/2006号案件，http://www.court.gov.mo/sentence/zh-53590d01d24ea.pdf。

为依据核准行政法规”。

该裁判也确认了并不存在行政法规的保留。①

二　第13/2009号法律的起源

正如之前所述，存在困惑、不确定及武断现象，在如此结构性、关联性以及崇高性的事宜上，存在着这样严重的情况。②

---

① 也可参见 João Albuquerque：《法律及行政法规的一般制度》，《澳门大学法律学院学报》2009年第27期，第89～90页；Paulo Cardinal（简天龙），*Notas Breves e Esparsas sobre o Regime Jurídico de Enquadramento das Fontes Normativas Internas – Lei Básica e Lei n. o 13/2009*，未出版。此外，引述政府代表在委员会正式会议中的发言：“即使行政权在可透过独立行政法规规范的情况下，亦不存在行政法规的保留。”（作者的声音记录）。

② 关于澳门特别行政区立法制度的学术探讨，包括立法机构、第13/2009号法律及其立法过程，参见郑伟《对澳门特别行政区立法权限划分之探讨》，《澳门研究》2005年第29期；Gomes Canotilho，未出版；António Katchi，*As fontes do direito em Macau*，Macau：Faculdade de Direito de Universidade de Macau，2006；Lúis Pessanha（毕华盛），Breves Reflexões em Torno da Reserva de Lei da Assembleia Legislativa da RAEM（《澳门特别行政区立法会立法保留的若干反思》），未出版；王禹：《论行政法规的性质和地位》，《澳门研究》2006年第36期；王禹：《论行政法规的法律地位》，《澳门日报》2006年7月30日，第D07版；João Albuquerque：《法律及行政法规的一般制度》，《澳门大学法律学院学报》2009年第27期；João Albuquerque 就《关于法律和行政法规的规定》法案及法案最后文本提供的意见；廉希圣：《略析澳门立法体制之演变——从双层双轨制到双层单轨制》，杨允中、饶戈平主编《基本法与澳门特区的可持续发展：纪念〈澳门基本法〉颁布14周年及〈中葡联合声明〉签署20周年学术研讨会论文集》，澳门基本法推广协会，2007；米健：《澳门行政长官立法权分析》，杨允中、饶戈平主编《基本法与澳门特区的可持续发展：纪念〈澳门基本法〉颁布14周年及〈中葡联合声明〉签署20周年学术研讨会论文集》，澳门基本法推广协会，2007；李年龙（Lino Ribeiro）：《行政程序课程》，澳门理工学院、澳门行政暨公职局，2002；Vitalino Canas，“A estrutura normativa da Região Administrativa Especial de Macau，” *Boletim da Faculdade de Direito*，Ano XIII，No. 27，2009；Duarte Santos，“Lei e regulamentos-será desta que os regulamentos administrativos vão ter uma lei de habilitação?”（《法律与法规—行政法规能从此得到法律的授权吗?》），*Hoje Macau*，*Aug. 5th*，*2009*；Lino Ribeiro，José Candido de Pinho，*Código do Procedimento Administrativo de Macau*（*Anotado e Comentado*），Macau：Fundação Macau，SAFP，1998；郑锦耀：《〈关于法律和行政法规的规定〉草案浅析》，《澳门研究》2007年第43期；郑锦耀：《关于中级法院裁判值得商榷之处的若干思考》，《澳门研究》2006年第36期；郑锦耀：《论行政法规成为行政诉讼对象的可能性》，《澳门研究》2006年第33期；郑锦耀：《续析〈关于法律和行政法规的规定〉》；Jorge Baptista Bruxo，*Direito e Procedimento Administrativo de Macau*（*Noções Básicos*），Macau：Instituto Politécnico De Macau，2006；Xu Chang（许昌），“Litígio e Respectiva Resolução sobre a Competência Regulamentar dos Regulamentos Administrativos da Região Administrativa Especial de Macau，” *Revista de Estudos de* “*Um País*，*Dois Sistemas*”，Vol. Ⅰ，2012. 01。

即刻联想到法案理由陈述中提到的必要性问题，“随着《中华人民共和国澳门特别行政区基本法》的深入实施，以及立法活动的数量日益增加和内容更为复杂，法律界、司法界、学术界以及社会各界对特区立法制度的认识亦更为丰富和多元，包括对行政法规地位、性质、效力等问题有不同的理解。政府在深入研究及听取社会各方面意见后认为，应通过立法来明确法律和行政法规的规定事项及相互关系”。[①]

在崇高的《基本法》的框架下，以可能的方式制定一个具有指令性的规范架构来规范有关事宜是必要的，因此推出了法律，最后成为订定内部规范法律制度的第13/2009号法律。

也就是说，急需落实及细化《基本法》。这是让立法者在所给予的自由选择的空间内，具体落实《基本法》所载的宪法性框架的立法，同样也为填补法律空白提供规范性的解决方案。这里所说的立法者是广义的，主要包括立法过程中的两个主体，即享有提案权的特区政府及享有通过权的立法会。

无可否认，该法的立法过程漫长，在技术及政治方面复杂，相关法案先后有五个正式版本[②]，这是史无前例和后无来者的，好不容易才就确定内部规范及为其划定边界的解决方案达成共识。

正如第一常设委员会第3/Ⅲ/2009号意见书所述，“分析中的法案所载的事宜涉及复杂的法律问题、在讨论过程中曾出现重大分歧、法案具有革新性、法案与特区公共组织系统各方面均有关系、法案在将来制定规范方面必然产生一定的影响”。[③] 还需特别强调“之前在法律及司法上曾出现的争论”[④]。

该份意见书还指出：“基于以上所提及的复杂的法律问题，有必要反复思考并进行比较法的研究，特别针对制定规范的方式、制定规范——法律及法规——的权力分配、内部规范渊源之间的关系，包括它们之间的位阶、配合及区分。此外，亦需对司法见解进行研究。但不容忽视的是，《基本法》为特区建立了新的宪制模式，这种模式与之前的模式在各个层面上均有所不同”。

---

① 《第一常设委员会第3/III/2009号意见书》，《关于订定内部规范的法律制度的法律汇编》，http://www.al.gov.mo/colect/col_lei-10/283-426.pdf。

② 自然还有很多非正式文本。

③ 《第一常设委员会第3/III/2009号意见书》，《关于订定内部规范的法律制度的法律汇编》，http://www.al.gov.mo/colect/col_lei-10/283-426.pdf。

④ 参见曹其真《关于订定内部规范的法律制度的法律汇编》之“前言”，http://www.al.gov.mo/lei/col_lei-10/001.pdf。

在这里反复引述曾被引用的立法会常设委员会的意见书，以便获得对第13/2009号法律完整的认识。

事实上，为了对现行指令性制度做一总结，委员会在意见书中指出澳门现行立法制度有以下基础前提：

(1) 立法职能仅属于立法会。

(2) 政府在行使其行政职能时可制定规范性文件，但这些文件不具有法律的性质或效力。

(3) 立法会作为唯一具有立法权的机关，可就澳门自治范围内的任何事项制定法律。

(4) 行政长官作为特区及政府的最高负责人，可就社会生活的一些情况、公共政策或公共活动设定初始性规范而制定行政法规（必须以《基本法》为依据），以及为满足公共需要而采取必要的措施。

(5)《基本法》并没有将行政法规的范围仅限于纯为执行立法会的法律。

(6)《基本法》是凌驾于一般法律之上的更高法律，特区任何规范性文件均不得抵触《基本法》。

(7) 在法律优先的原则下，独立行政法规在任何情况下均不得优于或抵触立法会的法律。

(8) 有些事项只能由立法会透过法律予以规范。

(9) 不存在保留于行政法规的事宜。

这九项是对于《基本法》及第13/2009号法律所确立的现行宪制架构一个很好的总结。不管是否喜欢，这就是现行的制度。

这自然不是一个绝对不变的制度，但在其生效期间，必须遵守它。而且须谨记这两个法律的位阶地位以及即将在下文阐述的它们的宪法性功能。

三　第13/2009号法律的功能和价值

第13/2009号法律是落实《基本法》的法律，并为此具有宪法性质[①]。

---

① 参见简天龙（Paulo Cardinal），“Em Torno de Algumas Questões Relativas ao Sistema das Fontes Normativas Internas Estatuído pela Lei Básica e Desenvolvido pela Lei n. o 13/2009，”未出版。

基于《基本法》将其较高位阶及宪法性质的内容延展到这部架构性法律，其得以充实并清楚表明订定内部规范的法律制度。

也就是说，第13/2009号法律作为一部具有宪法内容性质的法律，其价值在于成为后来的法律的准则，对于其生效后出现的行政法规亦然。①

事实上，需要指出的是“另一方面，现拟制定的法律不是，也不可能是一部更改基本法的法律。它是一部一般法，因而必须遵从符合《基本法》的原则。因此，在落实有关条文时必须依循这部更高法律所订定的准则。毋庸置疑的是，符合更高的法律——《基本法》——是使本法在实质上具有合法地位的基本要求。当然，本法亦将成为其所规范的事项所依据的法律，也就是说，它无论如何也是一部为随后的规范行为提供准则的法律，因而必须为这些规范行为所须遵守，否则便没有任何作用”。再者，“法案一旦通过将对法律制度的其余部分产生全面和深远的影响，影响之深是其他一般法律无可比拟的。基于这部法律的功能、性质及其重要性，不可避免地须面对这样的问题”。最后，“这部法律如能准确和清楚地订明关于规范制定的规则，将可发挥积极作用，成为随后制定规范性文件所依据的（一般）法律”。②

此外，“这部法律意义重大，它将为日后规范的制定提供非常重要的依据。事实上，考虑到多方面的因素，如：该法涉及极为复杂的法律问题、之前在法律及司法上曾出现的争论、该法在实质上具有宪法性、其政治影响、在讨论过程中曾出现的重大分歧、该法的革新性、其与特区公共组织系统各

---

① 许昌指出：“A presente lei define uma série de importantes normas do regime do ordenamento jurídico da Região Administrativa Especial de Macau”（该法所确立的相关制度，明确了特区立法体制中一系列重要规则），以及“a Lei Básica não define expressamente o pleno poder legislativo da Assembleia Legislativa, apesar de se poder deduzir uma relativa implicação através da intenção da legislação da Lei Básica e numerosos documentos relevantes; a presente lei, porém, define-o expressamente pela primeira vez”（《基本法》没有明文规定立法会的全面立法权，尽管相关含义可以从《基本法》的立法原意和大量相关文献中推导出来，该法律首次将之开宗明义庄重规定出来）。“A presente lei afirma, pela primeira vez, a hierarquia entre as leis e os regulamentos administrativos, constituindo uma norma de eficácia essencial do ordenamento jurídico da Região”（该法首次明确了法律和行政法规的位阶关系，构成澳门特区立法体制中带有根本性的效力规则）。见 Xu Chang（许昌），“Litígio e Respectiva Resolução sobre a Competência Regulamentar dos Regulamentos Administrativos da Região Administrativa Especial de Macau”, *Revista de Estudos de “Um País, Dois Sistemas,”* Vol. I, 2012.01, p.108。

② 常设委员会第3/Ⅲ/2009号意见书，载《关于订定内部规范的法律制度的法律汇编》，http://www.al.gov.mo/colect/col_lei-10/283-426.pdf。

方面均有关系、在引介和一般性通过法案的全体会议上的深入讨论及提出的相关疑问和建议、该法在将来制定规范方面必然产生的影响，等等，绝对适宜将该法纳入立法会的法律汇编系列”。[①]

另外一方面，第13/2009号法律第1条的“标的”确实清楚说明：“本法旨在根据《基本法》的规定，充实关于订定内部规范的法律制度。”

对此，意见书指出，“委员会同意此一规定，并认为该条具有重要意义，其能即时申明这部法律将订出内部规范的制度。此外，亦说明该法律乃根据《基本法》而制定，具体而言，是对《基本法》所载制度作具体明确和充实的规定”。

所以说，它是一部对规范程序具有指令性并凌驾于其他法律之上的法律[②]。作为落实《基本法》的法律，其他内部规范性文件必须以该法为准绳[③]。

需要指出的是，一部一般法律被赋予基准价值，在比较宪法范畴内并不是一种变革。而且事实上，除了在瞬间即可想到的众所周知的例子如回归前的澳门地区、葡萄牙及中华人民共和国之外，还可以轻易地找到更多不同的例子。

正如刚才所述，以上的问题在比较宪法的层面并非全新的事情。就其功能和性质而言，与第13/2009号法律最接近的，可能是意大利关于订定政府规

---

① 曹其真：《关于订定内部规范的法律制度的法律汇编》前言。

② 另一简单的例子是第3/1999号法律《法规的公布与格式》。在该法被修改前，绝不可能接受某一法律的公布不遵守该法关于公布的指令，尤其必须于《公报》内公布，抑或须遵守标题或格式的规定。值得注意的是，《基本法》规定了法律公布的强制性（第78条及第50条第3款），但没有指出一份官方刊物，甚至没有提及它的存在。这样，假如有一部法律在最后的条文规定自己在两份中文报章及两份葡文报章中公布，却免除于《公报》内公布，从法律的角度应如何解决？它并没有违反《基本法》的文字表述，但明显地违反了由《基本法》及第3/1999号法律共同构建的宪法体系。公布原则直接由《基本法》规定，再由格式公布的法律去充实和具体化，该法当然保留着宪法的实质性方面，并因此在面对其他法律时，具有基准的价值。请参阅 Paulo Otero（coord.），*Comentário à Constituição Portuguesa*，Vol. Ⅲ（Princípios Gerais da Organização do Poder Político），Coimbra：Almedina，2008，其中 Alexandre Sousa Pinheiro 对第112条所作的注解，见第153~154页。

③ 同样认为该法律属强效法，以及/或具有补充《基本法》的功能，参见 João Albuquerque，“Regime Geral das Leis e Regulamentos Administrativos”，*Boletim da Faculdade de Direito da Universidade de Macau*，Ano XⅢ，No. 27，2009，p. 77；Paulo Cardinal（简天龙），*Notas Breves e Esparsas sobre o Regime Jurídico de Enquadramento das Fontes Normativas Internas – Lei Básica e Lei n. o 13/2009*，未出版。

范权的法律①。而且可以肯定的是，在欧洲那个立法体制中，有关法律被视为制定规范程序的准绳而一直被遵守，相关的研究及参考也是不可避免的②。

四 第13/2009号法律的概述

需要进一步指出的是，这虽然是一部非常重要的法律，但同时却相对地简短，只有十多个条文③。在以下短短数页，我们将专注于讨论某几个条文，尤其是那些与本文关注的问题直接相关的条文。

第一条确定了法律的标的，并成为在解释该法的性质及功能时珍贵且必不可少的要素。对此，在上一部分我们已经作了分析。

第三条的标题为位阶和优先，规定了一些重要的创新事项，首先，“澳门特别行政区的法律、独立行政法规、补充性行政法规及其他内部规范性文件在符合《基本法》的前提下方为有效”。该指引性原则获得当然的明示确立，并以地方法律的方式得以充实，排除了一切可能的疑惑。另一方面，第二款清楚落实“法律优于其他所有的内部规范性文件，即使该等文件的生效后于法律”，而同时第三款亦澄清“独立行政法规不得就法律所载的条文作出具有对外效力的解释、填补、变更、暂停实施或废除性的规定”。解释者应从这里提炼出一些重要元素，塑造出所涉行政法规的性质及其与居于首位的规范性文件之间的关系，即与法律之间的关系。

对于我们所关注的问题，第四条是问题的关键，犹如引力运行的真正轴心。事实上，该条正式列明主要规范性文件的类型，共有以下几种：立法会的法律、行政长官的独立行政法规及行政长官的补充性行政法规。

---

① 参考1988年8月23日第400/1988号法律 *Disciplina dell'attività di Governo e ordinamento della Presidenza del Consiglio dei Ministri*（此法律之后曾经过修改），与澳门有关的主要是第三章“关于政府的规范权力”，特别是第14条至第17条。

② 参考例如 Lucio Pegoraro, Le fonti del Diritto, *Diritto Costituzionale e Pubblico*, Torino: Giappichelli, 2005, pp. 105，及随后数页；Romina Gallo, *I regolamenti di delegificazione per l'organizzazione ministeriale*。特别指出，根据其他作者所述，曾有扩大政府作出一般规范行为的主张，不管是第一规范还是第二规范，借此把政府的规范权扩张至宪法模式所容许情况下的最大程度。参见 Enzo Cheli，“Ruolo dell'esecutivo e sviluppi recenti del potere regolamentare,” *Quaderni Costituzionali*, No. 1, 1990。

③ 虽然比法案第一正式文本不能再少的条文数目已有明显增长，增加差不多一倍，由6个条文增至11个，另外亦对原有的所有条文明显地充实其内容、扩大其范围。例如，关于法律保留事项的列举，由第一文本到相应的最终文本，有关内容同样约增加一倍，由10项增至19项。

与立法过程中所出现的情况相反[①]，现在法律应有确定、准确和充分的内容，应清楚载明私人行为应遵守的法律规范，行政活动应遵循的行为规则，以及对司法争讼作出裁判所应依据的准则。这是法律的充分原则——或者说，法律的一体性原则——的强制性表现，它的特点在于不可以留下重要的规范空间由补充性行政法规去填补。即法律不再仅限于能够合理地规定确定和准确的内容，法律不可以就立法事项单单规定其法律制度必需的内容，更不能只规定制度的基本含意、标的及范围，而将其具体规范放进补充制度或让之后的补充性行政法规具体订定。[②]

这是第 13/2009 号法律制度设计中最根本的要点，但似乎有时被遗忘，又或者转换一种形式，似乎试图重现法律不需要有确定、准确和充分的内容，而是仅限于一般性地订定某一制度的基本含意、标的及范围。但事实并非如此，这也不是提案者（特区政府）和通过者（立法会）最终共同的选择。

从另外一个角度来讲，第四条同时规定独立行政法规需要就法律没有规范的事宜设定初始性的规范，而另一种行政法规，即补充性行政法规，不得与之混淆，补充性行政法规仅可为执行法律而订定必需的具体措施。

值得强调的是，同样是依据法律充分性原则，补充性行政法规不再被赋予充实和补充法律一般性规定的权能。[③]

可见，无论从法律的文字表述来看，还是从立法的准备工作，以及透过法案各正式文本所反映出的立法演变过程，甚至意见书及全体会议上的讨论来看，这一点都是十分清楚的。

五　行政违法的规范问题

现在，我们将具体讨论关于行政违法的规范问题。

第六条以“法律”为标题，举例式列出属于法律保留的事项，其所列出事项的数目比法案最初文本多出一倍。

对于我们所关注的问题，以下的条款尤其重要：“下列事项须由法律予

① 请参阅 2009 年 3 月 29 日的法案正式文本。

② 请参阅 2009 年 3 月 29 日的法案正式文本。

③ 请参阅 2009 年 3 月 29 日的法案正式文本。正如文本中所体现的，补充性行政法规可支配的规范空间，比原来法案文本明显地缩小了。

以规范：（六）订定行政违法行为的一般制度、有关程序及处罚，但不妨碍第七条第一款（六）项的规定”。

在此需要简要了解的是，行政违法行为的实质内容——一般制度、有关程序及处罚——是法律保留的事项。然而，基于这同一条文，在有限的范围内，允许一种法律与独立行政法规权限竞合的状况，即第7条第1款6项规定：“一、独立行政法规得就以下事项作出规定：（六）行政违法行为及其罚款，但罚款金额不超过澳门币＄500000.00（五十万元）”[①]。第13/2009号法律清楚地表明，这仅限于独立行政法规，而不是补充性行政法规，它们是两种不同的规范性文件。

接下来我们开始阐述这个比较麻烦的问题。这个问题之所以麻烦，只可能是因为不准确、不恰当地具体适用由《基本法》和第13/2009号法律共同建立的法律制度。

过去已多次提出，不论是第13/2009号法律的文字表述，还是它的立法原意，甚至是专责委员会的意见书及全体会议上的辩论，包括政府代表确凿无疑的发言，全都指向同一个结论，那就是：法律上不允许补充性行政法规对有关行政违法行为的事宜做出规范。这是一个现实，一个现行法律的现实，一个由政府提案、经立法会通过、行政长官签署、于《公报》内公布并报全国人民代表大会常务委员会备案而确定下来的现实。

正如我们所看到的，这是一部基础性的法律，在我们的法律体系中占据着结构性的地位，它一方面明确了《基本法》内立法会职权保留的含义，另一方面允许行政当局，对议会法律保留范围以外的事项，透过独立行政法规设定初始性的规范予以干预。这是该法第一条的结论，在此有必要再一次提醒。

问题的解决，主要取决于明确立法会就行政违法行为的保留权限的范围，以及明确给予政府在遵守特别的法定限制（例如，只可订定金钱处罚而绝不可另创附加处罚）的前提下，透过独立行政法规[②]对行政违法行为进

① 这一立法选择曾被一众学说批评，认为所有关于行政违法行为的事项，即使仅规范小额罚款，都应全权以法律形式订定，因为这关系到财产权的限制。关于这一点，根据《基本法》的规定，不应由行政法规做出。这一学说观点，虽支持议会法律保留的范围应更广泛，但没有被第13/2009号法律所采纳。

② 对于现行的法律文本，有人大胆地认为，“为执行法律而订定所必需的”的表述所涉及的范围十分广泛，将来或许足以能够透过补充性行政法规规范行政违法行为。理由是什么？还有，面对第6条6项及第7条第1款6项所明确规范的制度，这一断言的意义有多大？

行规范的“空间”，其实这并不困难。

也就是说，竞合权限的开放只可透过独立行政法规的方式落实，只可作金钱处罚而且金额不可超过澳门币50万元。或者反过来说，就是禁止以补充性行政法规订定行政违法行为，禁止以独立行政法规规范非金钱性的行政制裁，例如禁止从事某种职业或关闭场所，而不论以主处罚还是附加处罚的名义①，另外亦禁止规定罚款金额高于澳门币50万元，更不可能规定不确定的罚款金额，例如以百分比计算。再一次强调，补充性行政法规绝不受惠于第13/2009号法律对特定种类的法规所做的开放。②

换言之，这一点对于区分独立行政法规和补充性行政法规具有重要的作用，这是无可争议的，更不会互相混淆。它们是两种不同的规范性文件，各有自身的制度和不同的限制。这也同时使它们需要具备各自不同的法定格式，以免造成混乱。

---

① 关于这一点是很明显的。为此，最近关于《机场合格审定》的第18/2012号行政法规，毫无疑问是违反法律的。因为不论是否接受以一个独立行政法规去补充另一个独立行政法规，该行政法规规定非金钱性质的处罚，体现对基本权利的直接限制干预，在某些情况下限制工作权，其中第15条规定：“三、如对组成卷宗或对维护民用航空的运行安全属必要，民航局得以具适当理据的决定采取实时中止机场总监职务的保全措施”，同一条的第5款亦谈及因第10/2004号行政法规《澳门民用航空活动纲要法规》第20条而丧失担任职位资格。第10/2004号行政法规，由于先于第13/2009号法律，可能被视为不受法律保留影响，但对此并未有任何支持。然而，一部2012年的行政法规，即使是以某种方式作援引，都不可能订定这样的一种行政处罚。此外，该处罚的性质亦毫无疑问。

② 第一常设委员会第3/Ⅲ/2009号意见书。“在此亦有需要提及行政违法行为的问题，全体会议通过的法案最初文本并没有将之纳入法律保留之列，而是将其作为独立行政法规规范的标的，而现在关于行政违法行为的制度，包括其处罚的订定，均属立法会的权限。”“独立行政法规得就以下事项作出规定：……（六）行政违法行为及其罚款，但罚款金额不超过澳门币$500000.00（五十万元）。”“关于上一点已提到行政违法行为的问题，在此需强调的是，除本条规定的有限和特殊的情况外，行政违法行为现已明确被列入立法会法律保留事项之列。委员会认为，基于某些处罚的严重程度和性质，相关的规范不得透过法规为之，而应以法律（有民意代表机关的参与）的形式订定。”“然而，考虑到政府在其行政职权范围内需作出初始性规范的现状，尤其需对从事某些重要经济活动作出规范（例如涉及公共批给的经济活动），因此，认为某些行政违法行为及其相关的不超过某个金额的金钱性质的处罚（罚款）可由独立行政法规规范。但独立行政法规不得规范高于有关金额的罚款，以及其他非金钱性质的制裁，例如从事职业的禁止或场所的关闭。”以上是行政违法行为问题权限分配的流程提要，首要的位置留给了法律，并对独立行政法规给予一定程度的开放和灵活性。概要中并未提及分配权限于补充性行政法规。这固然是法律所具有的唯一客观的含义，同时亦与立法者的意向相符合。

为此，“我们现在分为两种，我想刚刚委员会主席都说了，行政法规将来会有两种，一种叫独立性的；一种叫补充性的……这个是两回事……独立行政法规与补充性行政法规是两大类的行政法规，将来在我们这个法律若果通过之后，会是我们将来的澳门特别行政区的分成法律与法规，行政法规分独立行政法规与执行性补充法规的，所以这两件事情是不可以‘捞’在一起，没可能我们在独立行政法规再跟做一个补充性的行政法规，没可能的”。①

事实上，除了在法律层面，事实层面亦支持上述的结论，即自第13/2009号法律生效以来，多项涉及行政违法行为且已获通过的法律②，全都无一例外地自行规范涉及行政违法行为的事宜，而没有将这些事宜留给/授予/交予补充性行政法规处理，即使是很轻微的违法行为亦然③。在已收到的多

① 2009年7月14日全体会议讨论中主席的发言，见《关于订定内部规范的法律制度的法律汇编》，http：//www. al. gov. mo/lei/col_ lei－10/221－239. pdf。

② 在所通过的法律中，涉及规范行政违法行为的法律有：第21/2009号法律《聘用外地雇员法》、第3/2010号法律《禁止非法提供住宿》、第4/2010号法律《社会保障制度》、第5/2011号法律《预防及控制吸烟制度》、第6/2011号法律《关于移转居住用途不动产的特别印花税》、第10/2011号法律《经济房屋法》，以及第2/2012号法律《公共地方录像监视法律制度》（其处罚制度援引第8/2005号法律的相关规定）。

③ 可以标示出一个所谓的例外情况。重申，是假想出来的，因为关于这一假设的“允许”，让补充性行政法规规范行政违法行为，在法律中根本没有任何提述，法律中什么都不能表明。我们所指的是补充第21/2009号法律《聘用外地雇员法》的第8/2010号行政法规《聘用外地雇员法施行细则》。为了规范行政违法行为，该法律专门开设了完整的一节，其第42条“补充法规”中亦没有对行政处罚的事项向将来的补充性行政法规作出任何允许，相反，充其量只提及行政程序。但最后在第21条及后续条文竟然有一章规范行政违法行为！然而，第三常设委员会分内的意见书——第5/Ⅲ/2009号意见书记载的完全是另一种意思，显示出这些事项都应成为法律完整一体的组成部分。意见书指出：“二是大家都认同由立法机构制定的规范聘用外地雇员的法律中应载有相关的核心内容而不是单单订定原则，将有利于加强有关法律制度的清晰度和连贯性。为此，对应该由法律规范的事宜进行了选取工作。但选取工作随着由第13/2009号法律通过的《关于订定内部规范的法律制度》于8月15日起生效而增加了压力，因为根据该法律的规定，就法律规范的事项制定行政法规之权已深受限制。因此，为使法律订定的聘用外地雇员法律制度更加完善，委员会努力不懈，将属程序性的事项交由法规规范，同时，为使有关法律制度与某些经济行业或企业规模相配合且基于法律本身特性而必需的事项则交由法律规范。由此，法案的条文增加了大约一倍。”再者，“完整的处罚制度。除为违反本法案的规定设定范围甚广的行政违法行为之外（第三十二条），还将违法的责任延伸至法人（第二十九条及第三十条）。处罚制度中规定了雇主（第三十二条第一款至第四款）、职业介绍所（第三十二条第三款）及外地雇员本身（第三十二条第五款）要承担的责任。此外，又规定了不同的附加处罚，目的是使处罚与有关的违法行为的严重性、行为人的过错及受损雇员的数目相吻合（第三十三条）”。这样，该行政法规关于行政违法的规定便直击违法的情况。

项涉及行政违法行为的法案[①]之中，也没有任何一项把行政违法行为的事宜留待补充性行政法规处理。不论订定罚款金额高于或低于50万元的规范或以不同百分比订定罚款的规范等，没有一项是由补充法规处理的。

对此，第52/99/M号法令亦不能反映什么。引用这一法律文件实在毫无作用，它除了先于第13/2009号法律，更是早于《基本法》生效之前的法律。试图期待用一个来自不同宪制的法令作为现在否定澳门特区一个基础法律的借口，显然不合乎法理也没有正当性。无论是基于法律在时间上的适用性，还是一般法（上述法令）与特别法（第13/2009号法律关于行政违法行为之专门规定）之间的关系，甚至基于法律的位阶及对《基本法》的尊重，第13/2009号法律都永远优于上述法令[②]。

亦有人认为，根据第52/99/M号法令，行政处罚制度可以由法律或法规（行政法规）订定，这其实是自相矛盾的。因为根据“后法优于前法”的原则，第13/2009号法律具有优越的地位，在这种情况下得出的结论肯定是行政违法行为的一般制度只能由法律订定，但如果最后认为关于行政处罚的订定可采取另一个不同的方式，那绝对是自相矛盾、违反因果逻辑关系及没有任何理据的！为什么这样？怎么来的？这样的理解绝对毫无法律科学的支撑。

再引述意见书：“关于上一点已提到行政违法行为的问题，在此需强调的是，除本条规定的有限和特殊的情况外，行政违法行为现已明确被列入立法会法律保留事项之列。委员会认为，基于某些处罚的严重程度和性质，相关的规范不得透过法规为之，而应以法律（有民意代表机关的参与）的形式订定。然而，考虑到政府在其行政职权范围内需作出初始性规范的现状，尤其需对从事某些重要经济活动作出规范（例如涉及公共批给的经济活动），因此，认为某些行政违法行为及其相关的不超过某个金额的金钱性质的处罚（即罚款）可由独立行政法规规范。但独立行政法规不得规范高于有关金额的

① 在最近提交到立法会的法案中，涉及规范行政违法行为的有：《规范进入娱乐场和在其内逗留及博彩的条件》、《旧区重整法律制度》、《食品安全法》、《存款保障制度》、《文化遗产保护法》、《承诺转让在建楼宇的法律制度》以及《航空意外事故调查及航空安全资料保护法》的法案。

② 我们省略对第52/99/M号法令进一步作解释法理论上的分析，因为以该法令来否定由《基本法》及第13/2009号法律共同建立的制度，明显不恰当。同样，亦不需要在本文中试图展示法令中的哪些条文因抵触《基本法》及第13/2009号法律而失效。事实是，法令中部分条文依然有效，但随着第13/2009号法律的正式生效，有一部分条文不再具有法律效力。

罚款，以及其他非金钱性质的制裁，例如从事职业的禁止或场所的关闭”。[①]

现在，再看全体会议中的讨论：“至于行政违法行为的问题，基本上，规范与行政处罚有关的事项属于立法会的权限。但是，世界上很多国家的做法都是，凡涉及尖端技术、经济活动或破坏环境活动之事宜，尤其是重要的经济活动，如批给标的，这些活动都是由政府通过独立行政法规来规范的。因为这些都是技术层面的事宜，涉及很多方面的知识，例如技术方面以及对经济有重大影响方面。正因为如此，规范这些事宜属行政当局的权限，因此，政府通过独立行政法规订定了合理的罚款金额为不超过澳门币五十万元。不要忘记我们有第52/99/M号法令的一般制度规范行政违法行为的。”这是政府代表[②]所做的解释，并且解释得很好。

之后，政府代表再解释：“所以，没有人质疑立法会有权限规范这事项的原则。今次订定罚款金额不超过澳门币五十万元属例外情况，因为之前没有法律规范这事宜，所以这个规定是没有问题的。”

基于以上所述，透过补充性行政法规订定行政违法行为将违反第13/2009号法律的规定，同时意味着行政法规是违法的。既然如此，就可以对该等行政规范提起司法申诉[③]。

① 第一常设委员会第3/Ⅲ/2009号意见书。

② 根据政府代表在委员会会议中做出的解释和发言，面对具有确定、准确和充分内容的法律，余下由补充性行政法规规定的只是“表格”。事实上，政府代表清楚说明：“这里特别指出，对立法会的法律不起作用，仅针对独立行政法规的内容。即，当大家说……法律应有确定、准确和充分的内容，就是说，只留给行政法规那些正如通过表格等的事项。那些执行事项，在此政府知道在立法会的这个法律之下，所拥有的空间更小”（作者的声音记录）。再次提醒，第13/2009号法律最后文本的第四条清楚要求，唯一一种现存的法律，是具有确定、准确和充分内容的法律，这样，2009年3月29日的法案正式文本中所设置的可能性消失了，法律不可以仅规定法律制度的实质内容，法律更不可以仅限于订明制度的基本含意、标的及范围。

③ 对此，可查阅《行政诉讼法典》的规定，主要是第88条“对规范提出争议之性质及目的”：“一、对规范提出争议系旨在宣告载于行政法规之规范违法，而该宣告具普遍约束力”；第89条“宣告规范违法之效力”：“一、宣告一项规范违法，自该规范开始生效时起产生效力。二、基于衡平或格外重要之公共利益之原因而属合理时，法院经适当说明理由，得指定有关宣告之效力在有关裁判确定之日或裁判确定前之某一日产生。三、宣告一项规范违法，引致其所废止之规范恢复生效；但在宣告前已出现使被废止规范之效力终止之另一原因者除外。四、因第一款及第二款规定而产生之追溯效力，不影响裁判已确定之案件以及在法律秩序中已确立之行政行为；但法院以有关规范涉及处罚事宜且其内容对私人较不利为依据而作相反裁判者除外”。有意见指出，“o regime de impugnação das （转下页注）

这是很容易理解的，除以上所指出的理由以外，当然还有一个值得关注的方面，那就是处罚制度的完整性（或全部由法律规范，或全部由独立行政法规规范）。良好的立法技术必然注重完整性，尤其是在涉及会影响个人权利义务范围的处罚事宜时。

基于同样的考虑，还有例如第三常设委员会的第3/IV/2011号意见书，"法案包含了适用于违反其所规定义务及责任的完整处罚制度。不仅包括一项具刑事性质的规范，也包括纯粹涉及违反或不遵守法律所设的预防性规定的所有不法事实（按10月4日第52/99/M号法令核准的行政上之违法行为之一般制度及程序，第二条关于行政上之违法行为之概念）"。①

另外，以下对通常用以捍卫补充性行政法规得以规范行政违法行为的两个非法律角度的论点作简略的阐述。第一个是令人不太乐意接受的论点，就是以行政长官在地区政治体制中的优越性作为理据。即使如此，这种优越的地位又能为我们的问题说明什么呢？什么都说明不了，或者说能凝聚成一个焦点，到最后可能单靠行政权的优越性足以颠倒规范性文件位阶的金字塔。如果这样的一种优越能够成立，那么此优越性理应不可避免地表现在法律渊源制度中，并因而使得行政法规的位阶高于法律。除此之外，很自然地还应存在一个广阔的行政法规保留事项的范围。众所周知，现在的问题是，以上所说的情况无一出现在第13/2009号法律中，更没有在《基本法》中表现出来。毫无疑问，在澳门特别行政区现行法律体系中仍是坚持法律优先原则。今后都是如此。

另外一个被滥用的论点看似无所不通，其实是一窍不通，就是声称行政法规的制定程序比法律的制定程序更加方便快捷。从表面上看这是无可置疑

（接上页注③）normas previsto no Art. 88. º do Código do Processo Administrativo Contencioso exclui deliberadamente a norma contida num regulamento administrativo que viole uma norma constante na lei constitucional; dado que os regulamentos administrativos independentes são elaborados, como se expressa, sobre matérias não disciplinas pela lei, elimina-se assim o pressuposto substancial para a apreciação da sua contrariedade com a lei"（行政诉讼法第八十八条规定的规范争议审理制度，还刻意撤除了有关法规违反宪制性法律规范的情况，而且既然独立行政法规声称是在无法律规范的情况下制定的，也就排除了审查其与法律相抵触的实质前提）。见 Xu Chang（许昌），"Litígio e Respectiva Resolução sobre a Competência Regulamentar dos Regulamentos Administrativos da Região Administrativa Especial de Macau", *Revista de Estudos de "Um País, Dois Sistemas,"* Vol. I, Jan. 2012, p. 110.

① 关于第10/2011号法律《经济房屋法》的意见书。

的，我们亦不应感到不快或震惊。虽然在很多情况下这可能是事实，但如果基于这一点，还有什么有用的应当从宪法和法律中提炼呢？因为快捷所以不用理会澳门特区法律体系内如法律保留原则这样的基础原则？面对新的、紧急的情况就可以创设罪状？这样的论调再进一步，可极端地证明可以完全不需要法律。其实恰恰相反，这种论点什么都证明不了。这并不是法律理据。另外一方面，假如情况真的十分紧急，议事规则中有一制度恰好能够回应这一类情况，不用冲破合宪性及合法性所构建的保护网，而是透过在立法程序中启动紧急程序①。此外，还可以根据《基本法》第 74 条第 2 项的规定，应行政长官的要求将议案优先列入议程。

六　结论及提议

基于以上所述，主要得出以下结论：透过补充性行政法规订定行政违法行为是违法的，以独立行政法规进行规范亦受法律限制。

这两个是在尊重现行宪制及法制前提下得出的有效结论。相反的结论，特别是维护以补充性行政法规规范行政违法行为者，最后必定演变成公然违反现行法律，同时亦意味着必然违反合宪性原则、合法性原则、法律保留原则、补充性行政法规规范的有限性原则以及规范性文件分类原则。

倘若政府将来认为第 13/2009 号法律使其权力受到限制需要调整，或者以《基本法》为基础的规定不能反映现实，应认真研究有关问题，将来对这部落实《基本法》的基础性法律提出可行性的修改。但这部法律可是经多方共同努力，特别是立法会与政府共同努力、意见一致的成果。

概括而言，如有需要，请修改法律，但不要违反法律。也就是说，如果渴望如扩大补充性行政法规的规范空间，并相应减少法律的规范密度——正如其中一个法案文本中所载的那样——那么，请对第 13/2009 号法律进行适当的修改，即有节制地及在《基本法》容许的范围内进行修改。

另外，以上分析也充分显示出，越来越需要建立一种司法机制，以监控

① 参阅立法会议事规则第一百五十五条及随后条文，尤其是："第一百五十五条（标的）：一、任何法案或议案均得成为紧急程序的标的"，"第一百五十七条（议决的效力）：如全体会议决定适用紧急程序，得决定：a）免除有关委员会细则性审议；b）免除发给有关的委员会作最后编订，或缩短有关期限"。

行政法规和法律是否符合《基本法》[①]。它对于解决法源冲突的必要性及授予现行法律应有确切性都是无可置疑的，且应强制约束私人、法院及行政当局。许多学术研究对此都有说明。

这一机制是完整的制度设计及完善的法源体系不可或缺的部分[②]。此外，这一机制存在于回归前的澳门，亦普遍存在于大陆法系的法律体系中，并在香港特别行政区得以实践。它的缺失意味着制度不完善、不完整。

之前曾提出："然而，有一重要的问题依然处于开放的状态，这就是法律法规的合宪性和合法性司法监督。由于并没有一个一般性的专门司法程序，学术界多主张建立这样的一个机制，通过第13/2009号法律之后亦然。学界关于这方面的文献有例如简天龙（Paulo Cardinal）的'Região de Direito - alguns tópicos sobre fiscalização da constitucionalidade e jurisdição da liberdade num Direito (também) em Língua Portuguesa'[③]、赵国强的《试论基本法实施过程中的监督途径》[④]、郭天武及陈焰的《论港澳基本法对中国法制的拓展和启示》[⑤]、António Malheiro Magalhães的《未来澳门特别行政区基本法中的分权

---

① 同时，可以考虑完善由《行政诉讼法典》所提倡的现有监督机制，确保法规符合法律。

② 另外，许昌指出："Qualquer Constituição política deve estabelecer o respectivo mecanismo para efeitos de controlo legal, que é um requisito interno e a demonstração essencial da política democrática moderna. A presente lei criou pela primeira vez o sistema de elaboração de regulamentos administrativos independentes pelo Chefe do Executivo na história do sistema político de Macau. No entanto, no caso de não se estabelecer um mecanismo eficiente de fiscalização, caso surjam falhas, é difícil corrigi-las a tempo, até que uma parte possa ser capaz de as solucionar, o que constitui um problema grave que não pode ser resolvido facilmente pelo ordenamento jurídico vigente"（对公共权力的任何设定，都要相应建立对其加以法定控制的机制，这是现代民主政治的内在要求和实质体现。第13/2009号法律首次在澳门政制史中创设行政长官制定独立行政法规制度，配合《基本法》有关行政法规草拟、审议和颁布的制度加以实施，但完整考察其运行过程，我们发现其欠缺有效的监督机制，一旦出错难以及时纠正甚至各方都无能为力，这是在现有法律机制下难以解决的致命问题）。见Xu Chang（许昌），"Litígio e Respectiva Resolução sobre a Competência Regulamentar dos Regulamentos Administrativos da Região Administrativa Especial de Macau," *Revista de Estudos de "Um País, Dois Sistemas"*, Vol. I, 2012.01, p. 110。

③ Paulo Cardinal（简天龙），"Região de Direito - alguns tópicos sobre fiscalização da constitucionalidade e jurisdição da liberdade num Direito (também) em Língua Portuguesa," in Jorge Bacelar Gouveia (coord.), *I Congresso do Direito de Língua Portuguesa*, Coimbra: Almedina, 2010。

④ 赵国强：《试论基本法实施过程中的监督途径》，杨允中等主编《基本法与澳门发展的保障："基本法与澳门发展"学术研讨会论文集》，澳门基本法推广协会，2002。

⑤ 郭天武、陈焰：《论港澳基本法对中国法制的拓展和启示》，《行政》2001年第14卷（总第51期）。

原则》[1] 以及王爱民的《试论澳门的基本法监督制度的完善》[2]。所有这些文章都提及政治‘监督’机制，例如《基本法》第17条规定法律的备案机制——只是法律，并不包括行政法规及第143条确立的官方解释权，另外，行政诉讼法中虽然对行政法规的合法性监督作出了规范，但在范围上作了限制，尤其是不得宣告法规内的规范直接违反《基本法》的规定（当允许行政法规的公布直接依据《基本法》时，问题就变得更为尖锐）。然而，这些机制明显存在不足”[3]。

此外，最近有学者认为，“有必要在澳门特区建立健全以审查行政法规是否符合《基本法》为主要内容的司法审查模式”，还有其他如郭天武与陈雪珍[4]，João Albuquerque[5] 和赵向阳[6]的一些学说研究。

总之，必须妥善地落实《基本法》及第13/2009号法律所建立的制度，这是一直以来成功的做法。

然而，假若认为——合理地认为——补充规范的空间过于受限，那就进行适当的调整。

基于对第13/2009号法律的修改不能单方面、有失平衡地做出，那么现行制度中的宪制内容，如需修改，必须顾全整个法律体系[7]，不应剥夺立法会制定法律的主要职能，不应将法律压缩成短短几条空泛的一般原则，不可设定行政法规保留事项，应对立法提案的保留事项这一重要事宜进行规范，尤其是关于立法会的保留事项，另外，基于规范的合法性，完全有必要设立一司法监察机制，以监督法律、法规是否符合《基本法》。

（原载王禹编《法律、法令与行政法规讨论文集》，澳门：濠江法律学社，2012年10月。）

---

① António Eduardo Baltar Malheiro de Magalhães：《未来澳门特别行政区基本法中的分权原则》，《行政》1998年第10卷（总第41期）。

② 王爱民：《试论澳门的基本法监督制度的完善》，《法域纵横》2007年第12卷（总第15期）。

③ Paulo Cardinal（简天龙），*Notas Breves e Esparsas sobre o Regime Jurídico de Enquadramento das Fontes Normativas Internas – Lei Básica e Lei n. º 13/2009*，未出版。

④ 郭天武、陈雪珍：《澳门特区行政法规立法监督问题》，《行政》2011年第24卷第3期。

⑤ “如果不建立司法监督机制来监管行政长官制定独立（及获授权）行政法规的活动，就算为立法会编制最详尽的法律规范事项目录也是徒劳无功”。参考João Albuquerque《法律及行政法规的一般制度》，《澳门大学法律学院学报》2009年第27期。

⑥ 赵向阳：《行政规范之初步探讨》，《行政》2011年第24卷（总第93期）。

⑦ João Albuquerque：《法律及行政法规的一般制度》，《澳门大学法律学院学报》2009年第27期。

对澳门法院适用《基本法》的几个问题的思考

蒋朝阳*

《中华人民共和国澳门特别行政区基本法》（以下简称《基本法》）的生命在于实施。其中一个重要环节就是《基本法》在特区法院的适用性。本文选取澳门终审法院有关《基本法》的裁判文书进行分析，对澳门《基本法》的司法适用做一简单的梳理，试图探寻《基本法》司法适用的有关机制。

截至 2014 年 3 月，澳门终审法院涉及《基本法》的裁判文书有 85 个。[①] 其中，有 22 个直接涉及《基本法》的适用性或解释。适用方式包括在具体案件中依据《基本法》对澳门普通法律进行解释、直接运用《基本法》、依据《基本法》对行政法规进行审查、依据《基本法》对普通法律进行审查以及依据《基本法》审查国际法与普通法律之间的关系等多种形式。其中也衍生出不少问题，需要从理论上加以完善和厘清。

一　关于《基本法》解释问题

特区法院对《基本法》的解释权来自第 143 条的授权。依据《基本法》第 143 条，特区法院的解释权范围是：①自治范围内的条款；②自治范围以外

* 蒋朝阳，法学博士，澳门大学法学院副教授。

① 经搜索澳门法院网站公布的终审法院裁判文书而得出的结果。参见澳门特别行政区网站，http://www.court.gov.mo/zh/。

的、不属于中央人民政府管理的事务或中央和特区关系的其他条款；③自治范围以外的、属于中央人民政府管理的事务或中央和澳门特别行政区关系的条款，出于审理案件的需要，由终审法院提请全国人大常委会做出解释。对《基本法》的司法解释问题，以前的讨论集中在以下几个问题上：①解释主体问题，以及不同解释主体就《基本法》解释的效力问题；②解释权范围问题，尤其是自治范围以外不属于中央管理的事务以及中央和特区关系的其他条款的范围问题；③司法解释的性质和效力问题，以及由司法解释权能否推导出审查权问题。上述问题中，围绕解释本身的研究似乎欠缺。例如，为什么需要对《基本法》进行解释？解释的前提是什么？解释的目的是什么？

如果就为什么要对《基本法》进行解释试图加以回答，可能的理据是，法院在案件审理中要使用《基本法》。那么，为什么要使用《基本法》呢？是《基本法》之下的特区法律体系解决不了，非要寻求到《基本法》那里，最后使用《基本法》条文？如果要使用《基本法》，那么是为了通过解释，得出《基本法》条文中含有的法律规范有助于解决具体个案，还是《基本法》条文本身语言表述不清晰，需要确定其特定的含义和内容？此外，就解释的前提问题而言，何谓审理案件的需要？是案件事实与《基本法》所含的法律规范前提有关联，还是存在其他什么前提？最后，就解释的目的问题而言，是保障以《基本法》为基础的特区法律体系的统一性，还是使具体个体的权利得到保障？

就为什么存在《基本法》的解释问题，从澳门终审法院的实践来看，主要有三个方面的原因：①普通法律与《基本法》直接冲突，需要从《基本法》那里找到适合的规范；②普通法律规范涉及《基本法》的界定，需要解释《基本法》，以进一步界定普通法律的适用性；③普通法律之间出现冲突，不能以新法优于旧法、后法优于前法以及法律位阶原则来解决普通法律的适用性，需要到《基本法》那里找出解决法律适用性的原则。前述第一个和第三个问题，实质上是普通法律的漏洞问题；第二个是普通法律的解释问题。

需要解释《基本法》的前提是，案件事实与《基本法》规范的前提有直接关联。这是由《基本法》规范性以及在特区法律体系中的优位性决定的。这样，解释的目的从形式上来看，是保障权利和合法利益，但基本的出发点应该是保障《基本法》框架下特区普通法律体系的统一，即保障特区普通法律体系与《基本法》的一致性。这也是《基本法》第 11 条的应有之义。

在这里，我们着重分析《基本法》的规范性问题，尤其是《基本法》文本所载的有关法律概念与澳门普通法律规定之间的关系问题。这可能就是《基本法》的解释需求产生的主要原因。一般来看，《基本法》文本所涉及的法律概念可以分为以下几种。

（1）纯粹由《基本法》规定的概念。这些法律概念可能有：仅由《基本法》界定的概念（如《基本法》序言中的“一个国家、两种制度”），典型的《基本法》概念（如“中央”“特别行政区”），在《基本法》中首次出现的具有独特性的概念（如“行政长官”“行政法规”“永久性居民”“非永久性居民”“原有法律”“合法权益”等），某些概念虽然是法律概念，但从《基本法》角度予以界定（例如“行政管理权”和“行政机关”、“立法权”和“立法机关”、“独立的司法权和终审权”与“司法机关”）。上述概念禁止《基本法》适用者超越《基本法》所确定的意思。对那些虽然是法律概念，但由《基本法》所界定的，应首先从《基本法》的层面加以界定。

（2）先于《基本法》的概念。这类概念主要有《基本法》按原有法律所规范的意思而接受的概念，例如“主权”、“国家的统一和领土完整”、“犯罪”和“刑罚”、“隐私权”、“选举”等，以及经《基本法》改变的先于《基本法》的概念，如“公务人员”。上述概念被《基本法》接受后，就不再由普通法律所支配，对普通法律所含有的此类概念应按《基本法》的界定来理解。

（3）多义概念。某些概念在《基本法》不同条文规定中有不同的意思，需要结合《基本法》的整体和上下文来具体分析其意思。比较典型的是《基本法》中有关“法律”和“法”的概念，有时指的是立法机关制定的法律，有时则指包括行政法规在内的实质性法律。还有“备案”一词，例如，第 17 条规定的澳门立法机关制定的法律报全国人大常委会“备案”与《基本法》附件二规定的“2009 年及以后”澳门立法会产生办法“如需修改”的“备案”，意思就不一样，后者含有“经备案后方可生效”的意思。①

① 参见《全国人民代表大会常务委员会关于〈中华人民共和国香港特别行政区基本法〉附件一第七条和附件二第三条的解释》（2004 年 4 月 6 日第十届全国人民代表大会常务委员会第八次会议通过）。

（4）相对不确定概念。这些概念在外延的界定上有大有小，如“关怀”（第 38 条第 3 款）、“鼓励”（第 114 条第 2 款）、“新产业”和“新市场”（第 114 条第 2 款）、“整体利益”。这些概念的内涵和外延须考虑《基本法》起草时的立法原意，而不能完全由普通法律的立法者确定。

（5）非源于法律的概念。如“社会主义”“资本主义”“五十年不变”“专业团体”“民间团体和宗教组织”“航运”“政治或思想信仰”等。在界定这些概念时要注意《基本法》是否吸纳了其原有意思，是否需要依《基本法》的体系来确定其意思；如果这类概念含有专门意思与通常意思，则要区分《基本法》采纳了哪种意思。

由于上述情况的存在，当需要直接使用《基本法》条文时，需要从《基本法》的框架内界定这些概念；当使用普通法律，而普通法律中法律概念涉及《基本法》规定时，也必须依据《基本法》的规范来解释。因此，涉及《基本法》条文适用性时，禁止以普通法律来解释《基本法》，这是《基本法》解释中一项重要的原则。

在第 22/2005 号案中，终审法院对“基本权利”进行了解释。在该案中，上诉人认为行政行为侵犯了其退休的基本权利，属于澳门《行政程序法典》第 122 条第 2 款 d 项所述的“侵犯一基本权利之根本内容之行为为无效行为”。这个案件涉及的问题是：退休权利是否属于基本权利？如果它属于基本权利，那么如何界定其“根本内容”？在《基本法》中，“基本权利”一词属于由《基本法》接受并按《基本法》界定的“先于《基本法》的概念”。对这类概念，须按《基本法》的规定来界定。对第一个问题，终审法院解释了《基本法》所规定的基本权利的范围。终审法院认为，《基本法》第三章中规定的权利和自由（已被明确定性为基本权利）以及那些《基本法》其他地方规定的、对该等权利进行补充的权利，应被视为基本权利。这样，《基本法》第 98 条规定的权利亦属于基本权利。对第二个问题，终审法院认为，在法律已规定退休权利和确定相应的退休金的情况下，以行政行为终止已取得的退休权利以及以立法行为剥夺相应的退休金，均违反《基本法》的规定。因此，一个行政行为如果违反法律确定的创设权利的行政行为的废止要件，非法地废止订定退休金的行为，则构成侵犯一项基本权利主要内容的行为，应被视为无效。

该案也从另外一个侧面确认了《基本法》所规定的“基本权利”不受

制于公权力处分[①]的原则，也就是说，除非紧急状态，公权力不得停止或中止基本权利。

在第25/2011号案中，终审法院对“集会权”和“示威权”进行了解释。上诉人针对民政总署管理委员会主席做出的“举行示威的预告由三名发起者签署”这一批示提起诉讼。而民政总署管理委员会主席的批示是根据第2/93/M号法律第5条第4款的规定——示威由三名发起人签署预告而做出的。该案涉及第2/93/M号法律第5条第4款是否限制基本权利。终审法院认为，集会权必然是一种集体行动权利，示威权并非必然是一种集体权利，可以有个人的示威。《基本法》并没有将示威权限定为由一定人数，如三人以上来行使，因此，普通法律不能做出这种限定。这样，如果第2/93/M号法律第5条第4款要求的是示威起码由三名发起人签署预告的话，那么其结果将是：如果少于三人，则法律不允许行使示威权。而这是违反《基本法》的，导致法院不使用该规范。因此，第2/93/M号法律第5条第4款可以解释为：签署预告的示威发起人最起码应为一人，最多为三人。这样，对普通法律的解释以与《基本法》相一致的解释为优，从而确立了依据《基本法》解释普通法律的规则。

所以，无论是直接使用《基本法》条文，还是当普通法律涉及《基本法》规定的法律概念时，均须在《基本法》框架内来解释《基本法》条文，或者依据《基本法》来解释普通法律，而不是以普通法律来解释《基本法》。这体现了《基本法》规范在特别行政区法律秩序中的统一性和优位性。

二　关于《基本法》能否直接使用的问题

《基本法》作为特区宪制性法律，具有直接的规范效力，即约束力。因此，其当然可以在司法领域中直接使用。同时，前文在论及为什么需要解释《基本法》时，也谈到了直接使用《基本法》规范的客观原因，主要就是特区普通法律与《基本法》条文直接抵触，需要直接使用《基本法》

---

① J. J. Gomes Canotilho，Vital Moreira：《宪法的依据》，冯文庄、黄显辉、欧阳琦译，澳门大学法学院，2003，第117页。

以及特区普通法律之间产生冲突时，援引《基本法》来解决冲突。这里着重探讨因普通法律与《基本法》直接抵触，而直接使用《基本法》条文的问题。

普通法律与《基本法》规定不一致，这不仅是普通法律秩序存在漏洞的问题，也是对《基本法》优位性原则的破坏。在这种情况下，必须直接运用《基本法》。在原澳门土地法修改以前一系列有关土地所有权和使用权的案件中，法院就直接运用《基本法》第7条，作为裁判的法律依据。

在澳门普通法律中，根据原有土地法①以及《民法典》的有关规定，当事人可以占有"时效"取得土地的所有权和利用权。在《基本法》生效后，根据《基本法》第7条的规定，"澳门特别行政区境内的土地和自然资源，除在澳门特别行政区成立前已依法确认的私有土地外，属于国家所有，由澳门特别行政区政府负责管理、使用、开发、出租或批给个人、法人使用或开发，其收入全部归澳门特别行政区政府支配"。这样，普通法律中对不动产占有时效取得制度就直接与《基本法》第7条相抵触。分析《基本法》第7条，它至少含有以下三条规范。

（1）澳门特别行政区境内的土地和自然资源，属于国家所有；

（2）在澳门特别行政区成立前已依法确认的私有土地，在澳门特别行政区成立后，仍属于私人所有；

（3）属于国家所有的澳门特别行政区境内的土地和自然资源，国家授权澳门特别行政区政府负责管理、使用、开发、出租或批给个人、法人使用或开发，其收入全部归澳门特别行政区政府支配。

就第一条规范，还可以在逻辑上做"反对解释"：澳门特别行政区境内的土地和自然资源，除在澳门特别行政区成立前已依法确认的私有土地外，禁止私人所有。

就第二条规范，也可以在逻辑上做"反对解释"：在澳门特别行政区成立前没有依法确认的私有土地，不属于私人所有。

结合第一条、第二条的解释，可对第三条做出解释：在澳门特别行政区成立后，不得确认私有土地。

---

① 原土地法（第6/80/M号法律）已被新土地法（第10/2013号法律，2014年3月1日起生效）废止。

有关土地所有权和利用权的一系列案件体现了上述思路。在第32/2005号案中，终审法院认为，特区成立之后不能产生新的私有土地，否则就违反了《基本法》第7条的规定。如果利害关系人在特区成立之后才提起确定其拥有土地所有权的诉讼，由于在特区成立前未经依法确认属私人的土地在特区成立后均属国家所有，显然该诉讼请求不符合《基本法》第7条的规定。法院不能在特区成立后，也就是《基本法》生效之后，违反《基本法》做出确认私有土地的裁决。

第32/2005号和第2/2013号案则将所有权扩展到利用权。在第32/2005号案件中，原告以自己及先人已经占有该房地产近450年为由，请求以时效取得为理据，承认其对不动产的所有权，但他既没有取得该不动产的凭据，又没有在物业登记局登记。其补充请求是原土地法第5条第4款承认其为利用权人。终审法院认为，只要有关确认私有不动产所有权的裁决在特区成立之日前仍未转为确定，《基本法》第7条就禁止承认对特区成立以前未被确定为私有财产的不动产拥有所有权，有关确认该权利的诉讼即使是在特区成立前（至1999年12月19日）提起亦然。同时，《基本法》第7条同样不容许承认对不动产拥有利用权，除非该利用权在特区成立前已被确定为由私人拥有。除了法律明确规定的例外情况，不能在并不拥有某一块土地的所有权的情况下，拥有在其上修建的建筑物的所有权。

在第41/2007号案中，《基本法》第7条中“依法确认”形式要件得到了解释。终审法院认为，如果澳门地区透过公证书以永久租赁的方式将土地之利用权批给个人，且在物业登记局内做出登记，即使其出租权（田底权）人为现澳门特别行政区，《基本法》第7条并不妨碍以时效取得方式取得其利用权。因此，原土地法（第6/80/M号法律）第5条第4款和第2/94/M号法律第2条的规定并不适用于取得正式凭据及做出登记的房地产。

同样，在第34/2008号案中，终审法院认为根据《基本法》第7条规定，对天主教宗教组织，禁止依据1952年6月28日《澳门政府公报》公布的1941年4月5日第31207号法令核准的《海外传教机构章程》第56条规定，对名义上拥有而未取得凭证，也未在物业登记局登记的房地产之所有权进行确认。

在第17/2010号案中，《基本法》第7条中的“依法确认”实质要件得到解释，即同时需要满足“时效取得期间成就”的要件。终审法院认为，如果在澳门特别行政区成立之日，时效取得期间还没有成就，即使先前已做出占有之登记（在此情况下，原告在当时取得宣告其拥有土地的占有权并已转为确定的裁决，且已进行物业登记），《基本法》第7条也禁止承认已由私人占有的房地产的所有权。

这样，终审法院通过对《基本法》第7条的直接运用和解释，维护了《基本法》下特区土地法律制度的统一。

三　关于依据《基本法》审查法律、行政法规的性质问题

前文已提到，特区普通法律之间产生冲突，在普通法律中找不到所适用的法律规范时，需要援引《基本法》规范解决冲突。这些情形有：依据《基本法》解决法律之间的冲突，依据《基本法》解决独立行政法规与法律原则之间的冲突，以及依据《基本法》解决普通法律与国际条约之间的冲突。

1. 依据《基本法》解决独立行政法规与法律原则之间的冲突

独立行政法规是在没有立法机关的法律的前提下，由行政长官直接依据《基本法》来制定。在第13/2009号法律出台以前，对是否存在独立行政法规理论和司法实践有不同看法。在第28/2006号案中，终审法院的司法见解是，在《基本法》规定保留由法律规定的事项以外，以及不违反法律优先原则（行政法规不得违反高位阶的法律规范，尤其是《基本法》和普通法律，也不得违反包括行政法一般原则在内的法律一般原则）的情况下，行政长官可仅以《基本法》为依据核准行政法规，以确立独立行政法规的地位。

在该案中，上诉人对保安司司长于2005年7月20日做出的不批准上诉人之劳工例外延长在澳门的逗留时间的批示提起撤销性司法上诉，中级法院裁定上诉胜诉，同时撤销了所提到的行政行为。保安司司长不服，向终审法院提起上诉。该案涉及行政行为所依据的行政法规在没有立法机关法律的前提下能否制定的问题，亦即行政法规是否违反法律保留原则。对此，终审法院认为，《基本法》虽然没有明文规定法律保留，但相关条文中含有法律保留原则，因此，只要有关事项并未保留于立法会所制定法律的权力，就不能

阻止行政法规来设定针对个人的义务或限制。从上述情况看，该案实际上是依据《基本法》含有的法律保留原则以及位阶原则，来解决独立行政法规与法律原则发生冲突时所引发的法律适用问题。

2. 依据《基本法》解决普通法律之间的冲突

客观上，同时处于生效状态的普通法律之间可能存在冲突。要解决此类冲突，法院可以运用更加有利的或从制度精神实质上看更加相符的那项法律。那么，在什么情况下需要依据《基本法》来解决普通法律之间的冲突呢？

在第5/2010号案中，两部法律针对同类情况的规定发生了冲突。根据第21/87/M号法令第5条第2款b项和《澳门公共行政工作人员通则》第98条第1款，对分派于教育暨青年局的教师人员计算服务时间时，因病缺勤均在年资中予以扣除；而根据《澳门公共行政工作人员通则》第97条第6款所规定的，须扣除每一年内因病缺勤超出30日之日数。这样，对公立大学、中小学教学人员来讲，两部法律对扣除因病缺勤的服务时间的规定完全矛盾。对此类冲突，法院没有选择更相符的那部法律，而是援引《基本法》第25条规定的“平等原则”来解决普通法律之间发生冲突时法律的适用问题。

终审法院认为，案件涉及的是纯行政机关的问题，司法职能本身的合法性或判决标准不适合用来解决这一问题。这是在公共职能特定基础上做出的一种选择，不是由法院来说明到底哪一项更加有利。所以，我们必须使用另一标准，即根据《基本法》，考虑可适用于一般情况的法规。也就是说，如果存在一项适用于某一类人一般情况的法规，而另一法规则只适用于这些人中的分类人士，应理解为前一法规符合《基本法》。这是因为，后一法规存在因违反平等原则从而违反《基本法》的可能性，所以应推断立法者将选择适用于所有情况的解决办法。

在这个案件中，终审法院将《基本法》第25条规定的“法律面前”平等原则扩展到“法律上”的平等，即立法平等；同时，也阐述了判断一项规范是否违反平等原则的标准。终审法院认为，平等原则要求法律平等地对待相同的状况，以及区别对待不同的状况。如果属于不同的情况，就不存在任何违反平等原则之情形。如果情况基本上相同，但被以不平等方式对待，则在禁止独断方面违反了该原则。在《基本法》中规定的平等原则的范畴方面，除其他外，包括禁止独断，不允许在没有任何合理理由的情况下而给予不同的待遇。

根据第5/2010号案中所阐释的有关规则，终审法院在第9/2012号、第19/2012号、第27/2012号、第33/2012号等一系列根据个人劳动合同制度所聘请的护士薪俸点调整的追溯期案件中，也运用《基本法》中的平等原则，来解决第18/2009号法律所规定的不同聘用关系下，护士薪俸点调整的追溯时间冲突问题。根据该法规，对编制内、编制外以及散位护士所进行的薪俸点调整，追溯至2007年的7月1日。但是，根据个人劳动合同制度所聘请的护士薪俸点调整仅从2009年8月18日开始。这里涉及的是同一部法律中两条规范之间的冲突。编制内护士以及根据编制外、散工和新的个人劳动合同所聘请的护士的制度来自法律规定，而根据个人劳动合同制度所聘请的护士薪俸点则仅依所签订的合同而定，二者属于不同情况不同对待，终审法院认为，这是立法者在自由裁量权范围之内做出的一种选择，并不违反平等原则。

3. 依据《基本法》解决普通法律与国际条约之间的冲突

一般理论认为，在一个特定的法律体系内，已经参加的国际协议的位阶效力高于由立法机关制定的普通法律。但在特别行政区，究竟依据什么规范认定国际协议的效力高于普通法律，以及解决当普通法律与国际协议不一致时国际法的适用问题，需要从《基本法》的层面来认定。

在第2/2004号案中，终审法院认为，应该根据《基本法》第138条而不是根据属于普通法律的澳门《民法典》来认定适用于澳门的国际协议的效力。这是因为，第138条所涉及的国际协议，包括中华人民共和国已参加以及尚未参加但于1999年12月20日起在澳门生效的国际协议，是否适用于澳门特别行政区，是由中央政府决定的，从来就不是由澳门特别行政区的机构做出决定。如果认为该类国际协议与澳门特别行政区其他法律处于同等位阶，也就意味着该类国际协议可以撤销或修改特区法律，而特区法律也可以修改或撤销该类国际协议，这样就会以另一种方式侵犯《基本法》中属于中央人民政府的职权。由此可以肯定得出，在法源位阶上，上面提到的国际协议中各项规范的位阶高于澳门特区内部的其他法律。所以，终审法院宣告，只有宪法性规范才可赋予国际公约高于法律的位阶效力，因此澳门《民法典》第1条第3款中关于赋予国际公约高于法律的位阶效力部分不具

任何效力。这样，当国际协议的效力问题解决之后，普通法律与国际协议不一致的问题，依据位阶原则就好解决了。

4. 对普通法律漏洞的修补

诚如上述，当普通法律体系中出现独立行政法规与法律原则相冲突、普通法律之间相冲突、普通法律与国际协定相冲突的情况时，法院需要运用《基本法》来解决。对此类问题的解决，法院表面上是依职权对所运用的法律规范依据《基本法》进行了“附带性审理”（参看第28/2006号案），但实质上则是在法律适用领域中对法律漏洞进行了修补。因此，依据《基本法》审查法律、行政法规，不应被理解为对法律规范“附带”地进行审查，否则，这在任何案件中都有可能发生，那样的话，《基本法》所确立的行政主导政治体制就有可能遭到侵蚀并被削弱。这也可能是对法律规范依照《基本法》进行“附带性审理”所面临的主要风险。

法律漏洞在总体上来看，是指成文法律和习惯法没有包括总体法律秩序所要求的某一个规范，[①] 在实证法层面，具体而言是指法律规范的前提部分没有涵盖个案的具体事实类型，从而出现了漏洞。法律漏洞一般可分为三个层次[②]：一是规范漏洞，例如作为一条完备规范，缺少制裁规范；规定某一个特定期限实施某一行为，但未曾规定该期限或确定该期限的方式。二是目的漏洞，即基于立法目的、立法精神，法律应该规定而没有规定适用于某种情况或某组情况的规则；或者法律应该包含某个在价值上具备相当个别性或特殊性的次类别情况，事实上却没有为该次类别情况做出例外规定或特别规定。三是秩序漏洞，指的是法律规范没有充分地体现法律秩序一般原则和价值，这种情况可能是“超越条文”的漏洞[③]（法外漏洞）。规范冲突则可能涵盖规范上的矛盾、目的上的矛盾以及价值上的矛盾三个层面。

在司法领域里，解决法律漏洞的主要方法有：寻求法律原则、借助类推以及有条件地允许“法官造法”。但是，在公法领域禁止类推，例如，刑法

① 马沙度（J. Baptista Machado）：《法律及正当论题导论》，黄清薇、杜慧芳译，澳门大学法学院、澳门基金会，1998，第147～148页。

② 马沙度（J. Baptista Machado）：《法律及正当论题导论》，黄清薇、杜慧芳译，澳门大学法学院、澳门基金会，1998，第148～151页。

③ 马沙度（J. Baptista Machado）：《法律及正当论题导论》，黄清薇、杜慧芳译，澳门大学法学院、澳门基金会，1998，第150页。

上“法无明文规定不为罪”原则，行政法上的“权限不可推定原则”。在法律适用方面，例外规定禁止类推。所以借助类推有一定的限制条件。而有条件地允许“法官造法”，要求把法律规范体系遗漏的问题做一般化处理，涉及规范的制定。而所有普通法律的漏洞填补需要在法律秩序统一的框架内解决，因此，有必要在《基本法》的框架中寻求解决漏洞的法律原则和规范。

四　关于“违宪审查”制度问题

在讨论了以上三个方面的问题之后，再来看在澳门《基本法》框架内，法院是否存在所谓“违宪审查权”问题。通过分析有关案件，可以发现，在司法领域运用《基本法》的前提可能是：对《基本法》的解释源自普通法律含有《基本法》载明的法律概念，基于法律秩序统一性，需要对《基本法》进行解释；《基本法》的直接适用性，源于普通法律直接抵触《基本法》，基于法律秩序统一性和《基本法》的优位性，需要直接使用《基本法》；而对法律、行政法规进行《基本法》方面的审查，源于行政法规与法律原则相冲突、普通法律之间相冲突或者普通法律与所使用的国际协议相冲突，需要运用《基本法》来解决普通法律的漏洞。从逻辑顺序上看，当出现《基本法》解释和使用的前提时，法律规范的比对在前，解释和使用在后。由此来看，解释不必然产生审查。因此，上述问题并不涉及法院的“违宪审查权”。

事实上，早在第1/2000号案中，终审法院就确认了在澳门《基本法》框架中不存在所谓法院“违宪审查”制度。该案的基本情况是，案件当事人就澳门高等法院1999年3月10日的判决，向葡萄牙宪法法院提起宪法性具体审查的上诉，要求宣告在该判决中使用的有关澳门本地法律规范违宪。1999年12月20日，澳门《司法组织纲要法》（第9/1999号法律）生效，该法第70条第2款第3项规定：“终止有关就法院以违反《葡萄牙共和国宪法》为依据而拒绝使用某一规范的裁判，或就法院在诉讼程序中适用了违宪的规范而作出的裁判所提起上诉的待决案件。”同时，同条第4款规定：“澳门特别行政区法院对在司法或行政裁判中违反《葡萄牙共和国宪法》的事宜不予审理。”据此，应终止诉讼。但是，案件当事人向终审法院提出，应重新开启新的上诉通道以便根据《基本法》审查所适用法律规范的效力。

否则，将可能导致同时违反《基本法》的有关本地法律继续生效，这显然违背法治国家体系的精神。

对此，终审法院认为，在澳门《基本法》生效后，不存在以违反《基本法》为由，对在1999年12月20日前做出的司法裁判提起上诉的权利。同时，在《基本法》生效后，澳门法律亦没有规定审查法律规范有否违反《基本法》的特别上诉途径。该案的意义在于，确认了在澳门《基本法》框架内，不存在所谓法院“违宪审查”制度。在第22/2005号案中，终审法院重申了上述司法见解。

应该注意到，根据《基本法》第19条第2款的规定，特区法院须继续保持澳门原有法律制度和原则对法院审判权所做的限制。澳门法律的规定既排除了直接针对普通法律违反《基本法》的诉讼，亦排除了直接针对行政法规违反《基本法》的诉讼机制。澳门《司法组织纲要法》第19条第2款规定，“以作为或不作为的方式行使立法职能时产生的法律性规定，以及对行使该职能时产生的损害的责任”不属行政、税务及海关上的司法争讼范围，排除了直接针对普通法律违反《基本法》的诉讼。尽管澳门《行政诉讼法典》规定了对载于行政法规的规范之诉，但第88条第2款a项亦规定，不适用于“违反根本法律所载规范或从该法律所体现之原则之规范”，亦排除了直接针对行政法规违反《基本法》的诉讼。就排除直接针对普通法律违反《基本法》的诉讼而言，在第9/2006号案中，终审法院驳回了关于第12/2003号法律《职业税章程》取消公务员的职业税支付的豁免违反而提出的《基本法》的声明异议。

那么，如果发现普通法律违反《基本法》，或者独立行政法规违反《基本法》，一种可行的机制是依据建立在《基本法》效力基础之上的现行诉讼机制，通过参考具体案件，直接适用《基本法》；另一种机制则是依据《基本法》第17条第3款，通过全国人大常委会对特别行政区立法机关的法律发回失效途径来解决。但是，就后一种途径而言，具体机制尚待建立，亟须全国人大常委会制定全国性法律。

（原载杨允中、饶戈平主编《澳门回归十五年：发展与改革——纪念澳门基本法颁布二十一周年学术研讨会论文集》，澳门：澳门基本法推广协会，2014年8月。）

法 律 编

《澳门基本法》第93条的解读

——兼谈《内地与澳门特别行政区关于相互认可和执行民商事判决的安排》的法律地位

莫世健*

一 绪言

《内地与澳门特别行政区关于相互认可和执行民商事判决的安排》（以下简称《安排》）由最高人民法院一位副院长和澳门特区行政法务司司长于2006年2月28日签署，约定于2006年4月1日生效①。后来即按照内地和澳门各自相关法律程序生效。在澳门，《安排》于2006年3月14日以第12/2006号行政长官公告形式颁布，并根据特区第3/1999号法律第6条第1款及第5条第3款的规定自4月1日起生效。在内地，《安排》早在签署前已于2006年2月13日由最高人民法院审判委员会第1378次会议通过，而在签署后则由最高人民法院于2006年3月21日以法释〔2006〕2号文件公布，② 以最高人民法院对下级法院发布司法解释的方式在内地生效。《安排》在澳门和内地不同的生效方式源于内地和澳门法律体制和具体法律规定的不同，也反映了内地和澳门对《安排》类法律文件性质和地位的不同解读。

《安排》的导言部分明确声明，该安排是按照《中华人民共和国澳门特别行政区基本法》（以下简称《澳门基本法》）第93条规定作出的。该声明

* 莫世健，澳门大学研究生院院长、法学院讲座教授。

① 《安排》第24条。

② 参见中华人民共和国最高人民法院网站，http://www.court.gov.cn/shenpan-xiangqing-111.html。

对于我们理解《安排》在澳门的法律地位有重要意义。事实上，《澳门基本法》第93条不仅是《安排》的法理基础，也是澳门的第3/1999号法律（《法规的公布与格式》）第5条第3款规定的法理依据。[①] 换言之，《澳门基本法》第93条所规定的“澳门特别行政区可与全国其他地区的司法机关通过协商依法进行司法方面的联系和相互提供协助”产生的结果或法律文件，是通过第3/1999号法律第5条第3款的规定而成为澳门法律的。《澳门基本法》第93条和第3/1999号法律第5条第3款的关系对于我们解读《安排》在澳门的法律地位提供了参考。

《安排》的目的是在内地和澳门间建立相互认可（承认）和执行民商事判决的双向机制。《安排》对其适用范围、判决概念、管辖权、财产的查封或冻结、申请书内容、申请所需基本文件、审查条件、部分判决的认可和执行等跨境认可，以及执行民商事判决的程序和实体问题做了约定，共24条。比2006年7月14日签署的《关于内地与香港特别行政区法院相互认可和执行当事人协议管辖的民商事案件判决的安排》（简称《内地与香港安排》）多了6个条款。特别需要指出，《安排》第11条对内地和澳门相互认可和执行民商事判决制定了统一的标准。这是否意味着内地和澳门法院在审理相互认可与执行判决时必须参照《安排》第11条规定？对于这个问题，多数人都会给出肯定的答复，否则内地和澳门这一特殊的《安排》就失去实际意义了。但澳门的法院实践显示了一种相反的趋势。截至2012年12月底在笔者所搜集到的19个于《安排》生效后澳门法院所做的判决[②]中，没有一个案件的判决是仅依据《安排》第11条规定做出的。这些判决大致分为三类：同时运用了澳门《民事诉讼程序法典》（以下简称《民诉法》）第1200

① 《法规的公布与格式》第5条规定了须于《公报》第二组公布的法律类别，第3款则指：“与全国其他地区的司法机关签订的司法互助协议”。

② 这些案件包括：2011年10月13日的703/2010号判决，2011年10月13日的140/2011号判决，2011年10月13日的731/2010号判决，2011年12月1号的590/2011号判决，2012年1月19日的613/2011号判决，2012年10月25日的602/2012号判决，2012年11月29日的811/2011号判决，2010年9月16日的415/2009号判决，2010年9月16日的118/2010号判决，2010年7月15日的184/2009号判决，2010年7月29日的444/2010号判决，2010年9月30日的438/2010号判决，2010年12月2日的694/2010号判决，2011年2月24日的355/2010号判决，2011年2月17日的487/2010号判决，2012年1月19日的247/2011号判决，2012年4月19日的671/2011号判决，2012年6月21日的450/2010号判决，以及2012年6月21日的761/2011号判决。

条（规定了审查和认可澳门境外法院判决的条件）和《安排》第 11 条的判决为 7 个（此类判决可简称为“双标准审查”）[①]；仅运用《民诉法》第 1200 条的判决为 10 个（此类判决可简称为“单标准审查”）[②]；提及《安排》，但没有使用第 11 条而仅使用《民诉法》第 1200 条做出判决的为 2 个（此类也被视为“单标准审查”）[③]。澳门法院的实践引起我们对《安排》在澳门的法律地位的反思。同时运用《安排》和《民诉法》的法官好像是说两者地位是平等的，而仅使用《民诉法》的法官则持一种《民诉法》高于《安排》的立场。显然，截至目前没有判决显示《安排》的地位高于《民诉法》。但如果我们接受《安排》的法律地位低于或与《民诉法》具有同等效力，我们就必须面对如何解读和运用《澳门基本法》第 93 条的问题，而此问题的实质是澳门特区政府是否按照该条款承担任何与条约相关的义务、类似义务或准条约义务。如果将此问题再推进一步的话，问题的实质则是《澳门基本法》第 93 条是否带有任何权利和义务性的授权，且是否暗含该条款下的协议或必须执行和遵守的法律义务。这些是本文将讨论的问题。

二　澳门法院涉及《安排》的实践所引发的法理争论

（一）《安排》第 11 条和《民诉法》第 1200 条比较

《安排》第 11 条和《民诉法》第 1200 条的作用都是设立是否认可澳门境外法院所做判决的标准。为了方便讨论，将这两个条款分别引述如下。

（1）《安排》第 11 条的内容：

---

① 这些案件包括：2011 年 10 月 13 日的 703/2010 号判决，2011 年 10 月 13 日的 140/2011 号判决，2011 年 10 月 13 日的 731/2010 号判决，2011 年 12 月 1 日的 590/2011 号判决，2012 年 1 月 19 日的 613/2011 号判决，2012 年 10 月 25 日的 602/2012 号判决，2012 年 11 月 29 日的 811/2011 号判决。

② 这些案件包括：2010 年 7 月 15 日的 184/2009 号判决，2010 年 7 月 29 日的 444/2010 号判决，2010 年 9 月 30 日的 438/2010 号判决，2010 年 12 月 2 日的 694/2010 号判决，2011 年 2 月 17 日的 487/2010 号判决，2011 年 2 月 24 日的 355/2010 号判决，2012 年 1 月 19 日的 247/2011 号判决，2012 年 4 月 19 日的 671/2011 号判决，2012 年 6 月 21 日的 450/2010 号判决，以及 2012 年 6 月 21 日的 761/2011 号判决。

③ 包括 2010 年 9 月 16 日的 415/2009 号判决和 2010 年 9 月 16 日的 118/2010 号判决。

被请求方法院经审查核实存在下列情形之一的，裁定不予认可：

（一）根据被请求方的法律，判决所确认的事项属被请求方法院专属管辖；

（二）在被请求方法院已存在相同诉讼，该诉讼先于待认可判决的诉讼提起，且被请求方法院具有管辖权；

（三）被请求方法院已认可或者执行被请求方法院以外的法院或仲裁机构就相同诉讼作出的判决或仲裁裁决；

（四）根据判决作出地的法律规定，败诉的当事人未得到合法传唤，或者无诉讼行为能力人未依法得到代理；

（五）根据判决作出地的法律规定，申请认可和执行的判决尚未发生法律效力，或者因再审被裁定中止执行；

（六）在内地认可和执行判决将违反内地法律的基本原则或者社会公共利益；在澳门特别行政区认可和执行判决将违反澳门特别行政区法律的基本原则或者公共秩序。

（2）《民诉法》第1200条“作出确认之必需要件”内容如下：

一、为使澳门以外地方之法院所作之裁判获确认，必须符合下列要件：

a）对载有有关裁判之文件之真确性及对裁判之理解并无疑问；

b）按作出裁判地之法律，裁判已确定；

c）作出该裁判之法院并非在法律欺诈之情况下具有管辖权，且裁判不涉及属澳门法院专属管辖权之事宜；

d）不能以案件已由澳门法院审理为由提出诉讼已系属之抗辩或案件已有确定裁判之抗辩，但澳门以外地方之法院首先行使审判权者除外；

e）根据原审法院地之法律，已依规定传唤被告，且有关之诉讼程序中已遵守辩论原则及当事人平等原则；

f）在有关裁判中并无包含一旦获确认将会导致产生明显与公共秩序不相容之结果之决定。

以上两个条款的内容，虽然都与认可澳门境外法院判决有关，但两个条款的具体规定和审查标准存在差别。就文字而言，虽然两个条款都各自包括六个子条款，但对这些条款的解读和应用存在以下主要相同点和不同点：

（1）主要相同点：两个条款均排除审查地法院规定专属管辖的案件。[①]

---

① 《安排》第11条第1款；《民诉法》第1200条第1款c项。

两个条款均将被告/败诉方是否得到合法传唤或当事人是否平等视为是否认可对方判决的理由,[①] 但《民诉法》第 1200 条还特别提及遵守“辩论原则”并将之视为认可境外判决的依据。两个条款均仅认可按照判决作出地法律已经生效之判决。[②] 两个条款均以是否违法或损害公共利益（内地表述）和公共秩序（澳门表述）作为是否认可判决的依据，且对澳门公共秩序的解读应当包括违法性。[③]

（2）主要不同点：《安排》第 11 条设立了不予认可的条件，但《民诉法》第 1200 条规定的是“作出确认之必需要件”。[④] 这样的措辞差别对于案件的处理有直接影响。按照《安排》所设立的原则，只有该条款所规定的情形出现时，才不予承认或执行。而按照《民诉法》所设立的原则，只有满足该条款条件的，才能认可。两个条款是在不同的假定前提下被使用的，所体现的差别与所谓“法律不禁止则可行”和“法律许可才可行”两种法理观点所导致的差别属同一性质。两个条款均有平行诉讼相关条款，但《安排》以申请地诉讼提起时间早，且申请地法院专属管辖两项标准，决定是否认可对方判决;[⑤]《民诉法》则以法院审判行使时间作为提起诉讼已系属或案件已有确定裁判之抗辩是否有效的依据。[⑥]《安排》以“被请求方法院已认可或者执行被请求方法院以外的法院或仲裁机构就相同诉讼作出的判决或仲裁裁决”为由拒绝认可对方判决,[⑦] 但《民诉法》没有直接对应条款。[⑧] 再者,《民诉法》第 1200 条第 1 款 a 项所规定的原则在《安排》第 11 条中没有对应条款。这就是说，除了以上存在一定相同点，但也存在一定差异的条款外,《民诉法》第 1200 条中还有《安排》第 11 条所没有的条款。反之亦然。

---

① 《安排》第 11 条第 4 款;《民诉法》第 1200 条第 1 款 e 项。

② 《安排》第 11 条第 5 款;《民诉法》第 1200 条第 1 款 b 项。

③ 《安排》第 11 条第 6 款;《民诉法》第 1200 条第 1 款 f 项。

④ 见两个条款的导言部分。

⑤ 《安排》第 11 条第 2 款。

⑥ 《民诉法》第 1200 条第 1 款 d 项规定：“不能以案件已由澳门法院审理为由提出诉讼已系属之抗辩或案件已有确定裁判之抗辩，但澳门以外地方之法院首先行使审判权者除外”。该条款文字表述让人费解。笔者认为最后半句表述可改为：澳门以外法院“后”行使审判权或澳门法院先行使审判权才合理。

⑦ 《安排》第 11 条第 3 款。

⑧ 《民诉法》第 1200 条第 1 款 d 项的解读是否适用于此类情况尚存争议。

以上分析显示了《安排》第11条和《民诉法》第1200条内容上的差别，且差别可能多于共性。这些差别会导致按照不同条款（审查标准）所做出的判决存在差别。这些差别的存在说明研究《安排》在澳门法律体系中的地位和作用具有重要理论和实践意义。

（二）“双重标准审查”导致的法理争论

所谓的“双重标准审查”是指澳门法院在审查内地判决时同时适用于《安排》第11条和《民诉法》第1200条的司法实践。由于法院的判决尚未明确说明法院如何看待《安排》在澳门法律体系中的地位，“双重标准审查”的实践似乎显示相关法官认为《安排》第11条和《民诉法》第1200条处于同等地位。假定这样的解读与法官对这个条款的看法一致，一个不可避免的问题则是：如果两个条款之间出现不一致或矛盾问题时，究竟优先使用哪个条款呢？如前所述，两个条款的不一致和矛盾不仅有理论上的可能性，也有实践方面的可能性。例如，如果被告/被申请人提出所谓“辩论原则”的话，[①] 内地法院程序是否能够满足澳门法“辩论原则”的要求则具有不确定性。如果使用《安排》第11条的规定，“辩论原则”没有明确提及，且是否能够纳入公共利益尚无定论，因此，很难在《安排》第11条下面找到“辩论原则”存在的依据。此时，如果澳门法院认为某内地判决违反“辩论原则”故不予认可，则《安排》第11条和《民诉法》第1200条间可能出现冲突。按照笔者前面提及的《安排》第11条和《民诉法》第1200条所设立的不同假定推论：第11条没有“辩论原则”规定，则不能依据“辩论原则”否认内地法院判决；而《民诉法》要求满足“辩论原则”，如果不能满足，该内地判决则不能获得承认。在此情况下，哪个条款优先则成为必须面对的问题。同理，如果出现平行诉讼情形，按照哪个条款判断也成为必须面对的问题。由于《安排》第11条与《民诉法》第1200条所采取的表述不同，同时使用这两个条款而导致冲突产生的可能性确实存在。

概言之，“双重标准审查”所可能导致的法理争论可能出现在两个层面：《安排》与《民诉法》同时作为两个不同法律文件的关系，以及《澳门

① 《民诉法》第1200条第1款e项。

基本法》第93条与《安排》和《民诉法》之间的关系。《安排》与《民诉法》的关系是指两者的排序，即《民诉法》作为法典的地位是否高于《安排》作为一个专门法规的地位？或《安排》作为一个后来制定的专门法规，地位是否应当高于《民诉法》第1200条的地位？《澳门基本法》第93条与这两个法律的关系则是一个宪法或准宪法性质的问题。问题的实质是第93条的规定是否能够赋予《安排》任何特殊的法律地位。换言之，问题的实质是如果《安排》不能为澳门法院所执行的话，澳门特区政府是否有任何《澳门基本法》层面的法律义务，或是否会导致违反《澳门基本法》的问题出现。

（三）"单标准审查"导致的法理争论

"单标准审查"是指那些仅使用了《民诉法》第1200条和那些虽然提及了《安排》，但最终仅按《民诉法》第1200条做出判决的司法实践。这些判决的共同特点是忽视《安排》的存在，而仅使用《民诉法》第1200条所设立的审查标准。这些判决也代表了相关法官对《安排》的看法，即《安排》是无关紧要的或《安排》的地位低于《民诉法》。这种忽视《安排》存在的做法本身就会引起法理层面的争论，如《安排》的法律地位，以及澳门特区政府和法院是否有运用《安排》的法律义务等争论。目前尚未出现拒绝认可内地判决的案例，但出现此类判决的可能性是存在的。如果内地某判决符合《安排》第11条的规定，但最终被澳门法院根据《民诉法》判决不予认可的话，此类实践会引发下列法理争论：

（1）法院的做法是否构成违法或运用法律错误。所谓违法问题与是否违反了《安排》规定有关，而所谓运用法律错误则与应当运用哪个法律，即《安排》还是《民诉法》相关。

（2）澳门法院的做法是否违反了《澳门基本法》第93条的规定。所涉及的问题包括《澳门基本法》第93条规定了什么性质的权利和义务，该条款对澳门特区政府的约束力如何，以及该条款是否能够直接适用于澳门法院的实践等问题。

（3）《安排》是按照澳门第3/1999号法律第5条第3款规定，公布于《公报》第二组的法规，该组项下的法律在澳门法律体系中的地位如何？法院是否能够忽视其存在？

三 《澳门基本法》第93条与《安排》的关系

（一）对《澳门基本法》第93条的解读

《澳门基本法》第93条的表述比较含糊，采取的措辞为“澳门特别行政区可与全国其他地区的司法机关通过协商依法进行司法方面的联系和相互提供协助”。该条款并未明确提及司法协助，也没有使用司法互助协议的表述。但学者普遍认为该条款所指的就是内地和澳门间的司法协助或互助问题。[①] 澳门特区政府和立法机构也将此条款视为内地与澳门的司法协助条款。该立场可以通过澳门第3/1999号法律第5条第3款规定内容，[②] 以及《安排》是按照该条款而成为澳门法律的事实说明。再者，《安排》导言部分明确声明《安排》是按照《澳门基本法》第93条签署的事实，也说明内地最高人民法院与澳门特区政府就《澳门基本法》第93条达成共识，这构成内地与澳门相互认可与执行民商事判决安排的法理基础。由此可见，《澳门基本法》第93条是规范内地和澳门间司法协助问题的条款已成为一个共识。而用“安排”来表述而非“协议”，则是一种技术处理，以区别国与国间或澳门特区政府经过授权与其他国家签署的司法协助协议。

《澳门基本法》第93条没有直接使用司法协助一词的原因应当与司法协助是一个国际合作模式的习惯用法相关。因此，为了避免对内地与澳门关系的误解，第93条没有使用这些带有国际色彩的术语。但我们如果将内地与澳门间司法协助称为区际司法协助，或准司法协助，也未尝不可。[③] 因此，内地和澳门间《安排》的实质是一种区际或内地与澳门授权机构间的协议或准协议。这些术语使用的差别和微妙变化导致我们必须面对另外一个问题，即《安排》是否具有特定语境下的“协议”义务，以及《安排》是

① 杨允中：《澳门基本法释要》（修订版），澳门特区政府法务局，2003，第137～138页；杨静辉：《澳门基本法释义》，人民出版社，1999，第155～156页。

② 该条款规定了需要通过《公报》第二组颁布的法律内容，包括与全国其他地区的司法机关签订的司法互助协议。

③ 参见赵国强《论中国内地与澳门特别行政区开展区际司法协助的模式》，《华东政法学院学报》1999年第3期（总第4期）；宋锡祥《论中国内地与港澳区际民商事司法协助及其完善》，《上海大学学报（社会科学版）》2009年第16卷第6期。

否具有特定语境下的、传统的司法协助概念所包含的法律义务。如果是这样，澳门法院对《安排》的立场或实践的合理性与合法性也必须纳入协议和司法协助类似语境下考虑。

解读《澳门基本法》第 93 条也必须考虑该条款在《澳门基本法》整体框架下的地位，以及该条款与《澳门基本法》其他条款的关系。需要指出，第 93 条是《澳门基本法》第 4 节所包含的条款之一，而第 4 节是关于澳门司法机关的规定。根据第 93 条所处的位置，可以推定该条款至少是将内地与澳门的司法协助视为澳门司法机关职能的一部分，且希望借此强调澳门司法机关落实内地与澳门区际司法协助的义务。必须指出，第 93 条的措辞没有直接提及司法机构，而是采取了宽松的表述方式，即“澳门特别行政区可与全国其他地区的司法机关通过协商依法进行司法方面的联系和相互提供协助”。这里的“澳门特别行政区”没有说明是澳门特区的什么机构，即没有说明是行政机关（《澳门基本法》第 2 节）、立法机关（《澳门基本法》第 3 节）还是司法机关（《澳门基本法》第 4 节）可以行使第 93 条授予的权力。但根据第 93 条处于《澳门基本法》第 4 节的结构安排，以及《安排》是通过内地最高人民法院签署且由最高人民法院以司法解释方式在内地生效的事实判断，[①]《澳门基本法》第 93 条的立法原意至少应当包括由澳门司法机关参与和执行内地与澳门司法协助安排。该原意也可以通过《安排》第 23 条的内容说明，因为该条款规定：“为执行本安排，最高人民法院和澳门特别行政区终审法院应当相互提供相关法律资料。最高人民法院和澳门特别行政区终审法院每年相互通报执行本安排的情况。”因此，笔者认为即使基于澳门法律传统特点，此类文件也不能由澳门法院签署，但澳门法院或司法机关负责落实第 93 条协议或《安排》的立法原意是可以确定的。再者，由于司法协助也可能涉及澳门检察院与内地的合作，第 93 条没有对参与方或被授权主体做出具体说明是可以理解的。笔者对第 93 条的解读也可以通过对《澳门基本法》第 92 条的文字分析获得支持。第 92 条同样是第 4 节的一部分，但该条款明确规定：“澳门特别行政区政府可参照原在澳门实行的办法，作出有关当地和外来的律师在澳门特别行政区执业的规

① 最高人民法院以法释〔2006〕2 号文件方式公布了《安排》，见中华人民共和国最高人民法院网站，http://www.court.gov.cn/shenpan-xiangqing-111.html。

定。”这个条款明确了“政府”是行使该条款的主体，而第93条则仅使用“澳门特别行政区”这一泛泛的或抽象表述。笔者认为，就《澳门基本法》整体而言，如果第93条的区际司法协助协议或安排不能被确切落实，该条款的存在就失去了实际意义。

（二）《澳门基本法》第93条对内地与澳门司法协助协议或安排的影响

《澳门基本法》第93条是《安排》的法律依据。作为依据的第93条对《安排》而言到底有哪些法律意义上的影响呢？同样的问题也可以表述为：作为法律依据，第93条对内地与澳门间的司法协助协议到底有哪些法律意义上的影响？

笔者认为《澳门基本法》第93条对内地与澳门间区际司法协助协议或安排的影响，可以从以下几个方面分析。

第一，涉及安排或者协议的各方是在《澳门基本法》第93条授权的前提下，参与制定《安排》的。这是指签署《安排》的各方所从事的活动获得授权。

第二，《安排》是签署方按照《澳门基本法》授权从事活动所产生的结果，该结果的法律意义和地位同样获得第93条的支持。笔者认为这样的解读是合理的，否则内地和澳门相关机构按照《澳门基本法》第93条所达成的任何协议或做出的安排均无法获得执行力。

第三，《安排》是澳门特区政府按照《澳门基本法》第93条签署的，因此澳门特区政府也承担了相应的执行义务。特区政府签署《安排》的正当性可以根据《澳门基本法》第93条和第50条的内容综合判断。既然第93条采用了泛指性的表述，特区政府属于特区概念范畴，那么特区政府行使第93条授予的权力属合法行为。同时，《澳门基本法》第50条第1款授权行政长官“领导澳门特别行政区政府”，第2款授权行政长官“负责执行本法和依照本法适用于澳门特别行政区的其他法律”。基于此两项授权，特区行政长官和其授权代表需要采取必要措施落实《澳门基本法》第93条内容。

第四，根据以上分析，笔者认为《澳门基本法》第93条及相关条款，以及特区政府代表澳门特区签署《安排》的事实显示了《安排》作为一个

独立法律文件在澳门的特殊地位。暂且不论《安排》通过《公报》变成澳门法律的一部分后在澳门法律体系中的地位如何，笔者认为即使《安排》变成澳门法律，签署后按照约定内容同样产生法律效力。同理，即使《安排》变成了澳门本地法律，《安排》独立的法律地位也不会因此消失。

以上分析显示，《澳门基本法》第93条赋予按照该条款签署的内地与澳门司法协助协议等特殊的法律地位。由于特区政府代表澳门特区的参与，《澳门基本法》第93条和第50条的共同作用也强化了《安排》独特的法律地位。在现有的《安排》框架下，不仅澳门法院，而且澳门特区政府也有落实和执行《安排》内容的法律义务。该法律义务不仅来自《安排》本身，也来自《澳门基本法》第93条和第50条。

四　《安排》的法律地位讨论

（一）《安排》作为内地和澳门之间的“协议”的法律地位

《安排》是“协议”的替代词。国际上司法协助一般由国家主体通过协议方式建立，而协议是条约的一种方式，[①] 其实质就是合同或契约关系。由于内地与香港和澳门关系的特殊性，内地和两地间签署的法律文件则多采用替代词，以避免所谓“国际化”的误解。这是内地处理与香港和澳门关系的一贯实践。例如，1998年《最高人民法院关于内地与香港特别行政区法院相互委托送达民商事司法文书的安排》，1999年《最高人民法院关于内地和香港特别行政区相互执行仲裁裁决的安排》，2006年《关于内地与香港特别行政区法院相互认可和执行当事人协议管辖的民商事案件判决的安排》，2003年《内地与香港关于建立更紧密经贸关系的安排》，以及2004年《内地与澳门关于建立更紧密经贸关系的安排》。这些安排都是内地和香港或澳门间官方机构所签署的文件。虽然称为“安排”，实际上是一国框架下的“协议”。在“一国两制”框架下，内地中央政府不能直接对香港或澳门特

① 《维也纳条约法公约》第2条第1款甲项将条约定义为：“称‘条约’者，谓国家间所缔结而以国际法为准之国际书面协定，不论其载于一项单独文书或两项以上相互有关之文书内，亦不论其特定名称为何。”

区政府发布命令或指示，因而部分涉及两地或“双边”关系问题，只能通过与“协议”性质类似的“安排”解决。内地使用“安排”一词的实践在处理台湾关系时出现了松动或变通。变通体现在两岸实际上已经签署了“协议”形式的法律文件。例如，2009年的《海峡两岸共同打击犯罪及司法互助协议》和2010年的《海峡两岸经济合作框架协议》（*Economic Cooperation Framework Agreement*，ECFA）。但必须指出，虽然使用了“协议”一词，但这些“协议”都是由两岸的民间组织，即海协会和海基会签署的。所以，它们不能与政府间的协议相比。而两岸非政府组织间的协议，也就是这两个主体代表各自政府所签署的合同。此合同的效力仅适用于合同双方。对各自政府而言，只有道义层面的义务，而不直接产生相互义务。鉴于两岸关系的特殊性，以及两岸改善关系的共同愿望，这些民间机构经过授权所签署的协议在两岸分别按照各自法律规定具有一定的法律效力和可预见性。例如，在大陆，此类协议可以通过国务院的具体措施或最高人民法院的司法解释产生法律效力，①而在台湾，则按照《两岸人民关系条例》通过“行政院”或“立法院”程序产生效力。②以上大陆在处理与香港和澳门关系，以及处理与台湾关系时所使用的法律术语的微妙差别也从不同方面说明了“安排”与“协议”在大中国概念下的可替换性。政府机构间的合同或约定被称为“安排”，而民间机构间的合同或约定则可被称为“协议”。两个术语的使用都强调的关键一点是，此类“安排”或“协议”都不同于国际法意义上的协议。

如前所述，笔者认为《安排》在签署后即具有一定的独立法律地位。其法律地位受到《澳门基本法》第93条和第50条的支持，也具有一定的政府间“行政合同”的性质。所谓行政合同是一个有争议的概念。有人采取了广义的概念，即“行政合同是指行政主体之间或行政主体与行政相对人之间，为实现国家行政管理的某些目标而签订的协议”。③也有人采取狭义的定义，即行政合同是行政主体为了行使行政职能，实现特定行政管理目

① 王建源：《两岸授权民间团体的协议行为研究》，《台湾研究集刊》2005年第2期（总第88期）。

② 王建源：《两岸授权民间团体的协议行为研究》，《台湾研究集刊》2005年第2期（总第88期）。

③ 胡仙芝：《论行政契约的适用依据》，《唯实》1995年第5期。

标，与公民、法人或其他组织达成的协议。[①] 笔者在此仅借用“行政合同”的表述，强调《安排》所产生的政府、机关间的合同义务，但不建议真将合同法原则运用于对《安排》的解读和执行。由于“安排”是“协议”的替代词，所谓“安排”的合同义务也就是指与国家间协议类似的条约义务。鉴于条约是主权国家在平等和自愿基础上所达成的共识，条约义务的实质就是合同或契约义务（contractual obligation）。[②] 《维也纳条约法公约》（*The Vienna Convention on the Law of Treaties*）第26条所倡导的条约必须信守原则，就是合同法原则的体现或变形。[③] 由此可见，不论我们称一个法律文件为“条约”、“协议”还是“安排”，这个法律文件的内容才是关键。因此，当协议性的法律文件被称为“安排”时，该文件的合同或契约性质的法律义务则相应地变成准协议义务或协议类似义务，但不会消失。这是我们理解内地与澳门间《安排》法律地位关键的原则之一。当我们通过类推方法将协议的法律义务延伸至《安排》的法律义务时，必然得出《安排》双方按照约定承担协议性质的法律义务的结论。此义务以《安排》这种方式独立存在。

《安排》是依据《澳门基本法》第93条独立存在的法律文件。第93条授权“澳门特别行政区可与全国其他地区的司法机关通过协商依法进行司法方面的联系和相互提供协助”。依据该条款签署的《安排》自然受到保护，且具有独立的法律地位。否则，该条款的授权无法落实或实施。笔者认为，按照第93条所做出的各类安排需要按照双方各自的法律程序落实和执行，与《安排》本身是否独立有效是两个层面的问题。按照各自法律管辖范围（法域）实施《安排》内容是签署《安排》各方落实其法律义务的必然结果。如果签署的任何一方不能按照约定在其法域内落实和执行相关内

① 冯宝珍：《行政合同若干问题研究》，《河北理工大学学报（社会科学版）》2006年第6卷第4期。

② 类似观点，参见 Arnold N. Pronto, “Some Thoughts on the Making of International Law,” *European Journal of International Law*, Vol. 19, No. 3, 2008, pp. 601 – 616; Akbar Rasulov, “Revisiting State Succession to Humanitarian Treaties: Is There a Case for Automaticity?” *European Journal of International Law*, Vol. 14, No. 1, 2003, pp. 141 – 170; Rijie Ernie Gao, “Between a Rock and a Hard Place: Tensions Between the U. S. -ROK Status of Forces Agreement and the Duty to Ensure Individual Rights under the ICCPR,” *Fordham International Law Journal*, 2010, Vol. 33, p. 585。

③ 《维也纳条约法公约》第26条规定：“凡有效之条约对其各当事国有拘束力，必须由各该国善意履行。”

容，一方则需要向另一方承担准协议性质的义务。此类义务当然不完全与其他法律意义上的合同义务相同，但一定会导致与违反国家间协议类似的政治或其他后果。当然签署《安排》各方也可以通过其他变通方式解决问题。但签署后拒绝执行不是符合惯例的做法。如果签署《安排》的双方——最高人民法院和澳门特区政府在《安排》执行中彼此失去信任，中央政府和特区政府间的关系一定受到影响。如果不能及时矫正，此类影响一定会在"一国两制"框架下，或在《澳门基本法》原则范围内对中央和澳门关系产生负面影响。这就是笔者认为内地和澳门的《安排》一定独立存在的原因。

《安排》是准协议性质的法律文件，按照其内容约定产生法律效力。即使成为澳门法律的一部分后，《安排》并不丧失其独立的法律地位，仍然独立存在。这是准协议的性质使然。其独立于澳门法律之外的性质可以通过《安排》本身的内容加以确认。例如，第22条规定："本安排在执行过程中遇有问题或者需要修改，应当由最高人民法院与澳门特别行政区协商解决。"该项内容涉及最高人民法院和特区政府的磋商义务，实际上是无法通过澳门本地法律来执行的。如果需要修改或协调，最高人民法院和澳门特区政府只能根据此约定，直接沟通解决问题。换言之，需要修改或调整《安排》条款时，签署双方不可能按照澳门法律规定或最高人民法院司法解释的规定启动此类磋商程序，而必须按照《安排》的约定启动磋商程序。此条款设立了《安排》双方协商解决问题的义务，与契约或协议义务类似。因此，即使《安排》已经通过内地和澳门各自法域的规定程序和方式分别在各自法域生效，其执行和修改仍然必须按照《安排》条款约定程序进行。这也充分说明了《安排》作为法律文件的独立性。

《安排》的独立特点也可以从澳门特区政府或立法机构没有修改其内容，而只将其全部转换为澳门本地法的特定生效方式判断。从法理上讲，只要确保《安排》内容得到落实，如何落实则是澳门自己的事。这就是说，澳门特区也可以采取单独立法方式，将《安排》中需要在澳门执行的条款整理归纳或通过专门立法方式转化成澳门法律。① 笔者认为，《安排》直接

① 例如，香港在将《关于内地与香港特别行政区法院相互认可和执行当事人协议管辖的民商事案件判决的安排》转化成香港法律时，没有整体照搬原文，而是将其中的原则按照香港立法体例重新颁布。见香港法律第597章《内地判决（交互强制执行）条例》。

全部转化成澳门法律的原因与澳门现有的法律生效制度相关。因为，澳门第3/1999 号法律第 5 条第 3 款已经明确规定，与全国其他地区的司法机关签订的司法互助协议需在《公报》第二组公布，这样在制度上就排除了有选择地通过专门立法转化的必要。但笔者希望指出，不论是选择性地专门立法转化，还是整体转化，都反映了《安排》是独立的法律文件的特点，其法律效力不以是否已经转化成澳门法律或内地的司法解释为前提。如前所述，澳门将《安排》转化成澳门法律仅解决如何在澳门法域内执行《安排》的问题，与《安排》对签署双方即最高人民法院和特区政府是否产生约束力或类似法律效力无关。

（二）《安排》作为本地法律在澳门法律体系中的地位

众所周知，《安排》已经通过《公报》成为澳门本地法律的一部分。如何判断《安排》在澳门法律中的地位，特别是与《民诉法》的关系是我们必须面对的问题。在笔者收集的 19 个判决中，没有任何判决明确讨论过两者的关系。法院如何看待此问题不得而知。目前也没有任何学者或专家讨论此问题。根据 7 个同时运用了《安排》第 11 条和《民诉法》第 1200 条的案例判断，相关法官应该是将两个条款置于平等地位看待，故采取了“双重标准审查”方式。根据 12 个仅运用了《民诉法》第 1200 条的案例判断，相关法官或许认为《民诉法》高于《安排》，故采取了“单标准审查”方式。但没有任何法官单独使用《安排》第 11 条。就此判断，就认可和执行内地判决而言，至少目前没有法官认为《安排》的法律地位高于《民诉法》。这些案例代表了司法界对《安排》在澳门法律体系中地位的解读。这样的解读合理吗？符合《澳门基本法》第 93 条吗？

“《安排》效力低于或等于《民诉法》”这种观点值得商榷。这种观点的法理基础在于，《民诉法》是澳门的基本法典之一，因而应当高于其他单行法规。但笔者认为就《安排》而言，在内地与澳门相互承认民商事判决问题上，《安排》的地位应当高于《民诉法》第 1200 条的规定，理由如下。

第一，《民诉法》在认可与执行澳门境外判决问题上已经预留了使用特别法律的空间。此原则见《民诉法》第 1199 条第 1 款。该条款称：“澳门以外地方之法院或仲裁员所作关于私权之裁判，经审查及确认后方在澳门产生效力，但适用于澳门之国际协约、属司法协助领域之协定或特别法另有规定者除外。”该条款阐述了按照《民诉法》第1200条审查境外判决的一般原则，但同时就此一般原则规定了3项例外，即国际公约例外、司法协助例外和特别法专门规定例外。如前所述，《安排》是一种准司法协助性质的法律文件，因而可以比照司法协助例外。再者，《安排》已经作为澳门地区特别法律公布，因而也可构成特别法专门规定例外。当然，笔者承认，“特别法”的概念也许是有争议的问题，但不论如何定义《安排》的法律性质，它是澳门法律的一部分的特性不变。因此，笔者认为就在澳门认可内地民商事判决而言，《安排》应当获得高于《民诉法》第1200条的效力。换言之，如果不需要将《民诉法》与《安排》的地位相比较的话，我们也可将《安排》作为《民诉法》第1200条的例外加以运用。

第二，如前所述，《澳门基本法》第93条和第50条不仅赋予《安排》在内地与澳门关系间的特殊地位，且赋予《安排》在澳门地方法律体系外的独立法律效力。考虑到《安排》在《澳门基本法》框架下的特殊性和独立性，澳门法院在解读《安排》与《民诉法》第1200条的关系时，也应当向《安排》倾斜，即给予《安排》优先使用的法律效力。否则，《澳门基本法》第93条所期望建立的调整内地与澳门关系的渠道将不畅通，两地的司法协助将无法落实，《澳门基本法》第93条也无法执行。

第三，从法理角度看，笔者认为争论的重点不应当是《安排》与《民诉法》整体的地位比较，而应当是《安排》或《安排》第11条与《民诉法》第1200条之间的地位比较。如前所述，《民诉法》第1200条的适用性已经受到《民诉法》第1199条的限定。而该限定恰恰说明了《安排》优先使用的正当性。

以上分析说明，即使从澳门地方法律层面看，优先使用《安排》是一种合理、合法的选择。

五　结论

鉴于以上分析，笔者认为澳门法院目前审查内地民商事判决的司法实践值得商榷。不论是目前的“双重标准审查”，还是“单标准审查”，都可能

引发《澳门基本法》层面和《民诉法》层面的法理争论。所涉及的最基本问题就是现有实践对《安排》法律地位的轻视或忽视，且现有实践不能避免《安排》第 11 条与《民诉法》第 1200 条的冲突。因此，将《安排》第 11 条作为审查内地民商事判决的唯一标准才是合理、合法的选择。如前所述，这样的选择既符合《澳门基本法》的原则，也符合《民诉法》的原则。

本文没有详细讨论《内地与香港安排》的执行情况。简言之，本文所讨论的澳门法院实践中出现的问题，在香港是不会发生的。因为香港采用单行法规方式规范境外判决的承认与执行行为，而且《内地与香港安排》的主要原则已经被转化为香港法律第 597 章《内地判决（交互强制执行）条例》。在审查内地判决时，香港法院自然会直接使用《内地判决（交互强制执行）条例》，而不需要考虑与一般承认和执行相关的其他条例。

虽然笔者已经得出《安排》应当优先适用于内地民商事判决的结论，但不妨碍笔者就本文所涉及的以《澳门基本法》为依据的法律文件与澳门现有法律间冲突情形解决原则的探讨。当然，就内地判决认可而言，笔者认为《民诉法》第 1199 条已经提供了解决冲突的原则。但假定没有此类条款的话，《安排》是否仍然优先于《民诉法》相关条款，则是一个需要进一步探讨的问题。需要指出，为了解决《澳门基本法》与澳门现有法律的冲突，《澳门基本法》已经设立了相关原则。例如，第 8 条规定："澳门原有的法律、法令、行政法规和其他规范性文件，除同本法相抵触或经澳门特别行政区的立法机关或其他有关机关依照法定程序作出修改外，予以保留。"该条款针对回归前的法律而言，阐明了解决回归前的澳门法律与《澳门基本法》条款冲突的最重要原则。《澳门基本法》第 11 条则规定："澳门特别行政区的任何法律、法令、行政法规和其他规范性文件均不得同本法相抵触。"该条款是第 8 条的补充条款，主要针对回归后的立法而设立，同样阐明了解决澳门回归后立法和澳门现有法律与《澳门基本法》冲突的最重要原则。以上两个条款对于我们解读与《安排》类似的法律文件在澳门法律体系中的地位至关重要。问题的关键是如何解读这些条款中所指的"抵触"概念，以及如何解读这两个条款中的"本法"一词。就前文的假定而言，如果对"本法"的解读包括为了执行或落实《澳门基本法》条款所签署的法律文件的话，那么与《安排》类似的法律文件自然会取得高于澳门任何法律的地位。反之，如果对"本法"的解读仅限于《澳门基本法》条文本身，而不延伸至使用《澳门基本法》条文后产生的后果的话，那么与《安排》类似的法律文件不会取得高于澳门任何法律的地位。当然，还可能有第三种解读方式，即以个案来分析相关文件的法律地位和效力。本文所采取的就是个案分析的方法。笔者在此提出问题，希望能起到抛砖引玉的效果，以便有机会听到其他专家学者对《澳门基本法》第 8 条和第 11 条解读的高见。

（原载王人博主编《政法论坛》总第 173 期，北京：中国政法大学，2013 年 9 月。）

法人理论与澳门教育机构的组织模式

唐晓晴[*]

一　概述

（一）一场旷日持久的教育制度建设和改革运动

撇开西方传教士在16世纪所创立的圣保禄学院，[①] 澳门的高等教育史仅仅起步于20世纪80年代初，也就是澳门大学的前身东亚大学创立的那一年（1981年）。随后的几十年间，先是东亚大学被政府收购而成为公立大学，然后又相继地出现了十多所公立和私立高等教育机构。其中公立高等教育机构包括：澳门理工学院、旅游学院、澳门保安部队高等学校；私立的则有：澳门城市大学、圣若瑟大学、澳门镜湖护理学院、澳门科技大学、澳门管理学院与中西创新学院。此外，还有一些国内外的院校得到澳门特区政府许可，单独或挂靠在一些澳门机构内开办高等学位课程。对于一个人口不到60万的小城市而言，十多所高等教育机构并不是一个小数目。尽管从高校数目看，澳门的公立和私立高校数目差不多，可是从办学规模来看，还是公立高校比较大。

与高等教育不一样的是，澳门的中小学教育历史悠久而且现状独特。早在1839年，美国传教士就以纪念第一位将基督教传入中国的传教士马

* 唐晓晴，法学博士，澳门大学法学院院长、教授。

① 将它排除在外主要是因为它并没有延续到近现代，所以对于澳门的现代高等教育没有直接的影响，可是如果按该学院创立时的标准，其规模与课程设置肯定达到大学的标准。详见李向玉《汉学家的摇篮：澳门圣保禄学院研究》，中华书局，2006，第50～51页。

礼逊的名义创办了澳门历史上第一所私立学校——“马礼逊学堂”；澳门第一所华人创办的学校是在1874年由镜湖医院慈善机构设立的“镜湖义学”；随后，天主教的嘉诺撒修会于1876年创办了澳门第一所女子中学——“圣罗撒中学”（该校至今仍然是澳门最著名的学校之一）①；澳门第一所官立学校（也是远东最早的葡萄牙官立教育机构）则是1893年成立的“利宵学校”（“利宵”一词乃葡语“Liceu”的音译，意指中学）。另外，从1978年开始，澳葡特区政府就陆续通过立法手段完善中小学制度的规管，并向私立中小学发放各种形式的补贴，使这些学校的办学条件得到很大程度的改善，到2007/2008学年，已经实施了15年免费教育。② 到2011年为止，按政府发出的学校执照计算，澳门总共有78所中小学，其中公立学校11所、私立学校67所③。由此可见，无论过去还是现在，澳门的中小学教育事业主要还是由私立学校承担的。

总体而言，20世纪70年代末80年代初是澳门整个教育体系改革的关键时刻。在这个时期，澳门不仅出现了第一所现代大学，而且政府又开始立法，对私立中小学进行资助与监管。然而，正像其他社会制度一样，教育制度也是与时俱进的，改革运动一经开始就不再停歇，而且时时刻刻都在发生。例如，在中小学教育方面，澳葡政府于1991年制定了《澳门教育制度》④；于1996年制定了《订定有关纳入公共学校网络之私立教育机构所实际担任职务之教学人员通则》⑤；澳门分别于1995年、1997年、2002年及2006年分阶段全面推行免费教育；2006年通过了《非高等教育制度纲要法》⑥；最后，在2012年2月29日又通过了《非高等教育私立学校教学人员制度框架》（以下简称《私框》）。⑦ 高等教育发展同样迅速。80年代成立的澳门第一所大学“东亚大学”于1988年被澳葡政府收购，并于1991年更名为“澳门大学”；就在同一年，澳葡政府又颁布了《关于订定在澳门地区从事高等教育活动的

① 田田着：《澳门教育的发展与特色》，《澳门日报》1997年9月14日，学海版。

② 张雪莲：《澳门受教育权保护的现状》，《澳门新视角》2011年第8期。

③ 《2011澳门年鉴》，澳门新闻局，2012，第283页。

④ 第11/91/M号法律。

⑤ 第15/96/M号法令。

⑥ 第9/2006号法律。

⑦ 有关《私框》的介绍，参见苏建峰《私立学校教学人员制度框架》，《澳门普法月刊》2011年试刊号。

一切公立及私立教育机构的组织和运作》[①]，而且澳门理工学院也宣告成立；1995 年又成立了旅游培训学院；私立的澳门科技大学也于 2000 年成立。

这些活动表明，近年的澳门社会实际上正持续推行一场全方位的教育改革，而且政府 30 多年来一直在改革中扮演着重要的角色。在 2012 年度施政报告中，行政长官还指出："特区政府将持续加强对高等教育的资源投入，不断完善适合院校发展的教育制度，协助院校改善教学和科研条件。""教育是树人育才的基础工程，特区政府一直以来予以高度重视，不断加大教育资源的投入，进一步保障教育的质量。同时，全力推动《非高等教育私立学校教学人员制度框架》的立法工作，为培养一支高素质的、稳定的教学人员队伍建立更坚实的法律机制。"

（二）法律与法律人在这场运动中的作用

一些行为模式经过不断重复就会开启制度化的进程，一种行为模式在参与者之间具有共同的意义后，就会进入合法化的阶段。假如我们身处的社会是一个已经有一定秩序的社会，那么就一定会有各种权威机构存在；这些权威机构有权力向其他行动者或机构赋予合法性。[②] 在一个法治社会，法律既是最大的权威，也是彰显合法性的符号或标志；通过法律的认可，制度得以固定，而其合法性也得到彰显。社会制度发展到一定程度一般都需要通过法律定型，所以很多重要制度的改革最终都落实为法律制度的建立。

然而，在一个不同制度互相作用的社会里，法律的功能远远超出被动的认可，它实际上是制度建立过程中的参与者和能动者。已经被权威确认的固有法律在新的制度形成过程中完全可以左右整个过程的走向，以及将要形成的制度的面貌。

在澳门教育制度的建立与改革过程中，法律理所当然起着重要作用。最初，西方传教士来华传教而兴办学校基本是个别行为，政府既不参与也不规管。澳葡政府真正开始重视教育并通过立法落实一些政策是从 20 世纪 70 年代末开始的。刚开始时，政府的思维基本是个别与单向的：以行政性质的法律

---

① 第 11/91/M 号法令：《关于订定在澳门地区从事高等教育活动的一切公立及私立教育机构的组织和运作》。

② W. 理查德·斯科特（W. Richard Scott）：《制度与组织——思想观念与物质利益》，姚伟、王黎芳译，中国人民大学出版社，2010，第 68～69 页。

法规落实一些政策构想。到20世纪90年代，澳门人口增加到一定数量，而大、中、小学教育均有一定规模的时候，政府的教育立法才开始有较全面的思考与规划（例如90年代初制定11/91/M号法律《澳门教育制度》、第38/93/M号法令《私立教育机构通则》；又例如专门规范高等教育的第11/91/M号法令《关于订定在澳门地区从事高等教育活动的一切公立及私立教育机构的组织和运作》与第8/92/M号法令《修订2月4日第11/91/M号法令第6、15、16及33条条文〈关于官立高等教育机构人员制度及引进若干规定〉》）。只是从这个时期起，学校和教育活动才有了一个基础的法律制度框架。自此以后，学校的设立与运作、政府对学校的管理都不能像过去一样随意与专断。

然而，在一个社会中，制度不是孤立地存在的，而法律对制度的固定也不是绝对的。就法律制度而言，新生的制度必须从各方面与既存的制度对接；而立法者通过立法将制度固定也不可能一次性地全盘考虑各个接合点是否能很好地衔接起来。

以澳门教育制度的立法为例，虽然90年代初的立法为学校的设立与运作奠定了基础的法律制度，可是学校出现以后在各种社会关系中所遇到的问题却没能也不可能全部被一部或两部法律预见（而且作为社会存在的学校肯定会在很多方面都类同于其他社会存在，故无须特别处理）。这个时候，如何衔接的问题就会出现。如上所述，在一个法治社会，很多基本制度都已经建立起来。一些规范重要社会制度的法律和法律概念会缓慢地形成一种“语法”[①]，后来建立的制度如果偏离或违背这种“语法”就会对社会制度整体造成一定的干扰。而这种时候，一般也就是法律人在制度化与制度运作过程中发挥其专业技能的时候。法律的制定当然是会受到政治经济及各种社会因素影响的，然而，这些因素最终都只能表现为一定的立法政策。在立法过程中，法律人的专业工作应该专注于为社会制度的“语法”把关。

（三）这场运动所产生的一些法律问题

经过十多年实践以后，无论是高等教育还是非高等教育的法律制度都

---

① 这里对“语法”一词的使用源于维特根斯坦。参见G. P. Baker，P. M. S. Hacker，*Wittgenstein – Rules，Grammar and Necessity – Vol. II of an Analytical Commentary on the Philosophical Investigations – Essays and Exegesis of § § 185 – 242*，Hoboken：Wiley – Blackwell，2009，pp. 43 – 55。

遇到很多迫切需要解决的问题。

在中小学方面，上文已经指出澳门大部分的学校均为私立学校。虽然大部分学校都不是以营利为目的，但是却难免会牵涉到财产关系中。例如，招收学生会涉及收取学费，老师授课需要发工资，政府不断增加对教育的投入与资助时，私立中小学在接受资助的过程中就需要面对政府、学生及教师。根据直观经验以及与其他社会对象（如公司）进行比较，很容易就会得出学校在这些关系中呈现一定主体性的结论；甚至在规范文件上的一些表述（例如，第9/2006号法律《非高等教育制度纲要法》第47条第4款等[①]）也很容易使人得出学校是法律关系主体的结论。仿佛学校可以随便像人一样签订买卖或劳动合同、开立银行账户、接受资助、负法律责任等。

然而，随着社会的法治观念日益加深，一些敏锐的当事人很快就发现，根据直观经验认定的学校具有主体性的结论，很多时候在法律上居然找不到依据。例如，一些新办的学校要以学校的名义开立银行账户时，竟然遭到拒绝；由教师与学校共同供款的一些公积金或保障基金在未发放前的归属竟然不清晰；学校是否以独立的名义领取政府的各项资助亦不明确；等等。拒绝的理由不外是学校不是法人，在法律上不具有主体资格。

面对上述困难，教育界一度展开了反思，并有人提出以下问题："学校可以变成法人吗?"

在高等教育范畴，法律问题同样带来了困扰。澳门大学即将迁往横琴，而为了配合新校区的发展，学校于2011年启动了章程修改工作，更于同年6月成立了修章小组。媒体反映的讯息显示，修章过程中遇到的一个难题就是法人性质问题。《澳门日报》在2011年9月13日第B06版的报道中曾指出："……作为公法人，澳大同时受到公共行政制度、公共财政制度及公职法例等约束……，以至其发展进程受到滞碍。"约一个月后，又有多份报纸（如《市民日报》2011年10月13日第3版）报道了葡萄牙部分公立大学脱离了公法人的身份，"以私法制度下的基金会方式运作"，从而在资产制度、财政制度及人事管理制度三大范畴内取得更多自主权。这些讯息似乎指向一个结论：公法人的身份是公立大学难以获得更大自主

① 在这些条文中，"学校"一词都是其句子或从句的主语。

权的原因。

面对上述困难，高等教育界也一度展开了反思，并有人提出以下问题："公立大学可以从公法人变成私法人吗?"

（四）问题整理与回答思路

上面所提到的两个大问题都有法律的面向，而且都涉及法人理论；虽然法人理论在法学的知识体系上属于一个非常大的课题，非一言两语可以论述清楚，但是如果不以有限的篇幅对法人理论做一定介绍，估计不仅说的人无从入手，听的人也不会明白。

因此，下面第二部分将会对法人理论做一扼要介绍，然后尝试以之为基础，分两大部分回答上面所提到的两个问题，即学校是否可以变成法人？公立大学是否可以转变为私法人？

二　法人理论与团体的组织方式

（一）法人与团体概述

1. 法人概念的起源

法人概念是在罗马法与中世纪法的经验基础上，由18世纪末的德国学者胡果（Gustav Hugo）构筑而成的，其后影响最大的理论阐述是萨维尼（Friedrich Carl von Savigny）的法人拟制说；该概念稍后则被《德国民法典》采纳并成为构建实证法制度的核心概念。

法人制度的关键是使团体享有人格，也就是使团体得以像人一样出现在一些法律关系中。这就解释了为什么萨维尼认为法人是拟制的人。

说法人的概念形成于18世纪末，并不是说整个人类或欧洲要到18世纪才有团体生活。实际上，稍有一点历史知识的人都能明白这个道理。从法制史的角度看，毫无疑问可以认为中世纪的基督教会和属下的修会[①]、

① 有关介绍见 John Davis, *Corporations – A Study of the Origin and Development of Great Business Combinations and of Their Relation to the Authority of the State*, Kitchener: Batoche Books, 2001, pp. 26 – 49。

中世纪的行会（Gilds）[①]、独立的地方市政机构[②]、17世纪因航海冒险而诞生的东印度公司[③]等，都为法人理论提供了经验上的素材。对此深有体会的基尔克（Otto von Gierke）敏锐地观察到法人的经验基础。他在19世纪末展开的一项庞大研究，不仅构筑起与萨维尼针锋相对的团体人理论（Gesammtperson），更是将原本具有普遍性的人类团体生活转化成德意志人特有的意识形态，[④] 并借以解释整个人类社会（从人到各种团体再到国家）的组织结构。

在民法上，团体或组织被确认为法人主要有以下意义：

①有资格成为财产关系的主体，以自己的名义做出法律行为；

②在承担责任时，分割法人自身的财产与成员或发起人的财产；

③团体或组织有基本的组织结构；

④团体或组织的行为受设定时的目的限制。

2. 澳门现行法中的法人制度

法人制度规定于《澳门民法典》的总则部分。这一结构的理论意义是，人与法人都是法律关系的主体，均有资格进入法律系统。

现行民法典规定的法人有三大类型：①社团（associações）[⑤]；②财团（fundações）[⑥]；③合营组织（sociedades）[⑦]。

在历年教学的基础上，笔者为澳门现行法所规定的私法人设定程序归纳出两个原则：①私法自治（animus personificandi）；②类型法定。[⑧]

所谓私法自治是指法人（私法人）的设定必须以当事人表达其设定法

---

① John Davis, *Corporations – A Study of the Origin and Development of Great Business Combinations and of Their Relation to the Authority of the State*, Kitchener: Batoche Books, 2001, pp. 90 – 96.

② John Davis, *Corporations – A Study of the Origin and Development of Great Business Combinations and of Their Relation to the Authority of the State*, Kitchener: Batoche Books, 2001, pp. 66 – 67.

③ Rui Manuel de Figueiredo Marcos, *As Companhias Pombalinas – Contributo para a História das Sociedades por Acçoes em Portugal*, Coimbra: Livraria Almedina, 1997, pp. 37, 50 – 59.

④ Frederic William Maitland, "Translator's Introduction to the 'Political Theories of the Middle Age'," in Otto Gierke, *Political Theories of the Middle Age*, Cambridge: Cambridge University Press, 1990, pp. xxv – xxvi.

⑤ 《澳门民法典》第154条。

⑥ 《澳门民法典》第173条。

⑦ 《澳门民法典》第184条，此一大类又分为合伙和公司。

⑧ 唐晓晴：《澳门民法》，刘高龙、赵国强主编《澳门法律新论（上册）》，澳门基金会、社会科学文献出版社，2011，第200～201页。

人的意图为基础。所谓类型法定是指当事人仅能按法律预先规定的类型设定法人。

当事人的意图按照一定要求表达以后，还需要由特定的公权机关许可。不同类型的法人有不同的许可机关（例如：公司的许可机关是商业登记局；民事合伙的许可机关是财政局属下的一个委员会；社团的许可机关是身份证明局；财团的许可机关是行政长官）。然而，这些许可机关在行使权限时并不是完全自由的，只有设定的程序符合法律规定方得许可。

因此，当《澳门民法典》仅仅规定了四大类型的法人（换言之，私法人只能是社团、财团、公司和民事合伙）时，当事人就只能按这些类型来设定，否则既无法定的程序可循，也无法定机关做出许可。

那么，我们又是否可以通过立法来改变现行状况呢？

毫无疑问，经过适当的立法程序，任何制度都是可以改变的。问题是立法者究竟在什么情况下才应该改变一个制度，而改变了一个制度以后，法律整体会产生怎样的联动。

就法人制度而言，它的基础部分规定于《澳门民法典》，是公民民事生活的基本制度之一。虽然在位阶上，《澳门民法典》也是位于基本法之下的普通法律，只要有一项新的立法就可以修改法典内的制度，但是由于《澳门民法典》以外的很多制度都是以该法典为基础的，所以大陆法系国家的民法典内的制度非常严谨，不会轻易改动。以法人制度为例，商法典内的公司法、整个商业登记局的设立、社团的认证制度、很多相关部门的职权、这些部门所发出的文件的效力，等等，都是以《澳门民法典》的制度为基础或者仅仅为了服务该法典的相关制度而规定或设立的。

假设我们现在撇开类型法定的规则，允许当事人任意设定其他类型的法人，那么对整个法人制度就要重新思考，而涉及的问题将可能包括（但不限于）以下几方面：

①类型法定的积极与消极意义究竟有哪些；

②新类型的组织结构是否无法被纳入既有类型中；

③新的类型是否在价值层面得到足够的支持；

④新的类型如何与其他制度衔接（如是否需要建立新的认证机构，等等）。

（二）公法人的概念

1. 概念发展的轨迹

近代欧洲继受罗马法的大部分精力都花在了私法上，所以整个公法的发展都晚于私法，而且许多概念也都是从私法上借鉴而来的。法人理论的情况也与之类似。在18世纪末已经产生的法人概念，到19世纪中后期才被运用到公法上，而它的第一个适用对象就是“国家”。首先将国家与法人一词连接起来的是哥廷根法学家阿尔布雷希特（W. E. Albrecht）。他从毛伦布莱希（Romeo Maurenbrecher）在《当今德意志国家法的基本原则》（*Grundsätze des Heutigen Deutschen Staatsrechts*）一书的评论中找到了这个词。[①] 随后格贝尔（Carl Friedrich Von Gerber）于1865年更系统地以法人理论来解释“国家及主权”。最后经拉邦德（Paul Laband）、罗辛（Heinrich Rosin）、普罗伊斯（Hugo Preuss）、耶利内克（Georg Jellinek）等人的努力，这一学说得以统治整个法学界。[②] 在19世纪即将结束之时，英美法学者梅特兰（F. W. Maitland）又将基尔克一部分的著作译成英语，使“国家”的法人学说传播到英美。

最初，法人制度仅仅是一个私法（民法）上的制度，萨维尼曾经指出：“法人的概念只指向财产关系。”[③] 然而，当19世纪末20世纪初的公法学者将该理论移植到公法中时，它的理论体系与制度功能就开始发生变化了。首先，在理论体系上，本来一体的法人理论逐渐被区分为私法人理论和公法人理论两块，而这一区分的理论模板显然源于罗马法学家乌尔比安（Ulpian）对公法和私法的区分。接着，在制度功能上，原本用于解决团体在民法上是否有资格进行交易的法人理论逐渐变成公共行政处理分权和自治的一个机制。很快这个概念就从国家层面扩散到其他领域。在国家之后，第一批被界定为公法人的机构就包括职业协会、商会、医

---

① 〔德〕米歇尔·施托莱斯（Michael Stolleis）：《德国公法史（1800－1914）》，雷勇译，法律出版社，2007，第107页。

② 〔荷〕克拉勃（Hugo Krabbe）：《近代国家观念》，王检译，吉林出版集团有限责任公司，2009，第26、29页。

③ M. F. C. Savigny, *Sistema del Derecho Romano Actual*, Jacinto Mesía, Manuel Poley trad., Tomos Ⅱ, Pamplona: Analecta Editorial, 2004, pp. 57－58.

院、大学等。①

有了法人这个概念以后，土地和人民就不再需要被看成君主的个人财产；由于有了法人这个概念，君主和议会都成了法人的机构。过去，官吏只能被视为君主的奴仆或人民的仆人，可是现在因为国家有了主体身份，他们就成了国家的公仆。②

法人理论在公法上的使用，被证明具有强大的解释力，它使权力的归属抽象化成为可能。过往无法解决的问题（例如，如何约束拥有绝对权力的君主，如何区分国家财产与君主私人财产等）现在都迎刃而解。公法人作为机构的法律组织方式，是在19世纪中期国家被构建为法人以后才开始的。开始的时候，这个概念只应用于国家以及地区实体（entes territoriais），后来逐渐扩散，首先是一些社团被赋予公法人的资格，然后一些公共部门也被法人化。

经过一段时间的实践，学界为公法人总结出的特征主要包括：①由法律或公共行为创设；②具有公共部门的特权；③不可能自动解散；④适用于行政诉讼；⑤适用于公职人员制度；⑥适用于公共财政制度。③

但是必须指出的是，这些特征都是随着制度的发展而被归纳出来的；法律并没有先行要求公法人必须符合这些特征。

2. 澳门现行法中的公法人制度

澳门现行法毫无疑问是采纳了公法人这个概念的。然而与《澳门民法典》详细地规定了法人的基础制度不同的是，澳门现行法并没有一套适用于一切公法人的制度。

每一个公法人都是通过法律或其他规范性文件设立的，所以原则上各个公法人的制度都不一样。于是也可以说，公法人的制度由其设定依据来定义。这一点，通过观察澳门现存公法人（例如环保与节能基金④、教育发展

---

① Vital Moreira, *Administração Autónoma e Associações Públicas*, Lisboa: Coimbra Editora, 2003, p. 258.

② 〔德〕米歇尔·施托莱斯（Michael Stolleis）:《德国公法史（1800－1914）》，雷勇译，法律出版社，2007，第107页。

③ Vital Moreira, *Administração Autónoma e Associações Públicas*, Lisboa: Coimbra Editora, 2003, p. 258.

④ 由第21/2011号行政法规设立，在环境保护局内运作，并具有行政及财政自治权，自身拥有财产。

基金[1]、工商业发展基金[2]、汽车及航海保障基金[3]、渔业发展及援助基金[4]、澳门基金会[5]、社会保障基金[6]、澳门消费者委员会[7]、治安警察局福利会[8]、消防局福利会[9]、楼宇维修基金[10]、退休基金会[11]、科学技术发展基金[12]、澳门理工学院[13]、澳门发展与合作基金会[14]、澳门特区政府印刷署[15]、旅游培训学院[16]、澳门消费者委员会[17]、澳门贸易投资促进局[18]、澳门金融管理局[19]、卫生局[20]、

---

① 由第 9/2006 号法律所设立，是享有行政、财政及财产自治权的公法人，且附属于教育暨青年局运作。

② 由 8/2003 号行政法规所设立，是一个在经济局内运作的公法人，具有行政及财政自治权，并拥有本身的财产。

③ 由 57/94/M 号法令所设立，是在汽车民事责任强制保险方面设立的拥有行政、财政及财产自治权之公法人。

④ 透过第 3/2007 号行政法规设立，在港务局内运作，是具有行政及财政自治权、拥有本身财产的公法人。

⑤ 透过第 7/2001 号法律设立，是一个拥有本身财产并享有财政自主权的公法人。

⑥ 根据 59/93/M 号法令所设立，是一个具有法律人格、行政和财政自治权的公务法人。

⑦ 由 12/88/M 号法所设立，后又经 4/95/M 号法令重组，是具有法律人格及行政和财政自治权的公法人。

⑧ 由 33/98/M 号法令所设立，是具有法律人格、行政及财政自治权，拥有本身财产的公务法人。

⑨ 由 37/98/M 号法令所设立，是一个具有法律人格、行政及财政自治权，拥有本身财产的公务法人。

⑩ 透过第 4/2007 号行政法规设立，是一个在房屋局内运作，具有行政及财政自治权，拥有本身财产的公法人。

⑪ 由第 16/2006 号行政法规所设立，是一个具有行政、财政及财产自治权的公法人。

⑫ 由第 14/2004 号行政法规设立，是具有行政及财政自治权，并拥有本身财产的公法人。

⑬ 透过第 49/91/M 号法令设立，是一个负责在澳门推行高等理工教育的公权法人。其章程于 1999 年经第 469/99/M 号训令修改。

⑭ 经第 18/98/M 号法令设立，是一个为推进文化、科学、教育、慈善及学术等活动而设立的公法人。

⑮ 透过第 6/97/M 号法令设立，是一个拥有法律人格，具有行政与财政自治权，以及拥有本身财产之公共机关。

⑯ 由第 45/95/M 号法令设立，是一个在本地区旅业及酒店业范围内之教育及培训方面有权限的实体、公法人。后来经第 47/97/M 号法令改名为旅游学院。

⑰ 由第 4/95/M 号法律所设立，是具有法律人格及行政和财政自治权的公法人。

⑱ 由第 33/94/M 号法令设立，是一个具有公务法人性质之公法人，具有法律人格、行政及财政自治权，拥有本身财产，并受自治实体制度规范。

⑲ 根据 14/96/M 号的规定，是一个具有行政、财政及财产自治权之公法人。

⑳ 经 81/99/M 号法令设立，是一个具有行政、财政及财产自治权的公法人。

社工局[①]、邮政局[②]、房屋局[③]、澳门船坞[④]、环境委员会[⑤]、民航局[⑥]以及澳门律师公会[⑦]）的法律文件，可轻易得到证明。

（三）公法人与公共行政的组织

在现代行政法上，公法人理论所具有的意义是巨大的；行政当局与个人发生关系时，它必然是由公法人代表的，也就是说，行政法律关系至少有一方主体是公法人。这一法律构建意味着两点：①行政机关不会由私法人构成；②行政法律关系总是在公法人与个人之间发生的，机关主管或其工作人员都不是行政机关，也不是行政法律关系的主体。[⑧]

国家所承担的任务非常繁重，而且内容也非常复杂；要完成这些任务，国家会以不同的面貌出现。国家通过行政活动履行其行政职能，实现国家利益。按照葡萄牙宪法的规定，行政法学说把公共行政分为“国家直接行政”（administração estadual directa）、“国家间接行政”（administração estadual indirecta）与“自治行政”（administração autónoma）。

国家直接行政指国家以自己的名义作为一个法人出现在行政法关系中，开展行政活动。[⑨]

国家间接行政则指具有法人资格而且享有行政与财政自主权的实体以自己的名义（而不是国家的名义）实现国家利益。既然是以主体的身份出现

---

① 由 24/99/M 号法令所设立，是一个具有法律人格、行政及财政自治权，以及拥有本身财产之公务法人，其宗旨是为贯彻本地区社会政策而总体订定活动方针。

② 透过 2/89/M 号法令所设立，是一个被赋予法律人格以及具有行政及财政自治权的局级机构。

③ 由 24/2005 号行政法规所设立，是一个具有法律人格和行政、财政及财产自治权的公务法人。

④ 透过 40/98/M 号法令所设立，澳门船坞是具有行政及财政自治权、法律人格及本身财产之公共机关。

⑤ 通过 2/98/M 号法令所设立，是一个具有法律人格和行政、财政及财产自治权的公务法人。

⑥ 由 10/91/M 号法令所设立，是具有行政、财政及财产自治权的法务法人。

⑦ 透过第 31/91/M 号法令成为公法人，不服从任何其他公法人之指引。要注意的是，对于澳门律师公会而言，只是被 31/91/M 号法令确认为公法人，该机构在确认做出前已经存在。

⑧ Diogo Freitas do Amaral, *Curso de Direito Administrativo*, Vol. I, Coimbra: Livraria Almeidina, 1994, p. 579.

⑨ Diogo Freitas do Amaral, *Curso de Direito Administrativo*, 2a Edição, Vol. I, Coimbra: Livraria Almeidina, 2004, pp. 219 - 223.

在行政法关系中，实施国家间接行政的主体必然具有主体性（也就是法律人格）。当代葡萄牙行政法著名学者 Diogo Freitas do Amaral（迪奥戈·弗雷塔斯·亚玛勒）将间接国家行政的主体分为两大类："公共事业"（Institutos Públicos）[①] 与"公共企业"（Empresas Públicas）。[②]

自治行政是指由有关机构独立制定活动方针并自行开展活动，不接受政府命令、不受政府监管的行政。自治行政的主体包括："公共社团"（Associações Públicas）、"地方自治团体"（Autarquias Locais）与"自治区"（Regiões Autónomas）。[③]

以 Diogo Freitas do Amaral 教授的上述分类为基础，可以将该三种公共行政模式与相关的法人主体之间的关系表达如下（见图 1）：

倘若以法人团体的组织要素或组织基础作为区分标准，那么大大早于公法人与私法人概念的"社团"与"财团"两分体系（至少可以追溯到萨维尼）至今仍然不可替代。葡萄牙行政法也继承了这一传统，从组织要素或所谓的结构上将公法人区分为"社团类公法人"（pessoas colectivas públicas corporacionais），即德国法所指的"公法社团"（Körperschaft des

① 葡萄牙语"Instituto Público"一词乃德语法律概念"öffentliche Anstalt"的译文（见 Vital Moreira, *Administração Autónoma e Associações Públicas*, Lisboa: Coimbra Editora, 2003, p. 318）。该概念由德国行政法学的代表人物迈耶（Otto Mayer）所创造，其原始定义为："由行政主体所控制，持续用以达成特定目的之物以及人之手段之整体"（该定义引自陈敏《行政法总论》，自行发行，2001，第 879 页）。此概念的汉译文并不统一，早期台湾"法律"文献沿用日本法学者译法，称之为"公营造物"。然而到了 20 世纪末，这一译法逐渐受到质疑，一些新的译法如"公事业""公法事业机构"等开始出现，中国内地学者高家伟在翻译哈特穆特·毛雷尔（H. Maurer）的名著《行政法学总论》时将该概念译为"公法设施"（第 500～501 页）。在澳门，根据其葡萄牙语含义此一概念被译成"公务法人"。澳门"法律"文献的这一翻译处理有问题。首先，从语义的角度分析，葡萄牙"Instituto Público"这一词组并没有任何一个字能与"法人"对上号，很明显，葡萄牙学者在处理该概念时并没有任何要从字义上凸显其"法人"性质的意思。其次，从该概念产生的源头分析，德国法学家在设计该概念之初不仅没有将它界定为法人，反而清楚地指出它是由"公行政主体所控制"的。鉴于此，又加上澳门"法律"术语经常将"公共"作为"公"的同义复合词处理，本文选择将之译为"公共事业"或"公法事业"。

② 关于此分类，参见 Diogo Freitas do Amaral, *Curso de Direito Administrativo*, 2a Edição, Vol. I, Coimbra: Livraria Almeidina, 2004, pp. 331－333, 341.

③ Diogo Freitas do Amaral, *Curso de Direito Administrativo*, 2a Edição, Vol. I, Coimbra: Livraria Almeidina, 2004, pp. 393－395.

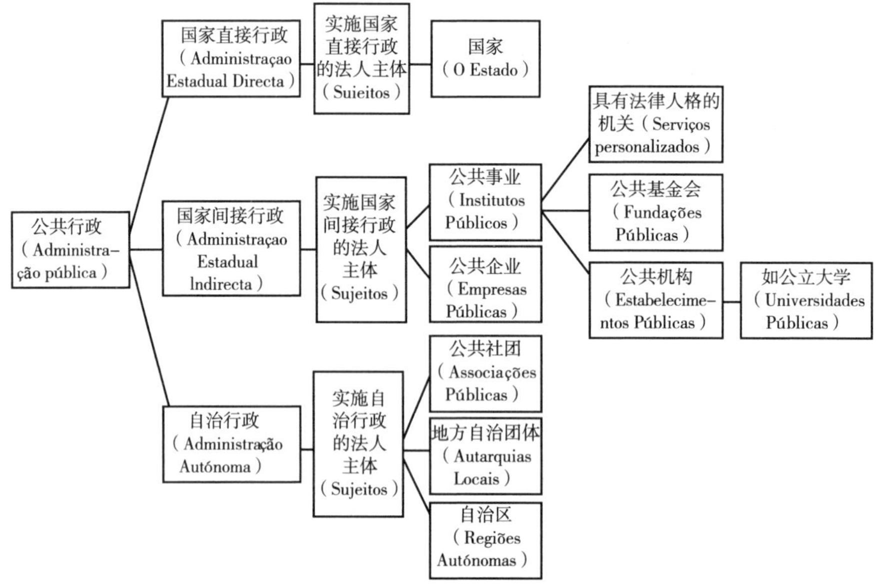

图 1　公共行政模式与相关法人主体之间的关系

öffentlichen Rechts）[①]，以及“财团类公法人”［pessoas colectivas públicas institucionais，即“公法财团”（Stiftungen des öffentlichen Rechts）］[②]。然而，正如欧洲其他国家的学者一样，葡萄牙行政法学界也早注意到这种“非此即彼”的两极划分肯定会遇到“中间类型”的问题。于是，在该两分法的基础上，葡萄牙学者在公法人的区分问题上也采纳了“混合类型”的概念。[③]

以“社团”和“财团”的两分体系为基础，公法学者（尤其是德国学者）

① 按德国学说，“公法社团”是指：“由国家所创设，由成员所构成，具有权利能力，但不受成员变动影响之高权行政主体”。公法社团又可分为三个类别：①地域团体（Gebietskörperschaften），即“由在一定地域内有住所之人民或有营业场所之法人所组成之公法社团”；②身份团体（Personalkörperschaften），即“由具有某种特定职业、身份，或有共同理念或共同利害关系之人，依据法律规定组成之公法团体（如职业公会）”；③联合团体（Verbandskörperschaften），即“以公法人为成员而组成之公法社团”。本注的分类以及引号内的文字均引自陈敏《行政法总论》，自行发行，2001，第 862～864 页。

② 根据德国学说，“公法财团”是“国家或其他公法社团为达成特定目的，以公法之财产捐助行为所设立，具有权利能力之公法上财团法人”。本注及引号内的文字均引自陈敏《行政法总论》，自行发行，2001，第 867～868 页。

③ Vital Moreira, *Administração Autónoma e Associações Públicas*, Lisboa: Coimbra Editora, 2003, pp. 317－326.

又发现性质上属于“公法社团”的“地方自治团体”与其他公法社团相比“具有特别的法律地位”①，所以又将“公法社团”细分为“地域性社团”(corporações territoriais)与“非地域性社团”(corporações não territoriais)(见图2)。②

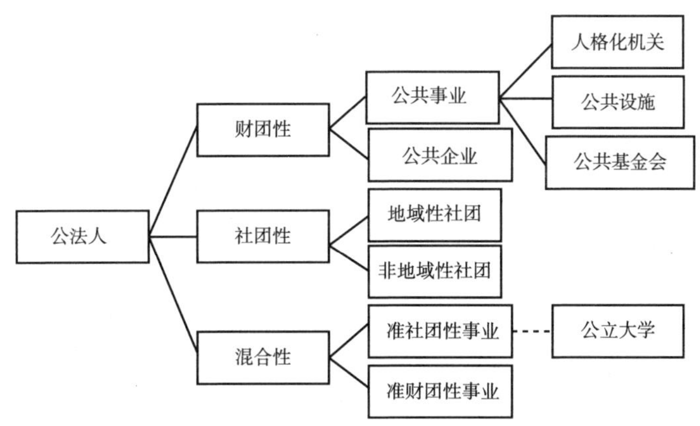

图2 公法人具体分类情况

资料来源：此图以 Vital Moreira, *Administração Autónoma e Associações Públicas*, Lisboa: Coimbra Editora, 2003, p. 327 的图表为基础修改而成。

然而，虽然大陆法系现代行政法的很多概念都源自德国，但是在移植后却可能发生一些变异。所以在适用这些概念时必须考虑各国法学理论自身的发展状况，而且同一国的学者见解也可能不一样。例如在葡萄牙，著名学者 Diogo Freitas do Amaral 将公法人分成三大类：“地域性法人”(pessoas collectivas públicas territoriais)、“财团类公法人”(pessoas collectivas públicas institucionais)、“社团类公法人”(pessoas collectivas públicas corporacionais)。③这一分类显然不承认在“财团类”和“社团类”以外还可以有“混合类”。倘若按照这样一个分类，澳门的公立大学以及其他公法人所处的位置将会如图3所示。

---

① 转引自陈敏《行政法总论》，自行发行，2001，第844页。

② Vital Moreira, *Administração Autónoma e Associações Públicas*, Lisboa: Coimbra Editora, 2003, pp. 254 – 355.

③ Diogo Freitas do Amaral, *Curso de Direito Administrativo*, Vol. I, Coimbra: Livraria Almeidina, 1993, pp. 589 – 590.

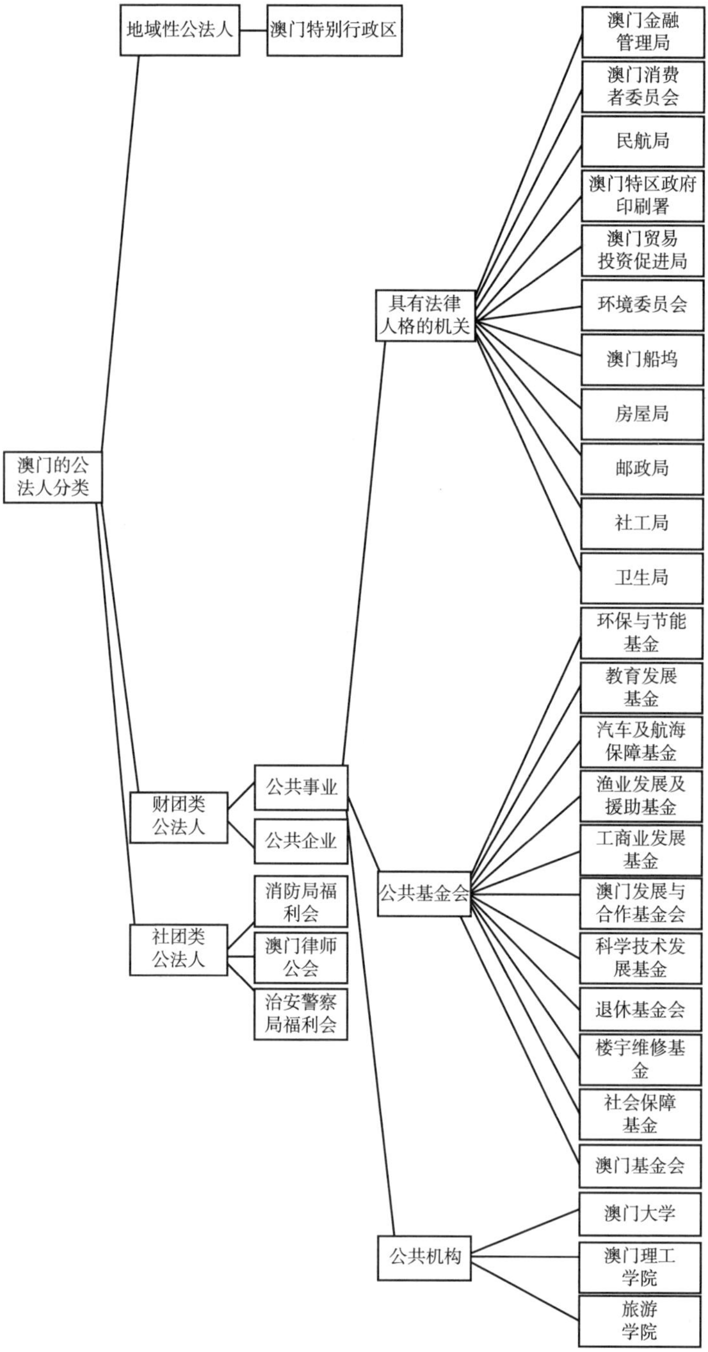

图 3　澳门公法人分类情况

资料来源：本图为笔者根据上述标准对澳门现行公法人所做的分类。

（四）法人理论在团体组织制度化过程中所发挥的作用

上文已经指出，在制度化过程中，重复的行为模式得到既有权威认可后就固化为新的制度（尤其是经法律认可后即成为法律制度）。然而，在整个制度化过程中，人的一切行为模式都是经过叙事者的语言描述才呈现在他人面前的。

在对制度进行描述的过程中，叙事者要么使用一些既存的范畴，要么创造新的范畴。若为前者，叙事者实际上是在从事一项诠释工作；若为后者，则叙事者所从事的是一项“范畴化”（categorization）的工作。

若法学家们在观察一系列事物后提出“法人”和稍后的“公法人”这些概念，他们所做的就是范畴化的工作。若我们应用“法人”和“公法人”这些概念去解释后来出现的现象，我们所做的是法律诠释工作。经范畴化而得出的概念之所以能够被应用为诠释的起点，是因为诠释者直观地认为既有范畴所对应的现象与其现在处理的现象之间有相似的地方。另外，经过不断的使用与评价后，概念范畴是会演变的。

法人理论的提出为团体内部和外部关系的组织提供了一定的范式。纵然它并不是团体组织方式的全部，但是它的诞生却无疑是人类团体生活制度化的重要一步；正是基于法人理论，团体的主体性才得以在法律上体现。这一点也是法人理论最重要的功能，无论是私法人还是公法人都是这样。

三　法人理论与澳门中小学的组织

（一）澳门现在的学校是不是法人

前文所列举的几所公立高等院校均具有公法人的资格，于是很容易使人产生以下联想：由于大学与小学的组织结构类似，假如公立大学是法人，那么一切公立学校都应该具有公法人的资格。然而事实并非如此。检查现行各公立中小学的设立文件可以发现，现时澳门的公立中小学没有任何一所具有法人资格（所检视的学校包括：利宵中学[①]、澳门学校综

① 第33/93/M号法令规定了管制澳门利宵中学的组织。

合体[①]、高美士中葡中学[②]、中葡职业技术学校[③]、之前的"'国立'殷皇子中学及附属预备学校"[④]、何东中葡小学[⑤]、二龙喉中葡小学[⑥]，以及北区中葡小学[⑦]）。

私立中小学更是不具法人资格（因为私法上法人是遵循类型法定原则的，而学校并不属于上面所提到的任何一种类型，所以不可能成立法人）。澳门的私立中小学大部分都是由社团设立的，所以涉及这些学校的法律关系都以办学社团为主体。在澳门，历史最为悠久的办学团体是罗马天主教团体[例如，粤华中学、鲍思高粤华小学与慈幼中学属"鲍思高慈幼会"，陈瑞琪永援中学属"圣母进教之佑孝女会"（母佑会），嘉诺撒圣心中学属"嘉诺撒仁爱女修会"，圣家学校属"玫瑰道明传教修女会"，圣若瑟教区中学直属"天主教澳门教区"，利玛窦中学与海星中学属"耶稣会"，庇道学校属"澳门明爱"]。

除教会团体外，传统华人社团也是办学的主力。例如，镜平学校属"澳门镜湖医院慈善会"，澳门濠江中学属"澳门濠江中学教育协进会"，商训夜中学属"中华总商会"，培道学校属"Associação de Apoio à Escola Pui Tou de Macau"（意译为澳门培道学校辅助会），培华学校属"澳门潮州同乡会"，教业中学属"教业中学教育协进会"，岭南中学属"澳门岭南教育发展会"，劳工子弟学校属"澳门工会联合总会"，沙梨头坊众学校属"沙梨头土地庙慈善会"，菜农子弟学校属"澳门菜农合群社"，坊众学校属"澳门街坊总会联合会"，等等。

综上可见，澳门现行的中小学不论公立还是私立均不是"法人"。

---

① 第128/86/M号训令规定了澳门学校综合体管理委员会及各学校教学委员会之组织及工作规则；第80/88/M号法令修改了9月6日第38/86/M号法令第二及第三条内容。

② 第62/89/M号法令取消其五、六年级，并改名为"高美士中学"；撤销9月6日第129/86/M号训令第1条及第3条a项。

③ 第213/98/M号训令设立了中葡职业技术学校。

④ 第48/81/M号法令在"国立"殷皇子中学及附属预备学校设立教学工作委员会——撤销1947年9月17日第36508号国令第24与29条及1968年9月9日第48572号国令第147～158条。

⑤ 根据第4911号训令成立何东中葡小学。

⑥ 根据第77/95/M号训令而设立。

⑦ 根据第182/90/M号训令，成立北区中葡小学。

（二）澳门学校不是法人的原因

从社会学的角度而言，制度总是在历史中形成的，而既存制度又会堆叠起来成为新制度的基础。

关于澳门中小学没有一家是法人这一现象，其原因是多样的。

从历史上看，学校作为一种制度存在，其诞生远远早于法人概念。根据著名社会学家涂尔干（Émile Durkheim）的研究，在古代（希腊和罗马），西方的教育并没有固定的组织形式。有知识的人会在自己的家中传授知识，教师与教师之间一般没有联系。学生要学不同的知识就要找不同的老师，然后自己融会贯通。所以说，在古代是有教师而没有学校的。西方最先以有组织的方式教育孩子的是大约在公元 4 世纪开始出现的、由基督教开办的学校。[①] 后来，在查理大帝的推动下，加洛林皇朝的宫廷学校模式被推广到民间，学校的组织模式与教学内容（自由技艺）才得以定型。[②]

可以想象，构建法人制度的法学家要总结既存制度（组织）的特征，必然会碰到作为一种重要社会制度存在的学校。显然，学校作为一个组织，清楚地展示了它的主体性，例如，学校有自己的名称、有自己的组织、经常展开民事活动，等等。

然而，要将一个社会制度转变为用法律加以规范的制度，立法者的考量是多方面的。例如在技术上它有没有一个独立而且具有代表性的结构，它与其他结构并存有没有冲突，等等。实际上，有一些法律还真是把学校设成一类独特的法人。

澳门的法律制度没有走到这一步表面是法律继受的原因（继受了葡萄牙以及德国的法人学说），但要追究到底的话，我们当然也可以提出疑问：作为制度输出国的葡萄牙甚至它背后的德国法人学说有没有将学校设为法人？为什么有或者没有？其实这些都与历史基础、利益博弈有关。

正如前文所述，历史上第一批出现的学校是由教会创办的，澳门的情况

---

① 〔法〕爱弥尔·涂尔干（Émile Durkheim）：《教育思想的演进》，李康等译，上海人民出版社，2006，第 32～33 页。

② 〔法〕爱弥尔·涂尔干（Émile Durkheim）：《教育思想的演进》，李康等译，上海人民出版社，2006，第 46～52 页。

也差不多。法学家思考法人问题时，他碰到的第一道难题就是学校和创办者教会之间的关系。很明显，作为创办者的教会是强势的。教会以追求信仰为第一目标，学校是它实现这个目标的其中一种手段。

若法律把教会视为法人，而教会又需要对学校进行有效掌控，这就不可能使学校独立成为法人，因为这样的话，学校与教会之间的关系就难以描述。实际情况是，学校是教会开办的，也是教会管理的，所以学校没有主体性也是理所当然。例如，澳门圣罗撒英文中学现址所在被澳葡政府于 1957 年与 1963 年批给一个名为“Missão do Padroado Português no Extreme Oriente”（葡萄牙东方传教会）的教会团体。到了 2000 年，该校建新校舍的时候，土地的批给对象则是“A Diocese de Macau”（天主教澳门教区）。[①] 这就表明，在法律层面上，“学校”本身是没有主体性的，主体是它背后的办学团体。

这个道理对于后来由不同主体创立的学校同样是有解释力的：假如学校是一个法人，它在很大程度上就会脱离创办人的掌控！这是创办人想要的结果吗？

（三）学校在将来可不可能转变为法人

对于私立学校而言，学校可不可以转变为法人这一问题有两个面向：①想不想转变；②要转变的话在技术上有没有可能。

如果不是学校的创办人希望他所创办的学校自立、脱离控制，那么把学校转变成法人这个命题就很难有实际意义，因为这属于私法范畴的事务，法律一般不应强制。

如果办学方想转变，要思考的是这一目的如何通过法律设定而达到。是一定要把学校“自己”设成法人，还是仅仅追求一种实际效果的诉求（或者说想获得一种更大的自主权）？

如果是前者，由于私法层面的法人是有固定类型的，学校要转变成法人是否等于创设一个新的法人类型？如果是，这个类型有什么特征？这些特征是否足以支持它区别于既有的类型？

如果是后者，这样的诉求又是否可以达成呢？当然是可以的。实际上，即使不改变任何法律，如果办学团体希望学校能独立起来，还是可以

① 第 14/2000 号运输工务司司长批示，《澳门特别行政区公报》第二组，2000 年第 10 期。

通过其他方法达成的，而且澳门已经有不少学校是这样做的。例如，澳门濠江中学的办学团体是“澳门濠江中学教育协进会”，教业中学的办学团体是“教业中学教育协进会”，岭南中学的办学团体是“澳门岭南教育发展会”，等等。

为什么我们说在这些情况中，这些学校实际上能达到自主或独立的目标？因为在上述情况中，只要办学团体的唯一目的和唯一活动是办一间学校(关键一点是，办学团体的活动是不是能锁死在这一点；如果按照法律，这些团体都是以《澳门民法典》中的社团方式组织的，它的活动范围可以很广，一些设立时活动很单一的团体经一段时间的发展后都有扩大活动范围的倾向)，那么以办学团体作为学校的权利义务归属中心，就不会发生利益分散或归属不清的问题。相反，如果一个办学团体办了好几家学校，又或者除了学校以外还有很多其他活动，那么由于不同学校之间以及不同活动之间有不同的利益诉求，混在一起就会有冲突。要使办学团体保持克制而避免这些冲突，就只有从账目上进行划分。然而，账目是内部的，而且即使有可能监管账目，这种监管也只能是事后的。

不过，这种追求实际效果的方案与真正将学校变成法人还是相当不一样的。学校是由其管理者、教师和学生为达成教育的目的而组织起来的，理论上，这些人在学校活动中都有一定的地位。可是按照上述实际方案，作为办学团体的社团并不是学校本身，它的组织架构与学校的组织架构没有必要保持一致，于是在所有的法律关系中，学校还是无法表现其主体性、学校自身的组织架构无法影响其法律活动。

至于公立学校，由于事关公法，所以如果政府希望它变成法人，只要像对待公立大学一样，它就可以变成公法人。问题的关键在于政府要不要给这些学校那么大的自主权。

四　法人理论与澳门高等院校的组织

（一）　澳门现有的高等院校是不是都是公法人

在澳门现存的公立高等院校中，澳门大学、澳门理工学院、旅游学院都被法律规范界定为公法人（见上文关于公法人的介绍），可是同样属公立高等院校的保安部队高等学校[①]却不具备公法人的资格。

换言之，并不是所有公立高等院校都是公法人。政府既可以将高等院校设立为公法人，也可以不设为公法人。

（二）公立高等院校为何会被“设立”为公法人

历史上大学起源于中世纪的欧洲；创建于11世纪末的博洛尼亚大学被誉为“欧洲大学之母”。中世纪创办大学的热潮无疑是因为得到王权与教权的支持才有可能形成；可是大学的诞生并不完全是封建统治者的恩赐，而可以说是热衷于知识、热衷于自由的一群人长期与教权和王权角力斗争的结果。在中世纪之前并没有大学的概念，到11世纪，也只有规模不大的一些私立法律学校在博洛尼亚附近出现。可是随着这些法律学校的影响力越来越大，学生的财力也大到足以聚集在一个地方组成团体及形成生活圈，这些学校逐渐与周边的城镇区隔开。更重要的是，这个团体逐渐产生自治的诉求。这一诉求首先于1155年得到腓特烈一世的回应，将博洛尼亚大学的学生置于其保护之下；随后教皇又于1219年决定由副主教向考试合格的学生颁发教学许可证。这一教学模式很快就开始向整个欧洲蔓延。[②]

从上述历史可见，大学的诞生并不是公权力的产物，只不过后来得到建制权威的承认而具有一定的权威。然而，在法律上，大学的地位很早就得到法学家的关注。甚至大学（university）一词的词源“universitas”本身就是一个法律用语。涂尔干指出，它可以与“societas”“consortium”等概念交替使用[③]。后来在罗马法中，“universitas”一词就具有“集合”的意思，与“物”（re）一词结合起来就成为著名的集合物概念。所以，当时成功争取到大学特权的人就用“univesitas”一词来代表他们组成的“团体”或者说“集合”。这一集合是教师的集合，也是学生的集合，更是知识的集合。

---

① 第68/90/M号法令、第5/95/M号法令规定澳门保安部队高等学校（葡文缩写为ESFSM）系开展教育活动、研究活动及辅助社会活动之“高等教育场所”。

② 〔比〕希尔德·德·里德－西蒙斯（H. De Ridder－Symoens）主编《欧洲大学史》第一卷，张斌贤等译，河北大学出版社，2008，第5、50、52页。

③ 〔法〕爱弥尔·涂尔干（Émile Durkheim）：《教育思想的演进》，李康等译，上海人民出版社，2006，第101页。本文认为涂尔干的这一结论是有依据的。首先，法律应该是首个进入大学教育的学科；作为欧洲大学之母的博洛尼亚大学很长一段时间都只教授法律。因此，对这些人来说，其思想中一定是充满罗马法概念的。

在大学刚兴起的中世纪末，当整个欧洲还是由皇权与教权分享权威的时候，大学的合法性主要源于皇权或教权的承认。然而，进入近现代以后，无论皇权还是教权的权威都不如以往；也就是从这个时候开始，大学的合法性受到了新的挑战。当时欧洲的政治权威虽然难以确定，可是大学教育的扩散速度却越发迅猛。国家君主办大学的热情没有减退，势力壮大的地方政府也开始办大学；随后，除罗马教廷外，新的加尔文教派、路德会等都争相开办大学。[①]

事实上，从中世纪被教权与皇权认可开始，大学就是一个由教师与学生组成的特权机构。其特权包括特别司法权、自我管理权、制定章程权、吸收成员权、管理自由、学术自由、豁免赋税和兵役、物价保护及对食物供应的保护等。到了 16 世纪，大学还新增加了印刷的垄断、合法存款、贵族着装等特权。[②] 然而，也正是从 16 世纪开始，权力机关逐渐向大学渗透。政府并没有试图摧毁大学或改造大学，而是“逐渐把新的教育机构”移入业已存在的大学之内[③]。

随着主权国家概念的出现以及国家权力的集中，欧洲的社会建制得到一个重新定位的机会。进入 17 世纪后期，法国、德意志地区、西班牙等欧洲的君主都认为大学应该属于世俗权力的管辖范围。尽管世俗君主对大学的控制是加强了，但是在 18 世纪以前，大学作为公法人的法律地位还是不清晰的。

一直到 18 世纪，公法人理论兴起后，在国家被描述为公法人之后，大学也连同职业协会、商会、医院等成为第一批被确认拥有公法人资格的团体。[④] 实际上，这些机构之所以被界定为公法人，本身就是基于一种分权和自治的考量，因为也只有这些本来就在社会中有巨大影响力的团体才有资格与国家相提并论。

---

① 〔比〕希尔德·德·里德 – 西蒙斯（H. De Ridder – Symoens）主编《欧洲大学史》第二卷，贺国庆等译，河北大学出版社，2008，第 51、52、77 页。

② 以上内容参见〔比〕希尔德·德·里德 – 西蒙斯（H. De Ridder – Symoens）主编《欧洲大学史》第二卷，贺国庆等译，河北大学出版社，2008，第 178 页。

③ 〔比〕希尔德·德·里德 – 西蒙斯（H. De Ridder – Symoens）主编《欧洲大学史》第二卷，贺国庆等译，河北大学出版社，2008，第 167 页。

④ Vital Moreira, *Administração Autónoma e Associações Públicas*, Lisboa: Coimbra Editora, 2003, p. 258.

（三）作为公法人的公立大学在葡萄牙与澳门公共行政体系中的位置

公立大学作为公法人是社会变迁、法学理论与公共行政理论发展等因素共同作用的产物。

参看图1可知，在传统的葡萄牙行政法理论体系中，公立大学属于“公共机构”（Estabelecimentos Públicos）[①]，是“公共事业”（Institutos Públicos）的一个类别，属于“国家间接行政”（Administração Estadual Indirecta）的范畴。[②] 虽然这一体系也被研究澳门行政法的学者所接受[③]，但却不是没有争议的。无论在葡萄牙还是其他欧洲国家（如德国），大学的法律地位都是一个极具争议的问题。不仅有学者认为大学具有社团公法人的本质[④]，还有人（例如葡萄牙学者 M. Esteves de Oliveira）认为它的性质是混合的。[⑤] 然而，即使特别坚持大学属“公共事业”（Institutos Públicos）这一主张的葡萄牙学者 Diogo Freitas de Amaral 也早就观察到，公立大学虽然属于间接行政范畴，但是也有很强的自主性，与同一范畴的其他成员有很大的区别。[⑥] 事实上，将大学界定为“国家间接行政”或“自主行政”单位，虽然基本上是一个法学理论问题，却不可避免地在实务层面产生影响。例如，处于间接行政层面的机构仍然是“被管理者”（fremdverwaltung），而处于自主行政层面的机构则是真正的“自我管理者”（Selfbstverwaltung）。总体而言，自主行政的以下几方面与间接行政不一样：①人的要素；②追求自身利益；③机关具有代表性；④自我管理；⑤自行订定行政目标，不受任何其他主体的指挥。[⑦]

---

① 与“公营造物”被翻译为“公务法人”一样，“Estabelecimento Público”在澳门被翻译为“公共机构”效果也不好，所以本文遵从大中华其他汉语文献的译法，将之译为“公共设施”。

② Diogo Freitas do Amaral, *Curso de Direito Administrativo*, 2a Edição, Vol. I, Coimbra: Livraria Almeidina, 2004, p. 352.

③ José Eduardo Figueiredo Dias, *Manual de Formação de Direito Administrativo de Macau*, Macau: Centro de Formação Jurídica e Judiciária, 2009, p. 57.

④ 如葡萄牙学者 M. Rebelo de Sousa, *A Natureza Jurídica da Universidade no Direito Português*, Lisboa: Publicações Europa – América, 1992。

⑤ Vital Moreira, *Administração Autónoma e Associações Públicas*, Lisboa: Coimbra Editora, 2003, p. 368.

⑥ Diogo Freitas do Amaral, *Curso de Direito Administrativo*, Vol. I, Coimbra: Livraria Almeidina, 1993, p. 384.

⑦ Vital Moreira, *Administração Autónoma e Associações Públicas*, Lisboa: Coimbra Editora, 2003, p. 115.

从概念史的角度分析，迈耶在创造“公共事业”这个概念时，原本并没有将它设想为公法人（他定义公法人时，明确地指出它由公法主体所控制。可见他设想中的“公共事业”是客体而不是主体）。然而，从20世纪（尤其第一次世界大战以后）起，国家干涉主义的抬头改变了这一概念。葡萄牙学者指出，在这一轮介入与分权的运动中，国家机关的法人化以及“公共事业”的设立成了行政机关逃避国会监管的重要技术手段①。

传统葡萄牙学说将大学纳入“国家间接行政”的公共事业范畴，虽然主要是出于价值上的考量，但也不排除法律技术方面的原因。德国行政法理论是在20世纪被葡萄牙采纳的，但后者除了受德国行政法理论影响外，还一直紧贴法国与意大利行政法的发展，所以并不完全接纳德国法的观点②。在20世纪80~90年代，葡萄牙学说基本还认为非地域性自主行政最理想的组织模式是公共社团。可是虽然公立大学已经有很大程度的自主权，在法律层面将之界定为一个“社团性公法人”却不太容易为葡萄牙法学界所接受③。首先，最重要的一点是葡萄牙学者认为它没有“社员”，而只有工作人员和使用者。其次，工作人员（包括管理人员和教员等）与使用者（学生与社会）对公立大学均有利益诉求，而这些利益诉求不尽一致，甚至可能存在冲突。因此，很难将大学所追求的利益描述为“特定群体的自身利益”。④

---

① Vital Moreira, *Administração Autónoma e Associações Públicas*, Lisboa: Coimbra Editora, 2003, p. 330；正文中关于国家机关法人化以作为逃避国会监管之手段的判断似乎尚有斟酌之余地，其中不排除牵涉论者的主观感受，而且其论述对象主要是葡萄牙。另外，尤其是就公立大学而言，国会的监督究竟要深入到哪种程度是一个非常值得研究的问题。有人认为，大学的管理是非常专业的活动，国会不可能有充分的时间与专业知识监管大学的各种行为，因此其监督应集中于经费的控制而不是大学的具体人事与行政。对于这一部分内容的不足，感谢匿名审稿人的指正。

② 德国法学对于公立大学作为“公法社团”（Körpershaft des öffentlichen Rechts）或社团性质的公法人这一点并无疑问。参见许育典《教育法》，五南图书出版公司，2007，第460页。

③ 在这里，“公营造物”（instituto público）与“公共社团”（corporações públicas）——对应德语“öffentliche körperschaften”——的区分是非常关键的。公营造物（包括公共基金和公共企业）是由地区性法人设立并提供财产和建制的；它的两个构成要素为财产要素与公共服务要素。公共社团则具有人的要素，它是一群人通过代表机关追求群体的公共利益。最初，在建构公法人理论时，只有具有人的要素的组织才被纳入（当初大学也被认为是人的要素组织），后来才出现公共服务法人化。参见 Vital Moreira, *Administração Autónoma e Associações Públicas*, Lisboa: Coimbra Editora, 2003, p. 318。

④ Vital Moreira, *Administração Autónoma e Associações Públicas*, Lisboa: Coimbra Editora, 2003, pp. 368 - 369.

问题是，难道真的只有“公共社团”才可能实现独立吗？这更多的是一个概念之争。现在已经有学者指出即使不是以公共社团为组织方式，一些部门也可能被界定为“自治行政”。关键在于有关主体是否为特定群体追求自身利益、其管理是否交托于若干机关、是否有能力订定其行政目标与方向。而在这些新标准之下，大学基本上可以被视为属“自治行政”范畴。[①] 实际上，当初行政法学界构建“自治行政”这个概念时，其中一个最重要的参考对象就是大学。只不过在学校变成国家机构以后，其反而因结构性问题而被排除在“自治行政”的范畴以外，现在葡萄牙理论界的转向只是一种观念的回归。[②]

具体到澳门的情况，细心研究过澳门行政法的迪亚斯（José Figueiredo Dias）曾经指出，除澳门律师公会这个孤立的例子外，澳门不存在真正的“自主行政”[③]。而且在最近一次与该学者的谈话中，他指出由于澳门是一个很小的地方，行政架构的层级没有必要搞得叠床架屋，所以他认为澳门在大多数情况下都没有实施“自主行政”的需要。当然，他的这一论断并不是针对公立高等院校的情况而做出的。本文认为，对公立高等院校而言，支持自主行政说的理由更多应该是其管理本身的专业性。

于是，公共事业与公法人两个概念之间的关系也逐渐被确立。

（四）公立大学是否可以“变成私法人”

在完成了对公立大学现行地位的讨论后，现在需要直接回答问题：澳门的公立大学可否转变成私法人？

对于这样一个问题，本文的结论是：理论上是可以的，社会是人民的社会，法律是人民的意志，在符合立法条件的情况下，当然可以改变法律实现目的。但是这样做无论从操作过程上、法律技术上还是实际后果上判断都是不可取的，而且很可能难以做出正当性说明。

- 由于现行“私法”（民法）的法人类型是固定的，要将公立大学转

① Vital Moreira, *Administração Autónoma e Associações Públicas*, Lisboa: Coimbra Editora, 2003, p. 93.

② Vital Moreira, *Administração Autónoma e Associações Públicas*, Lisboa: Coimbra Editora, 2003, p. 367.

③ José Eduardo Figueiredo Dias, *Manual de Formação de Direito Administrativo de Macau*, Macau: Centro de Formação Jurídica e Judiciária, 2009, pp. 58 - 60.

变为私法人必须先改变私法对法人类型的处理。

- 法人理论是整个民法的基础，要做出这样一个重大的制度改变必须有详细的论证。例如，作为私法人的大学在功能与结构上与现行的法人类型有什么不一样？

- 然后，假如民法真的做出这一改动，政府还必须设立新的部门或改变原来的部门职能来配合新的法律。

- 可是，即使是这样，脱离了国家的私法人是否要与政府完全脱离关系？如果不是，两者之间是一种什么关系？

- 尤其在财政上，虽然政府可以通过一些政策予以支持，可是政策是可以变的。

- 另外，本来就是公共行政一部分的大学不会存在归属问题，可是一旦变成私法人，其利益归属原则上就是私人的，那么原本是公有的东西是如何变成私有的？是政府把大学卖掉吗？

- 最后，私法人是可以破产的，大学破产要如何处理？

当然，上述回答仅仅是针对直接以法律将大学“变成”一种新的法人模式的构想而做出的。实际上，当事人追求的可能并不是这样一种模式，而是在实际后果上相似，但不需要大量改动法律的制度安排。例如，参考新加坡的模式，将公立大学归属于一家“非营利的担保有限公司”。这样，公立大学就不再是政府机构，其运作就不再参考政府机构的既定模式①。那么这是不是就等于该国政府把大学送给了私人，让其追求个人利益呢？不是！关键在于，其权力机构是校董会，而任命校董的是教育部。假设原来的公立大学有自己的独立层级，而现在校董都向教育部负责，那么究竟哪种情况更自主要视教育部对学校的影响力而定。另外，在法律层面，“公司”是有股东的，众所周知，股东才是公司的最终利益归属者。如果按上述改制方式而言，谁是股东？再有一点是，在英美法系中，似乎社团是可以用“公司”的方式成立的，但是属大陆法系的澳门却不可能这样处理。最后，自主与否其实取决于资金的来源方式，以合同方式订定的资助关系是否足够稳定与长远？在这种模式下，校长与校董会的关系还有待研究。

---

① 参见新加坡《大学自主、管治及资助评估指导委员会报告》概述，http：//www. moe. gov. sg/media/press/2005/VAGF%20Preliminary%20Report. pdf。

另外，葡萄牙的一些公立大学也启动了改制计划，将大学归属于一个公立基金会（按私法制度运作）。这样做的意义是：政府从此以后就管基金会，而基金会管大学。在这种转制方式中，对基金会与学校的权力机关之间的关系、基金会与校长的关系、基金会的资金来源等，都需要做进一步研究，以确定其自主性是否增强了。

正如上文在论述中小学的法人化问题时所指出的那样，作为办学团体的社团是法人并不等同于学校自己变成法人！在澳门，真正“自己是法人”的只有几所公立高等院校。大学自己是不可能“变成”一个基金会或一家公司的（因为各自的组织逻辑不一样），将大学归属于一个基金会或者一家公司实际上等同于放弃了大学原本就享有的主体性，也就是说，大学本身的组织架构在法律上将丧失原有的地位，大学的权力最终将落入公司的股东、基金会的管理者等人手中，而不是校董会、校长手中。

综上所述，仅仅表面地以这些改革先例来做比较是很难得出结论的，因为各地的法律制度不同，其他社会政治环境也不一样，所以，如果真的要从以上先例中得到启示，还需要持有更多的补充资料并详细进行研究。

（五）小结

最后，还需要指出的是，除了上述新加坡的公立大学归属于公司以及葡萄牙的大学归属于基金会的改制模式较激进以外（其具体内容还有待研究），其实国内外很多公立大学的诉求仅仅是：成为独立法人①。例如专门研究教育法的台湾学者许育典就在其著作中建议，“公立大学的客观条件若已日趋完备……公立大学应予以公法人化……”并引述李健良的研究，指出“公法人化已形成世界潮流”。②

如果这些诉求表达得正确的话，澳门的很多公立大学早就是独立的（公）法人了。在澳门各高等院校之中，也只有保安部队高等学校不是独立法人。它不是法人的原因正在于政策性任务决定了它不如其他公立院校自主。

正如上文所述，在澳门法律中，并没有一套适用于所有公法人的一般制度。公法人究竟遵守什么制度是由创设和规范每一个公法人活动的法律规定的。显

① 参见大会的演讲重点分享文件：《大学管治国际论坛：竞争力之关键》，2012。

② 许育典：《教育法》，五南图书出版公司，2007，第457页。

而易见的是，在上文列出的公法人中，其各自的制度和自主程度是非常不同的。以澳门基金会、澳门贸易投资促进局和澳门律师公会为例，其组织运作模式很大程度上都是由特别的法律加以规定，并不能遵循一般公共部门的制度。

五 结论

本文在开始的时候提出了两个问题：①学校是否可以变成法人？②公立大学是否可以转变为私法人？

这两个问题的答案虽然在上文的研究与分析过程中已经给出，但是为了方便阅读，不妨在此将有关答案以及为探求该答案而得出的一些结论扼要复述如下①：

（1）源于私法的法人理论被移植到公法后成了公共行政处理分权和自治的一个机制；

（2）历史上第一批被界定为公法人的机构就包括大学；

（3）澳门现有的中小学不论公立还是私立均不是法人；

（4）在澳门现行法律框架之下，澳门的私立中小学不可能被设立成法人；

（5）澳门的公立中小学在技术上有可能转变成公法人，但是要不要这样做取决于政府；

（6）澳门的大部分公立高等院校（唯一一所不是公法人的高校是保安部队高等学校）都是公法人；

（7）公立大学在理论上可能转变成私法人，但是由于现行私法制度中的法人类型是固定的，所以如果要直接将公立大学转变成私法人，首先必须调整私法人的类型。

（原载蔡志方主编《成大法学》第24期，台湾：成大法学编辑委员会，2012年12月。）

---

① 这一结论的整理源于匿名审稿人的提点，特此鸣谢。

论澳门刑法的理论本源

——以大陆法系刑法理论为视角

赵国强*

毋庸置疑，澳门法律大部分属于葡萄牙法律的翻版，尤其是回归后保留下来的《澳门刑法典》、《澳门民法典》、《刑事诉讼法典》、《民事诉讼法典》和《商法典》这五大法典，简直就是葡萄牙五大对应法典的"孪生兄弟"。[①] 于是，在回归初期就出现了这样一种说法，即因为澳门法律来自葡萄牙法律，所以"不懂葡文就不懂澳门法律"。然而，回归后所有的澳门法律包括五大法典都是有中文版本的，既然有中文版，中国人又怎么会看不懂呢？这种说法自知荒谬，便不声不响地消失了。但是，近几年来，笔者却又听到了另外一种说法，即"不懂葡萄牙学说就不懂澳门法律"，这种说法在形式逻辑的三段论上似乎更具有"合理性"，因为根据三段论式的推理，既然葡萄牙法律的理论依据是葡萄牙学说，而澳门法律又是来自葡萄牙法律，那么，不懂葡萄牙学说就不懂澳门法律在逻辑上当然成了一种"合理"的推论。由此可见，相对于前一种说法，后一种说法显得更能"自圆其说"，特别是对非法律专业的澳门居民来说，其诱导性就更大，无怪乎不少社会知名人士也逐渐认同这种说法。

作为一名教授澳门刑法的大学教师，笔者深感有必要向澳门社会阐明事

* 赵国强，法学博士，澳门大学法学院教授。

① 因为这五大法典都是在澳门回归后的过渡期由葡萄牙法律专家参照葡萄牙对应的大法典制定的，有人戏称，只要将葡萄牙对应法典中的"葡萄牙"改为"澳门"即成了澳门的法典。

实的真相，并以负责任的态度明示：“不懂葡萄牙学说就不懂澳门法律”是一个伪命题，根本不能成立，因而是一种非常幼稚、非常错误的说法。为此，笔者试图以大陆法系的刑法理论为视角，来诠释、评析澳门刑法的相关制度，进而洞察、论证真正的澳门刑法的理论源泉。

一　大陆法系刑法理论与葡萄牙刑法理论

众所周知，西方法学理论的体系素有大陆法系和英美法系之分。值得注意的是，虽然早在奴隶社会就已经产生了法律，[①] 但学者们将西方法系分为大陆法系和英美法系，却是近代社会之举。质言之，关于大陆法系和英美法系的划分，严格地说属于近代资本主义社会的产物，其法学理论都是建立在近代西方启蒙思想家提倡的自由、平等理论基础之上的，只不过大陆法系是以成文法作为法律唯一的表现形式，而英美法系则以判例法作为法律最重要的表现形式。[②] 正是基于法律表现形式的不同，大陆法系的法学理论是以理性派的哲学思想为依据，学者们特别重视法学理论的研究，由此形成了一套围绕各个部门法而展开的比较完整、规范并具有内在逻辑结构的法学理论体系，在立法上则产生了与各部门法相对应的大法典；[③] 而英美法系的法学理论是以经验派的哲学思想为依据，学者们侧重于判例的适用性，因而不仅在各部门法领域难以产生成文的大法典，而且在法学理论上也显得比较松散，随意性较强。

（一）大陆法系刑法理论的崛起与发展

在刑法领域，从 16 世纪末启蒙思想产生开始，大陆法系的刑法理论经历了一个曲折漫长的发展过程，这一过程大致可以分为两个阶段。

1. 刑事古典学派理论阶段

16 世纪末，西方的启蒙主义思想在反封建专制和教会权威的斗争中不

① 如古罗马的《十二铜表法》。

② 在大陆法系中，成文法之所以是唯一的法律表现形式，乃是因为法院的判例、习惯不能成为法律的渊源；但在英美法系中，尽管判例法是最主要的法律表现形式（也就是“法官造法”），但英美法系的国家或地区同时也存在由立法机关制定的成文法。

③ 如刑法典、民法典、各诉讼法典、商法典等大法典。

断发展、壮大，在法律领域，以格老秀斯、霍布斯、洛克、孟德斯鸠、卢梭等为代表的启蒙思想家提出了民主、自由、平等、天赋人权等口号，对封建法制和神权法制展开了猛烈的批判，其理论核心就是自然法理论和社会契约论。[①] 正是在启蒙主义思想的引导下，18 世纪中叶，以意大利的贝卡利亚、德国的费尔巴哈、英国的边沁为主要代表人物的刑事古典学派理论应运而生。

刑事古典学派的刑法理论以启蒙主义思想倡导的自由、平等人权理论为基础，旗帜鲜明地提出了具有时代进步性的反封建专制刑法的相关理论学说，这些理论学说主要包括罪刑法定、罪刑相称和刑罚人道主义三大原则。罪刑法定原则针对的是封建刑法的罪刑擅断主义，主张“法无明文规定不为罪，法无明文规定不得处罚”，坚决反对封建刑法中个人意志（如皇帝、官吏）凌驾于法律之上的专制主义，反对法官判案的随意性。罪刑相称原则针对的是封建刑法的重刑主义，主张“重罪重罚，轻罪轻罚，罚相其罪”，强调对犯罪人使用刑罚，要与罪行的轻重挂钩，不应当像封建刑法那样出于威慑目的，不管轻罪重罪都处以重刑。刑罚人道主义原则针对的是封建刑罚的残酷性，极力主张废除肉体刑，并认为刑罚的威慑力不在于刑罚的残酷，而在于刑罚的必要性与及时性，有的学者甚至主张废除死刑。[②]

除了上述反封建刑法的三大原则外，刑事古典学派的刑法理论还以犯罪行为为中心，在刑事责任的依据方面提出了自由意志说的理论，[③] 在犯罪预

---

① 西方启蒙主义者提倡的自然法理论是独立于教会和神学而存在的，其核心理念是：在人类自然状态中存在着一种固有的正义法则，它包括天赋人权、人人平等这些最基本的人权规则，这些规则是永恒的、绝对的，故有学者认为，人权的哲学基础就是自然法。因此，无论哪一个统治者在制定法律时，都不允许违反或限制自然法所包含的基本人权规则。只有自然法，才属于真正的、永恒不变的法律。社会契约论在法国学者卢梭的《社会契约论》一书中得到了完整的体现。卢梭认为，根据自然法理论，在自然状态中，人类享有生存、自由、平等等普遍、永恒的自然权利，但自然状态不足以保障人类的这些普遍权利。为此，人们通过自由订立契约的方式结合起来，这种结合的形式就是国家，并由国家来保障人类应当享有的自然权利。由于国家是自由的人们以平等的资格订立契约而形成的，人们只是把自然权利转让给整个社会而非给予任何个人，因此，人民在国家中仍享有自由，国家的主权只能属于人民。

② 如意大利学者贝卡利亚在《论犯罪与刑罚》一书中认为，滥用死刑并不能使犯罪的人弃恶从善。

③ 自由意志说认为，因为人的意志是自由的，所以人有选择实施合法行为还是违法行为的自由。既然人在意志自由的状态下实施了违法行为，那么，行为人就必须对其违法行为承担法律责任，受到刑罚处罚。

防方面提出了心理强制说，[①] 在刑罚目的方面提出了法律报应刑的理论，[②] 在犯罪构成方面，倡导并建立了以构成要件该当性、违法性和有责性为要件的犯罪论体系，强调主客观相统一的刑事责任，坚决反对“客观归罪”和“主观归罪”。正因为如此，刑事古典学派的理论往往也被学者称为“行为刑法”。

随着刑事古典刑法理论的崛起与发展，在立法领域，西欧各国纷纷制定了以刑事古典刑法理论为基础的刑法典，其中具有代表性的刑法典是1810年的《法国刑法典》和1871年的《德意志帝国刑法典》。这些刑法典不仅明确规定了罪刑法定原则，犯罪也分重罪、轻罪和违警罪不同层次，所有的肉体刑被废除，而且在犯罪论体系三要素基础上，确立了主客观相统一的刑事责任原则。

2. 刑事社会学派理论阶段

关于刑事社会学派，有学者也称之为刑事近代学派。19世纪后半叶，欧洲大陆各国的资本主义制度基本建立，社会经济也因机器的发明而发生了巨大变化，一方面是生产力突飞猛进，另一方面却是贫富两极分化加剧，失业人口比例迅速上升。于是，在犯罪领域，犯罪率成倍增加，再犯率、少年犯罪率更是居高不下。正是在这一历史背景下，不少学者认为以犯罪行为为中心的刑事古典学派在预防犯罪方面显得力不从心，并由此提出了以犯罪人为中心的刑事社会学派理论。

刑事社会学派理论以犯罪人为中心，故往往也被称为“行为人刑法”。刑事社会学派对刑事古典学派的相关理论提出了强烈的质疑。比如，在罪刑相称原则方面，刑事社会学派反对以犯罪行为的客观危害为标准来决定刑罚的轻重，认为应当以犯罪人的人格以及反社会性为标准，个别地对犯罪人使用刑罚，继而提出了关于“人身危险性”的理论。又比如，在刑事责任依据方面，刑事社会学派反对意志自由说，认为人之所以会犯罪，不是自由意志选择的结果，而是行为人的个人因素和社会的外部环境所致，是因为犯罪人违背了对社会应尽的社会责任，故对犯罪人科以刑罚，根本目的是维护社

① 心理强制说认为，人都具有趋乐避苦的本能，犯罪代表“乐”，刑罚代表“苦”。因此，为有效预防犯罪，刑罚的“苦”必须大于犯罪的“乐”。

② 法律报应刑的理论认为，刑罚是对犯罪行为的“报复”，但这种“报复”必须建立在已经制定的刑法规范基础之上。

会安定，继而提出了保安处分的理论。[①] 又比如，在刑罚目的方面，刑事社会学派反对法律报应刑的思想，认为刑罚的根本目的在于教育、感化犯罪人，使其重新以负责任的态度回归社会，为此，从积极感化犯罪人和促使其回归社会出发，刑事社会学派相继提出了短期自由刑的取代制度，并积极关注缓刑、假释制度的使用力度。

刑事社会学派理论的产生与发展，对西欧大陆各国的刑事立法产生了深远的影响，并催生了刑法改革运动。在刑事社会学派的人身危险性、保安处分、教育刑等理论的影响下，西欧大陆各国的刑法典纷纷设立了短期自由刑的替代制度，强化了罚金刑的地位与作用，确立了各种保安处分制度，缓刑、假释制度得到广泛使用，以此来体现使犯罪人重新回归社会的教育思想。

值得一提的是，在第二次世界大战后，出于对法西斯专制政权的痛恨，西欧各国纷纷在刑事立法领域做出修改，而这些修改旨在加强刑法对人权的保障，反对摧残人身的刑罚，强调犯罪人回归社会的权利等。如 1946 年德国废除了刑法典中的类推制度，日本刑法典为了体现民主自由思想，也废除了对皇室之罪、通奸罪等规定。至于在刑法理论方面，虽然出现了新社会防卫论、目的行为论、人格责任论等学说，但其并没有动摇基本的刑法理论。相反，有些学者从理性及实践的角度出发，主张刑事古典学派和刑事社会学派的新旧学派之争不应当持相互否定的立场，而是应当相互借鉴，取长补短。比如，在刑罚目的方面，有学者认为应当在报应刑范围内谈对犯罪人的教育和改造，由此就产生了刑罚的双重目的理论。二战之前，在大陆法系刑法理论的研究方面具有代表性的国家主要是德国、法国和意大利，二战后主要是德国和日本。

（二）大陆法系刑法理论对葡萄牙刑法理论的影响

葡萄牙作为西欧大陆的一个国家，其刑法理论究竟是独树一帜还是融合于大陆法系的刑法理论之中，是一个十分重要的问题。对此，笔者认为，葡萄牙的刑法理论完全是大陆法系刑法理论在葡萄牙的缩影，它并没有成为一

① 保安处分是刑事社会学派理论的产物，其性质是作为刑罚的补充；适用对象主要是实施了危害社会的行为但尚无刑事责任能力的人，以及对社会具有潜在危险的犯罪人，其根本目的是保护社会的安全。

种不同于大陆法系刑法理论的学说体系。需要声明的是，笔者不懂葡语，不可能去查阅葡萄牙的刑法理论书目，笔者之所以得出上述结论，是基于以下几个方面的考虑。

（1）对政治、法律著作的考察。迄今为止，在中国大陆和台湾地区，世界各国著名的政治、法律包括刑法理论著作已经被译成中文的不下几百册。笔者虽不可能全数阅读，但也查阅了几十本。在所阅书目中，并无发现认为葡萄牙的法学理论包括刑法理论可以独树一帜、自成体系的观点。换句话说，世界上还不存在葡萄牙法系，当然也不可能存在独立于大陆法系刑法理论之外的葡萄牙刑法理论体系。

（2）对《葡萄牙刑法典》的考察。葡萄牙现行刑法典是1982年的刑法典，该法典已被译成中文。从该法典的规定来看，它与其他西欧各国的刑法典完全是大同小异，不管是总则规定还是分则规定，都没有超出大陆法系刑法理论的研究范围。相反，从相关刑事制度的立法方面加以考察，可以发现，其更是与《德国刑法典》和《意大利刑法典》保持一致。这一切都说明，现行的葡萄牙刑法典是建立在大陆法系刑法理论基础之上的，无独特之处，更没有超出大陆法系刑法理论的研究范围。

（3）对相关译成中文的涉及葡萄牙刑法理论讲义和书目的考察。目前，在澳门，确实还没有完整地译成中文的有关葡萄牙刑法理论的书（这确实是很令人遗憾的），仅有个别译成中文的涉及葡萄牙刑法理论的讲义等，如澳门大学法学院夜班同学使用的讲义及澳门法律及司法培训中心使用的《澳门刑法培训教程》。此外，笔者在撰写有关澳门刑法教材时，也请懂葡语者翻译了相关葡萄牙刑法理论书目中的相关章节。其阐述的刑法理论同样是以大陆法系的刑法理论为基础的。

基于上述考察，笔者认为，葡萄牙作为一个典型的大陆法系国家，其法学理论（包括刑法理论）完全是与大陆法系的法学理论（包括刑法理论）一脉相承的关系。换句话说，大陆法系的法学理论才是葡萄牙法律的理论本源，要懂葡萄牙法律，就必须懂大陆法系的法学理论。正是从这一意义上说，世界上并不存在所谓的“葡国学说”，所谓的“葡国学说”只不过是大陆法系法学理论在葡萄牙的运用和实践。由此可见，既然不存在所谓的“葡国学说”，又何来“不懂葡国学说就不懂澳门法律”之说！由此可见，“不懂葡国学说就不懂澳门法律”是一个伪命题，其道理就在于推论的前提错了。事实上，如果要用三段论来推理的话，正确的推论应当是：因为葡萄牙法律的理论本源是大陆法系的法学理论，而澳门法律又来自葡萄牙法律，所以，不懂大陆法系的法学理论就不可能懂澳门法律。对刑法来说，既然澳门刑法来自葡萄牙刑法，那就应当从葡萄牙刑法的理论本源入手，也就是从大陆法系的刑法理论入手，去诠释和评析澳门刑法。不懂大陆法系的刑法理论，不深刻理解大陆法系刑法理论的各种学说及相关立法例，就不可能正确地诠释、评析澳门刑法规定的各种刑事制度。

二　大陆法系刑法理论是诠释澳门刑法的理论本源

如上所述，无论是从大陆法系刑法理论的发源地还是从代表地考察，西欧各国关于大陆法系刑法理论的研究中心都不在葡萄牙。就目前大陆法系刑法理论的状况和刑事立法来看，比较有代表性的国家主要是德国和日本，在不少刑事制度方面，不仅两国学者观点不同，而且立法也不一致；除此之外，意大利的刑法理论研究和立法也具有一定的代表性。因此，要真正搞懂大陆法系的刑法理论，就必须了解德国、日本、意大利等国的刑法理论与立法例。其实，葡萄牙现行刑法典规定的各种刑事制度，不少也是直接参照了德国和意大利的立法例，《澳门刑法典》当然也不例外。下面，笔者针对《澳门刑法典》（其实也是《葡萄牙刑法典》）所规定的三种刑事制度，从大陆法系的刑法理论入手，进行剖析和解释，以此来证明只有全面了解了大陆法系刑法理论的精义，才可能真正读懂澳门刑法。

（一）关于刑法溯及力的“绝对从旧”效力规定

所谓刑法的溯及力，就是指旧的刑法规定与新的刑法规定（以下简称旧法与新法）之间的关系。根据《澳门刑法典》第 2 条第 1 款的规定，对在旧法生效期间实施的行为来说，即便审判时旧法被废除，也应当使用旧法，不能使用新法，这一规定显然符合罪刑法定的要求，体现了刑法在溯及力方面的“从旧原则”。但是，根据《澳门刑法典》第 2 条第 2 款的规定，如果在旧法生效期间实施的行为被旧法规定为犯罪，而新法却将其从犯罪行为中剔除的话，法院审判时就应当使用新法做无罪处理，不能再使用旧法按犯罪论处。这一规定主要是从有利于被告出发，在罪与非罪问题上否定了

“从旧原则”，采用了“从轻原则”。然而，这种从轻情况不是绝对的，对此，《澳门刑法典》第2条第3款又做了一种例外性的规定，即如果旧法是属于“在某一期间内生效的法律”，那么，凡在旧法生效期间实施的行为，只要旧法认为是犯罪，哪怕审判时旧法已被废除，新法不认为是犯罪，也要使用旧法按犯罪处理。这一规定无疑表明对“在某一期间内生效的法律”来说，旧法具有“绝对从旧”的法律效力，“从轻原则”不适用。

有葡萄牙学者认为，《葡萄牙刑法典》第2条第3款（实际上也就是《澳门刑法典》第2条第3款）规定的“在某一期间内生效之法律”，[①]“旨在针对特殊的情况而在某一期间生效，该等情况不会在社会中经常重复发生，且只是在某一时刻内认为有足够的理由将其刑事化”。[②] 为此，有葡萄牙退休法官在解释《澳门刑法典》第2条第3款的规定时，也认为“限时法”就是指“过渡性法律，亦称之为临时性的法律”，因为“在过渡性的法律中，往往会将紧急性的法律独立区分出来，这种法律亦仅在特定的期间内生效，当有关的特殊情况终止，该法律亦告终止”。[③] 显而易见，从该葡萄牙学者及退休法官的解释来看，“在某一期间内生效之法律”，就是指一种在特定情况或者说是在紧急情况下制定的具有过渡性的或临时性的法律。比如，为平息骚乱情况而制定的“戒严法”，为防止瘟疫扩散而制定的“隔离法”，就属于“在某一期间内生效之法律”，因而具有“绝对从旧”的效力。但笔者认为，上述葡萄牙学者及退休法官的解释是不全面的，并没有反映大陆法系刑法理论关于“限时法”的基本观点，也不符合澳门现有的立法实践。理由如下。

1. 从学说观点考察

在大陆法系刑法理论中，所谓在“某一期间内生效之法律”，学理上也称其为“限时法”，而关于“限时法”的认定标准，历来有“动机说”和“立法说”之分。

“动机说”是德国刑法理论界的主流观点。该学说认为，判断一个旧法

① 参见《葡萄牙刑法典》，陈志军译，中国人民公安大学出版社，2010。

② *Direito Penal Português*，第1卷，第119页。转引自 Manuel Leal - Henriques《澳门刑法培训教程》，卢映霞译，法律及司法培训中心，2011，第39页。

③ Manuel Leal - Henriques：《澳门刑法培训教程》，卢映霞译，法律及司法培训中心，2011，第39页。

是否属于“限时法”，应当从立法者废止旧法的动机方面考察。具体来说，如果立法者废止旧法的动机是源于法律见解的变更或社会道德观念的变迁，就表明旧法中的可罚性已经消失，这样的旧法就不属于“限时法”，不具有“绝对从旧”的效力。比如，旧法规定通奸行为是犯罪，后来的新法将通奸行为从犯罪中剔除，在这种情况下，立法者之所以废止旧法规定的通奸罪，立法动机显然是出于法律价值观念的变更，故规定通奸罪的旧法就不属于“限时法”。反之，如果立法者废止旧法的动机仅是源于单纯的外部事实关系的变化，就表明旧法中的可罚性并没有消失，这样的旧法就属于“限时法”，具有“绝对从旧”的效力。比如，前文所列举的立法者为平定骚乱而制定的“戒严法”，以及为防止瘟疫扩散而制定的“隔离法”，就属于典型的“限时法”。当骚乱结束、瘟疫消除后立法者废止“戒严法”或“隔离法”的原因，并不是基于法律价值观或道德观念的变化，而仅仅是基于外部事实情况发生了变化，即本来有骚乱现在没了骚乱，本来有瘟疫现在没了瘟疫，所以像“戒严法”或“隔离法”这样的旧法，就属于“限时法”，具有“绝对从旧”的效力。正是基于“动机说”，德国学者普遍认为，“限时法”就是指在特定情况下制定的法律，“从广义上来看，因为它们只是暂时存在的，只适用于非常情况”。①

“立法说”是日本刑法理论界的主流观点。该学说认为，旧法是不是“限时法”，并非取决于旧法是不是在特别情况或紧急情况下制定，而是应由立法者在旧法或新法中做出明确规定，故称其为“立法说”。具体来说，立法者规定旧法是“限时法”可以有两种立法方式：一是附加性的立法方式，即立法者在制定旧法时，在旧法中就明确规定该旧法具有“绝对从旧”的效力，有了这样的规定，旧法自然就成为“限时法”；二是追加性的立法方式，即立法者在制定旧法时虽没有明确规定该旧法具有“绝对从旧”的效力，但在废止该旧法的新法中，则明确规定被废止的旧法具有“绝对从旧”的效力，新法中有了这样的规定，被废止的旧法同样可以成为“限时法”。

由上可知，从学说观点方面进行分析，将“限时法”仅视为在特别情况或紧急情况下制定的过渡性或临时性的法律，只是反映了“动机说”一

① 〔德〕冈特·施特拉腾韦特、洛塔尔·库伦：《刑法总论 I——犯罪论》，杨萌译，法律出版社，2004，第49页。

种学说观点，并不能涵盖“立法说”。

2. 从立法例考察

日本学者之所以普遍持“立法说”，显然与日本关于“限时法”的立法方式分不开。比如，在《日本刑法典》中虽然没有关于“限时法”的规定，但在关于重要产业的统制法律以及关于物价的统制法律的单行法中，立法者正是通过附加性的立法方式和追加性的立法方式，使原来的旧法成为“限时法”，使其具有“绝对从旧”的效力。①

德国学者之所以持“动机说”的主流观点，同样可以从其立法方面找到原因。比如，《德国刑法典》第2条第4款就是关于“限时法”的规定。根据该款，“只适用于特定期间之法律，即使该法律失效，但对其有效期间发生之行为仍适用之。法律另有规定者，不在此限”。这一规定起码说明两点：第一，德国立法者将“限时法”表述为“特定期间之法律”，而在特定期间制定的法律，当然可以被解释成是在特定情况或紧急情况下制定的暂时存在的法律。但是，《澳门刑法典》第2条第3款同《葡萄牙刑法典》一样，是将“限时法”表述为“在某一期间内生效之法律”，毫无疑问，“某一期间”和“特定期间”是不能相提并论的，“某一期间”可以包括“特定期间”，也可以包括“非特定期间”，所以，将“在某一期间内生效之法律”强行解释为是在特定情况或紧急情况下制定的过渡性或临时性的法律，本身并不符合《澳门刑法典》第2条第3款的规定。第二，虽然《德国刑法典》第2条第4款将“限时法”视为“特定期间之法律”，但并非是绝对的，如果法律另有规定，则不在此限。这说明德国立法者已经充分考虑到“限时法”的复杂性，有的情况下并不能完全用“特定期间之法律”来解释“限时法”，因此留有余地，做了例外性的规定，这种例外性的规定实际上体现了“立法说”的精神。然而，在《澳门刑法典》第2条第3款中，立法者不仅将“限时法”表述为“在某一期间内生效之法律”，而且也没有关于“立法说”的例外性规定，这也表明立法者用“某一期间”来替代“特定期间”是有一定道理的，其道理就在于用“某一期间”来代表“限时法”，其能发挥效力的范围就较广：既可以包括在“特定期间”制定的过渡性或临时性的法律，也可以包括在“非特定期间”制定的非过渡性或非临

① 〔日〕大塚仁：《刑法概说（总论）》，冯军译，中国人民大学出版社，2003，第75页。

时性的法律。上述葡萄牙学者及退休法官之所以将“在某一期间内生效之法律”仅仅解释成是在特定情况或紧急情况下制定的暂时存在的法律，一方面是因为对“限时法”的理论学说缺乏全面了解，另一方面也是因为对《德国刑法典》第2条第4款关于“限时法”的规定没有做深入分析。

3. 从澳门实际情况考察

2008年，在修改原来的《选民登记法》（第12/2000号法律）时，立法者在新法中取消了旧法关于“选民登记证”的规定，于是，旧法中与“选民登记证”有关的两个罪名即“伪造选民证罪”与“选民证的留置罪”自然也被新法取消。但是，考虑到在修改旧的《选民登记法》之前，尚有多宗涉及“选民证的留置罪”案件正在等候法院审理，所以立法者在新的《选民登记法》中明确规定，在旧的《选民登记法》生效期间发生的涉及“选民登记证”的犯罪行为，仍然适用于旧法。正是这一规定使旧的《选民登记法》中关于“选民登记证”犯罪的规定成了具有“绝对从旧”效力的“限时法”。毫无疑问，《选民登记法》绝非在特定情况或紧急情况下制定的暂时存在的法律，它之所以能够成为“限时法”而具有“绝对从旧”的效力，乃是因为澳门立法者采用了上述“立法说”中的追加性立法方式。由此可见，如果我们非要将“在某一期间内生效之法律”仅仅解释成在特定情况或紧急情况下制定的过渡性或临时性的法律，那么，在新的《选民登记法》中规定旧的《选民登记法》具有“绝对从旧”的效力，不就成了违法之举？

综上所述，笔者认为，对《澳门刑法典》第2条第3款规定的“在某一期间内生效之法律”的认定，首先应当对大陆法系刑法理论中不同的学说观点有所了解，对他国的刑法典规定要有通盘的考虑，其次要结合本地具体的立法例及实际运用情况，如此方能得出正确的结论。

（二）关于结果加重犯的主观罪过规定

在大陆法系刑法理论中，所谓结果加重犯，简单地说，就是指行为人实施的行为不仅足以构成刑法所规定的某种犯罪，而且还招致了某种虽不影响定罪但足以加重刑罚的结果，学者们通常将前者称为基本犯罪，将后者称为加重结果，符合这种犯罪情况的就叫结果加重犯。比如，甲非法将乙关在房间内，乙爬窗出逃，不小心摔死，甲就构成剥夺他人行动自由致人死亡的结

果加重犯，基本犯罪是“剥夺他人行动自由罪”（第 152 条），加重结果是导致被害人死亡（第 152 第 3 款）。

结果加重犯中的加重结果必须由法律做出明确规定，这一点是没有异议的。在关于结果加重犯的理论中，争议最大的是基本犯罪的行为人对加重结果的主观心理态度，也就是罪过形式，即基本犯罪的行为人对加重结果的发生，主观上是持故意的心理态度，还是持过失的心理态度。关于这个问题，有的国家或地区的刑法典为了避免理论上的争议，干脆在刑法典中做出明文规定，《澳门刑法典》第 17 条就是对结果加重犯主观罪过方面的规定。根据该条规定，如果行为人的行为构成基本犯罪后又引发了一种法律明确规定的可加重刑罚的后果，那么，对行为人加重刑罚的前提条件就是行为人对加重结果的发生，主观上至少要有过失的心理态度。笔者曾听说，有人认为，《澳门刑法典》第 17 条的规定表明，在澳门，只有当基本犯罪的行为人对加重结果的发生主观上有过失的态度，才能对其依法加重刑罚；如果基本犯罪的行为人对加重结果的发生主观上持故意的态度，就不构成结果加重犯，而是要按数罪实行并罚。笔者完全不能同意这种说法，理由如下。

1. 从学说观点考察

在大陆法系刑法理论中，关于基本犯罪人对加重结果的发生在主观上的罪过形式问题，理论上历来有很大的分歧，主要表现为“故意、过失说”与“过失说”之争。

“故意、过失说”是德国刑法理论界的主流观点。该学说认为，要求基本犯罪的行为人对加重结果负责，也就是对其加重刑罚，前提条件是基本犯罪行为人对加重结果的发生主观上一定要有故意或过失的心理态度，否则，就不能对行为人加重刑罚。举例来说，甲持刀截停乙称“打劫”，乙拔腿逃跑，甲追，乙在逃跑过程中不慎跌倒，头碰上石头，导致颅内出血死亡。像这种情况，甲的行为虽已足以构成“抢劫罪”（第 204 条）这一基本犯罪，但由于甲对乙的突然摔死事先是没有预料到的，也不能要求甲对这种后果事先有个认识，因此，甲的行为只构成“抢劫罪”，不构成“抢劫致人死亡”（第 204 条第 3 款）的结果加重犯。但是，该学说又认为，如果基本犯罪的行为人对加重结果的发生主观上是有罪的，即有故意或过失的成分在内，那么，不管是故意还是过失，理论上都可以构成结果加重犯。比如，甲强奸了妇女乙并使其怀孕，在这种情况下，甲明知自己的奸淫行为可能导致被害人怀孕还执意实施强奸，其对乙怀孕这一加重结果主观上显然具有或然的故意性，[①] 所以构成强奸致妇女怀孕的结果加重犯（第 171 条第 3 款）。又比如，甲强奸了妇女乙，乙想不通而自杀身亡，在这种情况下，甲对乙自杀身亡的后果主观上持应当认识而无认识的过失心理态度，所以也构成强奸致妇女自杀的结果加重犯（第 171 条第 3 款）。

“过失说”是日本刑法理论界的主流观点。该学说认为，构成结果加重犯不仅要求基本犯罪行为人对加重结果的发生主观上要有罪过，而且这种罪过的形式只能是过失，不能包括故意，如果是故意的罪过形式，就不构成结果加重犯，应当按数罪实行并罚。有的日本学者更进一步认为，即便是过失，也只能是无认识的过失，即只有在基本犯罪行为人对加重结果的发生是应当认识而无认识的情况下，方能构成结果加重犯。比如，甲意图伤害乙而用刀在乙的大腿上猛刺一刀后逃走，乙因被刺穿大动脉流血过多而死亡，在这种情况下，甲对乙的死亡就属于应当认识而无认识，故构成故意伤害致人死亡的结果加重犯（第 139 条）。

由上可知，从学说观点方面进行分析，用“过失说”的观点来解释《澳门刑法典》第 17 条的规定是不全面的，对相关不同的学说观点缺乏必要的了解和分析。

2. 从刑法典总则的立法例考察

必须指出，《澳门刑法典》第 17 条关于构成结果加重犯主观上“至少有过失”的规定，同样非葡萄牙所独创。根据《德国刑法典》第 18 条的规定，“本法对犯罪特别结果之加重处罚，仅在正犯和共同正犯对特别结果的产生至少具有过失时，始适用之”。这一规定与《澳门刑法典》第 17 条的规定是完全一致的。那么，德国学者及司法实践又是如何来解释“至少有过失”的法律规定呢？

德国学者认为，在立法上之所以要规定“至少有过失”，其立法目的并非是要排除由故意构成的结果加重犯，[②] 而是要坚持主客观相统一的刑事责

① 所谓或然故意，就是指行为人明知自己的行为可能会引发某种法定结果，但仍然容忍这种结果发生。

② 所谓故意的结果加重犯，就是指基本犯罪行为人对加重结果的发生主观上存在故意的罪过形式。

任原则，反对“客观归罪”。例如，有德国学者认为，“在1871年的《德意志帝国刑法典》中，加重处罚只适用于发生犯罪结果，行为人是否预见该结果的发生无关紧要”，正是“在结果加重犯情况下实施罪责原则，导致了于1953年在《刑法典》中增加了第56条；现在为第18条，该条规定，如果行为人对结果的发生至少有过失时，始可对行为人加重处罚”。[①] 由此可见，在本国或本地区的刑法典已对结果加重犯的罪过问题有所规定的情况下，就必须依照法律规定进行解释，而不能将自己的学说观点强加在立法之上，更不能违反最基本的文字意思，将“至少有过失”解释成“只能是过失”。正如有学者在解释《德国刑法典》第18条规定时指出的那样，“至少有过失，即最小限度须有过失，也可以说对重结果即使有故意，也不影响结果加重犯罪的成立。”采用至少过失说的立法例，实际承认有故意的结果加重犯。[②]

3. 从刑法典分则的具体规定考察

有人质疑说，既然“至少有过失”不排除故意的结果加重犯，那么，为什么《澳门刑法典》分则所规定的因致人死亡而构成的结果加重犯都只能由过失构成呢？其实，《澳门刑法典》分则所规定的致人死亡的结果加重犯之所以只能由过失构成，并非是否定“至少有过失”可以包括故意的结果加重犯，而是考虑到故意杀人罪的法定刑与结果加重犯的加重刑罚之间的差异，因为根据《澳门刑法典》分则的规定，“加重杀人罪”（第129条）的法定刑最高可达到25年徒刑，而《澳门刑法典》分则规定的致人死亡的结果加重犯，其加重后的刑罚都达不到25年徒刑，大部分远远低于25年徒刑，可想而知，在这种情况下，对故意致人死亡的情况按结果加重犯加重处罚，显然是重罪轻判。举例来说，甲用刀从背后一刀将乙刺死，然后抢走了乙的财物，这种行为无疑构成暴力抢劫，且甲对乙的死亡主观上是故意的（起码是或然的故意），在这种情况下，如果对甲按抢劫致人死亡的结果加重犯（第204条第3款）处罚，则最高只能判20年徒刑，这当然是不合理的，因此，为了体现罪刑相称原则，对甲就要按“抢劫罪”（第204条）和

---

① 〔德〕汉斯·海因里希·耶赛克、托马斯·魏根特：《德国刑法教科书（总论）》，徐久生译，中国法制出版社，2001，第319页。

② 马克昌：《比较刑法原理》，武汉大学出版社，2002，第277页。

“加重杀人罪”（第129条）实行并罚。关于这一点，德国学者做了非常明确的表述，即“在结果加重犯情况下，严重的犯罪结果必须‘至少是由于过失’造成的，正犯或其共犯始受处罚。同时可得出结论认为，如果犯罪结果是由正犯故意的行为所致，同样构成结果加重犯。但在这种情况下，其他刑法可能规定科处较高的刑罚，从而实际上排除了结果加重犯”。①

综上所述，笔者认为，将《澳门刑法典》第2条第3款关于“至少有过失”的规定解释成“只能是过失”，不仅表明对大陆法系刑法理论中关于结果加重犯的罪过学说缺乏全面的认识，而且也是对立法原意的严重曲解。

（三）关于犯罪未遂行为的规定

大陆法系刑法理论认为行为人实施的某种尚未完成的故意犯罪究竟是构成犯罪预备还是构成犯罪未遂，关键是看犯罪的实行行为是否已经开始。如果实行行为尚未开始，说明犯罪还停留在预备阶段，仅构成犯罪预备，而按照《澳门刑法典》第20条的规定，犯罪预备行为是不予处罚的，除非法律有特别规定；反之，如果实行行为已经开始，则说明犯罪停留在实行阶段，构成犯罪未遂，对犯罪未遂就要按照《澳门刑法典》第22条规定给予处罚。因此，如何认定故意犯罪的实行行为，乃是区分犯罪预备和犯罪未遂最根本的标志。

关于认定故意犯罪实行行为的标准，大陆法系国家或地区的刑法典总则中，通常都没有规定，仅由学者在理论上进行探讨，但《葡萄牙刑法典》例外，其总则第22条第2款对实行行为做出了明确规定，为此，《澳门刑法典》总则第21条第2款也对实行行为的认定做出了相同的规定。笔者认为，在刑法典总则中对实行行为做出立法规定是可取的，这样有助于避免因理论上的分歧而影响执法的统一性，唯在具体解释实行行为的立法规定时，必须借助理论上的不同学说观点，以便正确理解立法者的意图。

根据《澳门刑法典》第21条第2款的规定，故意犯罪的实行行为在认定上有三种标准。

---

① 〔德〕汉斯·海因里希·耶赛克、托马斯·魏根特：《德国刑法教科书（总论）》，徐久生译，中国法制出版社，2001，第353页。

（1）当某种行为符合一罪状的构成要素时，就会构成故意犯罪的实行行为。所谓“罪状的构成要素”，就是指法律对具体犯罪所规定的构成要件，或者说法律所规定的行为特征，所以，这个标准实际上体现了大陆法系刑法理论中关于认定实行行为的“形式客观说”。该学说认为，认定一种行为是否属于某种具体犯罪的实行行为，必须看行为是否符合法律所规定的作为该等犯罪构成要件行为的具体特征，符合了，就是实行行为，不符合，就不是实行行为。比如，对盗窃罪来说，法律所规定的作为盗窃罪构成要件行为的具体特征是秘密窃取，当行为人的行为尚不符合秘密窃取特征时，该行为就只能被视为盗窃的预备行为。举例来说，甲意图潜入某住宅实施盗窃，正在撬开门锁时被抓住，因撬门锁的行为并非是秘密窃取行为，所以甲只能构成盗窃预备，反之，如果甲撬开门锁进入住宅后开始寻找可盗窃之物时被抓住，那就意味着秘密窃取行为已经开始实行，甲构成盗窃未遂。

由于“形式的客观说”是以法律所规定的构成要件行为特征来认定故意犯罪的实行行为，因此，该学说也被学者们称为“构成要件说”。这一学说最大的优点就是严格按照法律规定来认定实行行为，实际上体现了罪刑法定的思想，因而被很多学者所推崇，至今仍然是司法实践中认定实行行为的一项基本标准。《澳门刑法典》第 21 条第 2 款 a 项将“构成要件说”作为第一项标准予以明确规定，无疑表明了立法者在认定实行行为方面的法制理念。

（2）某种行为可能产生符合罪状的结果时，同样会构成故意犯罪的实行行为。理解这一标准，首先要对大陆法系刑法理论中关于认定实行行为的“因果关系说”有所了解，而用“因果关系说”来认定实行行为，主要是针对距离犯而言的。所谓距离犯，通常包括时间上的距离犯和空间上的距离犯。时间上的距离犯是指犯罪实行行为与法定结果[①]的发生在时间上存在一定距离。比如，甲早上在其妻晚上才喝的牛奶中投下毒药，投毒行为与被害人中毒死亡在时间上就存在差距，因而构成时间上的距离犯；空间上的距离犯必然也会包括时间上的差距，但它主要是指犯罪实行行为与法定结果的发生在空间上存在一定距离，比如，甲在 A 城市向身在 B 城市

① 这里讲的法定结果就是指符合罪状的结果，亦可称其为构成要件所要求的结果。

的乙邮寄假汇票，其诈骗行为与被害人财产受损之间在空间上就存在距离，因而构成空间上的距离犯。由于对距离犯来说，有时很难用“构成要件说”对实行行为作出判断，因此学理上就有学者提出用“因果关系说”作为判断实行行为的标准。比如，在上面所举两例中，因为甲的投毒行为在正常情况下必然会符合客观规律而引致其妻中毒身亡，也就是可以适当地产生使被害人死亡的法定结果，所以，甲的投毒行为就是杀人罪的实行行为。在第二例中，因为甲在A城市邮寄假汇票，也完全可能导致乙被骗，寄假汇票与被骗之间明显具有适当性，所以，甲在A城市邮寄假汇票的行为，就构成诈骗罪的实行行为。可见，了解了“因果关系说”，再来看《澳门刑法典》第21条第2款b项的规定，就不难理解该项规定的真实含义。

（3）某些行为在正常情况下，也就是在排除了不可预见情节的情况下，根据社会上一般人的经验，从性质上使人相信，在该等行为发生之后，行为人就会做出以上两项所指实行行为的，该等行为也会构成故意犯罪的实行行为。对这一标准的理解，就更离不开相关的学说观点了。

如上所述，“构成要件说”的最大特点是依法认定实行行为，其优点在于不仅有利于贯彻罪刑法定思想，而且实际操作起来也比较规范。但是，有学者认为，刑法最根本的任务是要有效地保护各种法益，对那些已经对相关法益构成直接危险的行为，应当给予必要的惩治，以利于犯罪的预防。在这一方面，“构成要件说”就显得比较滞后，不利于发挥刑法对法益的保护作用，也不利于预防犯罪。于是，有学者主张，对实行行为的认定可以摆脱“构成要件”的束缚，使其具有一定的“超前性”，但必须要受一定条件的制约，这个条件就是“直接危险性”。换句话说，某种行为虽然在特征上还不符合法律所规定的构成要件行为特征，但该等行为确实已对受刑法保护的法益构成了一种直接的危险，如果不发生意外，行为人接下去就一定会实施符合法律规定的构成要件行为，在这种情况下，可以将该等非构成要件的行为视为实行行为，有学者将这种认定实行行为的观点称为“直接危险说”，使其与“形式的客观说”（也就是“构成要件说”）相对应，故也有学者将“直接危险说”称为“实质的客观说”。比如，在前面所举盗窃一例中，甲为实施盗窃而撬他人住宅的门锁，按照“形式的客观说”即“构成要件说”，撬门锁的行为因非属秘密窃取行为，所以，甲在撬门锁时被抓就属于

盗窃的预备行为。然而，按照“直接危险说”，如果不发生意外，甲在撬开门锁后，必然会潜入他人住宅实施盗窃罪的构成要件行为即秘密窃取行为，表明甲的撬锁行为已经直接对他人的财产法益构成了直接危险，所以，甲撬门锁的行为可被认定为盗窃罪的实行行为，即便甲在撬门锁时被抓，也要按盗窃未遂论处。

目前，认定实行行为的“直接危险说”在大陆法系刑法理论中得到了越来越多的学者认同，尤其是在德国刑法理论界，更成为认定实行行为的主流观点。德国学者和司法实践之所以将意图行窃者引开或麻醉看门狗的行为也视为盗窃罪的实行行为，其道理就在于引开或麻醉看门狗的行为已经直接威胁到他人的财产法益，如果不发生意外，接下来行窃者就必然会实施秘密窃取的行为。由此可见，《澳门刑法典》第21条第2款c项的规定，无疑体现了认定实行行为的“直接危险说”，同时表明立法者对该学说持赞同的态度。

当然，仅仅知道《澳门刑法典》第21条第2款c项规定的理论依据是“直接危险说”是不够的。要正确、全面理解该项规定，还应当对“直接危险说”的内涵有进一步的认识，其中关键之处就是要把握“某些行为”与接下去的构成要件行为之间的联系，或者说，究竟在什么情况下，“某些行为”才能被视为对法益构成了直接危险。关于这一点，德国学者有很精辟的论述，他们认为，对法益构成直接危险的行为，“应当移近‘构成要件行为的界限’”，也就是“能够‘直接实现构成要件的先行行为’，这里，起决定作用的是，根据行为人的整体计划，即使是不符合构成要件的行为，也必须与本来的实行行为（此处讲的本来的实行行为当然是指法律规定的构成要件行为——笔者注）紧密相连，以至于它无重要的中间步骤过渡到行为的决定性阶段”。[①] 因此，从理论上分析，要将非属构成要件行为的“某些行为”认定为实行行为，必须充分把握该行为与构成要件行为之间在时间及空间上存在的一种直接衔接的联系，或者说是直接的过渡关系，两者之间不能再有作为中间环节的行为，也就是不能再有另一种行为将它们联结起来。德国审判实践之所以将意图行窃者站在没有上锁的房屋门前的行为认定为盗

① 〔德〕汉斯·海因里希·耶赛克、托马斯·魏根特：《德国刑法教科书（总论）》，徐久生译，中国法制出版社，2001，第621页。

窃的实行行为，其道理就在于房屋的门没锁，意图盗窃者站在门前的行为与进屋实施秘密窃取行为之间不再存在中间环节，也就是不需要再由另一种行为（如撬锁行为）将它们联结起来。很显然，如果意图行窃者是站在有锁的房屋门前，其站在门前的行为就不能被视为盗窃的实行行为，因为站在房屋门前的行为与接下来的入屋秘密窃取行为之间必须有一道中间环节即撬锁行为才能将它们联结起来。至于在德国司法实践中，之所以将引开或杀死看门狗的行为也视为盗窃的实行行为，乃是因为在这种情况下，看门狗就相当于门锁的作用，引开或杀死看门狗无异于撬锁的行为，故可视之为盗窃的实行行为。

通过对以上《澳门刑法典》所规定的有关刑法“绝对从旧”效力、结果加重犯和实行行为认定等方面的刑事制度的剖析，可以说，蕴含在澳门刑法内部的深厚的理论本源是大陆法系刑法理论，而不是什么客观上不存在的所谓的“葡国学说”。要弄懂澳门刑法，就必须掌握大陆法系的刑法理论，必须了解各种相关的学说观点，必须分析大陆法系国家或地区的各种刑事立法例，否则就谈不上懂澳门刑法，就有可能对澳门刑法做偏颇的、“只知其一，不知其二”的解释，甚至完全曲解。

三　大陆法系刑法理论是完善澳门刑法的理论动力

大陆法系的刑法理论不仅是诠释澳门刑法的理论本源，更重要的是，大陆法系的刑法理论也是完善澳门刑法的理论动力。应当指出，在澳门回归前，由于法律领域长期以来是葡萄牙人的“私人领域”，澳门几乎就没有法学理论的研究，更遑论用大陆法系的法学理论去解释、完善澳门法律。澳门法律的真与假、是与非，全由葡萄牙的学者或法律实务工作者的一句话定夺，这一状况在澳门回归后并没有得到根本的转变。正因为如此，才会冒出诸如“不懂葡文就不懂澳门法律”“不懂葡国学说就不懂澳门法律”这种似是而非的错误观点。因此，笔者认为，要完善澳门刑法，推动澳门刑法的改革，必须跳出“葡文”“葡国学说”的怪圈，以主人翁的姿态面向世界，尤其要结合澳门的实际情况，从整体上去研究大陆法系的刑法理论。下面，本文将举几个方面的例子加以分析，以说明从整体的角度来研究大陆法系刑法理论对于完善澳门刑法的重要性和迫切性。

（一）关于刑法典总则的指导地位问题

在大陆法系刑法理论中，刑法的渊源主要包括刑法典、单行刑事法律和非刑事法律中的刑法规范（也叫“附属刑法”）三种表现形式。刑法典的结构分为总则和分则，总则规定的是定罪量刑的一般原则和规则，分则规定的是各种具体的犯罪；单行刑事法律是指专门规定犯罪、刑罚及相关刑事责任的单行法律；非刑事法律中的刑法规范则指在非刑事法律中设置的涉及刑事责任的条款。刑法典因为是一部对刑法规范进行系统整理、编纂后形成的大法典，所以也叫普遍刑法，而单行刑事法律和非刑事法律中的刑法规范则合称特别刑法。从大陆法系国家或地区的刑事立法实践来看，特别刑法的多与少，特别刑法是否在刑法典分则之外再规定其他独立的罪名，并没有统一的说法，各国或各地区的立法者往往按照本国或本地区的立法理念，做出不同的规定。但是，关于刑法的表现形式，大陆法系国家的学者普遍认为，刑法典的总则对其他特别刑法的立法应当具有指导作用，除非刑法典的总则作例外性的授权规定，[①] 否则，特别刑法的立法不能违反刑法典总则的规定。这已成为大陆法系国家或地区为确保刑事立法科学性而遵循的一项基本立法规则，同时也是为了防止立法者滥用刑罚权。

澳门刑法的表现形式有一个重要的特征，即除刑法典之外，特别刑法数量繁多，且在特别刑法中规定了大量的刑法典分则所没有规定的具体罪名。如上所述，这一立法取向本身是无可非议的，关键是在制定特别刑法时，应当尊重刑法典总则的指导地位，科学立法，而不是完全不顾刑法典总则的规定，想怎么立就怎么立。遗憾的是，回归以来，这一基本的刑事立法规则并没有得到尊重，典型的例子就是对《选民登记法》（第12/2000号法律）的修改。因为根据《澳门刑法典》第22条第2款的规定，对犯罪未遂，必须比照犯罪既遂依法减轻刑罚，而且没有例外性的授权规定，但在修改《选民登记法》时，却对违反该法律的四种犯罪的未遂，明确规定“科处于既遂犯的刑罚，适用于犯罪未遂”，言外之意，对这四种

---

① 比如，根据《澳门刑法典》总则第10条的规定，仅自然人负刑事责任，但另有规定者除外。此条后面的但书规定，就属于例外性的授权规定，所以，在特别刑法中规定法人犯罪，就不违反《澳门刑法典》总则第10条的规定。

违反《选民登记法》的犯罪，未遂犯将按照既遂犯处罚，不予减轻，这简直是对《澳门刑法典》总则指导地位的公然挑战。有人辩解说，对犯罪未遂的处罚在理论和立法上本来就有主观说的“不减主义”和客观说的“必减主义”，还有折衷说的“得减主义”，因此并没有绝对限制。笔者认为，这种辩解是毫无理由的，完全是一种偷梁换柱式的辩解。须知，这并不是在立法上采取什么主义的问题，而是刑法典总则的指导地位是否应当得到尊重的问题。既然《澳门刑法典》总则第22条第2款对犯罪未遂的处罚已经按照客观说的“必减主义”做出了明确规定，且不设例外性的授权规定，那么，特别刑法就应当严格遵守刑法典总则的规定。如果立法者认为对犯罪未遂的处罚采用主观说的“不减主义”更合理，那就应当先修改《澳门刑法典》总则第22条第2款的规定，或者起码要加上例外性的授权规定。很显然，从这个例子可以发现，《澳门刑法典》总则的指导地位在澳门并没有得到切实的保障，长此以后，必将破坏澳门刑事立法的科学性。试想，如果总则的地位未能得到切实保障，以后在澳门特别刑法中规定无期徒刑甚至死刑，岂不也会成为一种“合法之举”了吗？总之，笔者认为，在处理刑法典与特别刑法之间的关系时，切实强化刑法典总则的指导作用，对于完善澳门的刑事立法是极其重要的，澳门的立法者不能再对此无动于衷。

笔者在这里虽只论及刑法典总则对特别刑法的指导作用，但由于澳门的特别刑法中存在大量独立的刑事罪名，因此，从这一意义上说，刑法典分则规定的罪名与特别刑法规定的罪名之间，必然会存在一种协调关系，而这种协调关系在某种程度上也体现了刑法典分则规定的罪名对特别刑法规定的罪名具有一定的指导作用，否则，就会出现立法上的不合理现象。举例来说，根据《澳门刑法典》分则第198条第2款规定，犯“勒索罪”若数额“属相当巨额”，或勒索时“携带显露或暗藏之武器”，或勒索者“身为旨在重复犯侵犯财产罪之集团成员，且系由该集团最少一成员协助”而进行勒索的，法定刑为3年到15年徒刑。但是，根据《有组织犯罪法》（第6/97/M号法律）第3条的规定，犯“以保护为名的勒索罪”的，不论属何种情况，法定刑均为2年至10年徒刑。显然，这两种勒索罪的法定刑是不协调的，试想，如果犯罪集团多名成员以收取保护费为名，携带或暗藏武器向他人勒索了相当数额财产时，也按2年至10年徒刑量刑，与刑法典规定的一般勒

索罪相比，岂不是重罪轻判吗?[①] 类似的情况还有不少，如在伪造身份证件的犯罪、诬告的犯罪方面，也有这种法定刑不协调的现象，对这些罪名之间的不协调现象，立法者同样必须加以重视。要体现刑法典分则规定的罪名对特别刑法规定的罪名应有的指导作用。如果立法者认为刑法典分则规定的罪名在处罚上有问题，那应当及时修改刑法典分则，不能人为地破坏刑法典分则与特别刑法之间的协调关系。

（二）关于类推解释与扩张解释的区别问题

罪刑法定原则是一项极其重要的法制原则，基本法第 29 条和《澳门刑法典》第 1 条都对该项原则做了明确规定。在大陆法系刑法理论中，学者们一致认为，实行罪刑法定原则，就必须禁止类推，《澳门刑法典》第 1 条第 3 款之所以规定“不容许以类推将一事实定为犯罪”，其道理就在于此。

所谓类推，简单地说，就是将刑法没有规定为犯罪的行为，通过与刑法中最相似的条款比照，使该行为按最相似的条款入罪。毫无疑问，只要在一个国家或地区的刑法典总则中写上罪刑法定原则的，不管立法者是否像《澳门刑法典》这样再进一步明确规定禁止类推，实际上都意味着类推在立法上是被禁止的，这并无异议。[②] 然而，在司法实践中，立法者向法官提供的法律文本只是一个由各种口语化词句组成的文字框架，法官在具体使用法律的过程中，往往还要在立法者提供的文字框架中，针对不同情况，从基本的文字含义出发，通过充分考虑立法意图、法律目的等要素，对相关的法律文字表述进行解释，此类解释可以包括扩张解释，这种扩张解释属于合理的、被允许的解释。显然，类推实际上也是一种带有扩张性的解释，只不过这种扩张性的解释已经“超越了法律本来预想的范围，承认把法律适用于类似的事项”,[③] 因而成为“一种不能再被刑法条文可能的文字意思所包含

① 可能会有人说，既然这样，那就采取重法条优于轻法条的原则，按《澳门刑法典》分则第198 条规定的“加重勒索罪”定罪量刑。这样做当然是不妥的，因为这样做一方面明显违反了包容性的法条竞合犯应当采用特别法条优于一般法条的基本法律适用原则，另一方面也会使《有组织犯罪法》第 3 条关于“以保护为名的勒索罪”永远不再适用，客观上其就会成为一种“摆设”，既然这样，不如明文废除。

② 在大陆法系刑法理论中，学者们普遍认为，有利于被告的类推是被允许的。

③ 〔日〕大塚仁：《刑法概说（总论）》，冯军译，中国人民大学出版社，2003，第 68 页。

的解释，是一种为刑罚提供根据的类推，因此是不能允许的”，[①] 因此，从理论与实践的角度考察，要真正做到禁止类推，仅仅依靠立法上的禁止是不够的。更重要的是，当法官在运用法律过程中需要解释法律时，还必须对允许的扩张解释和被禁止的类推解释之间的界限有充足的认识。

如何区分允许的扩张解释和被禁止的类推解释，理论上具有相当的复杂性，有学者甚至悲观地认为“不可能区别类推解释和扩张解释”。[②] 笔者认为，要区分扩张解释和类推解释，最根本的标准就是要从法律文字的基本含义出发，严格遵循科学法则和公认的理论规范。比如，盗窃罪的客体必须是动产，假设行为人盗窃的是电力资源即“电”，其行为能否构成盗窃罪，必然涉及对“动产”这一文字概念的解释。在这种情况下，将“动产”的概念扩展至“电”，就属于一种合理的、被允许的扩张解释，因为“电”虽看不见却具有经济价值，将其解释为财产符合科学法则，具有合理性。[③] 又比如，杀人罪的客体是有生命的人，假设行为人杀死的是母亲腹中的胎儿，其行为能否构成杀人罪，就必然涉及对“有生命的人”这一文字概念的解释。在这种情况下，将“有生命的人”这一文字概念扩展至胎儿，就属于一种不合理的、被禁止的类推解释，因为从科学法则考察胎儿，其尚不属于有生命的人，将胎儿解释为有生命的人，违背了基本的文字含义，不少国家或地区的刑法包括澳门刑法之所以另行规定堕胎方面的犯罪，而非将堕胎行为按杀人行为论处，其道理就在于此。在德国司法实践中，关于扩张解释和类推解释，德国学者曾举例说：如果行为人将盐酸倒在被害人脸上，此行为就属于“使用武器”伤害他人（《德国刑法典》第224条第2款），因为将盐酸视为一种“化学武器”具有合理性，没有超出“武器”这一文字概念的基本含义，因而属于合理的、被允许的扩张解释。反之，如果行为人将被害人的头往墙上撞，此行为就不属于“使用武器”伤害他人，因为墙本身不能被视为一种“武器”，否则，将墙也视为一种“武器”，就会超出“武器”的基本含义，其解释也会成为被禁止的类推解释。[④]

---

① 〔德〕约翰内斯·韦塞尔斯：《德国刑法总论》，李昌珂译，法律出版社，2008，第22页。

② 〔日〕大冢仁：《刑法概说（总论）》，冯军译，中国人民大学出版社，2003，第69页。

③ 尽管如此，有的国家或地区为慎重起见，还是在刑法典分则中专门规定了盗窃电力的犯罪，如《德国刑法典》。

④ 〔德〕克劳斯·罗克辛：《德国刑法学总论（第1卷）》，王世洲译，法律出版社，2005，第85页。

遗憾的是，在澳门的司法实践中，这一关于扩张解释与类推解释的界限被人为地模糊了，典型的例子就是关于对《有组织犯罪法》（第6/97/M号法律）的适用性解释。对此，我们可以来看一下澳门终审法院第36/2007号判决书表达的观点。该份判决书认为，“确实，第6/97/M号法律之标题为‘有组织犯罪法’，而且其第1条至第5条涉及在有组织犯罪范畴内所实施的罪行。但该法律也包含与有组织犯罪没有必然联系的其他刑法和刑事诉讼规范，尤其是：不当扣留证件的罪行（第6条）、国际性贩卖人口的罪行（第7条）、[①] 操纵卖淫的罪行（第8条）、联群不法赌博的罪行（第11条）”。显而易见，该份判决书要表达的意思就是：《有组织犯罪法》规定的罪名虽然是针对有组织犯罪而设，但也同样适用于一般的共同犯罪和单个人的犯罪。正因为有了澳门终审法院的这一解释，目前，在澳门司法实践中，凡是与操纵卖淫有关的行为，如提供住所或介绍卖淫并从卖淫中“抽成”的行为，不管是一个人犯罪，还是两个人犯罪，全部按《有组织犯罪法》规定的“操纵卖淫罪”定罪量刑。

笔者认为，澳门终审法院关于《有组织犯罪法》适用性的解释，是一种违反罪刑法定原则的、不合理的、被立法禁止的类推解释。因为在《有组织犯罪法》中，“有组织犯罪”这一文字概念是有明确规定的，即“有组织犯罪”就是指“黑社会”，而根据《有组织犯罪法》第1条的规定，所谓“黑社会”，就是指为取得不法利益或好处所成立的所有组织，而其存在又是以协议或协定或其他途径表现出来，特别是从事该条所列多项罪行的犯罪组织。这一关于“有组织犯罪”的定义，非常明确地排除了一般共同犯罪，更别说单个人的犯罪。既然如此，澳门终审法院硬是人为地将《有组织犯罪法》规定的罪名加到一般共同犯罪或单个人犯罪身上，这种解释显然已经超越了“有组织犯罪”这一文字概念的基本含义，不符合基本的刑法理论规范，超越了“法律本来预想的范围”，故属于“一法律条文扩展至法律中没有规定的或者是条文文字不再包含的案件”，[②]这样的解释当然不属于合理的、被允许的扩张解释，而是属于不合理的、被禁止的类

① 该条文涉及的罪名已被废止，其内容已为《澳门刑法典》第153－A条规定的“贩卖人口罪”所包含。

② 〔德〕约翰内斯·韦塞尔斯：《德国刑法总论》，李昌珂译，法律出版社，2008，第22页。

推解释。

当然，笔者也理解澳门法院如此认定“操纵卖淫罪”的不得已“苦衷”，因为在很多情况下，对那些以一般共同犯罪形式或单个人实施的操纵卖淫的行为如果不按《有组织犯罪法》规定的“操纵卖淫罪”定罪，在澳门就无罪可定。《澳门刑法典》分则虽然规定了“淫媒罪”（第163条）和“加重淫媒罪”（第164条），但要构成这两个罪名，客观上必须是“乘他人被遗弃或陷于困厄之状况”而促成、帮助或便于他人卖淫，而现实中的卖淫当事人又往往不具备这种“被遗弃或陷于困厄之状况”的条件，故无法按刑法典规定的罪名定罪。至于《澳门刑法典》第170条规定的“作未成年人之淫媒罪”虽无卖淫当事人必须处于困厄条件的限制，但卖淫当事人又必须是未成年人，即未满18岁，所以也很难按此罪名定罪。然而，笔者认为，这些问题都属于立法不合理的问题，既然是立法不合理，就应当通过修改法律的途径来解决，而不应当通过使用类推解释、破坏罪刑法定原则来填补法律的“真空”。事实上，澳门立法者已通过制定惩治洗黑钱罪、惩治贩卖人口罪等单行刑事法律，填补了在惩治洗黑钱行为及贩卖人口行为方面的立法“真空”，[①] 既然这样，立法者为什么就不能正视在“操纵卖淫罪”方面的立法“真空”，尽早修订刑法典呢？[②] 否则，司法机关在“无路可走”的情况下，继续使用类推解释来填补这方面的立法“真空”，无疑有损澳门的法治形象。

（三）关于法人犯罪的立法问题

关于法人应否承担刑事责任的问题，英美法系的国家或地区显然走在了大陆法系的国家或地区的前面。比如，早在19世纪中叶，英国法院的判例就根据法人与自然人“认定同一”的理论，将控制公司法人的领导人视为公司本身，对其以公司名义实施的违法行为，追究公司法人的刑事责任。然而，在大陆法系国家或地区，“刑事责任是一种个人责任”的传统立法理念

---

① 因为原来的关于洗黑钱的犯罪及贩卖人口的犯罪也是只被规定在《有组织犯罪法》之中。

② 其实，依笔者之见，这方面的立法修订并不复杂。立法者完全可以将《有组织犯罪法》规定的“操纵卖淫罪”移植到《澳门刑法典》分则中，然后将“淫媒罪”（第163条）、“加重淫媒罪”（第164条）和“作未成年人淫媒罪”（第170条）都作为“操纵卖淫罪”的加重情节规定即可。

却根深蒂固，法人的刑事责任在立法上迟迟得不到落实。到20世纪中叶，随着经济、商务活动的快速发展，在经济领域以法人名义实施的违法犯罪活动越来越多，对经济秩序的危害也越来越严重。在此情况下，不少大陆法系国家或地区的立法者不得不重视法人犯罪问题，并相继在立法中对法人的刑事责任做了相应的规定。即便是欧盟法院也在判决中也承认其成员国可以在各自的国内法中规定法人的刑事责任。

承认法人的刑事责任，说到底还是一个理念问题，至于在立法上究竟如何规定法人的刑事责任，则涉及许多具体的法人犯罪的理论问题。比如，关于法人犯罪的主体范围，关于法人犯罪的构成要件，关于法人犯罪的处罚。从澳门目前的刑事立法来看，由于《澳门刑法典》完全是以1982年的《葡萄牙刑法典》为蓝本，因此在法人犯罪的立法理念上，澳门仍然采用的是一种“被动式”的承认立场，关于这一点，从《澳门刑法典》第10条的规定中就可以得到印证，即“仅自然人方负刑事责任，但另有规定者除外”，其言外之意就是，法人犯罪只是自然人犯罪的一种例外。正是在这一立场支配下，无论是《澳门刑法典》总则还是分则，都找不到法人犯罪的规定，所有的法人犯罪规定，都是分散存在于特别刑法之中。正因为分散，所以就带有很大的随意性，缺乏统一性。对此，我们不妨以含有法人犯罪规定的11个特别刑法为例加以说明。比如，在法人犯罪的主体方面，有的特别刑法仅表述为“法人”，有的特别刑法则表述为“法人或无法律人格之社团”，有的特别刑法又表述为“法人或公司，即使为不当设立者，及纯为无法律人格之社团”，有的特别刑法还表述为“法人，即使属不合规范设立者，以及无法律人格之社团”。又比如，在处罚法人犯罪的具体刑种上，有的特别刑法只对法人实体规定了一种主刑即罚金刑，且由于该等特别刑法本身没有规定任何附加刑，故对法人实体也不能科处附加刑；有的特别刑法对法人实体也只规定了罚金这一种主刑，但由于在该等特别刑法中对具体犯罪规定了若干种附加刑，故这些附加刑中的某些附加刑对法人实体显然也是适用的；有的特别刑法对法人实体则规定了罚金和法院命令解散两种主刑，同时在该等特别刑法中也对具体犯罪规定了若干种附加刑；有的特别刑法不仅对法人实体规定了罚金和法院命令解散两种主刑，而且为了与自然人相区别，还专门对法人实体规定了若干种附加刑。凡此种种，都足以说明澳门刑法关于法人犯罪的立法缺乏统一性。

笔者认为，澳门立法者对法人犯罪的立法方式应当进行反思，立法者要有与时俱进的立法理念。如前所述，在法人的刑事责任问题上，大陆法系的国家或地区尽管起步较晚，但随着法人犯罪现象日趋增多，不少国家或地区的立法者针对法人犯罪的立法问题也在不断反思，并在立法层面上强化了法人犯罪的立法力度，其主要表现就是在刑法典总则中对法人犯罪做出统一的规定。比如，在法国，尽管学者们对法人能否承担刑事责任始终存在分歧，但法国宪法委员会在1982年7月30日的裁决中就明确认为："并不存在任何宪法价值原则与对法人科处罚金相抵触"；1986年在修改《法国刑法典》的过程中，法典修改委员会则更是坚定地将法人的刑事责任写入了新刑法典总则（第121～122条），从而使法人犯罪问题在立法层面上得到进一步说明。又比如，在1982年的《葡萄牙刑法典》总则中，也没有关于法人犯罪的规定，但是，葡萄牙立法者同样出于对法人犯罪问题的重视，于2007年修改刑法典时，果断地将法人犯罪写入刑法典总则（第11条）；在关于法人犯罪的总则性条文中，不仅明确规定了法人的主体范围、法人犯罪的基本构成要件，而且还列出了具体的可由法人承担刑事责任的罪名。

由上可知，在刑法典总则中对法人犯罪问题做出统一规定，从立法理念上分析无疑反映了立法者对法人犯罪问题的重视；从立法层面分析，则必然有助于增强法人犯罪立法的统一性，同时也体现了刑法典总则应有的指导地位和作用。有感于此，笔者认为，在刑法典总则中对法人犯罪做出必要的统一规定，反映了在法人犯罪问题方面的一种立法趋势，值得澳门借鉴。澳门立法部门应当机立断，对澳门目前特别刑法中关于法人犯罪的立法规定进行梳理和研究，经必要的整合后，将有关法人犯罪的相关问题，如法人犯罪的主体表述、法人犯罪的基本构成要件、法人犯罪的处罚制度、法人犯罪的具体刑种包括主刑和附加刑，一并写入刑法典总则，并对相关的特别刑法中的法人犯罪规定做统一修订。除此之外，考虑到法人可承担刑事责任的具体罪名在澳门都是由特别刑法规定的，所以不适合像《葡萄牙刑法典》那样在刑法典总则中明确列出法人可承担刑事责任的具体罪名。但是，尽管如此，立法者也有必要对《澳门刑法典》分则规定的具体罪名进行分析，对于有必要追究法人刑事责任的具体罪名，如行贿罪，就应当在刑法典分则的相关条款中增设追究法人刑事责任的特别规定。笔者认为，只有通过这样一种立法上的整合，有关法人犯罪的立法才会变得更加规范，更加科学。

应当指出，大陆法系的刑法理论是极其丰富的，几乎每一种刑事制度后面都蕴藏着不同的理论依据，对一个国家或地区来说，在同一种刑事制度上，采用不同的理论依据，就会产生不同的规定。正因为如此，要读懂澳门刑法，“知其然”并“知其所以然”，就必须从整体上了解和研究大陆法系的刑法理论。虽然限于篇幅，笔者在此只能就某几种刑事制度进行分析，以此来证明只有大陆法系的刑法理论才是诠释澳门刑法、推动澳门刑法发展的理论本源，但通过举一反三，这样的分析显然对所有的刑事制度而言都是适用的。

最后，笔者想说的一句话就是：澳门必须从整体上重视对大陆法系法学理论的研究，再也不能“坐井观天”。平心而论，由于澳门法律直接源于葡萄牙法律，因此，重视并了解葡萄牙的法学理论是必要的，也是应当的，但我们不能由此就忽视了葡萄牙法学理论的渊源就是大陆法系法学理论这一最基本的事实，更不能用所谓的“葡国学说”来否定大陆法系的法学理论。澳门回归已经十几年了，这十几年间澳门社会发生了巨大的变化，澳门现有的法律显得越来越陈旧，澳门法律改革的步伐应当加快、加大。而要做到这一点，我们必须从本地区的实际情况出发，整体上加强对大陆法系法学理论的研究，并用大陆法系的法学理论去培养本地法律人才。只有这样，澳门的法律制度才会真正走向世界，才会与世界先进的法律制度接轨；只有这样，澳门的法律制度才会真正成为一种适应澳门社会发展需要的独具特色的法律制度。

（原载吴志良、郝雨凡主编《澳门研究》总第68期，澳门：澳门基金会，2013年3月。）

论澳门立法技术的标准

范剑虹*

一　问题的由来

澳门回归已经超过15年了，在法律的推广、教学及法律的使用中，常常遇到法律语句过长，且隐晦难懂、表达不清晰，抑或中文法律规则之间有潜在的冲突的问题，甚至不少法规与规章还有违反基本法之嫌。虽然这不完全是立法技术的问题，但是我们不得不承认立法技术在解决这些问题时所具有的重要作用。有道是：拙可寡过，缓可免悔。探究立法技术的标准问题，从而制定一个《法律形式与立法技术指南》，是一个可参考的解决问题的途径。

实际上，中国人从古代起，就非常重视立法技术。唐太宗谓侍臣曰："诏令格式，若不常定，则人心多惑，奸诈益生。《周易》称'涣汗其大号'，言发号施令，若汗出于体，一出而不复也。……且汉祖日不暇给，萧何起于小吏，制法之后，犹称画一。今宜详思此义，不可轻出诏令，必须审定，以为永式。"① 对有关立法技术的理解，近现代的中文文献也有不少的

---

* 范剑虹，德国弗莱堡大学法学博士，澳门大学法学院教授。

① （唐）吴兢：《贞观政要》卷八，《赦令第三十二》，上海古籍出版社，1979，第251～252页。

论述,[①] 比如，姚瑞光先生认为："立法（含修正法律）技术，指立法能力与立法专门技巧（如何拟定条文，如何分条、分项，如何用'例示'及'概括'规定，如何用'但书'，何种情形用'适用'，何种情形用'准用'，如何正确地使用法律上的惯用语，如'不生效力'、'不得对抗第三人'等）而言"。[②] 现代，许多欧洲成文法国家均极为重视立法技术。这些国家不但有具体论述,[③] 而且也有具体的规定与指南。比如：瑞士政府在2003年修订了《立法技术指南》（*Gesetzestechnische Richtlinien des Bundes*），[④] 而2008年的德国《法律体例手册》（*Handbuch der Rechtsförmlichkeit*）[⑤] 不但

---

① "立法技术是指制定、修改和废止法律的技术。通常着重指制定法律的技术。"见吴大英、刘瀚等《中国社会主义立法问题》，群众出版社，1984，第188页。"立法技术，关于立法活动的规程和方法的总称。具体包括：①由什么国家机关或统治者个人行使立法权；②行使立法权的程序；③法律规范的逻辑结构和文字表达的规格。立法技术是立法实践经验的总结，具有科学性。"见《法学词典》，上海辞书出版社，1989，第239页。"法典编纂则是使法律规范系统化的一种立法活动。在重新审查某一法律部门中的全部现有法律规范的基础上编纂该部门的法典，既要整理已有的规范……填补空白，加强规范间的协调，使之形成一个基于某些共同原则，有内在联系的统一体。法典编纂是国家重要的立法活动。"见《法学词典》，上海辞书出版社，1989，第661页。"法律规范性文件的编纂，是由立法机关重新审查某一类的全部法律规范性文件是否符合实际需要，然后分别进行修改、补充或废止，法典编纂则是使法律规范、使各个法律规范之间相互协调，并规定在一个法律规范性文件之中。因此，它是国家的立法活动。"见孙琬中主编《立法学教程》，中国法制出版社，1990，第248页。"在长期的立法实践活动中，人们逐渐摸索、形成许多立法方法和技术，我们将这些方法、技巧的总和称为立法技术，它包括制定、修改、废止法律及法规三个方面的内容。"见孙琬中主编《立法学教程》，中国法制出版社，1990，第170页。

② 姚瑞光：《浅论立法技术与法律常识》，《司法新声》2011年第98期。

③ Hildebert Kirchner, Dietrich Pannier, *Abkürzungsverzeichnis der Rechtssprache*, Berlin: De Gruyter Recht, 2008; Karl - Heinz List, *Einfach gut formulieren: kurz, klar und korrekt schreiben*, Nürnberg: Verlag Bildung und Wissen, 2007; Anton Schäfer, *Abkürzungen, Begriffe, Zitiervorschläge (Akronyme - internationale Einführung und umfangreiche Abkürzungssammlung)*, Wien: Verlag Österreich, 2008; Tonio Walter, *Kleine Stilkunde für Juristen*, München: Beck Verlag, 2009; Tonio Walter, "Sprache und Stil in Rechtstexten", *Juristische Rundschau*, Vol. 2, 2007, pp. 61 - 65; Uwe Wesel, *Fast alles, was Recht ist: Jura für Nicht-juristen*, Frankfurt am Main: Eichborn Verlag, 2007.

④ 参阅瑞士政府网站，http://www.bk.admin.ch/themen/gesetz/00050/index.html#sprungmarke_0_5。

⑤ Bundesministerium der Justiz (Hrsg.), *Handbuch der Rechtsförmlichkeit*, Köln: Bundesanzeiger, 2008.

内容极为详尽、丰富，而且还附有极为重要的四大文件[①]（包括附件一第三部分的国际条约如何转换为国内法规的形式要件等）。奥地利联邦政府制定了《立法指南》（*Legistische Richtlinien*）。欧盟也制定了2008年版的参与欧盟三大机构的《法律文本制作人员的共同指南》（*Gemeinsamer Leitfaden des Europäischen Parlaments, des Rates und der Kommission für Personen, die in den Gemeinschaftsorganen an der Abfassung von Rechtstexten mitwirken*）。[②] 当然，本文所涉及的立法技术，[③] 主要是指制定法规的专门技术，涉及的内容就是如何更好地将立法意愿文字化，以及如何将一个法规的内涵进行最佳归纳的问题，不包括其他可能涉及的立法能力、立法技术程序等内容。

世界上有许多立法技术，而大多数立法技术是极具工具性的。正因为如此，一方面，我们在研究这个问题时，可以参考欧洲一些国家的经验与教训，这个在比较法和比较法解释（rechtsvergleichende Auslegung）方面都有相当多的论据的支持；另一方面，当立法技术被设计出不同的组合或者被用来实现不同的目的时，也即当它的工具性被置于特定的条件下时，它就体现出某种功能与目的。问题是：什么样的功能与目的才是我们所要追求的呢？换句话说，在澳门，我们应该追求一个什么样的立法技术的标准，以解决上面我们提及的问题呢？

二　规范的清晰度是唯一的最高标准吗？

早在古罗马时期，盖厄斯·儒略·凯撒大帝（G. J. Gaius Julius Caesar，公元前100～前44年）从少年时期就学习修辞学和演说术，其文笔简洁流畅早已是传世佳话。当时的他就将民法庞杂和冗长的法律用语简单化了。到近代法典编纂兴起时，这种将文字简化的风格得到欧洲各国的普遍重

① 附件一：Richtlinien für die Fassung von Vertragsgesetzen und vertragsbezogenen Verordnungen（Richtlinien nach § 73 Absatz 3 Satz 1 GGO – RiVeVo，2007）；附件二：Leitsätze zur Erforderlichkeit bußgeldrechtlicher Sanktionen，insbesondere im Verhältnis zu Maßnahmen des Verwaltungszwangs vom 2. März 1983；附件三：Prüfliste für bessere Rechtsetzung；附件四：zu Rn. 273。

② 参阅德、英、葡等文本，http://eur-lex.europa.eu/homepage.html。

③ 立法技术（Technik der Gesetzgebung）和法规技术（Gesetzestechnik）的内涵基本上是一致的。

视。在编纂《法国民法典》时，因革命者希望法典能迅速普及和被接受，建议以简明、通俗的用语文风来起草。美国法学家梅里曼（John Henry Merryman）曾分析：当时的“革命目标之一就是废除法学家的作用……建立简单……通俗易懂的法律制度……实现……的方法之一，就是用清楚、明确、直截了当的方式表述法律。”[①] 从编纂过程看，《法国民法典》用字简明的原因在于巩固革命成果的迫切需要。那时，立法者们根本无暇充分地顾及法典的技术性，他们考虑得更多的是法典的实用意义，从而留下了美中不足之处。后来，奥地利学者 Robert Walter 在 1962 年的一篇题为“立法技术学”的论文[②]中仍坚持认为每个法规的最高原则是法规的清晰度（Erkennbarkeit）。在此之后，有不少追随者对此观点进一步地加以发挥，[③]但仍然保留法规的清晰度这一观点。

但是，随着立法技术讨论的深入，从 20 世纪 70 年代开始，大陆法系的德国法学家在论述中开始放弃这个法规清晰度的最高标准。他们将法规的功能正义视为最高原则，[④] 认为立法技术的最高目标不仅是让阅读者清楚了解法规的含义，而且也使法律的使用者能够有效地运用法律，因此法规的功能正义（Funktionsgerechtigkeit）应成为最高的原则。[⑤] 换句话说，这个法律是否是一个优质的法律，要看这个法律是否能在实践中起到它应有的作用。实际上，这里已涉及功能正义的概念。具体而言，立法技术一方面需要满足公民理解法规的需求，另一方面，法律适用的正义（Anwendungsgerechtigkeit）

① 〔美〕约翰·亨利·梅里曼：《大陆法系》，顾培东、禄正平译，知识出版社，1984，第 31、32 页。

② Robert Walter, Die Lehre von Gesetzestechnik, Österreichische Juristen-zeitung, 1963, S. 85

③ U. Krüger, Der Adressat des Rechtsgesetzes, 1969, S. 88 ff. Schwacke/Uhlig, Methoden des Cerwaltungshandels, 1979.

④ Peter Fricke, Werner Hugger, Gesetzgebungspraxis und Gesetzgebungslehre: ein Erfahrungsaustausch über die Verbesserung von Rechtsnormen, Speyer: Forschungsinstitut für Öffentliche Verwaltung, 1980, S. 124; Eberhard Baden, Gesetzgebung und Gesetzesanwendung im Kommunikationsprozess – Studien zur jur. Hermeneutik u. zur Gesetzgebungslehre, Baden – Baden: Nomos – Verlagsgesellschaft, 1977, S. 65, 79, 230.

⑤ Peter Fricke, Werner Hugger, Gesetzgebungspraxis und Gesetzgebungslehre: ein Erfahrungsaustausch über die Verbesserung von Rechtsnormen, Speyer: Forschungsinstitut für Öffentliche Verwaltung, 1980, S. 124; Eberhard Baden, Gesetzgebung und Gesetzesanwendung im Kommunikationsprozess – Studien zur jur. Hermeneutik u. zur Gesetzgebungslehre, Baden – Baden: Nomos – Verlagsgesellschaft, 1977, S. 65, 79, 230.

也具有重要的意义，比如：按照规定，司法与行政在实践中能否良好地去执行法律。当然，在赞同法规的功能正义的同时，还是有学者保留他们的观点，比如：学者 Kindermann 和学者 Ritz 在比较研究德、瑞、奥的立法技术一书中，就在运用法律的主体是相关的公民还是双方的问题上发生过争议。[①] 如果我们原则上赞同或者选择了这个功能正义原则作为立法技术的最高原则，那么，我们就需要探求：什么样的立法技术标准所制定的法律才在概率上符合立法技术的最高原则呢？为此，本文简单从规范的体系、规则的布局、表达的标准与颁布的要求四个方面提出相关论点，以抛砖引玉。

三　规范体系的要求

大陆法系的民法法系法律规则具有具体化或抽象化、概括化的特征，这是由于一方面为使法律规则成为司法实践的指针，不能过分抽象和概括（如刑法），另一方面又必须使法律规则抽象化、概括化到适用于一系列同类案件的程度。为了制定体系化的法典，在 19 世纪前半期的德意志私法学上，曾出现一场“法典论争”（Kodifikationsstreit）。[②] 此后，法典所显示出来的体系效率，不但给民众带来资讯的方便、透明和降低成本的益处，而且使法律的运用者思考脉络更清晰，专业教学更为体系化，并将法官的判决分歧度控制在原则的范围内，一定程度上保证民意立法不被一些钟情于造法的

---

① Harald Kindermann, Christian Ritz, Ministerielle Richtlinien der Gesetzestechnik: Vergl. Unters. d. Regelungen i. d. Bundesrepublik Deutschland, in Österreich u. d. Schweiz, 1979, S. 40 ff. Frank, DriZ 1981, 176 (181).

② 简言之，即围绕着是否需要制定一部统一的民法典而展开的论战。当时，德国学者蒂波特（Thibaut）在 1814 年发表《论制定德国普通民法典的必要性》，呼吁尽快制定一部具有“理性法思想”的统一民法典，解决法律混乱的问题（参见陈华彬《外国物权法》，法律出版社，2004，附录一“十九、二十世纪的德国民法学说史”）。而以萨维尼（Savigny）为首的历史法学派对此加以抨击，萨认为“法不是立法者任意创造的，也不是纯粹理性的产物，而是世代相传的民族精神的体现。民法典的编纂应该在对德国法的历史发展进行深入、全面的研究的基础上进行，而当前德国法学家缺乏对历史精神的理解，因而没有能力制定出一部优秀的法典。”（参见王玄玮《法、德民法典之比较》，《云南大学学报（法学版）》2001 年第 3 期），即一方面认为制定民法典的时间尚早；另一方面，指出立法应以理论和研究先行。这场史上有名的“法典论争”（Kodifikationsstreit），已非仅仅是一场应否马上立法编纂民法典的争论，而是在法学学术上，“自然法”与“习惯法”的一场对立式争论。

法官肆意误用。[①] 据说，到目前为止，英美法系，尤其是美国一直设法借鉴法典的体系效率，[②] 解决自身的一些问题。[③] 当然，也有人批评《德国民法典》，并建议在内地不需要民法典。实际上，法典是权威时代的产物，《德国民法典》的编纂一直有一个统一国法的政治任务。在中国内地，虽然在社会转型与发展中，立法者使用单行法而非法典的形式，是为了磨合与中国现实的冲击，避免硬着陆，争取软着陆，但是，将来要完成国法的真正统一，必须排除现有法的分歧。“在这个范围内，现实需要与符合目的是决定性因素。只有在这个限制意义上，该任务才是政治任务”。[④] 而将来，如果中国大陆像日本、韩国、中国台湾那样出现德国法意义上的法典的话，那么除了排除现有法分歧的政治任务之外，立法的规范体系与技术则是预先需要研究的问题。

而就立法技术中的规范体系而言，著名德国法理学家卡尔·恩吉施（K. Engisch）在他的《总论研究》中提出内部与外部体系化的分类。[⑤]

（一）内部体系化

就内部体系化而言，卡尔·恩吉施在 1977 年的《法律思维导论》（*Einführung in das juristische Denken*）中认为：一个法律要达到内部体系化，就必须消除以下各种矛盾：[⑥] ①法规技术矛盾（Gesetzestechnische Widersprüche），比如，同一的概念，在不同的法规中有不同的法定概念。②规范矛盾（Normwidersprüche），同一个行为在此法律中是容许的，在彼法律中却被禁止。③价值上的矛盾（Wertungswidersprüche），比如设定了侵犯财产的未遂

① Ugo Mattei, *Comparative Law and Economics*, Ann Arbor: The University of Michigan Press, 1998, pp. 207 - 210.

② Charles M. Cook, *The American Codification Movement: A Study of Antebellum Legal Reform*, Westport, Conn.: Greenwood Press, 1981, p. 234; Robert W. Gordon, "The American Codification Movement," *Yale Law School Faculty Scholarship*, 1983, p. 1370.

③ Roscoe Pound, "Codification in Anglo - American Law," in Bernard Schwartz, eds., *The Code Napoleon and the Common - Law World*, 1956, pp. 288 - 290.

④ 〔德〕霍尔斯特·海因里希·雅科布斯：《十九世纪德国民法科学与立法》，王娜译，法律出版社，2003，第 126 页。

⑤ K. Engisch, *Studium Generale*, 1975, S. 173 ff.

⑥ K. Engisch, *Einführung in das juristische Denken*, Stuttgart: Kohlhammer, 1977, S. 160 ff.

罪，而没有设定侵犯身体的未遂罪。④目的矛盾（Teleologische Widersprüche），比如，立法者试图用特定的规范来达到特定的目的，却又通过另外的规范来放弃上述需要达到的目的。⑤原则互相冲突（Prinzipienwidersprüche）。在此，有学生认为，债的合同与物权合同的原则有冲突，并且中国内地和澳门的学生对德国的物权合同存在质疑。实际上，对于接受这个抽象原则的国家而言，这不是一个问题，它们的原则之间也没有矛盾。德国的不当得利法专家雅科布斯，曾用60页的篇幅，论述了“物权合同存在吗?”这一专题，也间接证明了德国法的适用与理论的正当性。①

当然，在体系的安排上，法典的总则非常重要。《德国民法典》在潘德克顿体系中，创设了民法总则编。“总则”是单独的、实质性的一编，其在法典中的作用是使“立法者无须为每一项法律行为都重新设定其生效的要件”，② 即把其后每编的共同元素提取出来放在同一篇内，这样可以避免重复法律条文。在前面已经提过的，在后面就不用再提了，这样可以避免篇幅过大、结构臃肿。再者，总则好比先决条件，立法者“预先回答某类前置问题，这些问题的解决将影响和扩展到法律将要订立的各种个别规范”。③ 所以，总则具有指导性的作用，也体现了《德国民法典》讲究体系逻辑的特点。而现代的葡萄牙与澳门的民法典继受了德国的潘德克顿模式，甚至也继受了其概念设置。④ 在此需要提及的是，并不只是大陆法系对体系化加以重视，美国法也非常重视这个问题，但是由于英美法是以判例法为主，其对法规体系化的需求不够强烈，美国法中所做的努力也只是停留在一种法律汇编（Compilation）而不是法典编纂（Codification）上。因此，主流观点认为，大陆法系的体系效率目前还无法

① 〔德〕霍尔斯特·海因里希·雅科布斯：《十九世纪德国民法科学与立法》，王娜译，法律出版社，2003，第160～219页。

② 〔德〕迪特尔·梅迪库斯：《德国民法总论》，邵建东译，法律出版社，2004，第30页。

③ Peter Noll， “Zur Gesetzestechnik des Entwurfes eines strafgesetzbuches,” *Juristen Zeitung*, Vol. 18, No. 10, 1963, p. 297；马沙度（J. Baptista Machado）：《法律及正当论题导论》，黄清薇、杜慧芳译，澳门大学法学院，2007，第89页。

④ 关于葡萄牙法律如何借鉴《德国民法典》，参阅茨威格、克茨《比较法总论》，潘汉典、米健、高鸿钧、贺卫方译，法律出版社，2003，第166～168页［此中文版是根据1984年的第二版德文版翻译的，也可参阅1996年的第三版德文版原文：Konrad Zweigert, Hein Kötz, *Einführung in die Rechtsvergleichung*, Tübingen: J. C. B. Mohr (Paul Siebeck), 1996, Rn. 126ff］。

被英美法所代替。[①] 总之，卡尔·恩吉施的体系的内部标准主要是：逻辑上不矛盾、目的确定。

（二）外部体系化

此外，规范的体系还需要符合一定的外部标准。比如有目录（章节）、序言、附录。当然，大陆法系的许多国家，并不是每个法规都必须有序言与附录。形式要件的重点在目录。目录一般遵循以下顺序：篇、章、节、条、款、句（包括半句）。在章节上，如立法机关对某条款（§305）须有进一步的补充的话，即需要另立条款时，就需加“§

① 与英国人对待法典编纂的迟疑、勉强和保守的态度相比，美国人则表现得较为肯定、开明和热情。他们已意识到普通法和法典编纂不是从根本上对立的，普通法本身固有的一些难以克服的弊病需要以法典编纂的形式对之加以改造和完善。在美国，除奉行民法法系传统的路易斯安那州以外，还有25个州制定了民事诉讼法典，5个州有民法典，某些州还有刑事诉讼法典，所有的州都有刑法典。但是，美国人所理解的法典和法典编纂的概念，与大陆法系意义上的法典和法典编纂的概念还是相去甚远的。在一个普通法国家，不是来自判例的规定总会被看成一种单纯的汇集工作，而不是像罗马日耳曼法系各国把法典看成制定与发展一部新法的起点。判决不引用审判先例而单纯适用于法律的是极少数的例外。从美国现行的法典编纂制度来看，《美国法典》和《美国联邦行政法典》在很大程度上相当于我们一般所认为的综合性法律汇编。法典由50个主题排列组合而成，是一种容纳特定立法主体（如国会、联邦政府）在一定时期内颁布的所有法律或法规的相关内容，类似于“法律全书”式的综合性法律文档。另外，美国的法典编纂也不是一个创造新法的过程，而是局限于一些纯粹技术性的分类、拆解、重新组合等工作。稍微涉及一些实质性内容的事项，就必须报请国会审议通过。承担美国法典编纂工作的机构和人员是立法主体内部的职能机构和专业人员，而不是大陆法系意义上的“法典起草人”。美国的法典编纂，处于大陆法系和普通法系法典编纂范畴的边缘或交叉地带，它虽然更贴近普通法系的做法，但在编纂法典的过程中也融入了大陆法系法典的系统性、全面性和确定性精神，在很大程度上实现了大陆法系法典编纂所追求的精简法律（Simplify）、统一法律（Unify）和法律易于理解（Understandable）、法律的可预测（Predictable）、便于公众查询和引用（Accessible）的目的。但是，美国法典的产生方式、内部构成、在法源中的真实地位以及编纂过程中所体现的指导思想和文化内涵等诸多因素决定了美国法典不是真正意义上的“拿破仑式法典”或“潘德克顿式法典”，它无非是披上了大陆法系法典形式的外衣。从其件质上看，我们赞同美国路易斯安那州民法学者卡拉伦斯·莫洛（Clarence J. Morrow）的观点：美国的法典编纂是将特定领域的相关制定法收集在一起，经过一些技术处理之后成册出版。这种做法完全忽视或是误解了编纂法典的真正含义，它只是一种法律汇编（Compilation）而不是法典编纂（Codification）。参见 http://chinadigitaltimes. net/space/燕南网，2012 年 10 月 3 日。

305a"、"§305b"……这样以后的修改就不会破坏体系上的格局。在这方面，欧洲法制发达国家均有详细的规定可借鉴，比如：前面提到的问题，在1979年奥地利联邦政府出台的《立法指南》(*Legistische Richtlinien*)的第64～77条（Ziff. 64－77）就有详细规定。在这里，体系正义的原则必须获得保证。体系的例外只容许获得充分的、具有实质意义的、可信的理由的支持。比如，旧的《德国刑法典》第220a条只容许种族谋杀的情况无时效限制，而早期的德国第8次联邦议会的多数代表认为：与纳粹时期有关的谋杀也应无时效限制。这就突破了旧的《德国刑法典》中只容许种族谋杀无时效的限制，而其他犯罪（包括谋杀）有30年的时效期限。当然，在时效方面，现代的《德国刑法典》早已将谋杀等同于种族谋杀。比如，某组织实施了谋杀，而谋杀按照许多国家的刑法是没有追诉时效限制的。现代《德国刑法典》第78条第2款就规定：按照第211条（谋杀）的罪无时效期［Verbrechen nach § 211（Mord）verjähren nicht］。如果要突破这个界限，却无法提供充分的、具有实质意义的、可信的理由，那是绝对办不到的。①

此外，法规的目录的内容需要遵守"实质法律性原则"（Grundsatz der Sachgesetzlichkeit），简言之，就要将规范的内容按照其实质上的分量做出合乎逻辑的分类。如有规则之外的情况（包括例外之例外），必须在法条中规定。比如，《德国民法典》第109条的另一方的撤销权，也即"合同未经追认前，合同另一方当事人有权撤回"。而例外就是：如另一方知道未成年人的事实，就无撤回权（第109条第2款第1分句前半句）。而例外的例外是：当未成年人违背真实情况，伪称已经取得法定代理人的同意时，始得撤回（第109条第2款第1分句后半句）。而例外的例外的例外是：如果合同另一方当事人在订立合同时，明知其未取得同意，即使未成年人违背真实情况，伪称已经取得法定代理人的同意的，合同另一方当事人仍不能撤回（第109条第2款第1句后半分句）。此外，法规的重点必须在法规正文中规定，而不能移到附录去规定。

① Peter Noll, *Gesetzgebungslehre*, Reinbek: Rowohlt, 1973, S. 223; Christoph Degenhart, *Systemgerechtigkeit und Selbstbindung des Gesetzgebers als Verfassungspostulat*, München: Verlag C. H. Beck, 1976; 也可参阅德国宪法法院判例对此问题的支持观点，BVerfGE 13, 331 (340)。

四　规则布局的要求[①]

规则的布局主要有宪法对法规的要求、对规则结构的要求、对规则密度以及规则内容的要求四个方面的要求。

（一）宪法对法规的要求

对于澳门而言，其法规的布局要顾及宪法与澳门基本法的框架要求。虽然没有必要在具体的法规中规范宪制性的条款，但是制定的法规需要符合宪法与基本法的框架要求。问题是：宪法与基本法可对立法提出哪些具体要求？

首先，涉及按照宪法与基本法对法规的司法审核。我们不讨论是否有宪法和基本法法院对此的审核，抑或终审法院关于违反基本法已有这个权限的问题。至少，宪法与基本法的司法审核的个案不但是事后的（ex post），而且审核的个案极少。因而，在实体法中，估计还有为数不少的违宪的法规内容。而宪法与基本法的司法的事前审核（ex ante）中的很大一部分是需要通过澳门的法务行政部门进行的，并要以此建立一个具体的审核机制。除此，禁止对宪法或者基本法的非正式的预先规范进行引申与扩展。当然，从立法的教义学的发展以及法学的理性评估方面看，这种预先规定的引申与扩展并不十分不妥。但是，这种对宪法或者基本法的非正式的预先规范的引申与扩展，并不是宪法或者基本法本身的明确规定，同时有可能“漂白”宪法或者基本法明确规定的界限，也有可能混淆立法者在立法技术上所期望的价值。众所周知，由于宪法对立法的强制性要求并不多见，因此，对宪法或者基本法的非正式的预先规范的引申与扩展，并施加于立法之中，就会偏离本地区的宪制承诺与重心。以上这些观点，在法学上有许多支持的理由：比如，需要维护宪法与基本法的立法权限以及法治国家的原则，包括法律清晰和明确性原则（Grundsatz des Normklarheits – und Bestimmtheitsgebots）[②] 以及

---

① Hermann Hill, *Einführung in die Gesetzgebungslehre*, Heidelberg: C. F. Müller, 1982.

② 参阅德国宪法法院的判例：BVerfGE 1, 16（45）; 5, 25（31）; 21, 73（79）; 25, 213（227）; 37, 132（142）; VGH Baden – Württemberg, VBIBW 1981, 323（324）。

实质性原则（Wesentlichkeitsgrundsatz）[①]、法律（议会）保留原则（Parlamentsvorbehalt）[②] 等。在这里，人们常谈及的比例原则（Grundsatz der Verhältnismäβigkeit）[③] 要求我们制定的法律不能在不合理方式下侵犯宪法、基本法的基本权利。当然，在不少国家，立法者的评估特权在很多时候往往跨越比例原则的界限，这是个值得讨论的问题。最后，给立法者一个最好的方法去立法，在宪法与基本法意义上不可取，甚至有违宪之虑。立法者需要有一个一般的立法规范，来规定符合宪法与基本法的一般义务，比如，立法者至少应该努力收集与准备相当专一的决策资料（einschlägige Entscheidungsmaterial），应该努力去制定易理解的、逻辑一致的法规，并事先对规范的事实情况有足够的研究，以及承担相应的立法者的证立义务（verbundene Begründungspflicht des Gesetzgebers）。至少在德国，假如违反收集与准备相当专一的决策资料的规定，我觉得有可能被视为一种违宪行为（Verfassungswidrig）。

总之，相对于宪法、基本法的规定，澳门正式的中文法律不应该出现不清楚（unklar）、不确定（unbestimmt）、易误解（missverständlich）、易误导（irreführend）、自相矛盾（widersprüchsvoll）的条款，以保证宪法与基本法意义上的法律安全与透明性（Rechtssicherheit und Berechenbarkeit）。简言之，这些法规不能违背宪法与基本法从禁止专断（Willkürverbot）与禁止过度（übermaβverbot）中引申出来的一些具体要求。

（二）对规则结构的要求

实际上，规则的结构（包括规则的密度）就是由立法者按照法制与基本权利要求，事先为法律的适用者编制的程序。就规范行为的古典式法条而言，大体上会有三种结构：

---

① 这个原则由德国宪法法院（Bundesverfassungsgericht）创设与发展，意指在子法规的规范领域（im Bereich der untergesetzlichen Normsetzung），实质的决定必须由议会做出。

② 法律保留原则是指对于影响人民自由权利之重要事项，没有法律之明确授权，行政机关就不能合法实施行政行为。换言之，社会生活中某些重要的事项，应保留给立法机关以法律规定之，其他任何法的规范都无权规定，行政权非有法律依据不得为之。故法律保留原则，也就是保留给法律去规定原则。《中华人民共和国立法法》第 8 条就规定 10 个事项只能由法律制定。

③ 范剑虹：《欧盟比例原则的渊源、适用及其在澳门的借鉴》，米健、李丽如主编《澳门论学（第一辑　澳门回归一周年纪念文集）》，法律出版社，2001。

（1）纯条件预设：这种结构往往使用“如果—那么—公式”（Wenn - Dann - Shema）。简言之，如果一个法规的事实构成要件（Tatbestand der Norm）符合，那么在规范中显示的法律后果就实现了。[①] 许多请求权条款，都具有这样的结构。在此，立法者抽象并概括地预设了一种行为规范，其中的“如果”就是在立法者的利益范围内，也即在条件式的设定中，立法者本身对所有情况已做出利益上的斟酌。此外，还有一种是立法者已有决定的沉默，拒绝司法修法的沉默，是立法的无形界限。但这些仅出现在规范漏洞（Normlücke，lacunas de regulamentação）中，而往往不出现在立法者所忽视的整部法律等的漏洞中。比如，在德国法上，经思考后故意不规定兄弟姐妹间的抚养义务，但是如果法院认为存在漏洞而去补充或续造，那么就会违反立法无形的界限。[②]

（2）条件预设：这种结构往往使用“目的—手段—公式” （Zweck - Mittel - Schema）。简言之，立法者仅预设一个确定的规范目的，而放弃手段的建构（Ausgestaltung der Mittel）。比如，规定某区必须在《维持城市空气的良好发展与规范》下制定城市工业计划。在此，你具体如何规划工业计划，并不在立法者的利益范围内，但是“维持城市空气的良好发展与规范”是其立法目的，不容违反。比如，在劳工罢工法（Arbeitskampfrecht）领域、部分经济行政法领域，在这些方面，立法者不做极为详尽的规定；[③] 而在上面第一点提到的纯条件预设领域（包括一些传统法律领域），法律不但已规定得极具逻辑性，而且理论与司法也解释得很系统、很科学，一般而言，那儿没有太大的行为、决策与解释的空间。总之，在终局条件预设的情形中，立法者就给予行政机关相应的“自由空间”。而授权法理与法官填补立法自由空间或者漏洞是放任法学与判例对这些领域的创造，但是司法、行政机关的这类放任也受到宪法[④]与基本法第 83 条后半句规定的限制。[⑤]

（3）混合结构：这个结构中的“如果”之中，饱含了不确定的法律概

---

① Peter Noll，*Gesetzgebungslehre*，Reinbek：Rowohlt，1973，S. 252；Bender，ZRP 1976，132 (133).

② Bernd Rüthers，*Rechtstheorie*，München：Verlag. C. H. Beck，2007，Rn. 838.

③ Bernd Rüthers，*Rechtstheorie*，München：Verlag. C. H. Beck，2007，Rn. 835.

④ 《中华人民共和国宪法》第 5 条第 3 ~ 5 款；

⑤ 在民主的国家秩序的问题上，《德国基本法》第 20 条第 3 款也明确规定：司法受法律和法的拘束，也即受法律的价值抉择（gesetzliche Wertentscheidung）拘束。

念（unbestimmter Rechtsbegriff），在这个结构的法律后果中，并不包含强制性的法律后果，而是提供几种与立法目的相符的可供选择的不同法律后果。

总之，即使在纯条件预设的结构中，倘若事实构成的前提符合，其法律后果也不是绝对的，可以有不同的设定。立法者也可以对结构做出修正。当然，在“必须”（ist，hat）条款中，法律后果是无回旋余地的。在“应该”（soll）条款中，法律后果对所有典型案例有效。当然在特殊的、非典型的情况下又有其空间。在“可以”（kann）、“允许”（darf）、“有权”（ist befugt）条款中，就给予了不同的选择，或者仅规定一定的法律目的与手段，并不具体加以设定，尤其是各国均会有“具备重要原因”① “在严重情况下”② 等措辞。这是一种无具体设定的法律技术性概念，还必须进行具体解释。

（三）对规则密度的要求

规则密度指的是具体化与抽象化的关系（Verhältnis zwischen Konkretisierung und Abstraktion）。假如使用总则性的规定，则规则密度较大，而如果规则中包含许多具体的规范，那么规则密度就小。《澳门民法典》与《德国民法典》经常使用“一般条款”。这类条款由不确定概念组成，其目的在于适应社会的变化，立法者没有给该概念下一个准确的定义，而是留给法律适用者在具体案件中做价值的判断，如诚实信用、善良风俗，这些都是极为抽象的条款（Hochabstrakte Rechtsnorm）。这样使法律带有灵活性，避免立法者遗漏需要规范的法律关系。而且，还可以通过司法实践来积累经验、发展案例类型，来充实这些概念的内容。又比如“社会合理性”条款，法典中出现的“具备重要原因”的条款。这些条款是立法者有意为了适应复杂的法律生活的发展而设定的，并让法官去续造或者补充，以服务于不同时期法的政策和目的。③ 又比如中国宪法与澳门基本法中的法制、民主的概念都需要法律去填补，它不能规范得太具体，否则阻碍宪法、基本法的进一步的发展。相反，虽然政府可经法律授权颁布行政法规，但是，对此法律须规定授权内容、目的和范围，并在颁布的行政法规中指明其法律授权根据。如法律规定

---

① 如《德国民法》第 626 条，原文参见 Schönfelder，*Deutsche Gesetze*，Art. 626 BGB，München：C. H. Beck，1997。

② 如我国的 1997 年刑法第 243 条。

③ Bernd Rüthers，*Rechtstheorie*，München：Verlag C. H. Beck，2007，Rn. 836.

此项授权可再度授出，则此项授权的再授权须由行政法规规定，因此其规范密度不能太大。[①]

从功能正义的角度，在具体的立法用语上，既要顾及法律对司法中的任意判决有足够的限制，也要顾及民众对法典的理解。因此，许多规范要表达得中等抽象（mittlere Abstraktionshöhe）。

总之，在法律上可确定、可预见以及有民主合意的范围内，立法者对法律的密度的干预就会强些，相反，在一些需要进一步理解、预测，以及在法律使用中需要留有余地与灵活性的部分，立法者对法律规则的密度干预就会弱些。

（四）对规则内容的要求

对规则内容的要求主要体现在：①使用法律规则之外的技术用语，比如，“按照科学与技术发展的状况”。这样的话，立法者既不需要立刻去确定依据什么样的科学与技术标准，又保证了规范的实体质量（materielle Qualität），以适应科学的发展。比如，在一些医疗事故赔偿法中就有类似的用语。②使用“某某规则在此适用”的办法，无须重述相关条款，以保证法典的体系清晰与简洁。但是，如果处理不好，在有些情况下往往会出现一些质疑。比如，引用“某某规章在此适用”，就有可能规避“法律须规定授权内容、目的和范围”这些前提条件，而当你引用“某某行政规章在此适用”时，则可能触及立法与行政的分权的界限。[②]

五　规则表达的要求

在范围上，要遵循节约原则，范围要集中。当然，缩短规范与质量没有直接关系，但是太长的规范对被适用者与适用者一定会产生不利；在陈述上，要与陈述的规范对象有关，不能多余；在精确性上，法的定义尽量统一，要区分实际上的法的概念，如人、时间、楼和规范性的、需承载价值的法律概念，又如信赖、能力、善良风俗等。根据德国民法学家卡尔·拉伦茨

---

① 也可参阅《德国基本法》第 80 条第 1 款。

② Wolf - Rüdiger Schenke, “Die verfassungsrechtliche Problematik dynamischer Verweisungen,” *Neue Juristische Wochenschrift*, 1980, 743（745f.）.

（Karl Larenz）的说法，《德国民法典》的用语滞重或许与立法者习惯使用拉丁语有关，即使把许多术语翻译成德语，仍未能摆脱拉丁语的表述风格。[①]所以，《德国民法典》对于未受过法律教育的人来说，比较难掌握。但因其严密性，它还是成为许多法典仿效的对象。在起草人员方面，德国接受了萨维尼的思想，故在编纂方面任命法学家起草。其中最重要的成员温德希特（Windschcid）认为，为了追求民法典在内容体系上的科学性与在结构形式上的严谨性，起草人员放弃《法国民法典》的简明用语，而是回到日耳曼民族的逻辑和抽象的用语风格上。[②]《法国民法典》的政治及人文价值影响，超出了法典本身的法学意义，而《德国民法典》则以其法律科学和技术，散发出独有的法科学的魅力。与《法国民法典》的革命性、理性主义和轻视技术性相比较，《德国民法典》则是历史上深具适用性、科学性和专业性的法典。[③]《德国民法典》在制定过程中，也不断地追求“短小的、容易理解的、在技术上具有一致性的法律用语”。[④]但是，法学作为一门社会科学虽然需要独有的专业术语，但若过度专业和抽象，必然妨碍人民对法律与对权利和义务的理解。所以，在法律语言的选择上，要易理解，也就是既要简单、规范、简短，又要平衡精确性与易理解性的矛盾。

六　颁布的要求

颁布的重要性是显而易见的。没有颁布，就不是法律，[⑤]而颁布法律本身就是实现法的安全功能（包括法律确定性、法的拘束性）。因此，法律颁布在哪一类的政府公报上，立法会是否需要同时在立法会的公报上公布，法

---

① 卢谌：《德国民法专题研究》，法律出版社，2008，第9页。

② 王玄玮：《法、德民法典之比较》，《云南大学学报》（法学版）2001年第3期。

③ 有不少学者认为《德国民法典》保守，不能体现人权精神，这实在是一种误解。《德国民法典》在抽象技术与裁判式的冷峻文体下，已显示出一种赋予每个人以平等获取其应有之物的权利的道德努力。这种努力，不但放弃了将民法典变成一种道德教科书，而且也放弃将民法典变成宪法基本权利在低层次的民法上的具体展开。更进一步的是，这种努力尊重整体的价值次序，欢迎将宪法上的基本权利间接地适用于私人关系，从而保证了在具体的司法正义中，对各个对象的解释保持合理的统一。

④ 〔德〕霍尔斯特·海因里希·雅科布斯：《十九世纪德国民法科学与立法》，王娜译，法律出版社，2003，第124页。

⑤ 见德国宪法法院的陈述：BverfGE 7，330（377）。

律生效的时间，等等，这些细节都不是无关紧要的小事。这个在一些欧洲国家的立法形式与技术指南中有更为详细的规范。在此不一一列举。

七　结论

经过提出问题与论述问题之后，本文最后似乎需要有一个参考结论。这个结论就是：澳门应该选择功能正义为立法技术（不包括立法能力等）的最高标准，并配置体系、规则、表达与颁布的相应要求，结合澳门的具体实际，翻译并参考成文法国家（葡、德、瑞、奥）和欧盟的立法形式与技术标准的指南，[①] 尽快由政府与立法部门来制定一个标准的澳门立法形式与技术指南。然后，参照这个指南，在符合基本法与相关立法权限的前提下，不断地修正当前立法中出现的问题，并按照法定的程序，要求立法起草部门、行政法务部门在相关的工作中遵守这个指南。

然而，此时此刻，笔者需要做以下声明：这个结论实际上并不是结论，它仅仅提供了一个解决问题的途径与视角或者标准，实际上预示着真正的问题的开端。正如德国法学家卡尔·拉伦茨在“论作为科学的法学的不可或缺性”演讲中所说的那样：“在法学就像在任何其他学科：只有初涉者才相信所有问题均已解决，而最终人们会发现，几乎一切都是有疑问的。而无论在哪里，问题都是科学发展的动力。如何才能公正地解决各种各样的利益冲突？如何才能为共存而建立有益的秩序？人类一天不停止这样的追问，法学就会存在一天，就会对人类——不仅由于它对实践的功用，而且作为人类精神的一种重要表达——不可或缺。”[②]

（原载杨允中主编《“一国两制”研究》总第15期，澳门：澳门理工学院一国两制研究中心，2013年1月。）

---

① 瑞士政府在2003年修订的《立法技术指南》（*Gesetzestechnische Richtlinien des Bundes*）、2008年的德国《法律形式手册》（*Handbuch der Rechtsförmlichkeit*）、欧盟2008年版的参与欧盟三大机构的《法律文本制作人员的共同指南》（*Gemeinsamer Leitfaden des Europäischen Parlaments, des Rates und der Kommission für Personen, die in den Gemeinschaftsorganen an der Abfassung von Rechtstexten mitwirken*）、奥地利联邦政府的《立法指南》（*Legistische Richtlinien*）。

② 〔德〕卡尔·拉伦茨（Karl Larenz）：《论作为科学的法学的不可或缺性——1966年4月20日在柏林法学会的演讲》，《比较法研究》，赵阳译，2005年第3期。

公私法二元论与澳门行政法之理论基础

——以澳门终审法院的行政裁判为分析对象

蒋朝阳[*]

200多年前，法国大革命确立了行政机关服从“行政法院”的制度后，在罗马—日耳曼语系的国家，依循公法和私法的传统区分，产生了一整套与私法截然不同的公法法律规范，并使公法的另外一个分支——行政法得以确立。这种产生于法国的制度，今天几乎在所有的欧洲大陆国家以及曾被这些欧洲国家殖民统治但在20世纪获得独立的国家和地区中得到实施，当然也有许多变化，如意大利、德国、葡萄牙的行政法制度。今天在讨论澳门的行政法时，从历史和逻辑的层面，我们似乎没有必要再追根溯源。行政法属于公法，似乎是大陆法乃至英美司法实务界的共识。但是在某些特定的案件中，由于存在涉及不同管辖内容的法院，或者涉及事实行为或行政合同，或者涉及行政立法与作为上位法的私法的关系，仍然有必要判断是公法适用还是私法适用的问题。而且由于历史的因素，澳门行政法的理论来源于具有大陆法系传统的葡萄牙行政法，所以，如何把握公私法二元论，构建在基本法下的澳门行政法，是我们面临的长期而又艰巨的任务。

一　公共管理还是私法活动?

在澳门，公法与私法的二元区分在终审法院第23/2005号合议庭裁判中

* 蒋朝阳，法学博士，澳门大学法学院副教授。

得到了完整的阐释（尽管裁判没有直接涉及公私法二元划分）。法院基于公立医院医疗服务的性质，认为公立医疗服务与使用者的关系属行政法律关系，公立医疗服务属于公共管理活动，而不是私法管理活动。公立医疗服务产生的责任属于公法上行政主体的非合同民事责任，应使用规范行政主体非合同民事责任的行政法律规范。

（1）基本案情。甲、乙就某产妇在某公立医院死亡，在行政法院对该公立医院护士和卫生局提起诉讼，请求因非合同责任连带判处其支付3806000澳门元。行政法院法官认为，案件涉及的是医院的合同责任，裁定免除某护士的责任，判处卫生局向两原告支付2644650澳门元。卫生局向中级法院提起上诉，中级法院于2005年7月14日做出第117/2005号案件合议庭裁判，裁定该上诉败诉，维持一审的决定。卫生局遂对中级法院的裁判向终审法院提起上诉，认为中级法院第117/2005号案件合议庭裁判与该院2003年10月30日做出的第85/2003号案件合议庭裁判相对立，因为第85/2003号裁判决定同一诉讼适用的民事责任制度为非合同民事责任制度。①

（2）有关法律问题。就本文论述而言，该案涉及两个法律问题：一是公立医院医护人员的行为所造成损害的责任的性质，是合同责任还是公法上的非合同责任？二是公立医院医护人员的行为所造成损害的赔偿依据什么法律规范，是民法典还是有关行政赔偿的公法？两个问题的前提是，公立医院与接受服务的使用者之间的关系属于公法关系还是私法关系？

（3）公共卫生机构与患者之间的法律关系是公法关系还是私法关系？法院认为，在患者与公共卫生机构之间存在一种行政法中的特别关系，包括患者与卫生单位和卫生专业人员（行政机关公务员或其他人员）之间的关系。这种法律关系使患者拥有一系列实体性法律地位（主观权利和受法律保护的利益），并使卫生局拥有一定的权力，两者不能构成合同。

葡萄牙最高行政法院于2004年4月20日在第0982/03号案件中做出的合议庭裁判中认为："实际上，凡是到公立卫生机构就医的使用者，都是根据使用者行政法律关系去做的，这种关系由法律规范，受先前制定的一般法律制度和规章制约，一律平等地适用于该公共部门的所有使用者，确定其一整套权利、义

---

① 参见澳门终审法院第23/2005号裁判，澳门特别行政区法院网站，http://www.court.gov.mo/sentence/zh/1161，第1、2页。

务和所受的约束，并且不得透过协议，以引入正面或负面不平等待遇的规定将其废除。因此，其使用者并不是以合同缔约方的身份去做，即使有一个假设的定式合同或者根据事实上的合同关系也不是以缔约方的身份去做的。”①

澳门终审法院认为，公立医院与患者之间的关系不是合同关系，理由包括以下四个方面。

第一，双方之间没有合意。公立卫生单位提供服务的关系有一个共同点，就是非合同性。不能认为国家卫生机关的医院或卫生中心的使用关系的行为是双边行为，也就是说，不相信在该行为中所体现的是合意。

第二，公立医院提供的服务是单方意思表示。私人和卫生局所表达的意愿的重要性与所行使的职能和权利是不对等的。私人的意思表示为做出正面或负面决定创造了前提，而产生所追求的法律效果只能由卫生局透过意思表示证实和宣告（即使可能是默示的宣告）申请人具有法定要件并将其列入享受该等服务的计划来实现。这就是与国家卫生机关的管理有关的行政权力。因此，要求私人作为个人分享并行使该权，是不可理解的。在结构层面，预约挂号或决定住院都是行政当局意思的单方面表示，它与私人的意思表示相联系，构成提供卫生护理服务的一种特定关系。

第三，它适用于公法。在决定该制度内容的直接渊源方面，患者的公法状况具有源自法律和规章的性质。患者的这种身份必须服从在法规层面预先规定的法律制度，其权利、权能、义务和制约一部分来自适用于公共服务所有使用者的一般原则。规范这些内容的是公法规范，涉及获得机构运作、得到服务、机构正确运作和平等对待所有使用者的权利，还有其他法律规范特别为国家卫生机关使用者设定的法律状况，同时还有适用于国家卫生机关每个卫生部门的规章文件，这些文件部分是由具有这方面职权的相关机关起草的，并对部门的组织和运作做出规定。

第四，患者不能指望透过与该机构达成协议来确定与后者关系的特定方式，不得以协议予以排除，也不得加入正面或负面的特殊规定。基于法律、规章和得到规范性许可的行政行为，要在整体上而不是具体个案上对使用者的法律状况进行自由变更。这并不是说面对公立卫生单位，患者不具有实体

① 澳门终审法院第23/2005号裁判，澳门特别行政区法院网站，http：//www.court.gov.mo/sentence/zh/1161，第12页。

权利，而是那些权利是被每时每刻都在生效的法规所确定的。所以，两者之间的法律关系不是由法规直接规定便是由行政系统按照该法规来规定。

这样，在公共医疗机构、卫生医护人员与患者/使用者之间所建立的关系，便被归入行政法特别关系的类别：法律关系确立后（一般来讲，透过作出行政行为，有时该等行为需要配合），即出现一个状态，并从中产生一个由一系列权利和义务组成的特定法律规则，并以此与规范其他公民面对行政机关的行为的法律制度区分开来。

从澳门有关法律规定来看，卫生护理服务受第 68/89/M 号法令修改的第 24/86/M 号法令所规范。第 24/86/M 号法令第 2 条中规定，“本地区全体居民均可按照本法所规定条件，求取由卫生局属下部门及单位直接提供的或由其他实体间接提供的卫生护理服务”；公共机构和单位提供卫生护理服务之负担全部或部分由本地区总预算支付（第 3 条第 1 款），向孕妇、临产妇、产妇、十岁及以下的儿童、65 岁及以上个人、公共机关职员及其家属和囚犯等组别人士提供免费卫生护理服务（第 3 条第 2 款）；透过与卫生局签订之协议并支付全部相关费用，公共和私人企业职员及其家属可以享有公共卫生机构提供的卫生护理服务。同样，透过与卫生局签订之协议，享有个人医疗保险制度的受益人也可享受公共卫生机构提供的卫生护理服务（第 14 条）。那些不享有免费权利的使用者对所获取的卫生护理服务支付 70% 的费用（第 15 条）。透过登记和缴纳相关费用，或透过与卫生局有协议的实体发出的请求文件，接纳那些不享受免费服务的使用者求诊（第 17 条第1 款）。

终审法院认为，从上述制度可见，没有任何迹象显示使用者向相关公共医疗机构获取卫生护理服务是透过合同进行的。即使在公共及私人企业职员和家属、个人医疗保险制度受益人向公共医疗机关求取卫生护理服务的个别情况中，可能存在合同，但该等合同也不是与使用者直接订立的，而是由卫生局与企业或管理医疗保险制度的实体签订的，使用者作为合同的受益人，是第三者。

基于此，终审法院确立了强制性司法见解，在公共医疗机构内，因第 24/86/M 号法令第 3 条第 2 款所指的适用者提供卫生护理服务过程中的作为或不作为而要承担的民事责任具有非合同性质。

（4）公立医院医护人员的行为所造成损害的责任的性质是合同责任还是公法上的非合同责任？在澳门法律体系中，民事责任分为合同责任和非合同责任，前者是“因未履行合同、单方法律行为或法律产生的义务造成”的责任，后者是“由于侵犯绝对权利或者实施某些虽然合法但却对他人造成损失的某些行为而产生的”责任。对公立医院医护人员的行为所造成损害的责任的性质，法学理论和司法见解存在两种观点，一是主张合同责任，二是倾向于非合同责任。

医疗行为可以同时产生合同责任和非合同责任，如私家医生在外科手术中因出现差错造成病人死亡的情况，因违反某债权的义务而构成合同责任，同时因侵犯了他人绝对的生命权而构成非合同民事责任。作为赔偿之诉的原告，应有权做出取舍，选择其中一种制度，并对其所做选择承担风险。

当涉及公共医疗机构时，葡萄牙学术界绝大多数人认为适用于非合同责任制度，排除适用于合同责任的可能，因为多数人认为没有合同存在，也没有多种责任的竞合。但也有人认为适用于合同责任，其理据是存在一种定式合同或适用于公众关系的事实上的合同关系。定式合同是在该等合同中，合同一方客户或消费者在合同条款的准备和草拟上没有任何参与，仅接受由合同另一方向整体公众利害关系人提供的合同文本。尽管客户必须整体接受提供给他的合同，且不可以就合同中已确定的实质内容进行讨论，但是，他们之间仍存在一个是否订立该合同的合意问题。此外，在整个大众法律关系中，双方的关系建基于表现交易意愿的事实行为。而葡萄牙学者则从葡萄牙国家卫生部门之卫生单位提供服务的法律关系的非合同特点出发，认为其具有非合同民事责任的性质。澳门终审法院则认为，“将其视为非合同责任的看法更站得住脚，而且这也是主流观点”。[①] 其理据是，在公共机构中实施的造成损害的医疗行为产生的责任中，不存在因合同而产生的任何债权或债务问题，存在的是受害人的绝对权利问题。

那么，这种责任属于民法上的非合同责任还是公法上的非合同责任？澳门终审法院通过区别公共管理行为和私法管理行为，论述了这种责任属于公法上的非合同责任的观点。

（5）公立医院医护人员在履行其职责时实施的行为，是公共管理行为还是私法管理行为？关于行政机关非合同民事责任制度，其实早在延伸至澳

① 澳门终审法院第 23/2005 号裁判，澳门特别行政区法院网站，http：//www. court. gov. mo/sentence/zh/1161，第 10 页。

门适用的1966年《葡萄牙民法典》中就规定，受私法规范的行政机关活动由民法典规定，有管辖权的法院为普通管辖法院；受公法规范的行政机关活动改由行政法律规定，有管辖权的法院为行政法院。1999年《澳门民法典》第494条规定，任何公法人之机关、人员或代表在从事私法的管理活动中对第三人造成损害的，须按委托人对受托人所造成之损害负责任的有关规定，对该等损害承担民事责任。至于公法上的非合同民事责任，则由第28/91/M号法令予以规范。与此同时，第129/84号法令对司法组织进行了修改，把因国家及其他公共实体的公共管理行为而造成损害的民事责任而所提起的诉讼的审理权赋予行政法院，把因国家及其他公共实体的私法管理行为造成损害的民事责任而提起的诉讼的审理权赋予普通管辖法院，这一制度在现行《司法组织纲要法》中予以保留（第30条第2款第3项Ⅳ）。

从上述情况来看，行政机关的非合同民事责任，既有公法上的责任，也有私法上的责任。关键是要区分产生这种责任的原因，是公法管理行为还是私法管理行为。行政法院法官的判决倾向存在合同责任，声称即使问题在于卫生局的非合同责任，卫生护理服务也不属于公共管理行为，而是私法管理行为，因为在医院提供的医疗服务中，不存在公权力或具公权力性质的规章。行政法院采取了公权力标准。终审法院认为这种观点已几乎被抛弃，因为按照这种标准，所有在原则上不行使公权力的行政机关的实质活动，尤其是提供服务性的行政活动都被排除在行政法范畴和行政法院管辖范围之外。

终审法院采纳了“职责框架标准”,[①] 认为所谓公共管理行为，是指“那些包括在行使公共权力之内，其本身构成实施法人公共职务的行为，不论该等行为中是否使用强制手段，也不论在实施该等行为时应当遵守的是何种技术或其他性质的规则”（这个观点从葡萄牙最高行政法院于1980年11月5日在第000124号案件和2005年2月2日在第026/03号案件中做出的合议庭裁判而来）。在其实施或行使过程中，如果一项事实行动或非法律活动受到追求集体利益的影响，就应被界定为公共管理活动，这或者是因为其人员正在行使公权力，又或者因为其正在履行义务或服从于特定的行政约束，即行政人员本身受到的约束。相反的情况则属私法管理活动。

① 澳门终审法院第23/2005号裁判，澳门特别行政区法院网站，http：//www.court.gov.mo/sentence/zh/1161，第1、2、40页。

这样，公立医院医疗人员履行其专业活动必须被界定为公共管理活动，不是由于其活动性质有别于私人领域的医疗人员，而是由于前者隶属于行政部门，并且他们在部门规则的限制下，只能根据相关主管的命令以团队形式开展活动。与一位司机驾驶一辆国家所有的汽车的行为不同的是，后者根本不受行政当局本身的原则或规则影响，其活动如其他私人司机一样，属私法管理活动。因此，私立医院的行为属私法管理行为的范畴。在本案中，造成损害的行为是由作为公立医院成员的医护人员在履行公职的过程中做出的，而他们履行公职的目的是保障澳门特区所有市民均可享受医疗服务，属于公共管理活动，所以，要运用规范行政当局及其他公法人在公共管理行为领域的非合同民事责任的第28/91/M号法令的规定。

二　私法合同还是公法合同？

行政机关采取合同方式进行的活动，在事实和法律上较多涉及公私法区分的问题。对此，我们仅以终审法院第4/2004号合议庭裁判来展开分析。

（1）基本案情。甲通过原澳门总督1992年12月7日的批示，以社会教学名义，获得某一政府不动产使用权，并于1995年7月26日取得不以赢利为目的的私立教育机构的相关办学执照。1998年3月10日，甲方按照澳门“（本地区）财产楼宇以无偿借用制度供非牟利私人教育机构运作条件”，与政府签署了该不动产的无偿借用合同。[①] 2001年6月18日，社会文化司司长做出批示，“鉴于该学校不正常的管理行为、管理不善和使用率过低，同意教育暨青年局收回该学校（不动产——笔者注）的意见。”[②] 甲遂向中级法院提起司法上诉（澳门行政诉讼中的撤销之诉——笔者注），请求撤销该批示。中级法院2002年5月23日在第172/2001号案件合议庭裁判中，驳回其上诉。甲向终审法院提起上诉，终审法院2002年11月27日在第12/2002号案件合议庭裁判中撤销了中级法院的裁判，并下令对案件进行重新审判。2003年10月23日，中级法院做出裁判，再次驳回甲的请求。甲不

① 澳门终审法院第4/2004号裁判，澳门特别行政区法院网站，http://www.court.gov.mo/sentence/211/1099，第25页。

② 澳门终审法院第4/2004号裁判，澳门特别行政区法院网站，http://www.court.gov.mo/sentence/211/1099，第23页。

服中级法院重审裁判，又向终审法院提起上诉。

（2）案件涉及的法律问题。就本文所论述内容而言，案件涉及的法律问题是，甲与政府签署的某一政府设施的无偿借用合同属于公法合同还是私法合同？与此相对应，是用行政法来解决争议还是用民法即私法来解决本案的争议？

（3）标的可成为私法合同标的之行政合同的性质及其法律适用性。在葡萄牙行政法中，行政合同分为标的可成为行政行为的合同和标的可成为私人合同标的之合同。这是根据所产生的效力（或者更为重要的是在其之间的）是否由行政行为所引起来确定的，一种是法律效力通过行政行为产生，这类行政合同就是标的可成为行政行为的合同；另一类合同，它们的法律效力不可能通过行政行为产生而是通过私法合同产生，则被称为标的可成为私法合同标的之合同。澳门《行政程序法典》采纳了这种理论，第172条第3款规定："下列规定适用于行政合同之非有效，但不影响第一款规定之适用：a）对标的可成为行政行为标的之行政合同，适用本法典所定行政行为非有效之制度；b）对标的可成为私法上之合同标的之行政合同，适用《民法典》所定法律行为非有效之制度。"由于行政合同中包括了标的可成为私法合同标的之行政合同，这就需要与行政机关订立的私法合同相区别。

标的可成为私法上合同标的之行政合同属于什么性质，有着不同观点。一种观点认为，这类合同既属于政府的公法合同，因为合同关系的主体之一为受制于行政法体系的公法人；同时又是政府的私法合同，因为其有关标的具有私法合同性质。这样，这类合同尽管受制于《行政程序法典》规定的行政行为的一般原则，但总的来讲适用于它的是《民法典》中关于法律行为或双务合同的有关规定，只是《行政程序法典》的不同规定除外。《行政程序法典》第173条第2款规定的表示意见之行为"不影响民法中关于双务合同之一般规定之适用"的含义也就是如此。对这类合同，合同条款的解释和有效性应该遵循民法的补充规定，行政主体一方关于合同条款的解释或有效性的行为及意愿表示不能约束对方当事人，也不能在没有其同意的情况下行事，除非事先通过司法诉讼行为（及裁决）行事。这就是说，对这类合同，行政主体一方对其相对的合同另一方无权实施确定的和具有执行力的行政行为，并且对这类合同有关执行方面的冲突只能通过裁判的强制效力来解决。

另一种观点认为，标的可成为私法上之合同标的之行政合同只不过是将民法规定的合同纳入行政法，从而使这些合同遵循澳门《行政程序法典》的规定。政府作为合同的订立方，根据《行政程序法典》第167条规定拥有制裁权，即可以因为另一方不履行合同而科以处罚，在合同另一方不履行合同义务时政府可单方解除合同。① 这样，行政机关在管理权限内实施的行为就是确定的和具有执行力的，无须诉诸法院，只能根据《行政程序法典》第113条第2款规定对其提起司法上诉。

应该看到，在澳门《行政程序法典》中，行政合同是“为一合意，基于此合意而设定、变更或消灭一行政法律关系”。② 在行政合同的概念中，重要的是行政法律关系。行政法律关系是指“那种通过法律授予行政当局之决定权或规定行政当局针对私方的行政相对人因公共利益而受的限制，或者授予行政相对人权利或规定私方的行政相对人必须对行政当局履行的公共义务”。③ 因此，可以认为“行政合同是公共行政当局本身作为的一种程序，并且按照行政主体的特殊规定设定、变更或消灭行政当局的法人之间或行政当局和私人之间订定的法律关系”。④ 行政合同的行政性的决定性标志在于，“该合同与实现法律制度中专门保护的某一项结果或利益之间的明确联系，即在由该集体本身的实体承担任务，就是指在这些公共实体或者那些负责作出公共‘归还’或‘批给’行为的相关人所谋求的利益时才获得法律的专门保护”。⑤

由于行政合同与行政机关的私法合同均为合意的协议，所以区分行政合同尤其是标的可成为私法上合同标的之行政合同和行政机关的私法合同，就显得十分必要。有学者指出，两者的区别是相关效力的不同法

---

① 澳门《行政程序法典》第167条：（行政机关之权力）“除因法律规定或因合同之性质而不得作出下列行为外，公共行政当局得：a）单方变更给付之内容，只要符合合同标的及维持其财政平衡；b）指挥履行给付之方式；c）基于公共利益且经适当说明理由，单方解除合同，但不影响支付合理之损害赔偿；d）监察履行合同之方式；e）科处为不履行合同而定之处罚。”

② 澳门《行政程序法典》第165条第1款。

③ 葡萄牙学者 Diogo Freitas do Amaral 的观点，转引自澳门终审法院第4/2004号裁判，澳门特别行政区法院网站，http://www.court.gov.mo/sentence/211/1099，第32页。

④ 葡萄牙学者 José Manuel Sérvulo Correia 的观点，转引自澳门终审法院第4/2004号裁判，澳门特别行政区法院网站，http://www.court.gov.mo/sentence/211/1099，第33页。

⑤ 葡萄牙学者 Mário Esteves de Oliveira、Pedro Costa Gonçalves 和 J. Pacheco de Amorim 的观点，转引自澳门终审法院第4/2004号裁判，澳门特别行政区法院网站，http://www.court.gov.mo/sentence/211/1099，第33页。

律性质，或者换一种看法，即从前者所体现的“公共利益”因素的特别强度来区别。[①] 此外，应根据“章程标准”来区分这两类合同。标的可成为私法上合同标的之行政合同“获得行政性质，除非因为出现某些特定前提的法律规定，或者是因为补充条款当事人各方设定的行政当局的章程制度的相关规定”。[②] 根据这种章程标准，合同的定性和适用于它的法律制度就取决于订立合同双方所达成的协议。“应由起码一方为行政当局并以该资格参与的法律关系中制定的补充条款的各当事方的附加规定”来区别私法合同和标的可成为私法上合同标的之行政合同。[③] 例如，如果各当事方协议商定作为公法的合同方可以透过行政行为做出合同制裁，那么该合同就是行政合同。

在本案中，涉及的无偿借用合同中包含直接谋求公共利益之目的、从属于澳门教育暨青年局的指令、合同形成的手续和特殊性、行政机关所有的不动产作为合同之标的以及例如不得收取学费等条款，并在“使用条件”方面充分规定了使用人的义务，法院认为这些因素可以构成该合同的行政法性质的确定性因素。同时，合同还约定了行政机关拥有单方面解除合同的权利。因此，法院认为，该合同从属于行政法，而不是完全从属于私法，是行政合同。

标的可成为私法上合同标的之行政合同适用于行政法（公法），但需要注意的是，按照《行政程序法典》的规定，它在某些方面还需要考虑民法（私法）的规定，主要是：与合同的非有效性相关的《民法典》的规定（《行政程序法典》第 172 条第 3 款 b 项）；同时，对其他行政合同也适用的关于意思欠缺及瑕疵的规定（《行政程序法典》第 172 条第 2 款）和对双务合同条款的解释及有效性的规定（《行政程序法典》第 173 条）等，也适用于《民法典》。但对合同的执行问题，例如合同的解除问题，行政机关完全可以根据《行政程序法典》第 167 条的规定，通过单方行为来行使，无须采用司法诉讼的方式。

---

① 葡萄牙学者 Diogo Freitas do Amaral 的观点，转引自澳门终审法院第 4/2004 号裁判，澳门特别行政区法院网站，http://www.court.gov.mo/sentence/211/1099，第 33 页。

② 葡萄牙学者 José Manuel Sérvulo Correia 的观点，转引自澳门终审法院第 4/2004 号裁判，澳门特别行政区法院网站，http://www.court.gov.mo/sentence/211/1099，第 33 页。

③ 澳门终审法院第 4/2004 号裁判，澳门特别行政区法院网站，http://www.court.gov.mo/sentence/211/1099，第 33、34 页。

三 “劳动”或“工作”的法律定义：适用于民法还是行政法？

公私法的二元区分在涉及事实行为、行政合同的案件中需要得到澄清，然后才能明确案件所适用的法律规范。但是，当涉及行政机关制定规章行为的案件时，需要依据法律位阶原则、法律优先原则或者法律保留原则来进行判断，这个时候，公私法的二元区分就面临着被忽略的境遇。因为这时，在具体案件中法律适用方面的需要已经超越了公私法的二元区分。这里我们以终审法院第28/2006号案件合议庭裁判、第28/2005号案件合议庭裁判以及中级法院第280/2005号案件重审裁判来说明。上述裁判均涉及第17/2004号行政法规《禁止非法工作规章》和《民法典》的关系。

（1）基本案情。终审法院第28/2006号案件合议庭裁判涉及的案情是，甲对保安司司长于2005年7月20日做出的批示向中级法院提起撤销性司法上诉，该批示内容是，由于上诉人明显违反第17/2004号行政法规，不批准其例外延长在澳门的逗留时间。2006年3月9日，中级法院裁定上诉胜诉，同时撤销了所提到的行政行为。保安司司长不服，向终审法院对司法裁判提起上诉。[①] 该案涉及在澳门逗留问题的两名工程师是某企业的雇员，根据该企业与澳门电力公司所签订的合同，他们负责电力设施的监督工作，还被委派负责在路环电力生产中心安装减少排放氧化氮气体系统的工作，只有逗留在澳门，这些技术员才能开展由他们负责的活动，而这些工作不可以遥距完成。行政机关认为，按照第17/2004号行政法规的规定，甲应为以上两名工程师申请工作许可，而不是根据第5/2003号行政法规中适用于逗留许可的一般制度，直接提出逗留申请。中级法院认为，第17/2004号行政法规违反基本法，不能制定有对外效力的、无法律授权的独立行政法规，所以行政行为违法，进而撤销了被诉方的行政行为。但终审法院在第28/2006号案件合议庭裁判中，确立了法院对行政法规附带性合法审查的权力，同时，阐述了行政长官有权依据基本法制定独立行政法规的立场，撤销了中级法院的裁判。

① 澳门终审法院第28/2006号裁判，澳门特别行政区法院网站，http://www.court.gov.mo/sentence/zh/175，第1页。

终审法院2006年7月20日的第46/2006号案件合议庭裁判也涉及第17/2004号行政法规的适用问题。在裁判中，终审法院撤销了中级法院的裁判，并要求其重审。中级法院对案件进行了重审，做出了第280/2005号案件合议庭裁判（重审）。在重审裁判书中，中级法院在保留其不认可独立行政法规的立场的同时，以第17/2004号行政法规第2条有关无报酬的劳动亦属非法工作的法律定义，与《民法典》第1079条第1款关于“劳动”的法律定义直接冲突为由，认定行政行为有事实前提错误，进而撤销了被诉方的行政行为。[①]

在终审法院第28/2005号案件合议庭裁判中，同样涉及第17/2004号行政法规的适用问题。该案的基本情况是，甲在澳门的某教会从事传教工作，以为期不超过6个月的轮换制度，定期来澳门从事传教活动。2004年6月28日，甲向保安司提交了在澳门例外延长逗留6个月的申请。鉴于甲在澳逗留及从事有关活动已逾越第17/2004号行政法规第4条第2项所规定的期限，其传教被视为非法工作，应向劳工局申请工作许可，故行政机关不批准其例外延长逗留的申请。中级法院在该司法上诉裁判中，认为申请人和教会之间不存在劳动关系，因而被诉行政行为存在前提错误，撤销了被诉行政行为。终审法院认为，第17/2004号行政法规适用于非本地居民为他人进行的传教活动。其实终审法院2006年1月11日在第24/2005号案件中已就相同问题做出过裁判，所以，其不适用于《民法典》第1079条第1款关于“劳动”的法律定义，故裁定保安司司长上诉胜诉。

这样，就第17/2004号行政法规和《民法典》第1079条第1款是否冲突的问题，中级法院与终审法院存在两个截然不同的结论：一个是基于法律规范位阶原则，认定第17/2004号行政法规关于工作的定义和《民法典》第1079条第1款有关劳动的定义相冲突，进而对被诉行政行为做出撤销的裁判；一个是基于法律解释的原则，第17/2004号行政法规关于非法工作的定义与《民法典》规定的狭义的劳动完全不同，不存在冲突问题，进而对被诉行政行为做出胜诉的裁判。这就提出了一个有趣的问题：作为公法的行政法与民法是什么关系，以及在什么情况下对行政行为要依照民法处理？

---

① 澳门中级法院第280/2005号裁判，澳门特别行政区法院网站，http：//www. court. gov. mo/sentence/zh－53590d32af1dc. pdf，第1～4页，裁判书内容摘要。

（2）公、私法中的法律概念不同：适用于公法还是私法？《民法典》第1079条第1款规定："劳动合同，系指一人透过收取回报而负有义务在他人之权威及领导下向其提供智力或劳力活动之合同。"这个定义将"劳动"限定在有报酬的范围内，无报酬的活动不是民法规定的劳动。第17/2004号行政法规第2条"非法工作"的定义则是："为适用本行政法规的规定，下列者视为非法工作：（一）非居民在未持有为他人进行活动所需的许可下从事活动，即使无报酬者亦然；（二）非居民虽持有为他人工作所需的许可，但为并非申请聘用该非居民的实体服务，即使有报酬或无报酬者亦然……"。在这里，"工作"一词指的是有报酬或无报酬的活动。同时，该行政法规第4条规定了非本澳居民的非法工作例外情况。

中级法院在第280/2005号案件重审裁判中，认为根据第17/2004号行政法规第2条的定义，该案当事人的行为，可被定性为两人在澳"非法工作"，但根据当时在澳门法律体系内仍生效的第2/90/M号法律《非法移民法》第9条的规定，在非法雇佣背后的合同关系，必须亦如任何合法的雇佣关系所发生的那样，以工作报酬或酬劳为前提，而这其实最终亦是《民法典》第1079条第1款就何谓劳动合同而确立的法律基本概念使然。这样，根据《民法典》第1079条第1款的规定，当事人的行为，在法律上根本不能被定性为"工作"，更谈不上属"非法工作"；而按第17/2004号行政法规第2条的规定，则被定性为"工作"，但因没有事前许可而属"非法工作"。因此，对同一事实行为，在《民法典》第1079条第1款和第17/2004号行政法规第2条的各自规定下，却有两种截然不同且互不兼容的法律定性。

但是，终审法院在第28/2005号案件合议庭裁判中，认为第17/2004号行政法规的适用范围不限于狭义的劳动关系，所使用的"非法工作"这一表述，其法律概念与从属工作关系的劳动这一法律概念不同，该行政法规只是规定了非本地居民在没有预先许可的情况下在澳门进行该法规第4条第1款规定的活动时应遵守的期限。两者不存在冲突，故可使用行政法规的规定。

尽管终审法院以行政法规规定的非法"工作"与《民法典》中规定的"劳动"法律概念不同为由，排除了两者的冲突，但两级法院就这一类案件的多个裁判也提出了在行政案件中如何使用私法的问题。在法国行政法中似

乎不存在这个问题，因为私法的效力不当然适用于公共行政活动。[①] 正如前述，行政法不是民法的例外法，只是在具体案件中，行政法向民法寻找某些法律概念。这是因为法的一般原则包含在私法的法律规范之中。因此，在法位阶原则下，作为公法的行政法能否发展成与私法不同的法律规则，或者如何界定处于下位的行政法规与处于上位的私法的冲突，需要从理论和实践层面做出新的探索。

结　论

通过对以上几个层面案例的实证考察，可以发现，公私法二元区分仍旧是行政法构建的基础。在终审法院第23/2005号合议庭裁判中，公立医院医疗服务属于公共管理行为，产生的责任属于公法上非合同责任，适用于相应的公法；在终审法院第4/2004号合议庭裁判中，法院区分了标的可成为私法上合同标的之行政合同和行政机关的私法合同，从而确定标的可成为私法上合同标的之行政合同适用于行政法；而在有关第17/2004行政法规的终审法院和中级法院的多个裁判中，基于法位阶原则，不同的裁判结果给我们带出了在行政案件中如何使用私法的问题。应该看到，法位阶原则，连同法律优先、法律保留原则，与公私法二元区分没有实质的关联，也就是说，这些原则不是建立在公私法二元论的基础之上。其实，有关法位阶原则的提出人凯尔森就是明确反对公私法二元论的。进一步思考的话，在宪制性法律的层面上，如果将基本法视为公法，在某种层面上则可能带来与私法同等的法律地位的倾向，因为基本法是特区法律体系中公私法之母法。这样，行政法的基础，即公私法二元区分，与宪制性法律所确立的法位阶原则、法律优先原则、法律保留原则似乎存在某种张力。如何舒缓这种张力，则是澳门行政法所面临的特殊的课题。

（原载肖永平主编《法学评论》总第171期，武汉：武汉大学法学院，2012年1月。）

① 王名扬：《法国行政法》，中国政法大学出版社，1988，第15页。

澳门刑事特别程序之重构

赵琳琳*

2011年9月14日，澳门法律改革及国际法事务局及法律改革咨询委员会公布了修订澳门《刑事诉讼法典》咨询文件，并开展了为期40日的公开咨询。该法典自1997年生效实施至今已有十余载，从实践情况来看，已难以满足社会发展的需要，也不符合国际刑事司法的潮流。2012年6月22日，立法会全体会议一般性通过修订《刑事诉讼法典》的法案。法案旨在现有基础上，增加诉讼参与人的权利保障，冀修改及增加诉讼程序，优化、提高诉讼效率。① 结合本次修法的目的，"特别诉讼程序"无疑是重头戏，唱好这出戏的关键是进行重构，既要结合澳门的实际情况，也要顺应国际刑事司法的发展趋势，在务实、科学、可行的基础上适当创新。

一 特别程序与简易程序之辨析

简易程序是相对于普通程序而言的，两者都属于一审程序，简易程序比普通程序简单易行。不过，澳门刑事诉讼中的"简易诉讼程序"不同于一般意义上的简易程序，而是与最简易诉讼程序、轻微违反诉讼程序共同构成"特别诉讼程序"体系，这一体系作为整体与普通诉讼程序相对应。

---

* 赵琳琳，法学博士，澳门科技大学法学院副教授。

① 《修订〈刑事诉讼法典〉咨询文件》，澳门法律改革及国际法事务局、法律改革咨询委员会，2011年9月。

（1）通常意义上的简易程序。《布莱克法律辞典》对简易程序的界定是："以相对快速、简单的方式解决争议或处理案件的没有陪审团的程序。"[①] 从其发展历史看，简易程序设置的初始动因是提高刑事诉讼效率，最早为英国所采用，始于1848～1849年，当时仅限于轻微的犯罪。[②] 在中国内地，"传统上讲，它是指各国刑事诉讼法明确规定的，较普通审判程序简便、快捷的刑事一审程序"。[③] 2003年中国内地"两高一部"颁布了《关于适用普通程序审理"被告人认罪案件"的若干意见（试行）》，据此实务部门开始了"普通程序简化审"的尝试；2012年刑事诉讼法再次修改的时候，在总结实践经验的基础上，立法者将"普通程序简化审"与原简易程序进行了一定的合并，根据该法第208条的规定，"基层人民法院管辖的案件，符合下列条件的，可以适用简易程序进行审判：（一）案件事实清楚、证据充分的；（二）被告人承认自己所犯罪行，对指控的犯罪事实没有异议的；（三）被告人对采用简易程序没有异议的"。此外，理论界还常常使用"刑事速决程序"这一概念，其言简意赅，但涵盖范围更广，可以说包括了刑事诉讼各阶段的快速处理案件程序，而且具有开放性。随着社会的发展，诉讼程序还会不断推陈出新，以解决案件增加和司法资源有限之间的矛盾，所有旨在加快案件处理进程、提高刑事诉讼效率的程序都可以被纳入"刑事速决程序"的范畴。不过，鉴于本文的主题，这里还是沿用澳门《刑事诉讼法典》中的现有说法，即"特别诉讼程序"。

（2）澳门刑诉法中的特别程序。从《刑事诉讼法典》的有关规定来看，"特别诉讼程序"主要规定在第八卷，该卷下分三编：简易诉讼程序、最简易诉讼程序和轻微违反诉讼程序。该法典第362条规定了"何时采用简易程序"："一、对因实施可处以最高限度不超逾三年徒刑即使并科罚金之犯罪……而在现行犯情况下被拘留之人，以简易诉讼程序审判，只要有关听证最迟在48小时期间展开，但不影响第367条的规定的适用。二、如嫌犯作出事实时仍未满18岁，则不采用简易诉讼程序进行审判。"这一界定与前文中的通常理解显然不同，其适用条件是相当苛刻的。该法典第373条则规

① Bryan A. Garner, *Black's Law Dictionary*, St. Paul, Minn.: West Group, 2004, p. 4502.

② 〔英〕大卫·M. 沃克主编《牛津法律大词典》，邓正来等译，光明日报出版社，1988，第866页。

③ 陈光中：《刑事诉讼法实施问题研究》，中国法制出版社，2000，第241页。

定了“何时采用最简易诉讼程序”：“对于可处以最高限度不超逾三年徒刑即使并科罚金的犯罪，又或仅可科罚金的犯罪，如检察院认为在该案件中应具体科处非剥夺自由的刑罚或非剥夺自由的保安处分，则检察院向预审法官声请采用最简易诉讼程序科处非剥夺自由的刑罚或非剥夺自由的保安处分。”至于“轻微违反诉讼程序”，虽然《刑事诉讼法典》中有所规定，但适用对象实际上是单纯违反或不遵守法律或规章的预防性规定的不法行为，与犯罪没有关系。

二　特别诉讼程序修改之咨询意见

澳门司法效率不高的现状与制度设计上的烦琐有较大的关系。特别诉讼程序在实现诉讼分流及提高诉讼效率方面发挥了重要作用，虽然法典修订尚未正式通过，但从此前公布的官方咨询文本来看，“特别诉讼程序”部分是修改的重头戏，内容包括：扩大简易程序的适用范围；简化最简易程序；制定新的“简捷诉讼程序”等。总的来看，这些修订有利于提高诉讼效率，缓解案件积压状况，但有些地方仍待完善。比如，这三种特别诉讼程序在名称上十分相似，不易区分，建议重新命名；各程序的适用条件、操作流程也需要进一步调整和优化等。

（1）简易诉讼程序。首先，为扩大此程序的适用范围，草案建议删除现行犯由其他人进行拘留时不采用简易诉讼程序进行审判的限制。其次，现行简易诉讼程序中适用于诉讼程序的可暂时中止，然而，如嫌犯不遵守因暂时中止诉讼程序而对其施加的强制命令及行为规则，且诉讼程序应继续进行时，法律尚未明确规定应采用的诉讼形式，草案建议规定，如出现上述情况，有关案件不继续采用简易诉讼程序，检察院须自发现嫌犯不遵守强制命令及行为规则之日起 90 日内提出控诉，以透过“简捷诉讼程序”对案件进行审判。再次，为尽量减少因不能继续采用简易诉讼程序而需将轻微刑事案件移送至普通诉讼程序轨道的情况，草案建议规定，如经适当证实，基于嫌犯的健康理由，听证不能在嫌犯拘留后 48 小时期间内展开，可将简易程序的听证延迟或押后最长 30 日，建议规定在延迟及押后听证的情况下，法官须提醒嫌犯即使不到场，听证也将在指定的日期进行，且由辩护人代理进行。最后，草案建议赋予法官权限，如遇到案情复杂的案件，可决定是否将

案件移送以采用其他更适当的诉讼程序。总的来看，这些建议体现了司法实践的需要，可以被正式纳入法典。

（2）将“最简易诉讼程序”更名为“处罚令程序”。最简易诉讼程序可以说是现行法典中最为尴尬的程序，因为司法实践中几乎从未采用过。这与其过于苛刻的适用条件有关：①最高限度不超过2年徒刑，即使并科罚金，或属仅可科罚金的犯罪；②检察院认为在案件中应具体科处罚金或非拘留性质的保安处分；③非自诉的案件；④由检察院向预审法官声请对案件采用最简易诉讼程序。在最简易诉讼程序展开时，检察院会就嫌犯是否愿意采用最简易诉讼程序听取其意见，如嫌犯愿意采用，经听取受害人及因嫌犯所造成的损害而具有正当性以民事方式被诉的人在损害赔偿方面的意见，检察院须在声请中指出具体建议的制裁及受害人所要求的损害赔偿金额。其后，通知嫌犯有关制裁及损害赔偿金额，以便嫌犯提出反对，有关声请亦会同时通知嫌犯的辩护人。如嫌犯对制裁提出反对，则不能继续采用最简易诉讼程序；如嫌犯仅对损害赔偿提出反对，可继续采用最简易诉讼程序，受害人可就损害赔偿提起民事诉讼。如果受害人提出欲获得损害赔偿，或因嫌犯所造成的损害而具有正当性以民事方式被诉的人曾表示欲支付有关损害赔偿，检察院的声请书亦须向彼等发出通知，以便彼等对损害赔偿提出反对。如受害人、因嫌犯所造成的损害而具有正当性以民事方式被诉的人及嫌犯均同意损害赔偿，最简易诉讼程序会一并处理刑事问题及民事问题；如受害人或因嫌犯所造成的损害而具有正当性以民事方式被诉的人就损害赔偿提出反对，最简易诉讼程序只处理刑事问题，而受害人可在其后提出民事诉讼。预审法官仅可在下列情况下驳回检察院的声请：①依法不可采用最简易诉讼程序；②不符合法律规定声请书应载明的资料；③预审法官认为建议的制裁明显不能适当且充分实现处罚的目的。如预审法官认为应科处有别于检察院建议的制裁，但仍可继续采用最简易诉讼程序，在经检察院及嫌犯同意的情况下，可定出一个在种类或量刑方面不同的制裁，然后依法通知嫌犯及其辩护人。

可见，该程序虽然名为“最简易”，但操作起来相当复杂。尽管如此，法案还是保留了从未采用的最简易诉讼程序，因为该机制设计良好。法案还扩大了该程序的适用范围，优化了其中的所有规定，大大简化了有关手续，鼓励嫌犯、受害人、检察院一起商讨、达成协议，冀以简单的方法处理轻微犯罪，如徒刑不超过3年。[①] 从世界范围来看，这一程序类似于大陆法系国家的“处罚令程序”。所谓处罚令程序，是指在刑事诉讼中对于轻罪案件，依检察官的书面申请，由法官独自审判，法官只审查检察官提出的书面申请和案件，即可直接对被告处以罚金等轻微刑罚，不再进行正式的法庭审判。目前，德国、日本、意大利、中国台湾等均有此项程序。为了避免混淆，也为了与国际接轨，可将其更名为“处罚令程序”。

不过，欲使此项程序发挥最大效果，还需借鉴其他国家和地区的成功经验，鼓励当事人选择这一程序，采用的方式主要包括：①减轻判处的刑罚。比如，意大利的处罚令程序适用于罚金刑事案件，检察官可要求法官对接受处罚令的被告给予幅度为50%的减刑等。②缩短诉讼时限。现行法律和咨询文本均未涉及最简易程序的裁判期限，然而，该程序的最大优势就在于其便捷性和经济性，可以极大地减轻法院和当事人的讼累。因此，必须在《刑事诉讼法典》中明确规定相应的诉讼时限，否则容易导致立法目的落空。结合澳门的实际情况，建议将“处罚令程序”的诉讼时限规定为15日。

（3）将“简捷诉讼程序”更名为“速审程序”。咨询文件提出设立一种新的诉讼程序，即“简捷诉讼程序”，其中1.3.3写道：“为确保听证行为的有效进行，建议规定检察院、辅助人的代理人、民事当事人的代理人，以及嫌犯的辩护人在庭审时的最长陈述时间为30分钟，同理，建议规定反驳时间最长为10分钟。透过这限制，可以避免因冗长的陈述而拖延庭审时间。”该程序的适用范围是：①最高限度不超逾5年徒刑，即使是并科罚金的犯罪，或仅可科罚金的犯罪；②有简单和明显的证据，且有充分的迹象显示犯罪的发生及犯罪行为人为何人的案件。而简单及明显的证据尤其指：①行为人在现行犯情况下被拘留，但不能透过简易诉讼程序进行审判；②证据主要为书证；③证据以目击证人所述的事实为基础且其说法一致。为确保简捷诉讼程序的快捷性，草案建议嫌犯罪行属公罪时，须自获得犯罪消息日起90天内提出控诉；属准公罪或私罪时，须自告诉日起90天内，提出控诉或自诉。

基于增设简捷诉讼程序的目的是确保诉讼程序的快捷性，使嫌犯可以尽早接受审判，故草案建议在不妨碍紧急程序优先审理的情况下，简捷诉讼程

① 甄庆悦、李晓君：《修订刑诉法获一般通过》，《澳门日报》2012年6月23日，A02版。

序的听证日期应优先于普通诉讼程序的案件。当案件不可采用简捷诉讼程序，或有关诉讼程序尤其因嫌犯或被害人的数目，又或因犯罪具有高度组织性而显得分外复杂时，草案建议规定法院将卷宗移送检察院，采用其他诉讼形式进行审判。简捷诉讼程序之判决以口头做出，并根据口述做记录。简捷诉讼程序的上诉机制可采用简易诉讼程序的机制。① 由此可见，简捷诉讼程序使不能使用简易诉讼程序的案件仍得以依照特别诉讼程序进行审理，这有助于增强诉讼快捷性，亦有助于案件分流。

不过，该程序的名称与其他两种特别程序十分接近，不易区分，为避免大众混淆，应当做出适当修改。这一程序最大的特点在于庭审时间短，因此，与其采用“简捷”的名称，不如改用“速审程序”更为贴切。应当说，设置这一程序的出发点是好的，但是部分条文的表述不太符合诉讼实际。比如，诉讼参与人陈述和反驳的时间应取决于案件事实和对相关证据的调查和掌握情况，不能机械地规定所谓陈述或反驳的最长分钟数，庭审过程随时都可能发生变化，法官有权力也有义务掌控庭审时间，可以制止诉讼参与人不必要的发言。总之，虽然该程序适用于简单案件，但也不宜直接在《刑事诉讼法典》中规定分钟数，毕竟，“庭审”不是“辩论赛”。

三　当今世界刑事特别程序的发展趋势

从司法实践的相关数据看，简易程序已成为西方国家处理刑事案件的最主要方式。例如，英国由治安法院处罚的刑事案件占整个刑事案件的97%，日本按简易处罚令处理的案件占95%，德国按略式命令处理的占92%，美国按辩诉交易处理的占90%。② 加拿大通过简易程序和辩诉交易处理的刑事案件占全部案件的70%。③ 近年来，为了提高刑事诉讼效率，以及更好地实现刑事司法公正，各国或地区刑事特别程序的发展呈现以下几个趋势。

（1）扩大化。起初，大多数国家和地区的刑事简易程序只适用于轻微

---

① 《修订〈刑事诉讼法典〉咨询总结报告》，澳门法律改革及国际法事务局、法律改革咨询委员会，2012年4月。

② 游海东、郭猛：《建构简易程序中的被告人参与模式》，《国家检察官学院学报》2003年第11卷第3期。

③ 宋远升、闵银龙编著《最新国外刑事司法制度研究》，东南大学出版社，2007，第350页。

罪行。如《意大利刑事诉讼法典》第459条规定，处罚令程序的适用范围是“只应当适用于财产刑，包括为替代监禁刑而科处的财产刑”。①《日本刑事诉讼法典》规定，简易命令程序“只适用于50万日元以下罚金或罚款，并可作出缓刑、没收或其他附加处分的案件”。②不过，这一局面正在逐渐发生变化，许多国家和地区适用于简易程序的案件范围呈现扩大化的趋势。在意大利，虽然后来宪法法院裁决，可能判无期徒刑的案件不再使用简易程序，但这一程序仍然适用于除无期徒刑以外的所有刑事案件。在俄罗斯，如果刑事法典对该罪规定刑罚为不超过10年剥夺自由刑，在国家公诉人或自诉人同意的情况下，刑事被告人有权同意对其指控并申请不经法庭审理做出判决。这种情况下，如果刑事被告人能证明其意识到所提出申请的性质与后果，或者被告人自愿提出申请并向辩护人进行咨询的，法院有权不按普通程序审理。③将前文述及的2012年中国内地刑诉法第208条的规定与1996年刑诉法第174条相比较，可以看出，前者极大地拓宽了简易程序的适用范围。

（2）多元化。《德国刑事诉讼法典》中规定了处罚令程序、保安处分程序、简易程序、没收扣押财产程序、对法人社会团体处以罚款程序等，这五类特别的程序与普通审判程序相比，程序更为简单、实时、速决。④《意大利刑事诉讼法典》于1988年设置了简易审判程序、依当事人的要求采用刑罚程序、快速审判程序、立即审判和处罚令程序五种特别程序。日本的刑事特别程序包括简易命令程序、简易公审程序、交通案件即决裁判程序和即决裁判程序；《俄罗斯联邦刑事诉讼法典》则规定了刑事被告人认罪案件的速决程序与和解法官审理案件程序两大类型。⑤

（3）简易化。特别程序在环节和步骤的设置上相对简化，加快了诉讼的进程。检察院起诉的方式灵活：检察院提起诉讼后，法院会立即或在短期内开庭审理，庭审时证据调查的程序较为简单，一般不再具有直接、言辞集中和对抗等方面的特征，而采取简便、灵活的方式；或者干脆不开庭，只是

---

① 《意大利刑事诉讼法典》，黄风译，中国政法大学出版社，1994，第164页。

② 参见《日本刑事诉讼法》，宋英辉译，中国政法大学出版社，2000。

③ 宋英辉、孙长永、朴宗根等：《外国刑事诉讼法》，北京大学出版社，2011，第402页。

④ 王国枢、项振华：《中外刑事诉讼简易程序及比较》，《中国法学》1999年第3期。

⑤ 参见《俄罗斯联邦刑事诉讼法典》，黄道秀译，中国人民公安大学出版社，2006。

进行书面审查；有的甚至实行一审终审，被告人不服也不允许上诉，但可在法定期间内提出书面异议，启动普通审判程序。例如，台湾地区刑诉法第449条“简易判决刑之适用范围”规定：“第一审法院依被告在侦查中之自白或其他现存之证据，已足认定其犯罪者，得因检察官之声请，不经通常审判程序，径以简易判决处刑。但有必要时，应于处刑前讯问被告。前项案件检察官依通常程序起诉，经被告自白犯罪，法院认为宜以简易判决处刑者，得不经通常审判程序，径以简易判决处刑。依前二项规定所科之刑以宣告缓刑、得易科罚金或得易服社会劳动之有期徒刑及拘役或罚金为限。”① 也就是说，“法院收到检察官之声请后，应以其书面声请及并送卷证为基础，亦即书面审查，仅于有必要时才询问被告。”②

（4）人性化。诉讼程序的简化固然有利于提高刑事诉讼效率，但难以提供全面的程序保障，可能影响被追诉者的合法权益，且在得到被追诉者许可后方能使用。各国或地区都尊重当事人的意愿，被追诉人依法享有程序启动权，这体现了程序的民主性，更有利于保障人权。简易程序这种对程序参与权的关注与保障不仅是针对被告人的，长期以来被忽略的被害人也可以积极有效地参与程序，最典型的表现是“协商”理念被引入刑事司法，原本冰冷严肃的刑事程序也变得富有人情味。台湾地区“立法院”于2004年3月23日在刑诉法中新增了“协商程序”，第455条之2“协商程序之声请”规定：“除所犯为死刑、无期徒刑、最轻本刑三年以上有期徒刑之罪或高等法院管辖第一审案件者外，案件经检察官提起公诉或声请简易判决处刑，于第一审言词辩论终结前或简易判决处刑前，检察官得于征询被害人之意见后，径行或依被告或其代理人、辩护人之请求，经法院同意，就下列事项于审判外进行协商，经当事人双方合意且被告认罪者，由检察官声请法院改依协商程序而为判决：一、被告愿受科刑及没收之范围或愿意接受缓刑之宣告。二、被告向被害人道歉。三、被告支付相当数额之赔偿金。四、被告向公库支付一定金额，并得由该检察署依规定提拨一定比率辅助相关公益团体或地方自治团体。检察官就前项第二款、第三款事项与被告协商，应得被害人之同意。第一项之协商

① http://www.6law.idv.tw/6law/law/%E5%88%91%E4%BA%8B%E8%A8%B4%E8%A8%9F%E6%B3%95.htm#a449，2012年11月28日。

② 林钰雄：《刑事诉讼法（下册）》，中国人民大学出版社，2005，第205页。

期间不得逾三十日。”第455条之4则规定了不得为协商判决之情形。

（5）轻缓化。在诉讼结局上，被告人一旦选择了简易程序，往往意味着丧失了无罪判决的机会，但一般能获得某些量刑方面的实质优惠：以社区服务、罚款、修复被害人损害等措施来取代监禁刑。例如，根据《德国刑事诉讼法典》第153条a（暂时不予起诉；暂时停止）第1款的规定：“经负责启动审理程序的法院和被指控人同意，检察院可以对轻罪暂时不予提起公诉，同时要求被告人：（1）做出一定的给付，弥补行为造成的损害；（2）向某公共设施或者国库交付一笔款项；（3）做出其他公共给付；（4）承担一定数额的赡养义务，以这些要求、责令适当消除追究责任的公共利益，并且承担责任与此相称为限。对于要求、责令的履行，检察院要求对被指控人规定期限，在第一款第一项至第三项情形中期限至多为期六个月，在第四项情形中至多为期一年。对要求、责令，检察院也可以事后添附、变更要求与责令。被告人不履行要求、责令时，对行为不能再作为轻罪予以追究。被告人不履行要求、责令者，不退还他已经为履行做出的给付。相应地适用于第153条第1款第2项规定。”在英格兰、威尔士、芬兰和挪威，警察都可以介入对刑事案件的调解，而成功的调解往往可以排除正式的起诉。①

四　改革澳门刑事特别程序之思路：辩诉交易、刑事和解及电子诉讼

辩诉交易最早出现在美国，当时美国社会面临着巨大的诉讼压力，且在某些案件中检察官缺乏起诉胜算，为了提高诉讼效率，辩诉交易应运而生。具体而言，辩诉交易是指，在刑事案件中，当被告人面临多项罪名或多项指控时，被告人以承认其中较轻的罪名或多项指控中的一项或数项指控为条件，来换取检察官一定程度的让步，最后使被告人获得较轻的判决或撤销对被告人的其他指控。这种检察官和被告人之间经过协商而达成的协定即为辩诉交易。②

（1）澳门引入辩诉交易的制度障碍。根据澳门刑诉法第245条第2款

① 梁根林：《刑事法网：扩张与限缩》，法律出版社，2005，第231页。

② Bryan A. Garner, *Black's Law Dictionary*, St. Paul, Minn.: West Group, 2004, p. 3657.

的规定，澳门奉行“起诉厉行主义”，即检察院在获知犯罪消息时必须展开侦查。如检察院在获知犯罪消息不立案侦查或侦查后具备控诉前提时不提起控诉，则有关的检察院司法官除负纪律责任外，其行为亦构成《刑法典》第 333 条的渎职罪。不过，《刑事诉讼法典》第 262 条和第 263 条属于例外情形。该法第 262 条“属免除刑罚情况之归档”规定：“一、如属针对刑法明文规定属可免除刑罚之犯罪之诉讼程序，而检察院认为免除刑罚之各前提均成立者，则检察院经听取辅助人意见，以及听取曾在提出检举时声明欲成为辅助人且具有正当性成为辅助人之检举人意见后，得向预审法官建议将有关卷宗归档。二、如已提出控诉而上款所指之各前提均成立，则预审法官在预审进行期间，经检察院及嫌犯同意且听取辅助人意见后，得将有关卷宗归档。三、第 259 条第 3 款之规定，相应适用于依据以上两款之规定作出之归档批示；对该归档批示，可由辅助人或在提起上诉之声请中成为辅助人之人提起上诉。”该法第 263 条“诉讼程序之暂时中止”规定：“一、如有关犯罪可处以最高限度不超逾三年之徒刑，即使可并科罚金，又或有关犯罪仅可科罚金，且下列各前提均成立者，则检察院得向预审法官建议，透过对嫌犯施加强制命令及行为规则，暂时中止诉讼程序：a）经嫌犯、辅助人、曾在提出检举时声明欲成为辅助人且具有正当性成为辅助人之检举人及未成为辅助人之被害人同意；b）嫌犯无前科；c）不能科处收容保安处分；d）罪过属轻微；及 e）可预见遵守强制命令及行为规则系足以回应有关案件中所需之预防犯罪要求。二、可对嫌犯施加下列强制命令及行为规则：a）对受害人作出损害赔偿；b）给予受害人适当之精神上满足；c）捐款予社会互助机构或澳门特别行政区，或作同等价值之特定给付；d）不得从事某些职业；e）不得常至某些场合或地方；f）不得与某些人为伍，或收留或接待某些人；g）不得持有能便利实施犯罪之物件；h）按有关案件特别要求之其他行为。三、在任何情况下，所施加之强制命令及行为规则均不得属要求嫌犯履行为不合理之义务。四、为监察及跟进强制命令及行为规则之遵守，预审法官及检察院得要求社会重返部门提供协助。五、对依据第一款之规定作出之中止批示，不得提起上诉；第 259 条第 3 款之规定，相应适用于该中止批示。”该法第 264 条“中止之存续时间及效果”规定：“一、诉讼程序最长得中止两年。二、如嫌犯遵守强制命令及行为规则，则检察院将有关卷宗归档，且不得重开诉讼程序。三、如嫌犯不遵守强制命令及行为规则，则诉讼程序继续进行，且嫌犯不得请求返还已作之给付。四、在上款所指之情况下，曾给予受害人作为损害赔偿之金额，须在终局判决所给予之损害赔偿金额中扣除。”

由此可见，检察官在澳门刑事诉讼中享有的自由裁量权非常有限，在上述两种程序中，预审法官才是最终的决定者。《澳门基本法》规定刑事起诉法庭制度予以保留；刑诉法第 268 条则具体规定了预审之目的、领导及内容。之所以这样规定，一方面是因为刑事起诉关系重大，直接影响被追诉人或者被害人的权利，多设置一道程序，体现了慎重的态度；另一方面，预审法官的审查起诉有利于防止检察院滥用职权，保障辅助人获得司法救济的权利。不过，从世界范围来看，澳门规定预审适用于所有刑事案件，已经脱离了刑事司法的发展潮流，未能体现诉讼分流的理念，浪费了司法资源，容易造成案件积压。显然，目前的这种制度设计难以为辩诉交易程序提供施展的舞台，应当在保留这项制度的前提下进行改革，使之合理化。

（2）澳门引入辩诉交易的制度设计。实际上，根据《司法组织纲要法》的有关规定，检察院与法院是同等重要的司法机关，各自具有独立的司法功能，共同守护法律的公正；而且，在诉讼原理上，控审两大职能应当分离，起诉与审判应在诉讼过程中通过相互作用达到平衡。据此，应当对检察官的权力稍作松绑，适当扩大其自由裁量权，合理限制预审法官的决定权，进而在立法中具体设计辩诉交易在澳门的运作模式。其一，限制适用范围和条件。由于澳门独特的法律传统和文化，在引入辩诉交易时，所适用的范围和条件应该受到严格限制。在范围上，结合澳门刑事法律的具体规定，将可能判处 8 年以上有期徒刑的犯罪排除在外；在条件上，检察官只能就起诉把握不大、证据不够充分的案件和嫌犯进行交易，交易的内容可以包括指控的罪名、罪数、建议刑罚上的从轻处理等，整个交易过程必须确保双方的自愿性。其二，加强权利保障。1989 年维也纳第 14 届国际刑法学代表大会在决议中提出以下建议：“对简单的案件，可能采取，也应该采取简易程序，但是应该使被告人保有获知被指控内容和有罪证据的权利、受审的权利，包括提供证据的权利和延请律师的权利。”① 后来，1994 年里约热内卢第 15 届国际刑法学代表大会重申了在简易程序中确保被告人获得最低限度程序保障的

① 陈瑞华：《刑事审判原理论》，北京大学出版社，2003，第 342 页。

观点。简易程序的简化不能以牺牲被追诉者的基本人权为代价，必须尽可能地为其提供程序保障，如诉讼中的知悉权、选择权、律师帮助权等。其中，律师帮助权尤为关键。德国刑诉法在第 418 条中规定，“预计要判处剥夺自由至少 6 个月的时候，对尚无辩护人的被指控人要为在地方法院进行的简易程序指定辩护人”。其三，适当给予量刑优惠。在某种意义上，辩诉交易是实现控辩双赢的制度设计，控方可以避免起诉风险，而被告人通过认罪一般可获得量刑上的优惠。从澳门的实际情况来看，也可以考虑这样处理。但量刑权属于法官的权力，法官可以根据检察官的建议，结合案件的具体情况做出裁判。当然，也可以借鉴意大利等国的模式，在刑诉法中直接规定减刑的幅度，以避免出现个案间不公平的现象。

与辩诉交易不同，刑事和解充分关注刑事被害人的权利保障问题。从世界范围来看，随着被害人保护运动的兴起，许多国家和地区开展了刑事和解的立法和司法实践。“刑事和解的基本内涵是在犯罪发生后，经由调停人（通常是一名社区志愿人员）的帮助，使被害人与加害人直接商洽，推进被害人与加害人之间的直接交流，解决刑事纠纷，对于和解协议，由司法机关予以认可并作为对加害人刑事处罚的依据；其目的是恢复被加害人所破坏的社会关系，弥补被害人所受到的伤害，以恢复加害人与被害人之间的和睦关系，并使加害人改过自新，复归社会。”①

（3）引入刑事和解的必要性和可行性。目前刑事被害人在澳门刑事司法中受到的保护不足：一方面，被害人本身并不具有诉讼主体的地位，难以主动推动诉讼进程，在刑事诉讼中参与有限，难以充分表达自己的意愿或有效维护自己的合法权益；另一方面，由于部分嫌犯没有赔偿能力或赔偿能力不足等原因，一些被害人根本得不到充分的经济赔偿，在一些特殊案件中，甚至陷入“第二次被害”的境地。实践证明，“起诉厉行主义”在惩罚犯罪方面虽具有强大功能，但是社区与犯罪人、被害人之间难以沟通，因而在恢复损害、预防犯罪、建构安全社区方面少有作为。而刑事和解制度恰恰能改变这一状况，其通过各方对程序的有效参与，营造一个相互交流的空间，可以消除隔阂，抚慰被害人的心理；而犯罪人也可在承认错误和进行社区服务的过程中提升重新与社会结合的能力。另外，澳门的法律制度来自葡萄牙，

① 向朝阳、马静华：《刑事和解的价值构造及中国模式的构建》，《中国法学》2003 年第 6 期。

葡萄牙法律界实际上也早已接受刑事和解的理念，葡萄牙政府还于 2001 年提议，后来经过当时由 15 个欧盟成员国部长组成的部长理事会的批准，通过了《刑事诉讼程序中被害人地位的框架性决定》，其目的是保障任何成员国的被害人获得更好的司法保护和更好的待遇。在此，刑事被害人拥有了获得调解的权利。该决定第 10 条“刑事司法程序中的刑事调解”规定：“①每个成员国应当在认为适当的情况下促进刑事案件中调解的形成。②每个成员国应当保证那些在被害人和加害人之间达成的调解协议能够得到重视。”该决定第 17 条“执行”还规定：“每一个成员国应当确保本国落实本决定第 10 条的有关法律、条令、行政法规在 2006 年 3 月前得到执行。”[①] 澳门司法实务部门也发出了这样的声音，澳门特区检察院检察长何超明先生在 2012/2013 司法年度开幕典礼上也明确指出：“近年来，内地、香港和台湾的法律及司法界都在推动以调解手段解决争端……并取得了很好成效，值得我们借鉴。我们将在刑事附带民事诉讼、交通意外、工伤事故、医疗赔偿等案件中力推调解，使受害人的权益得到及时、切实的维护，达到息诉服判，化解矛盾的目的。”[②] 这里需要特别指出的是，刑事和解与刑事调解略有不同，和解更注重加害人与被害人之间的沟通与协商，调解则还体现了公权力机关的介入作用。不过，无论是刑事和解还是刑事调解，两者都注重被害人权益的保护和社会关系的恢复；两者都是在刑事诉讼过程中发生的，公权力机关始终存在，只是作用大小不同。

此外，无可否认，刑事和解本身也存在一些争议，为了消除或减轻其负面影响，不妨限制其适用范围：轻微刑事案件，包括轻伤害，数额不大的财产犯罪，未成年人犯罪，社会危害性较小的初犯、偶犯、老年犯、过失犯，法定刑在 3 年徒刑以下的犯罪等。但那些危害国家安全犯罪、毒品犯罪、贪污贿赂犯罪，以及犯罪性质或情节恶劣、严重危害社会秩序的犯罪、累犯等则不适用，以免刑罚权得不到有效实现。近年来，澳门青少年犯罪日益增多，刑事和解有利于教育、挽救失足青少年，在此可参考韩国的经验。韩国在 2007 年 2 月修订的少年法案中，由少年法庭法官引进劝导少年与被害人

---

① 吕清：《刑事调解在欧洲的复兴与发展》，《中国人民公安大学学报（社会科学版）》2006 年第 5 期。

② 澳门特别行政区检察长何超明在 2012/2013 司法年度开幕典礼上的致辞，2012 年 10 月 17 日。

的“和解劝告制度”：对情节轻微的少年犯罪，经由加害人、被害人及其监护人的同意后，由专门处理调停事件的单位协助进行会谈与和解。在刑事和解的具体形式上，可以结合澳门社会的实际情况，选择适当的方式。从开展刑事和解的国家来看，刑事和解的具体形式多种多样。比如，美国的被害人与加害人和解计划有四种组织形式：一是与教会相关的调解组织；二是以社区共同体为核心的刑事司法私人机构；三是一些以缓刑为主的机构；四是纠纷和解中心，它是在原来的社区纠纷和解中心（主要处理邻里纠纷）的基础上发展起来的。[①] 其中，第三种和第四种在澳门社会已有一定的基础，可考虑加以借鉴。

随着互联网技术的发展，传统的诉讼方式也在经历着变革，增加诉讼的科技含量成为许多国家及地区司法改革的努力方向。目前，民事诉讼在这一领域走在前面，刑事诉讼毕竟是解决是否构成犯罪、如何定罪量刑的问题，因此，在引入电子方式和手段的时候，各国及地区还是比较慎重的。但从长远来看，在确保司法公正的前提下，刑事诉讼在一定案件范围内、在某些处理环节上也会顺应时代发展的潮流。当然，这可能需要相当长的一段时间。

（1）运用通信技术。在互联网时代，程序的简便化和电子化紧密相连，加大通信技术的应用有利于减少诉讼参与人亲临办案机关的现象。这一点对澳门来说特别有意义，因为许多罪犯来自境外，在澳门逗留时间有限，电子方式可帮助司法机关听取身处境外的当事人或证人的陈述，同时也有利于保护证人、被害人的人身安全。办案机关可采取网上立案、电邮通知、电子数据交换、电子签章、庭审录音、视频会议等方式，以避免程序的拖延。对于简单轻微、控辩双方没有争议的案件，甚至可以口头裁判。当然，有的方式必然对传统的诉讼原则造成冲击，如视频作证，在一定程度上违反了直接、言词原则，案件的许多细节或讯息可能在视频过程中流失，甚至因此而影响法官的心理。但不能因此而排斥电子方式的运用，可以通过完善制度和规则来减少其负面影响。

（2）建立网上信息查询平台。传统的纸质诉讼文件查询，往往需要当事人、律师等诉讼参与人来回奔波，有时因为特殊情况或意外发生，最后空

① 〔美〕博西格诺：《法律之门》，邓子滨译，华夏出版社，2007，第738～740页。

手而归，耽误了正常的学习和工作；或者因为信息没有及时传达而拖延了诉讼。如今，无线网络日益普及，人们随时随地都可上网，有关机关可以在官方网站建立案件进度查询系统，实现卷宗资料管理的电子化，并通过技术处理加强系统的安全性，如设置专用密码、登录系统浏览的短信通知等，以便为当事人提供更加便捷、经济、安全和人性化的服务。当事人登录互联网即可查询并跟踪案件的进展、程序拖延情况和判决的相关信息。而且，卷宗的电子化也有利于避免原始资料的毁损或丢失。

（3）尝试运用电子简易程序。韩国已经开始在刑事诉讼中采用电子简易程序。适用于该程序的案件包括简易程序下使用电子档中所列明的醉驾或无证驾驶等。如果被追诉人同意，该简易程序可以通过电子方式进行，而无须书面记录。在这一制度下，案件处理时间（从警方查获至法庭签发简易命令）可从45天缩短至25天左右。有关程序的进展可以在刑事司法门户网站查询。具体来说，被命令支付罚金的人将通过电子邮件或短信获得通知，然后可登录刑事司法门户网站查询和打印简易命令。在整个过程中，简易命令或其他诉讼文书均通过电子方式传递，当接收者通过刑事司法门户网站确认相关文件时，文件被视为已经传递。可见，这一程序的适用范围虽然狭窄，但明显加快了办案流程，也较好地保障了被追诉人的合法权益，澳门特区可考虑加以借鉴。

（原载吴志良、郝雨凡主编《澳门研究》总第68期，澳门：澳门基金会，2013年3月。）

仲裁制度在楼宇管理争议中的适用

——以澳门特区楼宇管理仲裁制度为例

陈　辕*

一　适用于解决楼宇管理争议的仲裁制度在澳门特区的实践情况

自从澳门赌博权开放后，澳门一向发展良好的博彩业受到全球博彩商的关注，他们纷纷在澳门兴建豪华的赌场及酒店，设立了各种奢侈品的专卖店，把澳门打造成一个博彩娱乐购物的国际性大都市。这大大推动了澳门经济的发展，澳门特区政府收入连续增加，澳门市民的收入也随之增加，对生活质量的要求也越来越高，尤其是对居住条件及环境的要求也越来越高。这进一步带动澳门房地产业飞速发展，各种住宅楼宇大厦不断兴建，将原来宁静的小渔村变成一个充满现代味道的繁华都市。当澳门市民纷纷搬入这些高楼大厦居住享受生活时，许多楼宇管理①纠纷随之产生。这几年，先后出现了海滨花园楼宇管理纠纷、广福安楼宇管理纠纷、海明居楼宇管理纠纷、濠庭都会管理纠纷等。此类纠纷原本是简单的业主与管理公司的纠纷，后来演变成业主之间的纠纷，纠纷的形式也不断升级，从口头争论演变为流血冲突事件。众多的私人楼宇管理纠纷逐渐演变成一个备受社会各阶层重视及关注的社会问题。

这个问题如果通过澳门现有的司法诉讼途径去解决，现实效果不佳，例

---

* 陈辕，中国人民大学法学博士。

① 澳门称此类纠纷为楼宇管理纠纷，即内地的物业管理纠纷。本文在此沿用澳门本地称谓。

如广福安楼宇管理纠纷（由2007年直至2012年），该纠纷随事态的发展变得相当复杂，原本大厦只存在业主与前任管理公司的诉讼，到后来由于该大厦业主之间存在不同的意见及立场，形成了两个不同业主群体，这两个业主群体为了争取该大厦的楼宇管理权，召开大会，以组别的形式，竞选管理委员会，各自以不同方法拉选票，最终某组以微弱的选票优势当选。失败的一方从澳门分层所有权制度[①]的有关大会召集程序规定入手寻找大会所存在的法律瑕疵，最后利用此瑕疵向法院提起诉讼，请求撤销选举管理委员会的决议。可见，就该大厦的楼宇管理存在两个涉及不同法律关系（管理公司与管理委员会之间的纠纷、管理委员会与业主之间的纠纷）的楼宇管理纠纷。澳门有4000[②]多座大厦，每座大厦如有1宗纠纷诉至法院，从现时澳门初级法院法官人数23名[③]来看，初步估计人均每年要处理170多宗案件，差不多两天一宗，这还没有包括分担其他类型的案件。同时，根据澳门相关诉讼法律规定，对于一宗案件的审理，要经过起诉、答辩、庭审、判决等阶段，每个阶段虽都有期限，但是由于法官的工作量大，案件往往不能及时结案，要拖一两年才有裁判结果，严重影响楼宇管理，影响澳门市民的生活。故此，澳门社会各界对采用现有的诉讼途径解决楼宇管理纠纷产生疑问，认为这个途径是不可行的，并已达成共识。那采取什么办法解决这个问题？由于之前澳门社会各阶层对于楼宇管理纠纷的解决，主要是以司法诉讼制度为参照，考虑到司法诉讼程序时间长，不利于纠纷解决，而今，人们主要注重纠纷解决的快捷性。因此，仲裁制度及调解制度进入立法者的视野中。

仲裁制度作为一种解决私权纠纷的制度，是指当事人基于双方达成的仲裁协议，将争议事件提交仲裁庭，依照仲裁程序，制作仲裁裁判书，并对当事人双方产生法律效力的一种制度。它相对于诉讼而言，具有自主、便捷及专业等优点。这个制度核心的原则在于当事人意思自治。当事人之间透过一份仲裁协议自愿将他们的争议纠纷的管辖权交仲裁机构裁定，裁定的结果基

---

① 该制度即内地的区分所有权制度。该制度现时被设置于澳门《民法典》“物权篇”内。

② 根据 http://www. dsec. gov. mo/PredefinedReport. aspx? ReportID = 28&Lang = zh - MO 所记载的数据统计而得。

③ 此资料来自澳门法院网站，http://www. court. gov. mo/c/cdefault. htm。澳门初级法院2011年的结案数为13766件。

于该仲裁协议所具有的法律效力对仲裁的各争议当事人产生法律约束力，各当事人必须服从裁判的效力。澳门现有的仲裁制度均是围绕该原则[①]而设计的，例如，《涉外商事仲裁专门制度》（11 月 23 日第 55/98/M 号法令）、澳门特区的仲裁制度（主要由 6 月 11 日第 29/96/M 号法令所构成，在此法令的基础上先后出台的《澳门消费争议仲裁中心规章》《保险及私人退休基金争议仲裁中心规章》）均是如此。故此，澳门特区政府根据《民法典》第 1342 条规定——“针对在分层建筑物涉及之关系中产生之争议，所有人大会可在分层建筑物之规章中规定必须订立仲裁协议”，参考澳门现有的仲裁制度，设计出楼宇管理仲裁中心制度，并在 2011 年 4 月 4 日透过《澳门特别行政区公报》第一组刊登的第 66/2011 号行政长官批示颁布了《楼宇管理仲裁中心规章》。该规章共计 25 条，设 4 章，主要解决楼宇管理上的纠纷：分层建筑物管理方面产生的争议，尤其是分层建筑物所有人、管理机关及管理实体之间的争议，有关分层建筑物的所有人大会的决议的有效性或楼宇管理的开支的争议。但是，规章颁布约一年后，没有争议双方愿意将他们的争议交楼宇管理仲裁中心予以解决，或者是一方愿意，而另一方不愿意，最终还是不能达成仲裁协议。由于仲裁制度的启动基于争议双方自愿达成的仲裁协议，没有仲裁协议致使仲裁制度无法运行。

由于现代协议仲裁制度是以仲裁协议为基石，从法律体系的角度讲，仲裁协议是意思自治原则的充分体现；从仲裁活动的角度来讲，仲裁协议是一切仲裁行为的基石；从司法活动的角度来讲，仲裁协议是发挥仲裁与诉讼解决争议功能的“分水岭”。因此，仲裁协议不仅是当事人通过灵活、快捷的仲裁方式解决争议，使意愿得以顺利实现的基础，而且是仲裁机构受理争议案件以及排除法院司法管辖权的依据。[②] 而现时楼宇管理仲裁中心的有效运作缺乏关键文件——仲裁协议，楼宇管理仲裁中心遂难以发挥其作用，难以实现澳门社会各界的期盼。为此，澳门的法律人士积极反思：基于传统意思自治原则所建立的协议仲裁制度是否适合处理楼宇管理纠纷？在分层所有权制度下如何达成仲裁协议？此问题目前也引起中国内地学者的注意。[③]

---

① 齐树洁、谢广汉：《葡萄牙仲裁制度最新发展之评析》，《法治研究》2012 年第 10 期。

② 杨秀清：《协议仲裁制度研究》，法律出版社，2006，第 14 页。

③ 范愉、刘臻荣、连艳：《物业纠纷调解实务》，清华大学出版社，2012，第 54 ~ 55 页。

二　对于通过协议仲裁制度解决楼宇管理纠纷的思考

从目前世界各国仲裁法关于国内仲裁适用范围的规定来看，仲裁的适用范围主要是主体之间能自由处理的（或者有和解能力的）财产性法律关系的争议，其中大部分是商事法律关系的争议。[①] 原香港国际仲裁中心主席、现任亚太地区仲裁组织主席的杨良宜先生曾经在《北京仲裁》中就仲裁的可仲裁性发表了一篇专论《关于可仲裁性》。在这个专论中，杨良宜先生列举了许多国家（包括美国、英国、意大利）有关可仲裁性的规定，同时也参考了《纽约公约》等国际公约，认为仲裁的可仲裁性主要局限在商事领域，如消费争议、证券争议等。对于澳门过往的仲裁法律制度而言，情况亦然，仲裁适用范围集中在保险争议、消费争议等商事方面。

在内地学者的研究方面，因此类纠纷涉及复杂的法律关系（例如：分层所有人之间的关系，分层所有人与管理委员会的关系，管理委员会与分层所有人群体的关系等）、人际关系和多元利益与价值，因此处理难度大。同时此类纠纷需要快速、及时、妥善解决，否则纠纷会持续、久拖不决，留下许多后遗症（例如导致物业价值降低、深层积怨存留、管理委员会难以发挥作用等）。[②] 倘若采用仲裁，由于仲裁存在一些固有的局限性和风险，如对抗性和简单化，成本高，对律师依赖强，管辖范围有限等，因此仲裁不可能成为物业纠纷解决的主渠道。[③] 可见对于通过仲裁制度解决楼宇管理纠纷而言，无论是学术层面，还是实务层面，人们一致认为传统仲裁制度在解决楼宇管理纠纷中确实存在局限性。

三　楼宇管理争议与成员权

为消除仲裁制度在解决楼宇管理纠纷方面的局限性，澳门现行楼宇管理

---

① 江伟、王国征：《仲裁适用范围初探》，《法学家》1993年第2期；乔欣：《仲裁权论》，法律出版社，2009。

② 杨秀清：《协议仲裁制度研究》，法律出版社，2006，第35～37页。

③ 杨秀清：《协议仲裁制度研究》，法律出版社，2006，第54页。

仲裁中心制度规定仲裁免费，无须强制性聘用律师，仲裁前、仲裁中有调解的程序等，同时，楼宇管理仲裁中心委员会明确有关仲裁受理范围，消除市民疑虑，但收效甚微。因为关键问题在于仲裁协议难以自愿达成，无仲裁协议难以启动仲裁程序。为何如此？笔者认为对于自愿仲裁协议的达成不应局限在自愿仲裁制度的传统学说上去考虑，应结合楼宇管理纠纷内的分层所有权理论中的成员权来考虑仲裁协议的达成。

在分层所有权的构成上，澳门趋于采用三元论的学说（此学说是德国学者贝尔曼教授所倡导的），[①] 认为分层所有权由三部分组成，其一是专有部分所有权，其二是共享部分的持分权，其三是成员权。分层所有权与一般的物权不同，主要的不同表现在前者存在成员权。成员权是指所有人基于在一栋建筑物的构造、权利归属和使用上的密切关系而形成的作为建筑物管理团体的一成员所享有的权利和承担的义务。[②] 成员权非债权，债权是由合同法或侵权行为法所规定的，而成员权是由团体法或组织法规定的。成员权的上位概念是社员权（有法学家认为民事权利主要包括五大类权利：人格权、亲属权、财产权、知识产权、社员权，笔者对此较为认同）。所谓社员权，是指在某个团体中的成员，依据法律规定和团体的章程而享有的各种权利的总称。[③] 社员权包括股东权、集体组织成员权及现在我们探讨的分层所有权制度中的成员权。这个概念存在的法理基础来源于现代西方民主法治理论，即社会成员在平等、自愿的前提下，按照契约约定的原则，以自治组织、民间组织的形式进行经济活动和社会活动，乃至非官方的政治活动，如楼宇管理的活动。社员权是一种私权，是一种团体性的权利，也是一种综合性的权利，它包含共益权与自益权（所谓共益权是为实现社团所具有的社会作用而存在的权利，所谓自益权是为实现社员个人的利益而存在的权利）。成员权自然也具有社员权的一般属性，同时成员权同股东权、集团组织成员权一样，基于各自的存在背景有着自身的特点。分层所有权制度下的成员权以取得单位所有权为前提而存在，是基于分层所有人之间的共同关系（即共同部分）而产生的权利。这种权利不仅含有财产权的内容，而且包含了人身

① 陈华彬：《建筑物区分所有权研究》，法律出版社，2007，第 89 页。

② 梁慧星、陈华彬：《物权法》，法律出版社，2003，第 166 页。

③ 王利明：《民法总则研究》，中国人民大学出版社，2003，第 209 页。

权的内容，不能像一般意义上的债权那样流转。同时，在楼宇管理范畴内，成员权①是一种永续性权利，只要建筑物存在，分层所有人之间的团体关系就会存续，原则上不会解散。这种权利主要体现为一种民主管理的权利（包括召集权、投票权、选举权、制定规约权等），成员通过行使权利来支配大家共同的财产，但不能对财产予以分割，即使在成员退出楼宇管理队伍时，也不得要求分割共同财产。这就是成员权的特点。

正是成员权的这些特点，决定了分层所有权同一般的物权有所不同，决定了基于该基础而产生的楼宇管理争议与仲裁所处理的一般债权争议有所不同。在现实中，常常在澳门看到有关楼宇管理的争议其实很大程度上就是有关成员权的争议，例如，大厦业主对于管理公司是否有资格召开大会，这涉及成员权中召集大会的权利；大厦业主在某次大会中做出的决议存在不合法情形（例如：决议通过时未达法定要求；决议的议程未在召集书中列明；业主未在法定期限内收到召集书不能充分投票），此类纠纷涉及成员权的投票权，往往导致一厦两管；大厦业主对管理委员会委员的资格有所质疑，这涉及成员权中担任管理委员会委员的问题，与成员权中的选举权有关。可见楼宇管理的许多争议其实同成员权有密切的关系。这种涉及成员权的争议更多地具有人身的属性，并非像债权争议一样更多地体现财产属性，并不能简单以金钱计量，而是要从成员的个人资格上，以及参加类似民主决议的会议成员的行为合法性上予以判断，更多地从人的社会属性上予以分析。

四　意思自治与业主自治的关系

如何处理楼宇管理争议呢？（此时的争议不包括基于管理合同的争议）其实该问题实质上是成员权如何行使的问题。现时在澳门，不时听到一个词："业主自治"，此说法来源于民法基本原则之一——意思自治原则。② 从根本上讲，意思自治属于法哲学的范畴，是自由主义、个人主义哲学在法学上的直接产物。它认为每一社会成员依自己的理性判断、管理自己的事情，

① 黄梓洋、杨向科：《建筑物区分所有权之成员权探析》，《中共四川省委省级机关党校学报》2010 年第 2 期。

② 乔欣：《仲裁权论》，法律出版社，2009，第 81 页。

自主选择、自主参与、自主行动、自主负责。从公私法划分的层次上理解，意思自治即私法自治。私法自治是指私权主体有权自主实施私法行为，他人不得非法干涉；私权主体对于自由表达的真实意思、实施的私法行为负责，在不违反强行法的前提下，私权主体自愿达成的协议优先于私法之适用；对私法主体而言，法律不禁止即自由。就其特征而言，“意思自治是以市场主体地位平等、机会均等为其确立的前提，以保障权利、救济权利为基础，以契约自由为其核心内容，以维护有效竞争为其主要功能。意思自治，强调公民和法人依照自己的理性判断去设计自己的生活，管理自己的事务。意思自治的真谛是尊重选择、自主参与和后果自负。”但是意思自治并非绝对的，意思自治原则本身就存在缺陷，其存在的前提即平等原则，只是法律上的平等，却并非事实上的平等。对此，纵观世界各国法律，对于意思自治往往有如下几个方面的限制：①法律性质上的限制，即不能排除适用于强行法。②当事人主观意念上的限制，即当事人的选择必须是善意和合法的。③选择主体上的限制，即为保护弱者一方的利益，而不采用强者一方所选择的法律。④国内的公共秩序上的限制，主要体现在权利主体、权利客体及权利行使等方面。

意思自治原则也是仲裁制度存在的基础。其实意思自治作为法律的基本原则，它在民法的各个领域都有着不同的表现形式，如在所有权领域，表现为所有人依法任意处分其财产；在契约领域，表现为契约内容、契约形式、契约对象等方面之充分选择自由；在婚姻家庭继承领域，表现为结婚自由、离婚自由、遗嘱自由等；在民事责任领域，表现为自己责任，即每个人都应当对独自承担自身行为所产生的责任；在合同领域，表现为合同自由；在仲裁制度中则表现为自愿原则。

若将该意思自治原则的内容放置在楼宇管理的范畴内，则成为业主自治原则，此原则就是业主对楼宇进行自我管理，而分层所有权制度则具体地体现该原则。分层所有权制度的核心问题在于楼宇管理，在于如何行使成员权。整个分层所有权制度存在的基础就是业主自治，就是规范业主的行为，进行合乎法律要求的楼宇管理。这个制度中所构建的法律规定，有限制的规定，有任意的规定，最终目的在于透过该制度，引导业主在意思自治原则的指引下共同对建筑物及设施进行维护及保养，建立和谐的生活秩序，从而实现其所居住的楼宇单位保值增值。如何具体实现这一目的，具体体现这一原则？从大多数国家的法律规定来看，主要是透过业主大会制度，透过管理组织。这个制度的运作正是基于笔者前面所讲的成员权的行使。而成员权的行使是基于全体参与原则、多数决定原则，例如业主行使召集权、投票权形成一个能反映大多人意见、符合法定要求的决议，而这个决议对全体业主都能产生效力（采取“多数决”以形成团体意志，其目的在于提高共有财产的使用效率，防止因共有人之间互相掣肘而丧失对共有财产进行有效处置和改造的机会）。此时成员权的行使，体现的是业主自治原则，而业主自治原则正是意思自治原则在楼宇管理中的体现，深究而言，是集体意思自治的体现；而仲裁制度的基础即自愿原则也是来源于意思自治原则，深究而言，是个人意思自治。由此可见楼宇管理所蕴含的业主自治原则同仲裁制度的基础自愿原则同出一源——意思自治原则，只是业主自治原则与仲裁自愿原则是意思自治原则在不同历史背景下，为解决不同法律问题而衍生出的不同原则，在不同法律制度中衍生出不同的规定内容，一个偏向于集体意思自治，一个偏向于个人意思自治。无论是何种意思自治，其交集在于意思自治。

基于同源即意思自治原则的业主自治原则要具体体现在楼宇管理事务中，则需要全体业主达成一个协议，这个协议是由全体业主根据自身意思达成的一套如何管理其所住楼宇的规则，包括如何行使其权利，其须承担何种义务，如存在权利冲突如何解决等内容。最后达成的协议，必然不能仅符合某个人的意思，必须满足大多数人的意思，故此，该文件是由个人意思自治遵从一些规则而形成集体意思自治的法律文件（在此，笔者指透过大会决议通过的协议，非开发商所做出的前期规章）。这个协议就是我们平时所说的管理规章，内地称之为业主规约，美国称之为业主协议，德国称之为管理规约。[①] 目前许多制定了区分所有权法的国家广泛承认，基于私法制度中的意思自治原则，区分所有权人即业主具有规约自治权利，因而规约的事项可由业主之间的协议予以确定。各国根据具体情况，规约事项因建筑物的规模、用途、当地风俗习惯而有所不同。澳门特区《民法典》继承了葡萄牙的民法典规定，也存在管理规章的规定。虽然管理规章与仲裁协议一个基于业主自治原则而设立，一个基于仲裁自愿原则设立，但是正如前文所言，两者最终都是来自意思自治原则，可见仲裁协议与管理规章的理论基础存在交

① 陈鑫：《业主自治——以建筑物区分所有权为基础》，北京大学出版社，2007，第106页。

会之处。基于此，可以考虑从这个交会之处探寻在楼宇管理纠纷中达成仲裁协议的途径。

五　在现行分层所有权制度下有效践行仲裁制度

根据澳门《民法典》第1342条之规定："针对在分层建筑物涉及之关系中产生之争议，所有人大会可在分层建筑物之规章中规定必须订立仲裁协议。"此条存在两层意思：第一层，订立仲裁协议属于大会讨论的范围，至于是否订立，法律并未强制性规定；第二层，所订立的仲裁协议必须放置在分层建筑物规章即管理规章中，这是个强制性规定。简言之，分层所有人大会是可以决定在管理规章是否订立仲裁协议的。管理规章对于楼宇管理而言是个重要的文件，说得透彻点，管理规章其实就是规范成员权如何行使的规则，故而管理规章有楼宇管理"小宪法"的美誉。

现时仲裁协议放置在管理规章中，那么管理规章就同仲裁协议不仅在理论基础上存在共同之处，在规范体系上亦存在紧密的联系。就法律效力而言，该规章的效力边界在哪儿，仲裁协议的效力边界就在哪儿。根据《民法典》第1340条第6款的规定："分层建筑物之全体所有人、对分层建筑物之单位拥有权利之第三人，以及单位之占有人或单纯之持有人，均受规章约束"，可见加载管理规章的仲裁协议可以约束分层建筑物之全体所有人、对分层建筑物之单位拥有权利之第三人，以及单位之占有人或单纯之持有人。那么仲裁协议的法律效力亦应如此，这仅是从规范主义视角下得出的结论。

这个含有仲裁协议的管理规章的文本可成为仲裁协议，不仅要在理论上看到，其作为业主意思自治的产物具备理论基础，还应看到在现行法律规范体系下，其要有法律支持才行。那么此时的仲裁协议要经过何种方式即多少分层所有权人同意才能成立？现时《民法典》并没有详细规定。若根据传统的仲裁理论，要全部当事人自愿才行，即全体分层所有人同意以书面方式订立仲裁协议，如果有一个分层所有人不愿意订立仲裁协议，则该楼宇永远订立不了仲裁协议，楼宇管理争议就永远得不到解决。可见如在楼宇管理范畴内坚持运用自愿仲裁制度中的自愿仲裁原则，不仅是脱离实际情况的，而且也是同成员权的构成机理相悖的。因成员权具有公益性和自益性，所以需要在团体与个人之间（公益性与自益性之间）达到一个平衡，这个平衡点就是成员权行使的原则，即全体参与原则、多数决定原则。倘若抽离了成员权，单纯考虑仲裁制度在楼宇管理中的运作，导致的结果就是本文在前面所述的情况——仲裁制度的法律规定成为一纸空文。

《民法典》规定分层所有权制度中决议事项所通过的标准包括两个，一个是第1347条所规定的一般性标准即一半份额以上，一个是特殊的标准，如更新工程、重建等则要2/3的份额才行。对于上述包含仲裁协议的管理规章应该采取哪个标准，是一般标准还是特殊标准？在澳门有许多大厦没有管理规章，只有部分大厦有管理规章，对此需要结合实际情况做具体分析。对于没有分层建筑物之规章的大厦，可以根据《民法典》第1321条有关凭证的修改规定（以1/2份额以上通过）予以处理或第1340条中有关首份规章的制定规定（经过两次大会还未通过则交由管理委员会通过）处理。对于已经有分层建筑物之规章的大厦，如果规章已经规定必须订立仲裁协议，则必须以仲裁方式解决问题，毕竟规章已经存在了，此时规章即仲裁协议。如果规章没有规定必须订立仲裁协议，则可以根据《民法典》第1340条第5款之规定（1/2份额以上通过）修改规章。当然还有些大厦分层所有人不愿意在管理规章中加载仲裁协议，而是愿意对每个楼宇管理争议具体考虑是否透过仲裁方式来解决。如果遇上这个情况，参照上述《民法典》在仲裁协议与管理规章的关系方面所规定的内容，就法律体系解释而言，不难得出一个结论，就是既然作为大厦基本的规章制度修改可以透过1/2份额以上通过予以决定，那么对于单个争议事项解决方式的表决更可以透过1/2份额以上通过予以决定，因为这个事项相对于管理规章修改而言，重要性相对较低。

（原载柳福华总编《人民司法·应用》2014年第19期，北京：最高人民法院。）